에듀윌과 함께 시작하면,
당신도 합격할 수 있습니다!

소방 공무원 채용 시험을 준비하며
가산점을 취득하고 싶은 소시생

공기업 취업을 위해
스펙과 직무 글쓰기 능력을 높이고 싶은 취준생

더 나은 미래를 위해
새로운 꿈을 찾아 이직을 준비하는 회사원

누구나 합격할 수 있습니다.
해내겠다는 '열정' 하나면 충분합니다.

마지막 페이지를 덮으면,

**에듀윌과 함께
한국실용글쓰기 시험 합격이 시작됩니다.**

에듀윌 한국어

에듀윌 한국실용글쓰기 시험
합격 스토리

이O봉 합격생

하루에 딱 1시간 투자해서 준2급 취득으로 경찰 공무원 채용 시험 가산점 목표 달성

경찰 공무원을 목표로 삼았기 때문에 가산점을 받기 위해 한국실용글쓰기 자격 공부를 시작했다. 이미 수험생들에게 가장 유명한 에듀윌 교재를 선택했고, 하루에 1~2시간 정도 할애하여 교재 앞에 있는 커리큘럼대로 따라갔다. 객관식은 기출 동형 문제 풀이, 주관식은 원고지 작성법과 실제 원고지에 작성해 보면서 준비했다. 책 구성도 깔끔하고 실제 시험에서 필요한 팁들이 잘 수록 되어 있어서 학습에 수월함을 느꼈다. 1달의 학습을 마치고 시험에 응시했고, 총 1000점 중에 758점으로, 준2급을 취득할 수 있었다. 평소 독서 습관이 있거나 수능 수준의 기본 국어 개념이 있다면, 하루 2시간 정도 공부하면 2주면 충분히 자격증 취득이 가능하다고 생각한다.

이O현 합격생

서술형(주관식) 공략법부터 답안지 작성법까지, 깔끔한 연습으로 바로 준2급 취득

처음 시작할 땐 A사의 인강을 들었다. A사 인강에서 다루는 내용은 기출문제 1회분 위주여서 시험 대비에 한참 부족하겠구나 하는 생각이 들었기 때문에 따로 <에듀윌 한국실용글쓰기>를 구매해서 풀어 봤다. 실용글쓰기 시험은 문제 유형을 파악하는 게 중요하다고 생각하는데, 에듀윌 문제집은 문제를 많이 풀 수 있어서 좋았다. 특히 수험생들에게 부담스러운 서술형을 어떻게 공략해야 하는지 따로 실려 있어서 만족스러웠다. 또한 실제 답안지랑 똑같은 양식의 답안지가 따로 붙어 있어 모의고사를 풀 때 시간을 재고 답안지 작성까지 깔끔하게 연습해 볼 수 있었다. 미리 답안지 양식을 확인하고 연습해 간 게 시험에서 큰 도움이 되었다. 시험 문제가 어려웠던 것과는 별개로 답안지 작성 중에 버벅거리는 시간을 확실히 줄일 수 있었기 때문에 좋은 결과를 얻을 수 있었다.

김O예 합격생

진짜 시간이 없고 급한 나에게 합격과 취업 가산점을 동시에 안겨 준 책

실용글쓰기 자격증을 독학으로 취득했다는 후기를 살펴봤는데, 공통적으로 주관식 영역에 집중하고, <에듀윌 한국실용글쓰기>로 문제 유형을 익힌 후 몇 번 반복 연습을 하면 충분하다고 말했다. 에듀윌 교재의 가장 큰 장점은 주관식 영역에서 예시 답안, 채점 기준표까지 제공하고 있어서 문제에 어떻게 접근해야 하는지 감을 잡을 수 있게 해 주는 것이다. 200점으로 배점이 가장 높은 주관식 10번 문제의 경우 원고지에 답을 작성을 해야 하는데 '주관식 집중 공략집'에 원고지 작성법과 직접 연습을 해 볼 수 있는 칸이 있어서 도움이 많이 되었다. 시험 준비 기간 동안 다른 공부도 병행하고 있어서 실질적으로 공부한 시간은 5일 정도였지만, 에듀윌 교재로 빠르고 요령 있게 준비한 덕분에 663점(3급)을 받았고, 내가 원하는 가산점 4점을 얻을 수 있었다.

다음 합격의 주인공은 당신입니다!

자세한 내용이 궁금하다면 1600-6700

에듀윌이
너를
지지할게

ENERGY

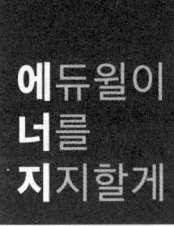

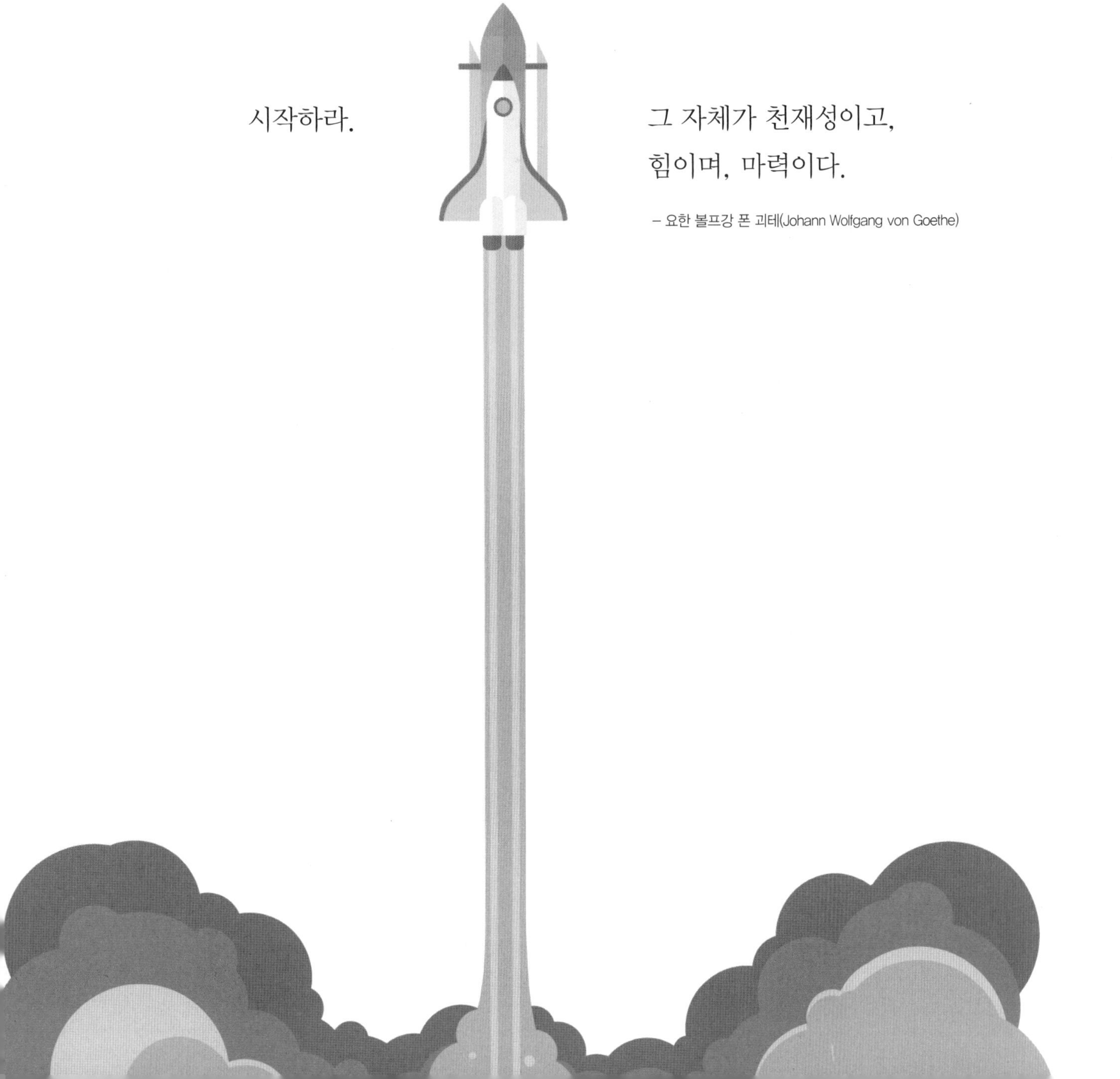

시작하라.

그 자체가 천재성이고,
힘이며, 마력이다.

– 요한 볼프강 폰 괴테(Johann Wolfgang von Goethe)

최신판

에듀윌 한국실용글쓰기
기출분석으로 1주끝장

머리말

<한국실용글쓰기 기출분석으로 1주끝장>을 펴내며

한국실용글쓰기검정은 자격증 시험 중 유일하게 서술형 평가가 이루어지는 국가 공인 인증 시험입니다. 전 국민의 올바른 국어 사용 능력과 건전한 의사소통 능력을 바탕으로 개인의 역량을 넘어, 공적인 영역에서의 소통 능력이라는 더 큰 그림을 그리고 있습니다.

한국실용글쓰기검정은 최근 출제 문항 수와 영역이 변경되어 객관식 선다형 30문항과 주관식 서술형 9문항이 출제됩니다. 출제 영역은 '글 구상과 표현', '직무 글쓰기', '직업 기초 능력', '직무 문해력', '글쓰기 윤리' 등으로 구분됩니다.

'글 구상과 표현'에서는 글쓰기 과정과 전략, '직무 글쓰기'에서는 '문서 이해', '기안서·품의서', '보고서', '기획서', '홍보문·보도문', '계약서' 등 다양한 실용문의 이론과 작성 능력을 평가합니다.

'직업 기초 능력'에서는 '직무 이해', '수리 자료 활용', '문제 해결' 등을 평가합니다. 새로운 영역으로 '직무 문해력'이 추가되었는데, 이 영역에서는 사회, 문화, 경제, 그리고 과학, 기술, 디지털 등 현대 사회에서 요구하는 다양한 영역에서의 소통 능력을 평가합니다.

한국실용글쓰기검정은 실제 직무 현장에서 요구되는 최소한의 필수 지식과 쓰기 능력을 측정하는 데 초점을 맞추고 있습니다. 전문적인 지식을 깊이 있게 평가하기보다는, 공무원 조직이나 회사라는 공동체 속에서 원활하게 소통하고 협력하는 데 필요한 기본적인 역량을 확인하는 데 그 목적을 둡니다. '쓰기'라는 행위 자체에 막연한 부담감을 느낄 수도 있겠지만, 한국실용글쓰기검정은 대학의 논술 평가처럼 심오한 논리나 창의성을 요구하지 않습니다. 제시된 자료를 얼마나 정확하게 분석하고, 주어진 조건을 얼마나 충실하게 따르는지가 평가의 핵심입니다.

객관식 문항에서는 불친절한 전문 지식 위주의 평가를 지양하고, 국가 공인 인증 시험의 최근 경향에 맞춰 제시문에 충분한 정보를 제공하고 이를 분석하는 능력을 평가하는 방향으로 나아가고 있습니다. 이는 단순히 지식을 측정하는 것을 넘어, 평가 과정을 통해 필요한 지식을 습득하고, 자료를 분석하며 해석하는 능력을 함양하는 데 그 목적을 두고 있음을 의미합니다. 결국, 한국실용글쓰기검정은 미래의 직무 현장에서 기초 직무 능력과 그 활용 능력을 효과적으로 발휘할 수 있도록 돕는 데 초점을 맞추고 있습니다. 서술형 평가 역시 피평가자의 심리적 부담을 최소화하고, 명확하고 정교한 자료와 조건을 제시하는 방향으로 개선되고 있습니다.

한국실용글쓰기검정을 준비하는 이유는 저마다 다를 것입니다. 하지만 이 교재를 통해, 평가라는 과정을 넘어 앞으로 펼쳐질 여러분의 사회생활에 필요한 실질적인 소통 능력을 키우고, 원하는 목표에 한 걸음 더 다가갈 수 있기를 진심으로 바랍니다. 새로운 시작을 응원하며, 이 책이 여러분의 성공적인 첫걸음에 든든한 동반자가 되기를 희망합니다.

이영택

저자 **이영택**

- 한국외대 국어국문학 박사
- 국어융합교육연구모임 마불린 대표 책임자
- 현) 부산교육청, 광주교육청 교과서 심의위원
- 전) 한국외대 한국어교육과 겸임교수
- 전) 한국국어능력평가협회 평가원장
- 전) KBS KLT(외국인을 위한 한국어능력시험) 출제위원
- 전) 삼성 멀티캠퍼스 한국어 OPIC 평가 재개발 대학 측 실무 책임자
- 『독서평설』 워크시트(지학사) 연재 기획 및 집필

시험의 모든 것

국가공인 자격

- 한국국어능력평가협회에서 실시하는 국가공인 '한국실용글쓰기 검정'은 자격기본법 제5조(국가직무능력표준)에 따른 '직업 기초 능력'을 국어기본법 제14조에 따라 '공공기관 등의 문서는 어문규범에 맞추어 한글로 작성'하는 '직무 능력'과 '국어 사용 능력', '의사소통 능력'을 종합적으로 평가하는 시험이다.

☑ 자격 발급 기관
(사) 한국국어능력평가협회(https://www.klata.or.kr)

☑ 검정 목적
국어 사용 능력을 바탕으로 한 전 국민의 '직무 능력' 향상과 '의사소통 능력' 증진을 목적으로 함

☑ 자격증 및 성적 유효 기간
2년(채택 기관에 따라 다를 수 있음)

☑ 검정 기준

등급	검정 기준
1급	기업·공공 기관·교육기관 등 현장에서 글쓰기 전문가, 교육자, 언론인, 작가, 기획 및 홍보 업무, 행정 사무 책임자로 글쓰기 원리, 글쓰기 실제, 사고력, 글쓰기 윤리 등의 검정 과목을 막힘없이 수행할 수 있다.
2급	기업·공공 기관·교육기관 등 현장에서 교육자, 언론인, 작가, 기획 및 홍보 업무, 행정 사무 책임자로서 글쓰기 원리, 글쓰기 실제, 사고력, 글쓰기 윤리 등의 검정 과목을 우수하게 수행할 수 있다.
준2급	• 행정·사무 및 기술 계통의 실무 책임자로 직무 관련 문서를 규범에 맞게 작성할 수 있다. • 글쓰기 원리, 글쓰기 실제, 사고력, 글쓰기 윤리 등의 검정 과목의 수행 방법을 적용·설명할 수 있다.
3급	• 현장 실무자로 직무 수행에 필요한 글쓰기 능력을 갖추고 있어 직무 문서를 규범에 맞게 작성할 수 있다. • 글쓰기 원리, 글쓰기 실제, 사고력, 글쓰기 윤리 등의 검정 과목의 수행 방법을 설명할 수 있다.
준3급	• 현장 실무자에게 필요한 기본적인 의사소통 능력을 갖추고 있어 직무상 필요한 문서를 책임자의 지시에 따라 작성하거나 보조할 수 있다. • 글쓰기 원리, 글쓰기 실제, 사고력, 글쓰기 윤리 등의 검정 과목의 수행 방법을 알고 있다.

시험 응시안내

☑ **응시 자격**

대한민국 국적을 가진 국민이라면 누구나 응시할 수 있음. 외국인의 경우 외국인등록증 또는 국내거소 신고증 중 한 가지를 소지하고 있는 경우 응시 가능함.

☑ **출제 방식**

객관식 300점(30문항), 서술형 700점(9문항으로 1~5번 30점, 6~7번 50점, 8번 100점, 9번 300점으로 구성)

☑ **시험 시간**

시간	진행 내용
09:00~09:30	수험자 입실(09:30 이후 입실 금지)
09:30~09:45	수험자 좌석 확인 및 특이사항 발생 시 처리
09:45~09:50	감독관 입실 / 수험자 주의사항(신분증) 안내
09:50~10:00	답안지 작성 / 문제지 배부
10:00~12:00	시험 진행(객관식 30문항, 서술형 9문항)

☑ **2025년 시험 일정**

회차	시험일	접수 기간	성적 발표
제111회	2025. 1. 18.(토)	2024. 12. 16.(월)~2025. 1. 6.(월)	2025. 2. 7.(금)
제112회	2025. 3. 15.(토)	2025. 2. 10.(월)~2025. 3. 3.(월)	2025. 4. 15.(화)
제113회	2025. 5. 17.(토)	2025. 4. 14.(월)~2025. 5. 5.(월)	2025. 6. 10.(화)
제114회	2025. 7. 19.(토)	2025. 6. 16.(월)~2025. 7. 7.(월)	2025. 8. 19.(화)
제115회	2025. 9. 20.(토)	2025. 8. 18.(월)~2025. 9. 8.(월)	2025. 10. 21.(화)
제116회	2025. 11. 15.(토)	2025. 10. 13.(월)~2025. 11. 3.(월)	2025. 12. 16.(화)
제117회	2026. 1. 17.(토)	2025. 12. 15.(월)~2026. 1. 5.(월)	2026. 2. 17.(화)

※ 수험표 출력은 매 시험일 4일 전부터 가능(시험 있는 주 화요일부터)

☑ **응시료**

55,000원
- 자격증 발급비 2,200원(VAT 포함, 전자문서인 PDF파일 수신 비용)

시험 활용처

☑ 채택 기관

경찰청	소방청	해양경찰청	제주특별자치도
부산광역시	충청북도	전라남도	육군3사관학교
육군부사관학교	군사안보지원사령부	KT	POSCO
현대중공업	현대엔지니어링	한국전력공사	한국수력원자력(주)
대한체육회	한국체육산업개발주식회사	한국농어촌공사	근로복지공단
한국지역난방공사	KSPO국민체육진흥공단	도로교통공단	건강보험심사평가원
식품의약품안전처	순천대학교	국가평생교육진흥원	한국노인인력개발원
국토연구원	한국서부발전	한전씨엠에스(주)	경기도체육회
한전원자력연료	건설근로자공제회	한국남동발전	농림수산식품교육문화정보원
한국중부발전	감사원	육군본부	국군방첩사령부
ROTC	한국원자력환경공단	한국항로표지기술원	중소기업기술정보진흥원
한국교육방송공사	한국부동산원	한국보건산업진흥원	사학진흥재단
강원랜드	화성시산업진흥원	여주시도시관리공단	한국국토연구원
농협	국민은행	우리은행	신한은행
미래에셋증권(대우증권)	(주)바텍	국민건강보험공단	한국토지주택공사

- [고등학교] 생활기록부 기재
- [학점은행] 자격 학점 인정

※ 검정 채택 기관 및 자격 우대 사항은 수시로 변경될 수 있으므로 해당 기업의 공고를 반드시 확인하시기 바랍니다.

출제 영역

검정방법	검정과목	주요 영역		
		대영역	중영역	소영역
필기 선택형 (5지선다) 서술형 (글쓰기)	Ⅰ. 글쓰기 원리	글 구상과 표현	계획하기	쓰기 맥락 분석
				주제 설정
				자료 수집 및 선택
				구성 및 개요 작성
			표현하기	표현 전략(내용 생성과 조직)
				어문 규범, 어법
				단어, 문장, 문단 쓰기
				구성 및 전개 방식
				표현 및 서술 방식
			고쳐쓰기와 공유하기	글 단위별 고쳐쓰기
				독자 고려 고쳐쓰기
				평가와 조정(문서 다듬기)
	Ⅱ. 글쓰기 실제	직무 글쓰기	문서 이해	문서의 이해와 분류
				문서 작성
			기안서·품의서	기안서 이해와 분류
				기안서 작성
				품의서 이해와 분류
				품의서 작성
			보고서	보고서 이해와 분류
				보고서 작성
			기획서	기획서 이해와 분류
				기획서 작성
			프레젠테이션	프레젠테이션 이해
				프레젠테이션 작성
			홍보문·보도문	홍보문 이해
				홍보문 작성
				보도문 이해
				보도문 작성
			계약서	계약서 이해
				계약서 작성
	Ⅲ. 사고력	직업 기초 능력	직무 이해	경영, 직무 이해
				직무 관련 의사소통
			수리·자료 활용	기초 연산
				통계 해석
				도표 해석
			문제 해결	문제 유형
				사고 전략
				문제 해결 과정
		직무 문해력	직무 문해력	사회·경제·문화 문해력
				과학·기술 문해력
				디지털 문해력
	Ⅳ. 글쓰기 윤리	글쓰기 윤리	글쓰기 윤리	저작권과 표절
				인용 및 출처
				직업 글쓰기 윤리

문항 구성

✅ 전체 문항 구성

과목(분야)	출제문항수		
	선택형(객관식)	서술형	계
글쓰기 원리	8	4	12
글쓰기 실제	13	3	16
사고력	8	1	9
글쓰기 윤리	1	1	2
합계(배점)	30문제(300점)	9문제(700점)	39문제(1,000점)

✅ 서술형 문항 구성

문번	1~5번	6번	7번	8번	9번
출제영역	글쓰기 원리 사고력 글쓰기 윤리	글쓰기 실제 (문서 이해, 공문서, 기안서, 품의서, 보고서, 제안서, 홍보, 보도문, 계약서 작성)			
배점(700점)	150점 (단문 쓰기)	50점 (글 다듬기)	100점 (300자 내외 글쓰기)	100점 (300자 내외 글쓰기)	300점 (1,200자 내외 글쓰기)

✅ 배점 / 시간

교시	시간	문제
1교시	120분	객관식 30문항/서술형 9문항
계	120분	39문항

✅ 등급별 합격 기준(평가 등급)

등급	1급	2급	준2급	3급	준3급
점수(1,000점)	870점 이상	790~869점	710~789점	630~709점	550~629점

한국실용글쓰기 기출분석으로 1주끝장
1주 플래너

구분	과목	기출유형 이름	유형 이름	페이지	플랜
객관식	PART1 글쓰기 원리	계획하기	01 쓰기 맥락 분석	p.20	1일
			02 주제 설정	p.21	
			03 자료 수집 및 선택	p.23	
			04 구성 및 개요 작성	p.24	
		표현하기	05 표현 전략	p.28	
			06 단어, 문장, 문단 쓰기	p.29	
			07 구성 및 전개 방식	p.31	
			08 표현 및 서술 방식	p.33	
		글 다듬기(고쳐쓰기)	09 글 단위별 고쳐쓰기	p.36	
			10 독자를 고려한 고쳐쓰기	p.39	
			11 평가와 조정(문서 다듬기)	p.40	
	PART2 글쓰기 실제	직무 글쓰기	12 문서의 이해와 작성	p.46	2일
			13 기안서의 이해와 작성	p.54	
			14 품의서의 이해와 작성	p.58	
			15 보고서의 이해와 작성	p.66	
			16 기획서의 이해와 작성	p.74	3일
			17 프레젠테이션의 이해와 작성	p.81	
			18 홍보문의 이해와 작성	p.87	
			19 보도문의 이해와 작성	p.89	
			20 계약서의 이해와 작성	p.95	
	PART3 사고력	직무 이해	21 경영, 직무 이해	p.108	4일
			22 직무 관련 의사소통	p.111	
		수리·자료 활용	23 기초 연산	p.121	
			24 통계 해석	p.122	
			25 도표 해석	p.123	
		문제 해결	26 문제 유형	p.127	
			27 사고 전략	p.129	
			28 문제 해결 과정	p.131	
		직무 문해력	29 사회·문화·경제 문해력	p.138	
			30 과학·기술 문해력	p.140	
			31 디지털 문해력	p.142	
	PART4 글쓰기 윤리	글쓰기 윤리	32 저작권	p.150	5일
			33 표절과 인용	p.152	
			34 글쓰기 윤리	p.154	
주관식	PART5 서술형	서술형	35 서술형 30점	p.162	6일
			36 서술형 50점	p.177	
			37 서술형 100점	p.183	
			38 서술형 300점	p.190	
실전 연습	모의고사	실전 모의고사	실전 모의고사 제1회	p.202	7일
			실전 모의고사 제2회	p.222	

구성과 특징

단기 최적의 학습 단계

대표 기출유형
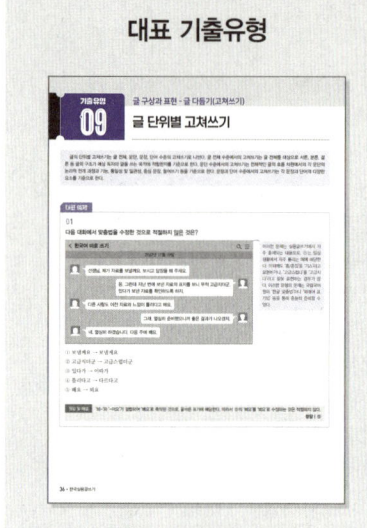
대표예제를 통해 기출유형을 분석하고 상세한 첨삭으로 문제 이해와 풀이를 학습

기출 핵심개념

시험에 나온, 나올 개념만 수록하여 단기간, 고효율 학습 가능

기출 변형 실전문제
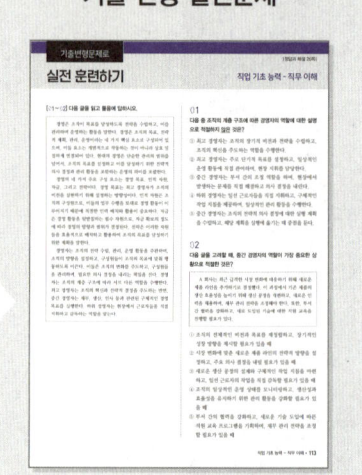
실제 기출을 변형한 실전 문제로 시험 완벽 대비

파이널 실전 모의고사
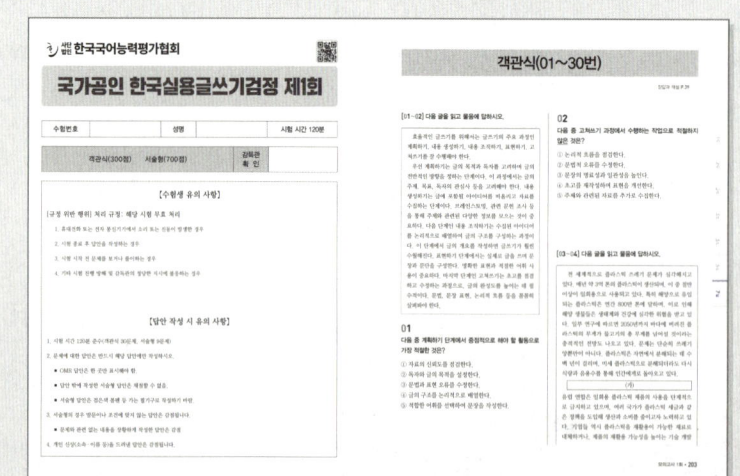

기출을 완벽 재현한 문항 배열과 출제, 모의 답안지로 실전처럼 연습 가능

한국실용글쓰기 기출분석으로 1주끝장

특급 자료 제공

주관식 공략 꿀팁 + 원고지 작성법

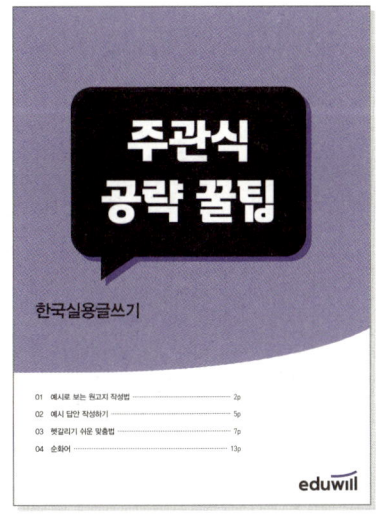
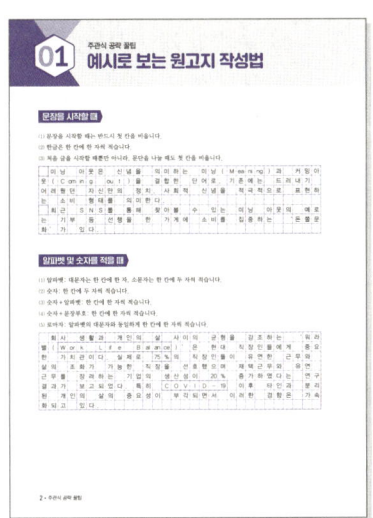

원고지 작성법, 헷갈리기 쉬운 맞춤법, 순화어 등 주관식(서술형) 문제 답안 작성 시
꼭 필요한 핵심 꿀팁을 담은 주관식 공략집 제공

가장 쉬운 서술형 글쓰기 공략(PDF)

주관처 공개 서술형 9번 문제, 풀이법을
따라하며 쉽게 익힐 수 있는 글쓰기 공략 자료 제공

이용 경로: 에듀윌도서몰(book.eduwill.net) → 도서자료실 → 부가학습자료 → '실용글쓰기' 검색

목차

객관식

PART1 글쓰기 원리

글 구상과 표현	계획하기	01 쓰기 맥락 분석	20
		02 주제 설정	21
		03 자료 수집 및 선택	23
		04 구성 및 개요 작성	24
	표현하기	05 표현 전략	28
		06 단어, 문장, 문단 쓰기	29
		07 구성 및 전개 방식	31
		08 표현 및 서술 방식	33
	글 다듬기(고쳐쓰기)	09 글 단위별 고쳐쓰기	36
		10 독자를 고려한 고쳐쓰기	39
		11 평가와 조정(문서 다듬기)	40

PART2 글쓰기 실제

직무 글쓰기	12 문서의 이해와 작성	46
	13 기안서의 이해와 작성	54
	14 품의서의 이해와 작성	58
	15 보고서의 이해와 작성	66
	16 기획서의 이해와 작성	74
	17 프레젠테이션의 이해와 작성	81
	18 홍보문의 이해와 작성	87
	19 보도문의 이해와 작성	89
	20 계약서의 이해와 작성	95

PART3 사고력

직업 기초 능력	직무 이해	21 경영, 직무 이해	108
		22 직무 관련 의사소통	111
	수리 · 자료 활용	23 기초 연산	121
		24 통계 해석	122
		25 도표 해석	123
	문제 해결	26 문제 유형	127
		27 사고 전략	129
		28 문제 해결 과정	131
직무 문해력	직무 문해력	29 사회 · 문화 · 경제 문해력	138
		30 과학 · 기술 문해력	140
		31 디지털 문해력	142

PART4 글쓰기 윤리

글쓰기 윤리	글쓰기 윤리	32 저작권	150
		33 표절과 인용	152
		34 글쓰기 윤리	154

주관식(서술형)

PART5 서술형

서술형	35 서술형 30점	162
	36 서술형 50점	177
	37 서술형 100점	183
	38 서술형 300점	190

실전 모의고사

실전 모의고사

실전 모의고사	01 실전 모의고사 제1회	202
	02 실전 모의고사 제2회	222

- OMR 답안지
- 원고지 작성법
- 주관식 공략 꿀팁

객관식

한국실용글쓰기

PART 01　글쓰기 원리 ·· 18p

PART 02　글쓰기 실제 ·· 44p

PART 03　사고력 ··· 106p

PART 04　글쓰기 윤리 ·· 148p

PART I

[글 구상과 표현]

계획하기
01 쓰기 맥락 분석
02 주제 설정
03 자료 수집 및 선택
04 구성 및 개요 작성

표현하기
05 표현 전략
06 단어, 문장, 문단 쓰기
07 구성 및 전개 방식
08 표현 및 서술 방식

글 다듬기(고쳐쓰기)
09 글 단위별 고쳐쓰기
10 독자를 고려한 고쳐쓰기
11 평가와 조정(문서 다듬기)

글쓰기 원리

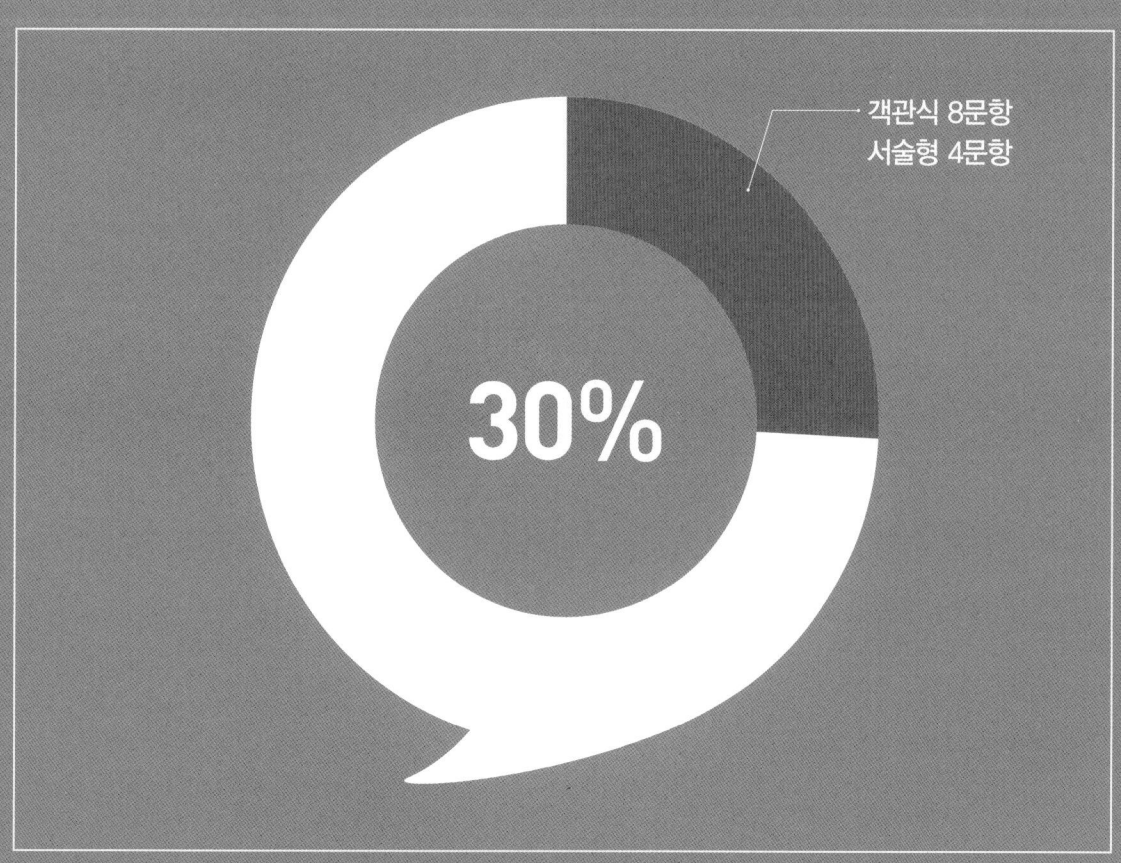

실용글쓰기 시험 출제 비중

30%

객관식 8문항
서술형 4문항

기출유형 01 글 구상과 표현 - 계획하기
쓰기 맥락 분석

필자는 글쓰기 단계(계획 → 내용 생성 → 내용 조직 → 표현 → 재고와 조정)의 문제를 전략적으로 해결해야 한다. 맥락은 필자, 독자, 글의 목적 및 유형, 상황, 매체 등을 말한다. 필자가 쓰고자 하는 글의 목적에 따라 글의 유형이 결정되고 글의 구조(형식)가 달라진다. 따라서 글을 쓰는 목적과 유형, 예상 독자와의 관계, 맥락 등을 고려하여 글을 분석하여야 한다. 실용글쓰기 시험에는 예상 독자, 글의 목적, 글의 유형과 관련된 문제가 자주 출제된다.

대표 예제

01

다음 중 ㉠에 공통으로 들어갈 내용으로 적절한 것은?

> 글쓰기는 단순히 정보를 전달하는 도구를 넘어, 우리의 생각과 감정을 표현하고 타인과 소통하는 중요한 수단이다. 글쓰기 상황은 글을 쓰는 (㉠), 필자의 배경지식, 글의 주제, 예상 독자의 특성 등 글이 쓰이는 사회적·문화적 맥락 및 다양한 요소에 영향을 받는다. 글을 쓰는 (㉠)에 따라 글의 유형이 달라지고, 그에 따라 글의 구조, 구조에 따른 내용 등이 달라진다. 예를 들어, 설명문은 어떤 사실이나 개념을 명확하게 전달하는 것을 목적으로 하며, 논설문은 특정 주장을 펼치고 독자를 설득하는 것을 (㉠)로/으로 한다.

> 글의 유형은 글의 목적(정보 전달, 설득 등)에 따라 달라지고, 이에 따라 글의 형식과 내용 요소도 달라진다.

① 목적   ② 필자   ③ 종류   ④ 주제   ⑤ 예상 독자

정답 및 해설 정보 전달, 설득, 사회적 상호 작용, 정서 표현 등 글의 목적에 따라 글의 유형이 달라진다. 설명문은 정보 전달, 논설문은 설득을 목적으로 하는 글이다.

정답 | ①

기출 개념   쓰기 맥락

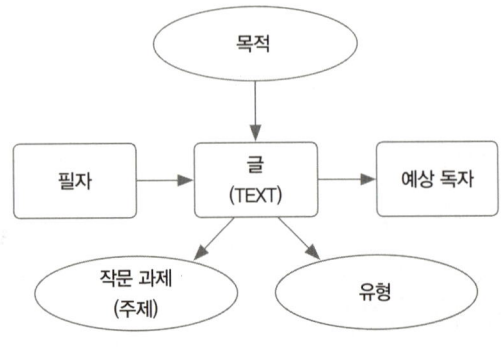

쓰기 맥락은 글(텍스트)을 중심으로 필자, 글의 목적, 글의 유형, 예상 독자, 매체 등으로 구성된다. 정보 전달, 설득, 사회적 상호 작용, 친교 등의 목적에 따라 설명문, 논설문, 보도문, 홍보문 등 글의 유형이 결정되고 이에 따라 글의 형식과 구조가 달라진다. 글을 쓸 때는 글의 목적을 고려하여 주제를 결정하고, 예상 독자를 고려하여 내용을 구성해야 한다.

기출유형 02 글 구상과 표현 - 계획하기

주제 설정

주제를 설정할 때는 쓰기 맥락을 분석하면서 쓰기 과제와 밀접하게 연관된 주제를 선택해야 한다. 내용을 생성하는 과정에서 체계를 세워 주제를 탐색하고 중심 내용을 조정한 뒤 주제의 범위를 좁히며 구체화한다. 주제는 글을 쓰는 과정에서 일반적인 주제(예 신문의 중요성)를 정한 다음에 그것을 구체적인 주제(예 '신문의 역할과 사명의 변화' 또는 '신문과 방송의 차이점')로 구체화한다. 실용글쓰기 시험에는 글의 주제와 관련하여 제목이나 중심 내용을 묻는 문제가 출제된다.

대표 예제

[01~02] 다음을 읽고 물음에 답하시오.

> Ⅰ. 인공 지능(AI)의 발전과 그 한계
>   가. 딥러닝 기술의 발전과 다양한 분야 적용 사례
>   나. 인공 지능(AI)의 현재 수준과 한계점 분석
>   (예 판단력 부족, 윤리적 문제 등)
>
> Ⅱ. 인공 지능(AI)이 가져올 미래 사회의 변화
>   가. 산업 구조의 변화: 자동화, 새로운 직업의 탄생
>   나. 사회 관계의 변화: 인공 지능(AI)과의 상호 작용 증가, 사회적 불평등 심화 가능성
>   다. 윤리적 딜레마: 인공 지능(AI) 개발과 활용에 따른 윤리적 문제
>   (예 책임 소재, 개인 정보 보호 등)
>
> Ⅲ. 인공 지능(AI) 시대의 인간의 역할
>   가. 인공 지능(AI)과 인간의 협력 방안 모색
>   나. 인간 고유의 역량 강화 필요성(예 창의성, 공감 능력 등)
>   다. 인공 지능(AI) 시대의 교육 개혁 방향

> 개요가 제시된 경우 글의 주제와 내용을 묻는 문제가 주로 출제된다. 이런 경우에는 상위 목차만으로도 문제를 해결할 수 있다.

01
위 개요를 바탕으로 작성한 글의 주제로 가장 적절한 것은?

① 인공 지능(AI)의 기술적 원리와 발전 과정
② 인공 지능(AI) 시대, 인간과 기계의 공존 방안
③ 인공 지능(AI)이 가져올 미래 사회의 긍정적인 측면
④ 인공 지능(AI) 개발 과정에서의 윤리적 문제와 해결 방안
⑤ 인공 지능(AI)의 한계를 극복하기 위한 새로운 기술 개발의 필요성

02

위 개요의 'Ⅱ. 인공 지능(AI)이 가져올 미래 사회의 변화'에서 다룰 중심 내용으로 가장 적절한 것은?

① 인공 지능(AI) 기술의 한계점
② 인공 지능(AI) 기술의 발전 속도
③ 인공 지능(AI) 기술의 경제적 효과
④ 인공 지능(AI) 기술의 윤리적 문제
⑤ 인공 지능(AI) 기술이 가져올 사회적 변화

> **정답 및 해설**
> 01 제시된 개요는 인공 지능(AI)의 기술적 발전뿐만 아니라, 이로 인해 발생할 수 있는 사회적·윤리적 문제점과 함께 인간과 인공 지능(AI)이 공존하기 위한 방안까지 다루고 있다. 따라서 ②가 가장 적절하다.
> | 오답 피하기 | ①은 기술적 측면, ③은 긍정적인 측면에만 치중하고 있다.
> ④는 윤리적 문제 해결의 필요성, ⑤는 한계점 극복에만 초점을 맞추고 있어 전체적인 주제를 포괄하지 못한다.
> 02 'Ⅱ. 인공 지능(AI)이 가져올 미래 사회의 변화'에서는 산업 구조, 사회 관계 등의 측면에서 인공 지능(AI) 기술의 발달이 가져올 변화를 다루고 있다. 따라서 ⑤를 가장 중점적으로 다루고 있다고 할 수 있다.
>
> 정답 | 01 ② 02 ⑤

기출 개념 | 주제 설정 / 구성 및 개요 작성

주제 설정	• 예상 독자들이 공감할 수 있는 것이어야 함 • 구체적이어야 하고, 새롭고 독창적인 것이어야 함 • 글에 대한 필자의 입장을 분명하게 나타내야 함 • 주어와 서술어를 갖추어야 하며, 표현이 구체적이고 정확해야 함
구성 및 개요 작성	• 구성 작성: 글의 주제가 드러나도록 제재를 정리하는 과정으로, 줄거리를 짜는 것 • 개요 작성: 본격적으로 글을 쓰기 전에 글의 주제와 목적에 맞는 제재, 중심 내용 등을 도식화하여 나타내는 것 • 개요는 서론, 본론, 결론의 구조로 작성함 • 개요 작성의 과정: 주제문 작성 → 주제의 내용을 나누어 항목 정리 → 중심 제재와 종속 제재로 분류 → 종속 제재를 세분화하여 구체적으로 작성 • 개요는 논리성이 있어야 하며, 각 항목이 밀접하게 연관되어야 함 • 개요의 종속 제재는 중심 제재의 내용을 모두 다루어야 함

기출유형 03

글 구상과 표현 - 계획하기

자료 수집 및 선택

자료 수집 및 선택 과정에서는 목적에 맞는 자료를 수집하고 다양한 출처를 활용하며, 객관성과 신뢰성을 고려한 자료를 선택해야 한다. 실용글쓰기 시험에는 글의 목적이나 주제에 적합한 참고 자료나 관련성이 있는 자료를 묻는 문제가 주로 출제된다.

대표 예제

01

다음 글을 쓰기 위해 수집한 자료로 적절하지 <u>않은</u> 것은?

> 정부는 부동산 시장 안정화를 위해 다주택자에 대한 양도 소득세 인상을 검토하고 있다. 정부는 또한 부동산 가격 상승에 따라 형성된 투기 수요를 억제하고, 주택 시장의 과열을 완화하기 위해 다주택자 과세 강화를 추진할 방침이다. 이를 통해 투기 목적의 주택 매입을 억제하고, 실수요자 중심의 주택 시장을 조성하고자 한다.

① 세계부동산연맹(FIABCI)의 자료에 따르면, 전 세계적으로 다주택자에 대한 양도 소득세율을 낮추는 것이 주택 공급 증가에 긍정적인 영향을 미친다고 한다.

② ○○연구소의 보고서에 따르면, 다주택자에 대한 양도 소득세 인상이 투기 수요를 줄이는 데 기여할 수 있으며, 이에 따라 주택 시장의 안정성이 높아질 것으로 전망된다.

③ 2021년 기준 다주택 보유 가구의 양도 소득세 부담 비율을 조사한 결과, 소득 1분위는 0.5%, 2분위는 1.2%, 3분위는 2.4%, 4분위는 3.6%, 5분위는 5.8%로 나타났다.

④ 한국경제연구원의 분석에 따르면, 다주택자의 주택 매도 시 양도 소득세를 강화하면 단기적인 주택 매물 증가로 이어져 주택 공급이 증가하고, 매매가 하락에 기여할 가능성이 있다.

⑤ ○○대 교수는 "양도 소득세 인상은 다주택자의 투기 목적 주택 소유를 억제하는 데 긍정적인 역할을 할 수 있다. 다만, 실수요자를 보호하기 위한 별도의 정책적 보완도 필요하다."라고 언급했다.

> 양도 소득세 인상의 긍정적 효과를 나타내는 자료를 찾아야 하는데 ①은 오히려 양도 소득세율을 낮추는 것이 불러오는 긍정적 효과를 언급하고 있다.

정답 및 해설 제시된 글은 다주택자에 대한 양도 소득세 인상을 통해 투기 수요를 억제하고 주택 시장의 안정을 도모하려는 입장을 취하고 있다. 그러나 ①은 다주택자에 대한 양도 소득세율을 낮추는 것이 주택 공급 증가에 긍정적 영향을 준다는 내용이므로 글의 논지와 맞지 않다. 나머지 자료들은 양도 소득세 인상과 그 효과에 대한 분석이나 의견을 제시하고 있으므로 글의 내용과 부합한다.

정답 | ①

기출 개념 자료 수집 및 선택

자료 수집	• 조사, 관찰, 면담, 질문, 독서, 체험, 기억, 브레인스토밍, 생각 그물 만들기(마인드맵) 등의 방법을 이용하여 글의 주제 및 목적과 관련된 자료를 수집하고 정리함 • 수집된 자료는 글의 목적을 효과적으로 뒷받침할 수 있음
자료 선택	• 주제를 효과적으로 뒷받침할 수 있는 것이어야 함 • 자료의 출처가 확실하고 분명하여 신뢰할 수 있는 것이어야 함	• 글의 내용을 풍부하고 다양하게 구성할 수 있는 것이어야 함 • 독자의 흥미와 관심을 불러일으키는 것이어야 함

기출유형 04 글 구상과 표현 - 계획하기
구성 및 개요 작성

작문의 상황 맥락 등을 분석한 이후에는 글 전체의 구성에 따라 개략적인 구도를 작성해야 한다. 실용글쓰기 시험에는 구성의 경우 통일성이나 일관성의 문제, 중심 내용에 따른 세부 내용의 순서, 이어 쓸 내용 등을 묻는 문제가 출제되고, 개요 작성의 경우 개요를 제시한 이후에 제목이나 개요에서 적절하지 않은 내용을 묻는 문제가 주로 출제된다.

대표 예제

[01~02] 다음을 읽고 물음에 답하시오.

> Ⅰ. 스마트 농업의 미래
>   인공 지능(AI)과 사물 인터넷(IoT)을 활용한 농업의 효율성 향상 전망
>
> Ⅱ. 스마트 농업 기술의 특성
>   1. 실시간 데이터 수집 및 분석으로 농작물 상태 관리 가능
>   2. 드론을 이용한 정밀 농업 기술로 농약 및 비료의 효율적 사용 가능
>   3. 스마트 센서를 통한 토양 수분 및 온도 관리
>   4. 자동화된 로봇 수확 기술로 인력 절감 가능
>   5. 예측 분석을 통한 기후 변화 대비 농업 계획 수립
>
> Ⅲ. 스마트 농업이 가져올 변화
>   1. 농업 생산성의 극대화와 비용 절감
>   2. 농촌 지역의 경제 및 사회적 혁신
>   3. 친환경 농업으로의 전환 가능성
>
> Ⅳ. 맺음말

01
위 개요를 바탕으로 글을 쓸 때, 제목으로 가장 적절한 것은?

① 농촌 경제를 활성화하는 드론 기술
② 기후 변화 속 농업의 도전과 해결책
③ 지속 가능한 농업을 위한 친환경 기술
④ 인공 지능(AI) 기반의 스마트 도시 농업의 개척
⑤ 농업과 디지털 기술의 만남: 스마트 농업의 비전

02
위 개요에서 다음 글의 내용과 밀접하게 연결되는 것으로 가장 적절한 것은?

> 스마트 센서는 농작물의 생장 상태를 실시간으로 모니터링하고 필요한 경우 정확한 양의 물과 비료를 제공한다. 이를 통해 농업 생산량을 최적화하고 자원 낭비를 줄일 수 있다. 또한, 센서를 통해 얻은 데이터를 인공 지능(AI)이 분석하여 기후 변화에 따른 농작물의 적응 전략을 세울 수 있다. 특히, 토양의 온도와 수분 상태를 효율적으로 관리함으로써 안정적인 작물 생산을 지원한다.

① Ⅱ. 1.   ② Ⅱ. 2.
③ Ⅱ. 3.   ④ Ⅱ. 4.
⑤ Ⅱ. 5.

정답 및 해설

01 위 개요는 전반적으로 스마트 농업 기술과 그 변화에 대한 내용으로 구성되어 있다. 따라서 디지털 기술이 농업과 결합하여 스마트 농업이라는 새로운 비전을 만들어 간다는 주제를 나타내는 ⑤가 제목으로 적절하다.

02 제시된 글은 스마트 센서가 토양 수분과 온도를 효율적으로 관리하는 기능과 인공 지능(AI)을 활용한 데이터 분석을 통한 농업 생산 최적화에 대해 설명하고 있다. 이는 개요의 'Ⅱ. 3. 스마트 센서를 통한 토양 수분 및 온도 관리'와 가장 밀접하게 연결된다.

정답 | 01 ⑤ 02 ③

기출변형문제로 실전 훈련하기

글 구상과 표현 - 계획하기

01
다음 글을 읽은 독자의 의견으로 적절한 것은?

> 인간의 언어 습득 과정은 매우 복잡하고 다차원적이다. 단순히 단어를 암기하고 문장을 구성한다고 해서 언어를 완전히 습득하는 것은 아니다. 언어는 맥락과 문화, 상황에 따라 그 의미가 달라지기 때문이다.
> 최근 개발된 언어 학습 프로그램인 '리토'는 이러한 언어 습득의 복잡성을 반영하고자 설계되었다. 그러나 리토는 학습 과정에서 반복적으로 오류를 범했다. 예를 들어, 문맥상 맞지 않는 단어를 선택하거나 부적절한 문법 구조를 고집하는 등의 문제를 보였다. 이는 리토가 실제로 언어를 이해하지 않고 단순한 패턴을 학습했기 때문에 발생한 문제였다. 결국 리토는 수정 과정을 거쳤고, 언어 학습을 위해서는 인간의 감독과 피드백이 반드시 필요하다는 결론에 이르렀다.

① 언어 학습은 인간만이 할 수 있는 특별한 능력이구나.
② 인공 지능이 언어를 완벽하게 이해하는 데는 한계가 있겠구나.
③ 인공 지능이 언어를 학습하려면 더 많은 데이터를 제공해야겠구나.
④ 인간이 인공 지능의 오류를 바로잡는 데 중요한 역할을 해야겠구나.
⑤ 언어 프로그램이 더 정교해지면 인간의 통번역 업무는 사라지겠구나.

[02~03] 다음 자료를 읽고 물음에 답하시오.

> Ⅰ. 메타버스의 개념과 등장 배경
> Ⅱ. 메타버스가 가져올 미래 사회의 변화
>   가. 경제: 새로운 비즈니스 모델 창출, 디지털 자산의 부상
>   나. 사회: 사회적 관계 변화, 새로운 커뮤니티 형성
>   다. 문화: 엔터테인먼트, 교육, 예술 분야의 변화
> Ⅲ. 메타버스의 문제점과 과제
>   가. 디지털 격차 심화, 개인 정보 유출 위험
>   나. 중독 문제, 윤리적 문제
>   다. 메타버스 발전을 위한 기술적 과제

02
위 개요를 바탕으로 작성된 글의 주제로 가장 적절한 것은?

① 메타버스 기술의 발전 과정
② 메타버스가 가져올 경제적 이익
③ 메타버스의 전망과 문제점 및 과제
④ 메타버스 기술의 한계와 발전 가능성
⑤ 메타버스를 통해 변화할 미래 사회의 긍정적 모습

03
위 개요의 'Ⅲ. 메타버스의 문제점과 과제'를 고려할 때, 메타버스의 문제점으로 적절하지 않은 것은?

① 중독 문제
② 윤리적 문제
③ 기술적 발전
④ 디지털 격차 심화
⑤ 개인 정보 유출 위험

04

다음 글을 쓰기 위해 수집한 자료로 적절하지 <u>않은</u> 것은?

> 최근 청년 실업 문제가 심각해지면서 청년들의 경제적 어려움이 심화되고 있다. 이에 따라 청년층을 대상으로 한 다양한 지원 정책이 시행되고 있지만, 여전히 많은 청년들이 취업난에 시달리고 있다. 이러한 상황에서 청년들이 안정적인 직업을 얻고 경제적 자립을 할 수 있도록 돕기 위해서는 청년 고용에 대한 정부의 지원을 확대해야 한다.

① OECD 국가 중 한국의 청년 실업률은 상위권에 속하며, 특히 청년층의 고용 불안정성이 심각한 문제로 지적되고 있다.
② 정부는 청년 일자리 창출을 위해 다양한 정책을 추진하고 있지만, 청년들이 선호하는 양질의 일자리 창출에는 부족하다는 비판이 제기되고 있다.
③ 청년 고용 문제 해결을 위해서는 단순히 일자리 수를 늘리는 것뿐만 아니라, 청년들이 원하는 직무와 연계된 직업 교육 및 훈련 프로그램을 확대해야 한다.
④ 통계청 조사 결과, 정부의 지원 정책 이후, 오히려 2025년 청년 실업률이 역대 최고 수준을 기록하며 청년들의 경제적 어려움이 심각해지고 있다는 것을 보여 주었다.
⑤ 청년 실업 문제 해결을 위해서는 정부뿐만 아니라 기업의 적극적인 참여가 필요하며, 정부는 기업의 청년 고용을 장려하기 위한 세제 혜택 등 다양한 지원 방안을 마련해야 한다.

05

'우리나라 소셜 미디어 시장의 성장과 전망'에 대한 글을 쓸 때, 다음 내용을 모두 포괄할 수 있는 소제목으로 가장 적절한 것은?

> - 소셜 미디어 사용자의 폭발적인 증가와 함께 인플루언서 마케팅이 크게 활성화됨.
> - 짧은 형식의 영상 콘텐츠가 인기를 끌면서, 다양한 동영상 플랫폼이 급성장하고 있음.
> - 사용자 맞춤형 광고와 인공 지능(AI) 기반 분석 서비스가 도입되어 소셜 미디어의 수익 모델이 다변화되고 있음.
> - 모바일 중심의 시장 변화로 인해 전통 미디어와의 경쟁이 심화되고 있음.

① 소셜 미디어의 향후 전망
② 소셜 미디어의 급성장 배경
③ 최근 소셜 미디어의 트렌드
④ 소셜 미디어 시장의 수익성 강화
⑤ 디지털 전환과 소셜 미디어의 시작

기출유형 05 글 구상과 표현 - 표현하기

표현 전략

표현 단계에서 글의 전달 효과를 높이는 표현 전략으로, 비유, 변화, 강조 등의 표현 기법을 활용하는 방법, 작문 맥락과 내용을 고려한 표현 기법을 활용하는 방법 등이 있다. 실용글쓰기 시험에는 한글 맞춤법, 외래어 표기법, 띄어쓰기 등이 문서와 관련된 문제로 출제된다.

대표 예제

01

다음 글에서 사용된 표현 전략으로 가장 적절한 것은?

> "도시는 거대한 생명체와 같다. 도로는 혈관처럼 차량과 사람을 이동시키고, 전기와 통신망은 신경계처럼 작동한다."

이 글에서는 '도시'를 '생명체'에 빗대어 설명하며, '도로=혈관', '전기와 통신망=신경계'처럼 유사한 개념을 연결하여 표현하는 '비유 전략(은유)'을 사용하였다.

① 논리적 근거를 제시하여 주장이나 의견을 설득하는 방식 ← 논증
② 특정 부분을 반복하거나 점층적으로 표현하여 강조하는 방식 ← 강조
③ 개념, 원리, 사실 등을 독자가 쉽게 이해하도록 풀어 쓰는 방식 ← 설명
④ 비교 대상과의 유사성을 이용하여 이해를 돕거나 감각적 효과를 높이는 방식 ← 은유
⑤ 대상의 특징을 구체적으로 표현하여 독자가 생생한 시각적 이미지를 떠올리도록 유도하는 방식 ← 묘사

정답 및 해설 도시와 도로, 전기와 통신망을 생명체에 빗대어 설명함으로써 비교 대상과의 유사성을 이용하여 이해를 돕거나 감각적 효과를 높이는 방식을 사용하고 있다.

정답 | ④

기출유형 06

글 구상과 표현 - 표현하기

단어, 문장, 문단 쓰기

쓰기 단계에서 중시되는 요소로는 적절한 어휘 선택과 문장의 구조, 연결성, 명료성, 그리고 어법 등이 있다. 어법에서는 주어와 서술어의 호응, 조사나 접속 어미, 접속 부사 등의 호응 관계, 높임법, 시제, 단어의 길이와 불필요한 말의 사용 등이 출제 요소가 된다. 문단에서는 하나의 문단에 하나의 핵심 내용을 다루는지와 적절한 전개 구조를 유지하고 연결어를 활용하여 논리적 흐름을 유지하는지 등을 묻는다. 실용글쓰기 시험에는 표현 전략과 관련지어 어법, 접속어, 적절한 문장의 삽입, 문단의 논리적 순서 등의 문제가 출제된다.

대표 예제

01

㉠에 들어갈 내용으로 가장 적절한 것은?

> 대표적인 환경 보호 지표가 대기 오염도라면, 생태계의 건강을 보다 정확하게 반영하기 위해 나온 지표는 생물 다양성이다. 생물 다양성은 특정 지역에 존재하는 다양한 생물의 종류와 그 생물들이 서로 상호 작용하는 정도를 나타내며, 이 지표에는 특정 지역 내에서 발견되는 모든 생물의 수가 포함된다. 생물 다양성은 한 지역의 생태계 건강을 파악하는 데 유용하나, 지역 주민의 생활 수준을 알아보는 데는 적합하지 못하다. 왜냐하면 (㉠) 때문이다.

① 생물 다양성은 특정 생물군에 대한 연구 결과에 의존하기
② 생물 다양성은 오히려 특정 생물의 개체 수에 중점을 두어 계산하기
③ 생물 다양성 지표는 지역 주민이 사용하는 자원과는 상관없이 측정되기
④ 생물 다양성은 지역 주민의 소득 수준과 직접적으로 연결되어 있지 않기
⑤ 생물 다양성이 높다고 해서 반드시 환경이 안전하다는 것을 의미하지 않기

> 빈칸에 들어갈 구절이나 문장을 요구하는 문제의 경우에는 빈칸의 앞뒤 맥락을 고려해야 한다. ㉠의 앞의 내용은 생물 다양성이 지역 주민의 생활 수준을 알아보는 데 적합하지 못하다는 '결과'가 제시되어 있다. 그리고 뒤이어 '왜냐하면 ~때문이다'라는 이유를 요구하는 문장이 주어져 있으므로 생물 다양성이 지역 주민의 '생활 수준'을 나타내지 못하는 적절한 이유를 찾아야 한다.

02

다음 문장에 이어질 내용을 순서대로 배열한 것으로 가장 적절한 것은?

> 최근 기업들은 인공 지능 기술을 활용하여 업무 효율성을 높이고 있으며, 이는 많은 산업에서 혁신을 가져오고 있다.

> (가) 이에 따라 인공 지능 기술에 대한 이해와 수용이 필요하다.
> (나) 그러나 인공 지능의 도입이 모든 문제를 해결하는 것은 아니다.
> (다) 이러한 과정에서 직원의 교육과 인식 변화가 중요한 역할을 한다.
> (라) 특히, 인공 지능의 판단 기준이 불투명할 경우 기업의 신뢰도가 하락할 수 있다.
> (마) 따라서 인공 지능의 결과를 신뢰하기 위해서는 그 과정의 투명성을 확보하여야 한다.
> (바) 반면에 기술적 한계로 인해 인공 지능이 인간의 창의성을 대체하기는 어렵다는 의견도 있다.

문장의 논리적 전개는 '단계적 순서', '원인과 결과', '문제와 해결' 등의 전개 방식을 고려하여야 하며, 이를 파악하기 위해서는 내용들의 관계뿐만 아니라 접속어 등의 역할도 고려하여야 한다.

① (가) – (나) – (다) – (라) – (마) – (바)
② (가) – (라) – (다) – (마) – (바) – (나)
③ (나) – (마) – (가) – (다) – (라) – (바)
④ (나) – (가) – (라) – (마) – (다) – (바)
⑤ (다) – (가) – (라) – (바) – (마) – (나)

정답 및 해설 01 ㉠에서는 생물 다양성이 지역 주민의 생활 수준과 관계가 없는 이유를 설명해야 한다. ④는 생물 다양성이 지역 주민의 소득 수준과 직접적으로 연결되지 않음을 명확하게 설명하고 있으므로 글의 흐름과 자연스럽게 이어진다.

02 (나)에서 인공 지능이 모든 문제를 해결하지 못함을 지적한 후, (가)에서 인공 지능에 대한 이해와 수용의 필요성을 제기하고 있다. 다음으로 (라)에서 인공 지능의 판단 기준이 불투명할 경우의 문제를 언급하고, (마)에서 이를 해결하기 위한 투명성의 필요성을 강조하고 있다. 이어서 (다)에서 직원의 교육과 인식 변화의 중요성을 언급하고, 마지막으로 (바)에서 기술적 한계에 대한 의견을 제시하여 결론을 맺는다.

정답 | 01 ④ 02 ④

기출유형 07 글 구상과 표현 - 표현하기
구성 및 전개 방식

글의 내용 구성 방식은 일반적으로 '처음 – 중간 – 끝'의 구조로 구성되는 단계성의 원리, 글의 내용을 선택하는 방식에 관한 통일성의 원리, 글의 내용을 배열하는 방식에 관한 일관성의 원리를 따른다. 글의 내용 전개 방식은 중심 내용 및 세부 내용의 전개 원리에 관한 내용으로, 정의, 묘사, 분석, 분류, 비교와 대조, 예시, 서사, 과정, 인과 등이 이에 해당한다. 실용글쓰기 시험에는 구성 원리보다 내용 전개 원리와 관련된 문제가 주로 출제되는 경향이 있다.

대표 예제

01
다음 글의 전개 방식에 관한 설명으로 가장 적절한 것은?

> 우리 몸의 에너지 대사는 무엇에 의해 조절될까? 일반적으로 에너지는 섭취한 음식물로부터 얻어지며, 세포는 이 에너지를 활용해 생명 활동을 유지한다. 그러나 세포가 에너지를 생성하는 과정에서 산소가 부족하거나 대사 과정이 불완전하면 활성 산소가 발생하게 된다. 이러한 활성 산소가 지속적으로 축적되면 우리 몸에는 어떤 일이 일어날까? 세포 손상이 발생하거나 염증 반응이 유발되어 여러 질병의 원인이 될 수 있다.
>
> 항산화제는 활성 산소의 영향을 줄여 주는 물질로, 세포가 손상되지 않도록 돕는다. 항산화제는 흔히 녹이 슬지 않도록 금속을 보호하는 방청유에 비유되기도 한다. 방청유가 금속 표면에서 산화 과정을 억제하는 것처럼, 항산화제는 활성 산소로부터 세포를 보호하는 역할을 한다. 하지만 항산화제의 작용에도 한계가 있기 때문에, 몸속 활성 산소가 지나치게 많아지면 세포 손상을 완전히 막을 수는 없다. 이러한 현상은 우리의 건강이 서서히 나빠질 수 있음을 뜻한다.

'방청유'라는 익숙한 개념을 활용하여 '항산화제'의 역할을 설명하고 있다. 이는 비유를 통해 독자가 새로운 개념이 무엇인지 쉽게 이해할 수 있도록 하는 설명 방식이다.

① 잘 알려진 대상에 새로운 의미를 부여하고 있다. ← 정의
② 이론이 변화되어 온 과정을 분석하여 제시하고 있다. ← 분석
③ 이해를 돕기 위하여 다른 대상에 빗대어 설명하고 있다.
④ 원칙을 설명한 후 구체적인 상황에 적용하여 설명하고 있다. ← 연역적 방식
⑤ 문제와 관련된 다양한 의견을 제시하여 해답을 제시하고 있다. ← 문제 해결 방식

정답 및 해설 제시된 글은 활성 산소로부터 세포를 보호하는 역할을 하는 항산화제를 금속을 보호하는 방청유에 빗대어 설명함으로써 독자가 항산화제의 역할과 기능을 쉽게 이해할 수 있도록 돕고 있다.

정답 | ③

기출 개념   구성의 원리

단계성	'처음-중간-끝' 또는 '서론-본론-결론'의 구조로 글의 내용을 구성하는 것
통일성	글의 내용을 선택하는 방식으로, 글 전체가 하나의 중심 주제 아래에 구성되어야 한다는 원리
일관성	글 전체의 주제를 뒷받침해 주는 여러 개의 종속 주제나 제재가 일관되게 유지되어야 한다는 원리 (시간적 순서, 공간적 순서, 논리적 순서에 의한 배열 등)

글의 전개 방식

구분	글의 전개 방식
정의	어떤 말이나 사물의 뜻을 분명하게 정하여 밝히는 방식
묘사	어떤 대상이나 사물, 현상 따위를 언어로 서술하거나 그림을 그려서 표현하는 방식
분석	얽혀 있거나 복잡한 것을 풀어서 개별적인 요소나 성질로 나누는 방식 예) 컴퓨터의 구조를 본체와 주변 장치로 나누는 것
분류	어떤 대상을 유형별로 나누어 설명하는 방식 예) 수자원이라는 상위 개념을 해수와 담수의 하위 개념으로 나누는 것
비교	둘 이상의 대상에서 유사점을 설명하는 방식 예) 판소리와 고전 소설은 모두 서사 장르에 속하며, 이야기를 전달하는 형식이라는 유사성 강조
대조	둘 이상의 대상에서 차이점을 설명하는 방식 예) 판소리는 소리와 몸짓을 활용한 구술 문학인 반면, 소설은 문자로 기록된 문학이라는 차이점 강조
서사	시간의 흐름에 위치하는 일련의 행동이나 사건의 전개에 따르는 행위에 초점을 두는 방식
과정	어떤 사건이나 현상이 어떤 단계를 거쳐 진행되는지에 초점을 두는 방식
인과	어떤 원인(이유) 때문에 특정한 결과가 발생하는지를 설명하는 방식

기출유형 08 글 구상과 표현 – 표현하기
표현 및 서술 방식

표현 단계에서는 예상 독자를 고려하여 필자 중심으로 구성한 내용을 독자 중심의 내용으로 전환한다. 표현 방식으로는 적절한 어휘나 문장, 어법에 맞는 표현, 다양한 표현 기법과 문체를 활용하며, 그림이나 도표 등의 보조 자료를 활용하기도 한다. 서술 방식은 글을 전개하는 방식과 관련된 것으로, 목적에 따라 정의, 비교와 대조, 인과 등의 방법을 사용하여 표현한다.

대표 예제

01
다음 글에서 설명하는 표현 방식을 적용하여 쓴 글로 적절한 것은?

> 분석은 어떤 대상을 구성하는 요소로 나누고, 이 요소들이 각기 어떤 역할을 하며 전체와 어떻게 연결되는지를 설명하는 전개 방식이다. 이 방법은 전체를 이해하기 위해 그 구성 요소를 세밀히 살피는 데 중점을 둔다.

① 경제 체제는 크게 자본주의와 사회주의로 나뉜다. 자본주의는 개인의 소유권과 시장 경제를 바탕으로 하며, 사회주의는 공동 소유와 계획 경제를 중시한다. — 대조/구분

② 나비는 곤충으로서 알, 애벌레, 번데기, 성충의 네 단계를 거친다. 각각의 단계는 생존과 번식에 중요한 역할을 하며, 환경에 따라 각 단계의 기간이 달라질 수 있다. — 과정

③ 현대 사회에서 정보는 중요한 자원이 되었다. 데이터는 수집된 후 정리되고 분석되어 가치 있는 정보로 가공된다. 이러한 정보는 의사 결정 과정에서 중요한 역할을 한다. — 일반적 서술

④ 화산은 지구 내부에서 발생하는 열과 압력이 지표면으로 방출되는 자연 현상이다. 화산 활동은 용암, 화산재, 화산 가스 방출을 동반하며, 이를 통해 지구 표면이 지속적으로 변화한다. — 과정

⑤ 세포는 생물체의 기본 단위로, 핵, 세포질, 세포막 등으로 구성된다. 핵은 유전 정보를 저장하고, 세포질은 다양한 화학 반응이 일어나는 장소이며, 세포막은 세포 내부와 외부를 구분하고 물질을 교환하는 역할을 한다. — 세포라는 전체 개념을 구성 요소별로 분석하고, 그 기능과 역할을 구체적으로 설명하고 있어 분석적 전개 방식에 해당한다.

정답 및 해설 분석은 대상을 구성하는 요소로 나누고 각 요소가 어떤 역할을 하는지 설명하는 방식이다. ⑤는 세포를 구성하는 요소를 핵, 세포질, 세포막으로 나누고 각각의 역할을 설명하는 분석의 전개 방식을 따르고 있다.

정답 | ⑤

기출변형문제로
실전 훈련하기

글 구상과 표현 - 표현하기

|정답과 해설 18쪽|

[01~02] 다음 글을 읽고 물음에 답하시오.

　인간의 기억은 시간이 흐를수록 변화하는 특징을 가지고 있다. 연구에 따르면, 기억은 단순히 과거의 사건을 그대로 저장하는 것이 아니라, 회상될 때마다 새로운 정보와 결합되어 재구성된다. (㉠) 이러한 과정에서 기억은 원래의 모습에서 수정되거나 왜곡될 수 있다. (㉡) 즉, 우리가 기억하는 것은 실제 발생했던 사건 그대로가 아니라, 우리의 뇌가 재구성한 사건인 것이다.
　이러한 기억의 변화는 다양한 요인에 의해 발생한다. (㉢) 먼저, 외부 자극이나 감정이 기억 형성 과정에 영향을 미쳐 기억의 내용을 바꿀 수 있다. 예를 들어, 사건 발생 당시의 강한 감정이나 사건 이후에 접한 정보가 기억에 덧붙여지거나 왜곡될 수 있다. 또한 시간의 흐름에 따라 기억은 점차 희미해지고, 다른 기억과 혼동될 수 있다. (㉣) 특히, 오래된 기억일수록 변형될 가능성이 더 높다.
　개인의 주관적인 해석도 기억에 큰 영향을 미친다. 같은 사건을 경험했더라도, 각 개인은 자신만의 관점에서 사건을 해석하고 기억하기 때문에 서로 다른 기억을 갖게 된다.
　결국, 인간의 기억은 고정된 것이 아니라 유동적인 특성을 가지고 있으며, 끊임없이 변화할 수 있다. (㉤)

01
윗글의 전개 방식에 관한 설명으로 가장 적절한 것은?

① 기억의 중요성을 강조하며, 기억의 다양한 기능을 소개하는 방식으로 전개하였다.
② 기억의 변화 원인을 제시하고, 각 원인에 따른 구체적인 예시를 들어 설명하는 방식으로 전개하였다.
③ 기억의 형성 과정을 단계별로 분석하며, 각 단계에서 발생하는 변화를 설명하는 방식으로 전개하였다.
④ 기억의 사회적 기능을 강조하며, 기억이 사회 관계 형성에 미치는 영향을 분석하는 방식으로 전개하였다.
⑤ 기억에 대한 다양한 학자들의 연구 결과를 비교·분석하여, 기억의 본질에 대한 결론을 도출하는 방식으로 전개하였다.

02
윗글의 ㉠~㉤ 중 다음 문장이 들어가기에 가장 적절한 곳은?

> 기억은 시간이 지남에 따라 흐릿해지며, 회상될 때마다 다시 뇌에서 인출되면서 변경되기도 한다.

① ㉠　　　　② ㉡
③ ㉢　　　　④ ㉣
⑤ ㉤

03
다음 글에서 아래 문장이 들어가기에 가장 적절한 곳은?

> 즉, 지역 사회가 발전하기 위해서는 주민의 참여가 필수적이다.

　(㉠) 현대 사회에서는 지역 사회의 활성화가 매우 중요하다. 지역 주민들이 서로 협력하고 소통함으로써 보다 나은 삶의 질을 누릴 수 있다. 예를 들어, 최근 한 동네에서는 주민들이 자발적으로 정기적인 청소 활동을 시작했다. 이러한 활동은 지역의 환경을 개선하고, 주민 간의 유대감을 강화하는 데 기여했다. (㉡)
　하지만 이러한 변화가 지속되기 위해서는 지역 주민들이 적극적으로 참여해야 한다. 단순히 누군가가 해 줄 것이라고 기대하는 태도에서는 아무것도 이뤄질 수 없다. (㉢) 이러한 참여는 단순한 자원봉사에 그치지 않고, 지역 정책에 대한 의견 제시나 공청회 참여 등 다양한 방식으로 나타날 수 있다. (㉣) 이러한 과정을 통해 주민들은 자신이 속한 지역에 대한 책임감을 느끼고, 지역 사회의 발전에도 기여할 수 있다. (㉤)

① ㉠　　　　② ㉡
③ ㉢　　　　④ ㉣
⑤ ㉤

[04~05] 다음 글을 읽고 물음에 답하시오.

지구 온난화로 인해 많은 변화가 발생하고 있다. 2050년이 되면 현재 우리가 알고 있는 기후 패턴이 크게 변할 것이라는 경고가 나오고 있다. 특히 해수면 상승으로 인해 해안 지역의 도시들이 물에 잠기거나 기후 난민이 급증할 가능성이 크다. 북극의 빙하가 녹는 속도는 점점 빨라지고 있으며, 이는 지구 전체 기후에 큰 영향을 미친다. 이미 여러 해양 생물들이 서식지를 잃어가고 있으며, 이로 인해 어획량이 감소하고 있다. 농업 역시 기후 변화로 인해 심각한 타격을 받을 수 있다. 기온 상승으로 농작물의 재배 환경이 변하며, 특히 열대 기후 지역에서는 작물 재배가 어려워질 것으로 보인다. _____(가)_____. 사막화는 이미 많은 지역에서 심각하게 진행되고 있으며, 이는 지구 생태계에 큰 부담을 주고 있다. 사막화는 비단 아프리카 대륙만의 문제가 아니며, 미국, 중국, 호주 등 전 세계적으로 확산되고 있다. 사막화의 주요 원인으로는 기후 변화 외에도 인간의 무분별한 자원 사용, 과도한 목축 활동 등이 꼽히고 있다. 이러한 문제를 해결하기 위해서는 전 세계적인 협력이 필요하며, 이를 해결하지 못할 경우 전 지구적인 식량난과 생태계 붕괴가 우려된다.

04
윗글을 쓰기 위해 참고할 자료로 적절하지 <u>않은</u> 것은?

① 기후 변화 연구 보고서
② 해양 생물 멸종 위기 관련 보고서
③ 사막화 방지를 위한 국제 협력 사례 연구
④ 전 세계 어업법 및 수산 자원 관리 현황 자료
⑤ 전 세계 농업 작물 재배 환경 변화 관련 통계 자료

05
윗글의 (가)에 들어갈 내용으로 가장 적절한 것은?

① 사막화 문제는 특정 지역에 국한되는 문제이다.
② 기후 변화는 해양 생태계에 큰 영향을 미치고 있다.
③ 사막화는 기후 변화 외에도 인간 활동에 의해 심화된다.
④ 지구 온난화로 인한 농업 피해는 이미 가시화되고 있다.
⑤ 기후 변화에 대한 대응으로 전 세계적인 협력이 필수적이다.

06
다음 자료를 고려할 때, 어법에 맞게 적절하게 쓰인 단어는?

접미사	의미	주 사용 분야	예시
-장이	특정 기술을 가진 사람	수공업	
-쟁이	특정 일을 하는 사람(낮춤) 특징을 가진 사람	다양한 분야	

'-장이'는 일부 명사 뒤에 붙어 '그것과 관련된 기술을 가진 사람'의 뜻을 더하는 접미사이고, '-쟁이'는 '그것이 나타내는 속성을 많이 가진 사람'의 뜻을 더하거나, '그것과 관련된 일을 직업으로 하는 사람'의 뜻을 더하는 접미사이다.

① 겁장이
② 양복장이
③ 고집장이
④ 그림장이
⑤ 대장쟁이

07
(가), (나)의 서술 방식에 관한 설명으로 가장 적절한 것은?

(가) 환경 오염은 크게 세 가지 유형으로 나눌 수 있다. 하나는 대기 오염으로, 이산화 탄소, 미세 먼지 등이 그 원인이다. 또 하나는 수질 오염으로, 산업 폐수나 생활 하수로 인해 발생한다. 마지막은 토양 오염으로, 농약과 중금속 물질이 주요 원인이다. 대기 오염이 주로 대도시에서 문제가 되는 반면, 수질 오염과 토양 오염은 농촌 지역에서도 심각한 문제를 일으킬 수 있다.

(나) 태양광 발전 시스템은 태양 전지, 인버터, 배터리의 세 부분으로 이루어져 있다. 태양 전지는 태양 에너지를 받아 전기로 변환시키는 장치이다. 인버터는 태양 전지에서 발생한 직류 전기를 교류 전기로 변환시키는 역할을 하며, 배터리는 변환된 전기를 저장하여 필요할 때 사용할 수 있게 한다.

① (가)는 대상을 구성 요소나 부분들로 나누어 서술하고 있다.
② (가)는 속성의 차이에 따라 구분하면서 전체와 부분의 관계를 설명하는 데 효과적인 서술 방식을 채택하고 있다.
③ (나)는 유사한 특성이 있는 대상들을 일정한 기준에 따라 나누거나 묶어서 서술하고 있다.
④ (나)는 서로 연관된 여러 부분으로 이루어진 대상의 특징, 기능 등을 설명하는 데 효과적이지 않은 방식으로 서술하고 있다.
⑤ (나)는 (가)와 달리 어떤 사실이나 현상에 대해 구체적인 예를 들어 서술하고 있다.

기출유형 09 글 구상과 표현 - 글 다듬기(고쳐쓰기)
글 단위별 고쳐쓰기

글의 단위별 고쳐쓰기는 글 전체, 문단, 문장, 단어 수준의 고쳐쓰기로 나뉜다. 글 전체 수준에서의 고쳐쓰기는 글 전체를 대상으로 서론, 본론, 결론 등 글의 구조가 예상 독자와 글을 쓰는 목적에 적합한지를 기준으로 한다. 문단 수준에서의 고쳐쓰기는 전체적인 글의 흐름 차원에서의 각 문단의 논리적 전개 과정과 기능, 통일성 및 일관성, 중심 문장, 들여쓰기 등을 기준으로 한다. 문장과 단어 수준에서의 고쳐쓰기는 각 문장과 단어의 다양한 요소를 기준으로 한다.

대표 예제

01

다음 대화에서 맞춤법을 수정한 것으로 적절하지 <u>않은</u> 것은?

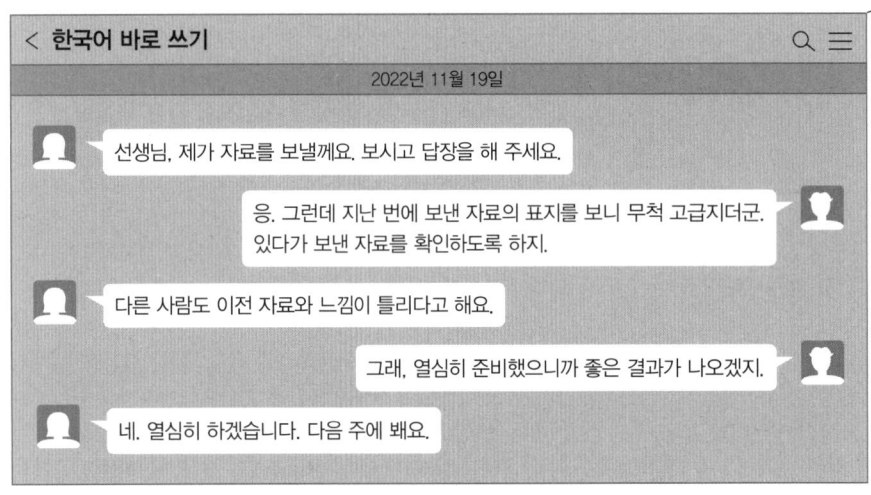

① 보낼께요 → 보낼게요
② 고급지더군 → 고급스럽더군
③ 있다가 → 이따가
④ 틀리다고 → 다르다고
⑤ 봬요 → 뵈요

정답 및 해설 '뵈-'와 '-어요'가 결합하여 '봬요'로 축약된 것으로, 올바른 표기에 해당한다. 따라서 ⑤의 '봬요'를 '뵈요'로 수정하는 것은 적절하지 않다.

정답 | ⑤

이러한 문제는 실용글쓰기에서 자주 출제되는 내용으로, ⑤는 일상생활에서 자주 틀리는 예에 해당한다. 이외에도 '흠/흠집'을 '기스'라고 표현하거나, '고급스럽다'를 '고급지다'라고 잘못 표현하는 경우가 많다. 이러한 유형의 문제는 국립국어원의 '한글 맞춤법'이나 '외래어 표기법' 등을 통해 충분히 준비할 수 있다.

> **기출 개념** 글 단위별 고쳐쓰기

글 전체 수준	• 글의 전개가 논리적인가? • 글의 주제가 일관성 있게 드러나는가? • 필자가 글을 쓴 의도와 글의 주제가 일치하는가?	
문단(단락) 수준	• 각 문단의 전개가 논리적인가? • 각 문단에 중심 문장이 있는가? • 문단과 문단이 논리적으로 연결되어 전개되고 있는가? • 각 문단이 통일성과 일관성을 가지고 전개되고 있는가?	
문장 수준	• 각 문장이 어법에 적합한가? • 각 문장에 내용이 명확하게 담겨 있는가? • 문장 성분 간의 호응이 자연스러운가? • 중의적인 문장은 없는가? • 어법에 맞는 문장 부호를 사용하고 있는가? • 문장과 문장이 논리적으로 연결되어 전개되고 있는가?	
	중의적 문장	한 문장이 두 가지 이상의 의미를 나타내는 특성을 띤 문장 예 수식 범위 기준: 지각을 자주 하는 영희의 친구가 지갑을 잃어버렸다. 　→ 지각을 자주 하는 사람이 영희인지, 영희의 친구인지 분명하지 않음 예 부정 및 수량 표현 기준: 친구들이 약속 장소에 다 오지 않았다. 　→ 친구들이 일부만 왔는지, 한 사람도 오지 않았는지 분명하지 않음 예 '와/과'의 연결 관계 기준: 철수가 포도와 배 두 개를 주었다. 　→ 포도와 배 각각 한 개(총 두 개)인지, 포도 한 개와 배 두 개(총 세 개)인지, 포도와 배 각각 두 개(총 네 개)인지 분명하지 않음 예 비교 구문 기준: 영희는 철수보다 민식이를 더 불편해 한다. 　→ 영희가 민식이를 불편해하는 정도와 철수가 민식이를 불편해 하는 정도를 비교하는 것인지, 영희가 철수와 민식이에게 느끼는 불편함의 정도를 비교하는 것인지 분명하지 않음 예 '의'를 포함한 명사구 기준: 저것은 나의 사진이 아니다. 　→ 내 모습을 찍은 사진이 아니라는 것인지, 내가 직접 찍은 사진이 아니라는 것인지, 내가 가진 사진이 아니라는 것인지 분명하지 않음
	문장 성분 간의 호응	• 주어와 서술어의 호응 　예 전국에 강한 바람과 천둥이 칠 것으로 예상되오니 대비하시기 바랍니다. 　　→ 전국에 강한 바람이 불고 천둥이 칠 것으로 예상되오니 대비하시기 바랍니다. 　예 중요한 것은 이번 일이 처음이 아니다. 　　→ 중요한 것은 이번 일이 처음이 아니라는 것이다. • 목적어와 서술어의 호응 　예 영희는 아침에 일어나 운동이나 책을 읽는다. 　　→ 영희는 아침에 일어나 운동을 하거나 책을 읽는다. • 부사어와 서술어의 호응 　예 한 일의 양이 다르면 당연히 돌아가는 몫도 다르다. 　　→ 한 일의 양이 다르면 당연히 돌아가는 몫도 달라야 한다. 　예 비록 실패를 하면 내가 포기하는 일은 없을 것이다. 　　→ 비록 실패를 하더라도 내가 포기하는 일은 없을 것이다. 　예 설마 그 착한 사람이 사기를 쳤겠다. 　　→ 설마 그 착한 사람이 사기를 쳤겠어? 　예 봉사 활동을 아무리 열심히 하면 보람을 느끼지 못하였다. 　　→ 봉사 활동을 아무리 열심히 해도 보람을 느끼지 못하였다. 　예 하늘에 먹구름이 가득한 걸 보니 곧 비가 온다. 　　→ 하늘에 먹구름이 가득한 걸 보니 곧 비가 올 것이다.

단어 수준		• 부적절한 사동·피동 표현은 없는가? • 어법에 맞는 접속어를 사용하고 있는가?	• 맞춤법에 맞게 단어를 사용하고 있는가? • 내용 전개와 상관없는 단어나 의미가 모호한 단어는 없는가?
	사동 표현	• 파생적 사동문: 주동사의 어간에 사동 접미사(-이-, -히-, -리-, -기-, -우-, -구-, -추-)를 붙여 만드는 방법 　예 아저씨가 밥을 먹다 → 아저씨가 아이에게 밥을 먹이다(먹-+-이-+-다) • 통사적 사동문: '-게 하다'를 사용하여 만드는 방법 　예 아저씨가 얼음을 녹게 하다(녹-+-게 하다)	
	피동 표현	• 파생적 피동문: 능동사의 어간에 피동 접미사(-이-, -히-, -리-, -기-) 또는 '-되다'를 붙여서 만드는 방법 　예 사자가 염소를 물다 → 염소가 사자에게 물리다(물-+-리-+-다) • 통사적 피동문: '-게 되다', '-어지다'를 사용하여 만드는 방법 　예 새로운 법이 만들어지다(만들-+-어지다) / 진실이 드러나게 되다(드러나-+-게 되다)	
	띄어쓰기	• 의존 명사는 띄어 씀 　예 아는 것이 힘이다. / 나도 할 수 있다. / 떠난 지도 오래다. • 단위를 나타내는 명사는 띄어 씀 　예 한 개 / 차 한 대 / 집 한 채 / 열 살 / 옷 한 벌 / 배추 한 포기 • 보조 용언은 띄어 씀(단, 경우에 따라 붙여 씀도 허용) 　예 불이 꺼져 간다(꺼져간다). / 내가 막아 낸다(막아낸다). / 비가 올 듯하다(올듯하다). 　- 앞말에 조사가 붙거나 앞말이 합성 용언인 경우, 중간에 조사가 들어가는 경우 뒤에 오는 보조 용언은 반드시 띄어 씀 　　예 놀아만 나는구나. / 책을 읽어도 보고 - / 덤벼 보아라. / 이런 기회는 없을 듯하다. • 성과 이름, 성과 호는 붙여 쓰고, 덧붙는 호칭어, 관직명은 띄어 씀 　예 김철수 / 박지원 씨 / 최승우 선생 / 충무공 이순신 장군	

기출유형 10

글 구상과 표현 – 글 다듬기(고쳐쓰기)

독자를 고려한 고쳐쓰기

실용글쓰기 시험 출제 기준에서는 독자를 고려한 고쳐쓰기가 글 다듬기 영역에 포함되어 있지만, 일반적으로는 표현 단계에 해당한다. 표현 단계 중 쓰기 맥락 분석 과정에서는 예상 독자의 지식, 태도, 요구 등을 분석하고, 예상 독자를 고려하여 글을 조직하고 표현한다. 실용글쓰기 시험에는 주로 독자의 요구, 독자를 고려한 어휘 사용 등과 관련된 문제가 출제된다.

대표 예제

01

다음 밑줄 친 단어를 독자를 고려하여 수정한 것으로 적절하지 않은 것은?

① 그는 산을 넘어 호연지기를 품었다. (⇨ 큰 뜻)
② 그의 뛰어난 업적은 만세에 길이 빛나는 업적이었다. (⇨ 전 세계)
③ 그는 적의 사주(使嗾)를 받고 내부의 기밀을 염탐하였다. (⇨ 지시)
④ 그 그림은 천재적인 영감으로 완성된 걸작이었다. (⇨ 독창적이고 창의적인 생각)
⑤ 대장은 적군의 기세를 보며 진퇴양난의 상황에 빠졌다. (⇨ 꼼짝없이 어려운 상황)

정답 및 해설 '만세(萬世)'는 '아주 오랜 세대'를 의미한다.

정답 | ②

기출유형 11

글 구상과 표현 - 글 다듬기(고쳐쓰기)

평가와 조정(문서 다듬기)

평가는 쓰기의 각 과정에서 활용한 전략의 적절성과 효율성에 대한 평가를 말하고, 조정은 쓰기의 전 과정에서 활용된 전략을 평가하고 조정하며 쓰기 과정을 되짚어 보는 사고 과정을 말한다. 실용글쓰기 시험에는 주로 글쓰기 결과에 평가의 초점을 맞춰 글쓰기의 계획, 내용 생성, 내용 조직, 표현 등의 단계와 관련된 문제가 출제된다.

대표 예제 1

[01~02] 다음을 읽고 물음에 답하시오.

수신자 수신자 참고
(경유)
제목 유원 시설 안전 관리자 교육 관련 질의 회신

1. ○○○ 제20○○-490호(20○○. 11. 10.)호와 관련한 문서입니다.
2. 유원 시설 안전 관리자는 사업장에 배치된 날부터 ① 후 6개월 이내에 8시간 이상 안전 교육을 받도록 한 현행 규정에 대한 교육 기준 및 교육 시점, 그리고 물놀이 업체 등 한시적으로 운영하는 업체의 안전 관리자가 교육 대상자에 포함되는지를 묻는 질문에 대해 다음과 같이 회신하오니 안전 관리 교육에 ② 만전을 기하여 주시기 바랍니다.
   - 유원 시설 업체의 안전 관리자가 사업장에서 안전 교육을 이수하고 사업장으로 이직한 때에는 사업장에는 처음 배치된 것이나 ㉠ 법률 해석 상 ③ 안전 관리자 개인의 안전 교육으로 판단되어 ㉡ 재 교육을 받을 필요는 없다고 보며, 안전 관리자로 사업장에 ㉢ 배치전 안전 관리 교육 이수도 인정되어야 하는 것으로 ④ 사료됨.
   - 또한 ⑤ 하절기 한시적으로 운영하는 물놀이 유원 시설 업체 등의 ㉣ 휴업 시 안전 관리 교육 이수자 포함 여부에 대하여는 입법 취지 등을 고려할 때 일반적인 유원 시설 업체와 동일하게 교육 이수자로 포함해야 한다고 보나, 장기간 휴업으로 안전 관리자가 퇴사하고 없을 때에는 교육 이수자에 포함되지 않는 것이 타당하다고 보며, 다시 영업을 ㉤ 개시 할 때에는 안전 관리자 교육을 이수해야 함. 끝.

> 글 다듬기 영역에서는 (공)문서를 자료로 삼아 표현, 띄어쓰기, 어휘, 맞춤법 등을 묻는 문제가 자주 출제된다. 그중 특히 공문서에서 요구하는 맞춤법 등에 관심을 가져야 한다.
>
> - 숫자: 아라비아 숫자, 연, 월, 일의 글자 생략, 마침표 표시
>   예) 2025.12.12. [X]
>   2025. ∨12. ∨12. [O]
> - 시간: 24시각제에 따라 표기, 시와 분의 글자는 생략하고 쌍점[:]으로 구분
>   예) 오후 3시 20분 [X]
>   15:20 [O]

01
윗글을 수정한 내용으로 적절하지 않은 것은?

① 후 6개월 이내에 → 6개월 후에
② 만전을 기하여 → 허술함이 없도록 하여
③ 안전 관리자 개인의 안전 교육으로 판단되어 → 안전 관리자가 안전 교육을 받은 것으로 판단되어
④ 사료됨 → 생각함
⑤ 하절기 한시적으로 → 여름철에 한시적으로

02

㉠~㉤의 띄어쓰기를 수정한 것으로 적절하지 <u>않은</u> 것은?

① ㉠ 법률 해석 상 → 법률 해석상
② ㉡ 재 교육 → 재교육
③ ㉢ 배치전 → 배치 전
④ ㉣ 휴업 시 → 휴업시
⑤ ㉤ 개시 할 → 개시할

정답 및 해설 01 '후'를 삭제하고 '이내'는 '내'로 표현해도 되므로, '6개월 내에'로 수정하는 것이 적절하다.

02 '시(時)'는 '어떤 일이나 현상이 일어날 때나 경우'를 나타내는 의존 명사이므로 띄어 써야 한다. '-시'가 '등한시'와 같이 '그렇게 여김' 또는 '그렇게 봄'의 뜻을 더하는 접미사로 쓰일 때에는 붙여 쓴다.

| 오답 피하기 |
① '-상(上)'은 '그것과 관계된 입장' 또는 '그것에 따름'의 의미를 더하는 접미사이므로 붙여 써야 한다.
② '재(再)-'는 '다시 하는' 또는 '두 번째'의 뜻을 더하는 접두사이므로 붙여 쓴다.
③ '전(前)'은 '앞'의 의미를 나타내는 명사이므로 띄어 쓴다.
⑤ '-하다'의 경우에는 붙여 쓴다.

정답 | 01 ① 02 ④

기출변형문제로 실전 훈련하기

글 구상과 표현 - 글 다듬기(고쳐쓰기)

|정답과 해설 19쪽|

01
다음 밑줄 친 표현을 국어 기본법에 맞게 개선한 결과로 적절하지 않은 것은?

① 대형 마트, PB 상품 판매량 급증 → 대규모 할인점(PB)
② 스타트업, 로봇 SW 개발 가속화 → 로봇 소프트웨어(SW)
③ 정부, VR 교육 프로그램 활성화 방안 논의 → 가상 현실(VR)
④ 대기업, SCM 혁신으로 물류비 절감 추진 → 공급망 관리(SCM)
⑤ 현대차, EV 모델 생산 확대로 친환경 자동차 시장 공략 → 전기차(EV)

02
다음 밑줄 친 조사의 쓰임이 적절한 것은?

① 약의 복용은 약사에 상의하세요.
② 서울에 몇 시에 출발할 예정이냐?
③ 가게 앞에 사람들이 싸우고 있었다.
④ 동생은 학교에 있다가 집에서 갔다.
⑤ 고마운 마음에서 드리는 말씀입니다.

03
글의 맥락을 고려할 때, ㉠~㉤ 중 적절하지 않은 문장은?

> 가전제품의 스마트화는 기술의 발전에 따라 가정에서의 생활 방식을 크게 변화시키고 있다. ㉠ 스마트 가전제품은 사용자의 생활 패턴을 분석하여 자동으로 작동하며, 효율적인 에너지 사용을 가능하게 한다. ㉡ 스마트 조명, 냉장고, 세탁기 등은 원격으로 제어할 수 있어 편리함을 극대화한다. ㉢ 한편, 최근에는 환경을 고려한 업사이클링 가전제품이나 인공지능을 활용한 자율 주행 차량이 주목받고 있다. ㉣ 스마트 가전은 스마트폰과의 연동을 통해 언제 어디서나 제어할 수 있으며, 사용자의 편의를 위해 다양한 맞춤형 서비스를 제공한다. ㉤ 스마트 가전의 또 다른 장점은 실내 환경을 분석하여 적절한 온도와 습도를 유지해주는 것이다.

① ㉠ ② ㉡ ③ ㉢ ④ ㉣ ⑤ ㉤

04
㉠~㉤의 띄어쓰기를 수정한 것으로 적절하지 않은 것은?

> 수신자 수신자 참고
> (경유)
> **제목** 위탁 교육 운영 계약 체결 의뢰
>
> ㉠ 우리부 직원들의 정보화 및 사무 자동화(OA) 능력 향상으로 업무 효율화에 기여하고자 '20○○ 하반기 부내 정보화 교육'을 추진할 ㉡ 계획인바, 이 교육의 위탁 운영을 위한 계약 체결을 아래와 같이 의뢰하오니 조치하여 주시기 바랍니다.
>
> 1. 교육 운영 개요
>   가. 교육 내용: 한글, 엑셀, 파워포인트 각 기초반 및 ㉢ 활용반등 5개 반 운영(150명 예정)
>   나. 교육 대상: 본부 및 소속 기관 직원
>   다. 교육 일정: 20○○. 11.~12. 중(과정별 2일 14시간)
>   라. 위탁 교육 기관: (주)○○○○○(수의 계약)
>   관련 근거: ㉣ 「국가를당사자로하는계약에관한법률 시행령」 제26조 1항 5호
>
> 2. 행정 사항
>   가. 소요 예산: 금9,000,000원(금구백만원), (산출 명세서 별도 첨부)
>   나. 예산 과목: 1234-300-210-01(종합 정책 개발 및 성과 관리)
>   다. 협조 사항: 계약 체결 의뢰
>
> 붙임 1. 위탁 교육 운영 과업 설명서 1부.
>   2. 교육비 산출 명세서 ㉤ 1부. 끝.

① ㉠ 우리부 → 우리∨부
② ㉡ 계획인바 → 계획인∨바
③ ㉢ 활용반등 → 활용반∨등
④ ㉣ 국가를당사자로하는계약에관한법률 → 국가를∨당사자로∨하는∨계약에∨관한∨법률
⑤ ㉤ 1부.∨끝. → 1부.∨∨끝.

[05~06] 다음 문서를 읽고 물음에 답하시오.

```
            공연장 이용 수칙[무대 안전 이용 수칙]
```

1. 공연장 무대 이용 시간은 다음과 같습니다.
   * ㉠ 이용 시간:(오전) 09:00~13:00
   * 점심과 저녁 식사 시간에는 이용할 수 없습니다.
2. 무대 작업은 안전 관리 담당자에게서 안전 교육을 받은 후에 시작해야 합니다.
3. 시설물 사용과 무대 작업은 ㉡ 담당 직원의 입회 하에 시행할 수 있습니다.
4. 물품을 ㉢ 무대에 반입, 반출하려면 담당 직원에게서 미리 허가를 받아야 합니다.
5. 무대에서 인화물 등의 위험물은 절대 사용할 수 없습니다.
6. 방염 처리를 하지 않은 무대 장치는 공연장에 들어올 수 없습니다.
7. 무대 작업을 할 때에는 안전 장비를 반드시 갖추시기 바랍니다.
8. 출연자는 분장을 하고 나면 로비나 외부로 출입을 ㉣ 삼가 주십시오.
9. 기념 촬영은 ㉤ 리허설을 할 때에만 할 수 있으며, 공연이 끝나면 무대 안전과 원활한 무대 철수를 위하여 촬영을 금지합니다.
10. 공연을 마치면 공연에 사용한 장비와 물품을 ㉥ 제자리 정리 정돈이 필요합니다. 시설, 설비, 비품 등을 파손하거나 분실한 경우에는 원상 복구를 해야 합니다 .
11. 화재 등의 비상 상황이 발생하면 안내 방송을 잘 듣고 담당 직원의 안내를 받으며 피난 안내도에 따라 행동해야 합니다.
12. 흡연은 금지되어 있습니다.
13. 그 밖의 요청 사항은 담당 직원에게 이야기하여 교육문화원의 승인을 받아야 합니다.

05

㉠의 표현을 올바르게 수정한 것은?

① 이용 시간:∨09:00~13:00
② 이용 시간:∨09∨:00~13∨:00
③ 이용 시간∨:∨오전9시~오전13시
④ 이용 시간∨:오전∨9시~오전∨13시
⑤ 이용 시간∨:09∨:∨00~13∨:00

06

위 문서에서 ㉡~㉥을 수정한 표현으로 적절하지 않은 것은?

① ㉡ 담당 직원이 있을 때에만
② ㉢ 무대에 들여오거나 내가려면
③ ㉣ 삼가하여 주십시오.
④ ㉤ 사전 연습
⑤ ㉥ 정리해 주시기 바랍니다

PART II

[직무 글쓰기]

문서 이해
12 문서의 이해와 작성

기안서·품의서
13 기안서의 이해와 작성
14 품의서의 이해와 작성

보고서
15 보고서의 이해와 작성

기획서
16 기획서의 이해와 작성

프레젠테이션
17 프레젠테이션의 이해와 작성

홍보문·보도문
18 홍보문의 이해와 작성
19 보도문의 이해와 작성

계약서
20 계약서의 이해와 작성

글쓰기 실제

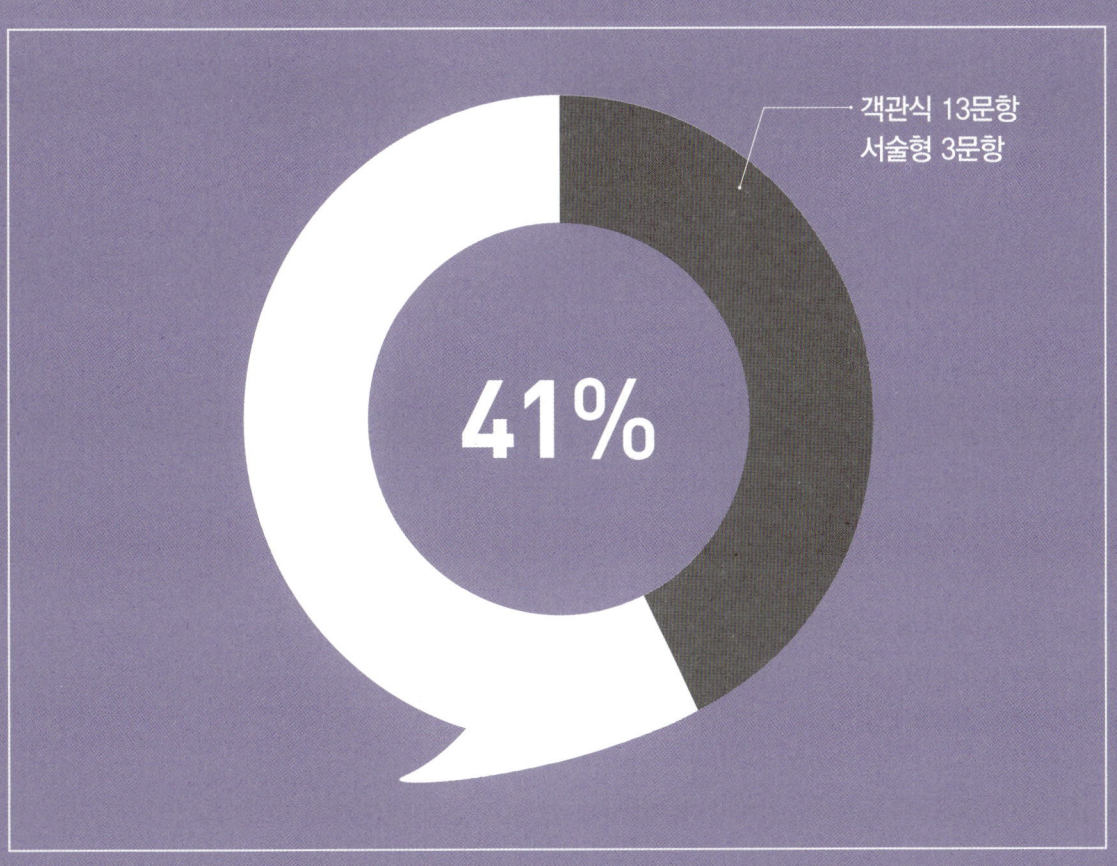

실용글쓰기 시험 출제 비중

41%

객관식 13문항
서술형 3문항

기출유형 12 직무 글쓰기 - 문서 이해

문서의 이해와 작성

직무 글쓰기의 특성상 모든 글의 개념과 유형에 대한 이해가 중요하지만, 이 영역에서는 공문서가 가장 많이 출제되고 있다. 공문서는 특히 성립 요건과 효력 발생에 대한 내용, 공문서의 목적과 구성 및 요건, 표현법 등의 작성 규정이 중요하다. 기출, 개념에 제시된 다양한 문서를 통해 공문서를 이해할 필요가 있다.

대표 예제

[01~02] 다음 자료를 읽고 물음에 답하시오.

> 문서의 효력 발생 시기에 대한 견해로는 표백주의(表白主義), 발신주의(發信主義), 도달주의(到達主義), 요지주의(了知主義) 등이 있다. 표백주의는 문서가 성립한 때 즉 결재로써 문서의 작성이 끝난 때에 효력이 발생한다는 견해이다. 발신주의는 성립한 문서가 상대방에게 발신된 때 효력이 발생한다는 견해이다. 발신주의를 채택한 예로는 「민법」제531조(격지자간의 계약 성립 시기)를 들 수 있다. 도달주의는 문서가 상대방에게 도달해야 효력이 생긴다는 견해이며 수신주의(受信主義)라고도 한다. 여기서 도달이라 함은 문서가 상대방의 지배 범위 내에 들어가 사회 통념상 그 문서의 내용을 알 수 있는 상태가 되었다고 인정되는 것을 의미한다. 「민법」상의 의사 표시와 「행정 효율과 협업 촉진에 관한 규정」상의 문서의 효력 발생 시기는 도달주의를 원칙으로 하고 있다. 요지주의는 상대방이 문서의 내용을 안 때에 효력이 발생한다는 견해이다.

표백주의 내부 결재 문서와 같이 상대방이 없는 문서의 경우에는 합당하나, 상대방이 있는 경우에는 그 상대방이 해당 문서의 작성에 관해 전혀 알지 못하는데도 효력이 생기게 되어 문서 발신 지연 등 발신자의 귀책 사유로 인한 불이익을 상대방이 감수해야 하는 부당함이 발생함

발신주의 신속한 거래에 적합하며, 특히 다수자에게 동일한 통지를 해야 할 경우에 획일적으로 효력을 발생하게 할 수 있다는 장점이 있지만, 문서의 효력 발생 시기가 발신자의 의사에 좌우되고, 상대방이 아직 알지 못하는 상황에서 효력이 발생한다는 단점이 있음

도달주의 쌍방의 이익을 가장 잘 조화시키는 견해로 볼 수 있음

요지주의 상대방의 부주의나 고의 등으로 인한 부지(不知)의 경우 발신자가 불이익을 감수해야 하는 폐단이 발생하고, 지나치게 상대방의 입장에 치우쳐 타당한 견해로 보기 어려움

01

다음 중 문서의 효력 발생 시기에 대한 설명으로 적절하지 않은 것은?

① 발신주의는 문서를 발송할 때 효력이 발생한다.
② 요지주의는 상대방이 알았을 때 효력이 발생한다.
③ 표백주의는 문서 작성을 완료할 때 효력이 발생한다.
④ 도달주의는 상대방에게 도달할 때 효력이 발생한다.
⑤ 발신주의는 문서를 발송할 때 효력이 발생하며, 상대방이 수령하기 전에는 효력이 발생하지 않는다.

02

윗글을 참고할 때, 다음 글에서 계약 변경의 효력 발생 시기로 가장 적절한 것은?

> A 기업이 B 기업에 중요한 계약 조건 변경 내용을 담은 이메일을 발송했다. 그러나 B 기업의 스팸 메일 필터링으로 인해 해당 이메일이 정상적으로 수신되지 않았다. 이후 A 기업은 B 기업에 전화로 변경 내용을 통보했고, B 기업은 이를 확인했다.

① A 기업이 이메일을 발송한 시점부터 효력이 발생한다.
② A 기업이 이메일 작성을 시작한 시점부터 효력이 발생한다.
③ B 기업이 전화 내용을 확인하고 변경 사항을 인지한 시점부터 효력이 발생한다.
④ B 기업이 변경 내용을 수령했음을 명확히 확인하고 이에 대한 회신을 보냈을 때 효력이 발생한다.
⑤ 이메일이 B 기업의 메일 서버에 도달하거나 B 기업이 실제로 이메일을 확인할 수 있는 상태가 되었을 때 효력이 발생한다.

정답 및 해설

01 발신주의에서는 문서가 발송된 시점에 효력이 발생하며, 상대방이 문서를 수령하지 못했거나 내용을 알지 못한 상태에서도 효력이 발생할 수 있다.

02 「민법」에서 문서의 효력 발생 시기를 도달주의로 규정하고 있으므로 도달주의 원칙에 부합하는 ⑤가 정답이다. 이메일이 수신 가능 상태라면 계약 변경의 효력이 발생한다.

| 오답 피하기 | ① 발신주의에 해당한다.
② 표백주의이다.
③ 요지주의이다.
④ 문서 도달 이후 회신하는 때를 계약 효력 발생 시기로 보고 있으므로 도달주의와 맞지 않다.

정답 | 01 ⑤　02 ⑤

기출 개념　공문서의 종류

법규 문서		헌법, 법률, 대통령령, 총리령, 부령, 조례 및 규칙 등에 관한 문서. 조문 형식으로 작성(법률에서 사용하는 조항 형식)하고 누년 일련번호를 기재, 공포 후 20일이 경과한 날부터 효력 발생
지시 문서		행정 기관이 그 하급 기관 또는 소속 공무원에게 일정한 사항을 명령하거나 지시하는 문서
지시 문서 종류	훈령	상급 기관이 하급 기관에 대해 지속적으로 적용되는 명령
	예규	행정 사무의 통일을 기하기 위해 반복적으로 수행되는 행정 사무의 기준을 정한 법규 외의 문서
	지시	상급 기관이 직권 또는 하급 기관의 문의에 의해 개별적·구체적 지시를 시행문 형식으로 작성한 문서
	일일 명령	당직, 출장, 시간 외 근무, 휴가 등 일일 업무에 관한 명령
공고 문서		행정 기관이 일정한 사항을 일반인에게 알리기 위해 고시(개정이나 폐지 전까지 효력 지속)·공고(단기적이거나 일시적 효력) 등을 하는 문서 예 입찰 공고
비치 문서		행정 기관에서 특정 사항을 기록·보관하여 업무에 활용하는 문서
일반 문서		법규 문서, 지시 문서, 공고 문서 등에 포함되지 않는 문서 예 회보, 보고서 등
민원 문서		민원인이 행정 기관에 허가·인가·처분 등 특정 행위를 요구하는 문서 및 그 처리 결과에 관한 문서

대표 예제 2

03
다음 문서에 관한 설명으로 가장 적절한 것은?

> ○○시 고시 제2025-12호
>
> ### 도로 확장 공사 시행 고시
>
> 「도로법」 제25조 및 동법 시행령 제13조에 따라 ○○시 ○○구 ○○로의 도로 확장 공사 시행 계획을 다음과 같이 고시합니다.
>
> 공사 구간: ○○구 ○○로 1번지 ~ 50번지
> 공사 기간: 2025. 4. 1. ~ 2025. 12. 31.
> 시 행 처: ○○시 도시개발과

> 문서의 이해와 관련된 문제를 풀기 위해서는 법규 문서, 지시 문서(훈령, 예규, 지시, 일일 명령), 공고 문서, 일반 문서 등의 개념을 이해해야 한다.
> 이 문서는 '고시'로 행정 기관이 일정한 사항을 일반에게 고시, 공고하는 문서에 해당한다.

① 행정 기관 내부에서 업무 처리를 위해 작성된 문서이다.
② 계약 당사자 간의 법적 권리와 의무를 정리한 문서이다.
③ 특정 사안에 대한 논의 내용과 결정을 기록한 문서이다.
④ 기관 간의 업무 협조나 협력을 요청하는 내용을 담은 문서이다.
⑤ 특정 정책이나 계획의 내용을 국민에게 공식적으로 알리는 문서이다.

정답 및 해설   03 이 문서는 고시로, 정부나 지방 자치 단체가 특정 정책이나 계획을 국민에게 공식적으로 알리기 위해 작성하는 문서이다.
| 오답 피하기 |
① 행정 기관 내부 문서는 기관 내부의 업무 처리를 위한 것이며 고시와는 다르다.
② 계약 문서는 법적 효력을 갖는 계약서 등을 의미하며, 고시는 이에 해당하지 않는다.
③ 특정 사안에 대한 논의 내용과 결정을 기록한 회의록은 고시와 성격이 다르다.
④ 협조 요청 문서는 기관 간 협력을 요청하는 내용이 담긴 것으로, 고시와 성격이 다르다.

정답 | 03 ⑤

기출 개념 | 문서 작성의 기준

구분	내용
숫자 등의 표시	• 숫자(영 제7조 제4항): 아라비아 숫자로 표기 • 날짜(영 제7조 제5항): 숫자로 표기하되 연, 월, 일의 글자는 생략하고 그 자리에 마침표를 찍어 표시하며 일, 월 표기 시 '0'은 표기하지 않음 　예) 2021.12.12. (X) → 2021. 12. 12. (O): 한 타 띄우고 표기 　　　1985.09.06. (X) → 1985. 9. 6. (O): '0'은 표기하지 않음. • 시간(영 제7조 제5항): 시·분은 24시각제에 따라 숫자로 표기하되, 시·분의 글자는 생략하고 그 사이에 쌍점(:)을 찍어 구분 　예) 오후 3시 20분 (X) → 15:20 (O), 오전 7시 9분 (X) → 07:09 (O) • 금액(규칙 제2조 제2항): 금액을 표기할 때에는 아라비아 숫자로 쓰되, 숫자 다음에 괄호를 하고 한글로 기재 　예) 금113,560원(금일십일만삼천오백육십원)
비치 문서	• 항목의 표시(규칙 제2조 제1항): 문서의 내용을 둘 이상의 항목으로 구분할 필요가 있으면 다음 구분에 따라 그 항목을 순서대로 표시하되, 필요한 경우에는 □, ○, -, • 등과 같은 특수한 기호로 표시할 수 있음

구분	항목 기호	비고
첫째 항목	1., 2., 3., 4. …	하., 하), (하), ㉺ 이상 계속되는 때에는 거., 거), (거), ㉾ 너., 너), (너), ㉿… 등 단모음 순으로 표시 * 가→나→다→…파→하→거→너→더→… 　퍼→허→고→노→도→…
둘째 항목	가., 나., 다., 라. …	
셋째 항목	1), 2), 3), 4) …	
넷째 항목	가), 나), 다), 라) …	
다섯째 항목	(1), (2), (3), (4) …	
여섯째 항목	(가), (나), (다), (라) …	
일곱째 항목	①, ②, ③, ④ …	
여덟째 항목	㉮, ㉯, ㉰, ㉱ …	

구분	내용	설명
표시 위치 및 띄우기	수신∨∨＿＿＿장관(＿＿＿과장) (경유) 제목∨∨＿＿＿＿ ＿＿＿＿＿＿＿＿＿＿＿＿＿＿＿＿＿ 　1.∨＿＿＿＿＿＿＿＿＿＿＿＿＿＿＿＿＿ 　　＿＿＿＿＿＿＿＿＿＿＿＿＿＿＿ 　　∨∨가.∨＿＿＿＿＿＿＿＿＿＿＿＿＿ 　　∨∨∨1)∨＿＿＿＿＿＿＿＿＿＿＿＿＿ 　　　　＿＿＿＿＿＿＿＿＿＿＿＿＿ 　　∨∨∨∨가)∨＿＿＿＿＿＿＿＿＿＿＿＿＿ 　　　　　＿＿＿＿＿＿＿＿＿＿＿＿＿ 　2.∨＿＿＿＿＿＿＿＿＿＿＿＿＿＿＿＿＿ 　　＿＿＿＿＿＿＿＿＿＿＿＿＿＿＿	첫째 항목 기호는 왼쪽 기본선에서 시작함 둘째 항목부터 바로 위 항목 위치에서 오른쪽으로 2타씩 옮겨 시작함 항목이 두 줄 이상인 경우에 둘째 줄부터는 항목 내용의 첫 글자에 맞추어 정렬함이 원칙이나, 왼쪽 기본선에서 시작해도 됨
하나의 본문 아래 항목 구분	수신∨∨＿＿＿장관(＿＿＿과장) (경유) 제목∨∨＿＿＿＿ 문서 관리 교육을 다음과 같이 실시하오니 각 부서의 문서 관리 담당자께서는 반드시 참석하여 주시기 바랍니다. 　1.∨일시:∨＿＿＿＿＿ 　2.∨장소:∨＿＿＿＿＿＿＿＿＿ 　3.∨참석 대상:∨＿＿＿＿＿＿＿＿＿＿.∨∨끝.	하나의 본문에 이어서 항목이 나오는 경우에 첫째 항목은 1., 2., 3. … 등부터 시작(둘째 항목: 가., 나.…)하며, 왼쪽 기본선부터 시작함

실전 훈련하기

기출변형문제로

직무 글쓰기 - 문서 이해

[01~02] 다음 자료를 읽고 물음에 답하시오.

구분	행정상 공문서	법률상 공문서
개념	행정 기관이 직무상 작성·처리하거나 접수한 모든 문서(넓은 의미)	형법, 민사소송법 등에서 구체적으로 정의된 문서(좁은 의미)
목적	행정 업무 처리를 위한 문서	법적 효력 발생 및 증거 능력 부여
특징	전자 문서 포함. 민원인이 출력한 문서도 포함될 수 있음	형식적 요건 충족 시 법적 보호, 증거 능력 인정

01

다음 중 포괄하는 문서의 범위가 가장 넓은 것은?

① 사문서
② 전자 문서
③ 행정상 공문서
④ 법률상 공문서
⑤ 민원인이 출력한 문서

02

다음 중 행정상 공문서와 법률상 공문서의 개념에 대한 설명으로 가장 적절한 것은?

① 행정상 공문서와 법률상 공문서는 동일한 개념이다.
② 행정상 공문서는 법률상 공문서를 포함하는 개념이다.
③ 법률상 공문서는 행정상 공문서를 포함하는 개념이다.
④ 행정상 공문서와 법률상 공문서는 전혀 다른 개념이다.
⑤ 법률상 공문서는 행정상 공문서보다 더 엄격한 요건을 충족해야 한다.

[03~04] 다음 글을 읽고 물음에 답하시오.

1) 행정상 공문서의 개념

문서는 일반적으로 사람의 의사나 사물의 형태·관계 등을 문자·기호·숫자 등을 활용하여 종이 등 매체에 기록·표기한 것을 말하는데, 행정 기관의 의사도 문서의 형태로 표시된다. 행정상 공문서라 함은 행정 기관 또는 공무원이 직무상 작성하고 처리한 문서 및 행정 기관이 접수한 문서를 말한다. 「행정 효율과 협업 촉진에 관한 규정」 제3조 제1호에는 "공문서란 행정 기관에서 공무상 작성하거나 시행하는 문서(도면·사진·디스크·테이프·필름·슬라이드·전자 문서 등의 특수 매체 기록을 포함한다)와 행정 기관이 접수한 모든 문서를 말한다."라고 규정하고 있으며, 전자 문서에 대해서는 영 제3조 제2호에서 "컴퓨터 등 정보 처리 능력을 가진 장치에 의하여 전자적인 형태로 작성되거나, 송신·수신 또는 저장된 문서"로 규정하고 있다. 한편 「민원 처리에 관한 법률 시행령」 제30조 제1항에는 행정 기관의 장이 ① <u>위·변조 방지 조치</u>, ② 출력한 문서의 진위 확인 조치 등을 취하여 민원인에게 통지한 전자 문서를 민원인이 출력한 경우 이를 「행정 효율과 협업 촉진에 관한 규정」 제3조 제1호에 따른 공문서로 인정하고 있다.

※ 출력한 민원 문서를 공문서로 보는 경우(예시): 토지(임야) 대장 등본, 주민 등록표 등본(초본), 병적 증명서, 출입국 사실증명, 국민기초생활수급자 증명서, 장애인증명서, 사법시험 합격증명(확인)서, 지방세 세목별 과세(납세)증명서 등

2) 법률상 공문서의 개념

가) 「형법」상의 공문서

「형법」에서 말하는 "공문서"라 함은 공무소 또는 공무원이 그 명의로써 권한 내에서 소정의 형식에 따라 작성한 문서를 말하며, 공문서 위조·변조, 허위 공문서 등의 작성 및 행사 등 공문서에 관한 죄(제225조 내지 제230조, 제235조 및 제237조)를 규정하여 공문서의 진정성(眞正性)을 보호하고 있는데, 일반적으로 공문서에 관한 죄는 사문서에 관한 죄보다 무겁게 처벌되고 있다.

나) 「민사소송법」상의 공문서

「민사소송법」은 "문서의 작성 방식과 취지에 의하여 공무원이 직무상 작성한 것으로 인정할 때에는 이를 진정한 공문서로 추정한다."(제356조)라고 규정하여 증거 능력을 부여하고 있다.

03

다음 중 공문서의 성립 요건에 대한 설명으로 적절하지 않은 것은?

① 공문서의 성립은 최종 결재권자의 결재가 있어야 한다.
② 전자 서명에 의한 결재도 공문서의 성립 요건에 포함된다.
③ 공문서가 성립하려면 법령이 정한 형식과 절차를 거쳐야 한다.
④ 공문서는 적법한 권한을 가진 행정청(공무원)이 공무상 작성한 문서여야 한다.
⑤ 공문서의 성립은 문서 내용의 공익 적합성이나 타당성, 적법성에 의해 결정된다.

04

다음 중 행정상 공문서로 적절하지 않은 것은?

① 병적 증명서
② 토지 대장 등본
③ 주민 등록표 등본
④ 내부 결재 문서
⑤ 영업 허가 신청서

05

다음 특정 문서의 효력 발생 시기에 대한 설명을 읽고 ㉠의 효력 발생 시점으로 적절한 것은?

> 일반 공문서는 특별한 법령이 없는 한, 수신자가 해당 문서를 수령한 시점에 효력이 발생한다. 전자 문서는 법령이 따로 명시되어 있지 않은 경우, 수신자가 문서를 컴퓨터 파일에 등록한 시점에 효력이 발생한다. 공고 문서는 법령에 특별한 규정이 없는 한, 고시 또는 공고일로부터 5일이 지난 후에 효력이 발생한다.
>
> [문서 정보]
> ㉠ 해당 전자 문서는 2025년 9월 20일에 전송되었으며, 수신자는 2025년 9월 22일에 컴퓨터 파일에 등록하였다.

① 2025년 9월 20일
② 2025년 9월 21일
③ 2025년 9월 22일
④ 2025년 9월 23일
⑤ 2025년 9월 25일

[06~07] 다음 글을 읽고 물음에 답하시오.

> 수신: 농림축산식품부장관(농촌정책국장)
> 제목: 요구 자료 제출
>
> ㉠ 1. 농림축산식품부 농촌정책국-173(20△△. 1. 14.)
> 위 호와 관련하여 축산업 진흥을 위한 예산 자료를 붙임과 같이 제출하고자 합니다.
>
> 붙임 축산업 진흥을 위한 예산 자료. 끝.

06

위 문서에 대한 설명으로 적절하지 않은 것은?

① 내부 결재를 거쳐 작성되어 상위 부서에 보고하는 형식의 문서이다.
② 이전 문서와 연계하여 작성되어 업무의 연속성을 보여 주는 문서이다.
③ 민원인의 요구에 대한 답변이 아닌, 내부적인 업무 처리를 위한 문서이다.
④ 외부 기관으로부터 자료를 요청받아 이에 대한 답변을 제출하는 문서이다.
⑤ 축산업 관련 예산 편성을 위해 농림축산식품부 내부에서 작성된 자료를 담고 있는 문서이다.

07

위 문서의 ㉠이 의미하는 것으로 적절한 것은?

① 관련 법규 조항
② 참고 자료 목록
③ 문서의 배포 범위
④ 본 문서의 작성 목적
⑤ 이전에 처리된 유사한 문서

08

다음 문서에 관한 설명으로 가장 적절한 것은?

> ○○시 ○○구 공고 제2025-123호
> **생활 쓰레기 배출 방법 변경 안내**
>
> 「자원재활용법」 제13조 및 동법 시행령 제11조에 따라 우리 구 관내 생활 쓰레기 배출 방법이 다음과 같이 변경되었음을 알려드립니다.
>
> - 변경 내용
>   - 음식물 쓰레기는 전용 수거 용기에 담아 배출
>   - 플라스틱류는 깨끗하게 분리하여 배출
>   - 비닐류는 투명한 비닐 봉투에 담아 배출
> - 변경 시행일: 2025년 5월 1일부터
>
> 위 내용을 숙지하시고, 변경된 배출 방법에 따라 생활 쓰레기를 배출하여 주시기 바랍니다.

① 행정 기관 간 협조 사항을 요청하는 문서이다.
② 상급 기관의 지시를 하급 기관에 전달하는 문서이다.
③ 행정 기관 내부의 업무 처리 절차를 규정하는 문서이다.
④ 특정 행정 행위에 대한 주민의 의견을 수렴하기 위한 문서이다.
⑤ 행정 기관이 일반 국민에게 알려야 할 사항을 공표하는 문서이다.

09

다음 문서의 결재자가 문서를 수정하라고 반려하였다. 다음 중 공문서 작성법에 따른 수정 사항으로 적절하지 않은 것은?

> **한국산업기술진흥원**
>
> **수신** 한국산업기술진흥원장(산업정책과장)
> (경유)
> **제목** 산업 기술 혁신을 위한 국내 연구 개발 지원 사업 추진
>
> 1. 산업 기술-5678(2025. 5. 10.)호
> 2. 2025년 산업 기술 혁신을 위한 국내 연구 개발 지원 사업을 다음과 같이 추진하고자 하오니 각 부서에서는 지원 계획을 수립하여 주시기 바랍니다.
>   가. 목적: 국내 연구 개발 사업의 효율성을 높이고, 산업 기술 혁신을 촉진하기 위한 지원 방안 마련
>   나. 추진 일시: 2025. 6. 15.(토) 오전 9시
>   다. 추진 장소: 본원 회의실
>   라. 세부 내용
> 3. 지원 대상: 국내 연구 개발 기관
> 4. 예상 예산: 금12,345,000원(금천이백사십오만원)
>
> **붙임** 연구 개발 지원 사업 계획서 예산안 1부. 끝.

① '붙임'은 본문이 끝나는 다음 줄에 씁니다.
② '(2025.5.10.)'의 날짜 쓰는 방법을 확인하시기 바랍니다.
③ '산업 기술 혁신'을 어문 규범에 맞게 작성하되, 의미를 명확히 하여 내용을 수정하시기 바랍니다.
④ '1.'과 같은 첫째 항목은 띄어쓰기 없이 바로 시작하고, 둘째 항목부터 상위 항목 위치에서 오른쪽으로 2타씩 옮겨 시작하시기 바랍니다.
⑤ '2025.6.15.(토) 오전 9시'는 날짜 쓰는 방법을 수정하고, '오전 9시'는 24시각제에 따라 숫자로 표기하되, 시·분의 글자 사이에 쌍점을 찍어 구분하시기 바랍니다.

10
다음 문서의 ㉠~㉤을 수정하는 방안으로 적절하지 않은 것은?

수신   소속 기관장 및 관련 부서장

(경유) 과학기술정보통신부 ○○○○실

제목   2025년 하반기 정부 연구 개발 성과 발표 대회 개최 공고

1. 본 대회는 정부 연구 개발 사업을 통해 창출된 우수한 연구 성과를 국민들에게 공유하고, 연구 개발 투자의 성과를 제고하며, 연구자들의 사기를 진작시키고자 마련되었습니다.

2. 행사 개요
   가. ㉠ 일시: ㉡ 2025년 11월 20일(화) ㉢ 10:00~18:00
   (생략)

3. 정부 연구 개발 사업을 통해 수행된 모든 연구 분야의 연구 성과를 발표할 수 있습니다. 특히, 다음과 같은 분야의 연구 성과를 우대합니다.
   가. 기초 과학 분야
     ㉣ ① 핵심 과학 기술 원천 연구
   (생략)

㉤ 붙임 발표 신청서 양식 1부.

과학기술정보통신부 장관 ○○○○

---

① ㉠: 쌍점은 왼쪽 단어와 한 칸을 띄워 표시한다.
② ㉡: 날짜는 숫자로 표기하되 연, 월, 일의 글자는 생략한다.
③ ㉢: 시간은 24시각제에 따라 숫자로 표기하되, 시·분의 글자는 생략하고 그 사이에 쌍점을 찍어 구분한다.
④ ㉣: 항목은 1., 가., 1), 가), (1), (가), ①, ㉮의 순서대로 표시한다.
⑤ ㉤: 붙임의 마지막 부분에 한 글자를 띄우고 "끝" 표시를 한다.

기출유형 13

직무 글쓰기 - 기안서·품의서

기안서의 이해와 작성

기안서는 어떤 사실이나 문제를 해결하기 위한 방안을 작성한 글로, 결재권자에게 의사 결정을 요청하는 문서이다. 해당 업무를 담당하는 사람은 직급 등에 관계없이 기안서를 작성할 수 있다. 실용글쓰기 시험에서는 기안서의 개념과 작성 시 유의 사항 등을 알아 두어야 한다.

대표 예제 1

[01~02] 다음 문서를 읽고 물음에 답하시오.

```
                              행정안전부
  두문    [행정안전부 로고]
          수신  국방부장관(혁신행정담당관)
          (경유)
          제목  법령서식 승인 통보(방위사업법 시행규칙)

  본문    1. 국방부 혁신행정담당관-4958(2025. 11. 4.)호와 관련됩니다.




          기안자 직위(직급) 서명   검토자 직위(직급) 서명   결재권자 직위(직급) 서명
          협조자 직위(직급) 서명
  결문    시 행  처리과명-연도별 일련번호(시행일)
          접 수  처리과명-연도별 일련번호(접수일)
          우         도로명주소              / 홈페이지 주소
          전화번호(    )   팩스번호(    ) / 공무원의 전자우편주소 / 공개 구분
```

01
위 기안서의 두문에 들어갈 내용으로 적절하지 않은 것은?

① 제목
② 수신자
③ 경유 표시
④ 행정 기관명
⑤ 로고 및 상징

02

두문 표시에 대한 설명으로 적절한 것은?

① 경유 기관이 없는 경우에는 수신 기관의 명칭을 표시한다.
② 경유 기관이 둘 이상인 경우에는 제1차 경유 기관만 표시한다.
③ 수신자가 많은 경우에는 대표 수신자명을 쓰고 나머지는 생략한다.
④ 수신자가 없는 내부 결재 문서의 경우에는 "내부 결재"로 표시한다.
⑤ 합의제 기관의 권한 사항인 경우에는 해당 기관의 장의 직위를 쓴다.

정답 및 해설 01 제목은 본문에 해당하는 요소이다. 두문에는 행정 기관명, 수신자, 경유, 로고 및 상징 등을 표시한다.
02 수신자가 없는 내부 결재 문서의 경우 수신자란에 "내부 결재"로 표시한다.
| 오답 피하기 | ① 경유 기관이 없는 경우에는 아무것도 적지 않고 빈칸으로 둔다.
② 경유 기관이 둘 이상인 경우에는 경유 기관을 모두 밝혀 표시한다.
③ 수신자가 많은 경우에는 두문의 수신란에 "수신자 참조"라고 쓰고, 결문의 발신명 다음 줄에 수신자란을 따로 표시하여 수신자명을 표시한다.
⑤ 수신란에 해당 기관의 명칭을 표시한다.

정답 | 01 ① · 02 ④

대표 예제 2

03

문서의 "끝" 표시 내용에 대한 예로 적절하지 않은 것은?

본문
제목 법령서식 승인 통보(방위사업법 시행규칙) — 문서의 내용을 쉽게 알 수 있도록 간단하고 명확하게 기재함

1. 국방부 혁신행정담당관-4958(2019. 11. 4.)호와 관련됩니다. — 문서 생산 기관의 명칭과 생산 등록 번호를 적고, 괄호 안에 생산 날짜와 제목을 표기함
(생략)

붙임 1. 승인 도면 1부.
      2. 방위 사업법 시행 규칙(제234항) 관련. — 문서에 서식·유가 증권·참고 서류, 그 밖의 문서나 물품이 첨부되는 때에는 본문이 끝난 줄 다음에 "붙임"의 표시를 하고 첨부물의 명칭과 수량을 쓰되, 첨부물이 두 가지 이상인 때에는 항목을 구분하여 표시함

발신 명의

결문
기안자 직위(직급) 서명   검토자 직위(직급) 서명   결재권자 직위(직급) 서명
협조자 직위(직급) 서명
시 행 처리과명-연도별 일련번호(시행일)
접 수 처리과명-연도별 일련번호(접수일)
우   도로명주소   / 홈페이지 주소
전화번호(   )   팩스번호(   ) / 공무원의 전자우편주소 / 공개 구분

• 발신 명의 표시
• 권한 대행 및 직무 대리 표시
• 기안자, 검토자, 협조자, 결재권자의 직위 또는 직급과 서명
• 생산 등록 번호 및 접수 등록 번호

① 본문 내용의 마지막 글자에서 한 글자(2타) 띄우고 "끝" 표시를 한다.
　예) …… 주시기 바랍니다.∨∨끝.
② 첨부물이 있으면 붙임 표시문 다음에 한 글자(2타) 띄우고 표시한다.
　예) 붙임　1. 서식 승인 목록 1부.
　　　　　2. 승인 서식 2부.∨∨끝.
③ 본문 또는 붙임 표시문이 오른쪽 한계선에서 끝났을 경우에는 그다음 줄이 왼쪽 기본선에서 한 글자(2타) 띄우고 "끝" 표시를 한다.
　예) (본문 내용) ……………………………… 주시기 바랍니다.
　　∨∨끝.
④ 본문이 표로 끝나고 표의 마지막 칸까지 작성되는 경우에는 표 아래 왼쪽 기본선에서 한 글자(2타) 띄우고 "끝" 표시를 한다.

　예)

응시번호	성명	생년월일	주소
10	김○○	1980. 3. 8.	서울시 종로구 ○○로 12
21	박○○	1982. 5. 1.	부산시 서구 ○○로 5

　∨∨끝.

⑤ 본문이 표로 끝나고 표의 중간에서 기재 사항이 끝나는 경우에는 마지막으로 작성된 칸의 다음 칸에 "이하 빈칸"이라고 쓰고 표 아래 왼쪽 기본선에서 한 글자(2타) 띄우고 "끝" 표시를 한다.

　예)

응시번호	성명	생년월일	주소
10	김○○	1980. 3. 8.	서울시 종로구 ○○로 12
이하 빈칸			

　∨∨끝.

정답 및 해설　본문이 표로 끝나고, 표의 중간에서 기재 사항이 끝나는 경우에는 "끝" 표시를 하지 않고 마지막으로 작성된 칸의 다음 칸에 "이하 빈칸"이라고 쓴다.

정답 | ⑤

기출 개념   기안서

정의	어떤 사실이나 문제 해결 방안을 문서로 작성하여 결재권자에게 의사 결정을 요청하는 문서	
작성 목적	• 접수한 문서를 처리하기 위한 경우 • 자신의 업무를 진행하거나 제안하는 경우 • 상급자의 지시 사항을 처리하기 위한 경우 • 각종 규정에 근거하여 공식적인 기안이 필요한 경우	
종류	대내 문서	기업 또는 단체 내부에서 계획 수립, 보고, 업무 협조 등을 위해 작성하는 문서
	대외 문서	기업 또는 단체 간 공문서, 보고서, 제안서 등의 형태로, 공식적인 절차를 위해 작성하는 문서

작성 예시

두문
- 행정기관명
- 수신 ← 수신자가 없는 내부 결재 문서의 수신란에는 "내부 결재"로 표시
- (경유) ← 경유 기관이 없는 경우는 빈칸으로 둠
- 제목 ← 문서의 내용을 쉽게 알 수 있도록 간단하고 명확하게 기재

본문
내용
1. 국방부 혁신행정담당관-4958(2019. 11. 4.)호와 관련됩니다.
   └ 관련되는 다른 공문서의 표시(생산 기관의 명칭과 생산 등록 번호, 괄호 안에 생산 날짜와 제목 표시)

(본문)·············· 주시기 바랍니다.

붙임∨∨○○계획서 1부.∨∨끝. ← 첨부물 표시

결문
- 발신 명의
- 기안자·검토자·협조자·결재권자의 직위 또는 직급 및 서명
- 생산 등록 번호와 시행일
- 접수 등록 번호와 접수일
- 행정 기관의 우편 번호·도로명 주소·홈페이지 주소·전화 번호·팩스 번호
- 공무원의 전자 우편 주소
- 공개 구분

유의 사항

정확성	• 육하원칙에 따라 작성하며, 오·탈자 및 계수 착오 방지 • 핵심 내용을 바탕으로 의미 전달이 명확하도록 정확한 용어 사용 및 문법 준수 • 애매하거나 과장된 표현으로 인해 사실이 왜곡되지 않도록 주의
용이성	• 상대방이 쉽게 이해할 수 있도록 작성하고 짧은 문장으로 항목별 정리 • 복잡한 내용은 결론을 먼저 제시한 후 이유 설명(두괄식) • 구체적이고 개별적인 용어를 사용하며, 어려운 한자, 전문 용어, 일반화되지 않은 약어는 피하고, 필요시 설명 추가
성실성	• 성의 있고 진실되게 작성하며 불쾌감을 주거나 무시하는 표현은 피하고, 적절한 경어 사용 • 감정적·위압적 표현을 지양하고, 존중의 의미를 담아 부드러운 표현 사용
경제성	• 반복 업무는 표준 기안문 활용, 용지 규격·지질을 표준화하여 시간과 노력 절감 • 서식 통일하여 규정된 양식 사용

기출유형 14

직무 글쓰기 - 기안서·품의서

품의서의 이해와 작성

품의서는 일반적으로 기안자가 특정 사안에 대해 상사 또는 관계 부서이 결재를 물은 다음에, 이를 실행하기 위한 내용을 작성하여 결재권자나 상사에게 제출하고 결재를 받는 문서이다. 대부분 비용과 관련된 사안에 결재를 받기 위해 작성하지만, 인력 채용, 업무 제휴, 진급 상신, 기존 업무의 확대 또는 추가 등의 사안 등을 목적으로 작성하기도 한다. 실용글쓰기 시험에서는 품의서의 개념과 종류, 목적에 맞는 형식, 작성 시 유의 사항 등에 중점을 두어야 한다.

대표 예제 1

[01~02] 다음 문서를 읽고 물음에 답하시오.

품의서

문서 내용
- 문서 번호 987654_3210
- 작성 일자 2025. ○○. ○○.
- 작성자 김철수
- 시행 일자 2025. △△. △△.

제목 _____(가)_____

  본 문서는 신규 서버 구축 프로젝트의 초기 비용 지급을 위하여 다음과 같이 품의하오니, 재가하여 주시기 바랍니다.

품목: 서버 구축 용역 계약 초기 비용
지급 비용: 용역 총 계약금 금20,000,000원(금이천만원) 중, 초기 비용 금5,000,000원
       (금오백만원)
지급 방법: 대금청구서상의 입금 계좌
붙임 대금 청구서 1부. 끝.

> '신규 서버 구축 프로젝트의 초기 비용 지급을 위하여'에서 이 문서가 구매 품의서라는 것을 알 수 있다. 품의서는 구매 등 비용과 견적뿐만 아니라, 제안, 행사, 채용 등의 다양한 목적으로 쓰인다.

01

위와 같은 문서에 관한 설명으로 적절하지 <u>않은</u> 것은?

① 시행 일자는 결재권자의 결재가 완료된 후 적용될 수 있다.
② 문서 번호는 문서의 체계적인 관리와 추적을 돕기 위해 부여된다.
③ 품의서는 주로 비용과 견적이 포함된 사항에만 작성되는 문서 양식이다.
④ 제목은 품의할 사항을 한눈에 알아볼 수 있도록 구체적이고 간결하게 작성해야 한다.
⑤ 품의 명세에는 목적, 기대 효과, 예산 추진 일정 등을 구체적으로 명시하고 관련된 배경 자료를 첨부하는 것이 좋다.

02

위 문서의 (가)에 들어갈 제목으로 가장 적절한 것은?

① 서버 구축 용역 계약 초기 비용
② 서버 구축과 관련한 초기 비용 지급 요청
③ 서버 구축 관련 용역 초기 비용 지급의 건
④ 신규 서버 구축 프로젝트 초기 비용 지급 품의
⑤ 신규 서버 구축 프로젝트의 초기 비용 지급 건

> **정답 및 해설** 01 품의서는 비용과 견적뿐만 아니라 여러 경영 관리상의 안건에 대해 작성될 수 있으며, 필요에 따라 다양한 사항이 포함될 수 있다.
> 02 제목은 품의할 사항을 한눈에 알아볼 수 있도록 구체적이고 간결하게 작성해야 한다. 따라서 ③ '서버 구축 관련 용역 초기 비용 지급의 건'이 품의할 사항의 본질을 명확하게 전달하고 있으므로 가장 적절하다.
> | 오답 피하기 | ①, ⑤ 일부 정보가 부족하여 품의 목적을 충분히 전달하지 못한다.
> ② '요청'이라는 표현은 문서의 제목으로 적절하지 않다.
> ④ 불필요하게 장황하다.
>
> 정답 | 01 ③ 02 ③

대표 예제 2

03

다음과 같은 문서에 대한 설명으로 적절하지 <u>않은</u> 것은?

> - 특정 업무 수행, 예산 집행, 인력 채용, 물품 구매 등 다양한 사안에 대해 상급자의 승인을 받기 위해 작성된다.
> - 기안자가 안건을 발의하고, 필요시 관련 부서와 협의한 후 결재권자에게 제출하며, 승인 후에는 해당 내용을 실행할 수 있다.

(품의서는 특정 사안에 대해 결재권자의 승인을 요청하는 문서)

① 특정 행사를 기획하고 예산을 승인받기 위해 작성하는 문서이다. ← 행사 품의서
② 회의에서 논의된 주요 사항과 결정 내용을 기록하여 관련 부서와 공유하는 문서이다.
③ 신규 프로젝트 추진을 위해 사업의 목적과 기대 효과 등을 기재하여 승인받는 문서이다. ← 제안 품의서
④ 부서 인력 충원을 위해 채용 필요성과 예상 비용을 기재하여 결재를 요청하는 문서이다. ← 채용 품의서
⑤ 사무용품 구입을 위해 품목, 수량, 단가 등을 기재하여 상급자의 결재를 요청하는 문서이다. ← 구매 품의서

> **정답 및 해설** 03 자료로 제시된 내용은 조직 내에서 특정 업무를 수행하기 위한 승인을 요청하는 품의서에 대한 설명이다. ②는 회의록에 대한 설명으로, 품의서처럼 결재를 받아 실행하는 목적이 아니라 논의 내용을 정리하고 공유하는 것이 주된 목적이다.
> | 오답 피하기 |
> ①은 행사 품의서, ③은 제안 품의서, ④는 채용 품의서. ⑤는 구매 품의서에 해당한다.
>
> 정답 | ②

기출 개념 품의서

정의	• 특정 사안에 대해 결재권자의 승인을 요청하는 문서로, 일반적으로 기안자가 안건을 발의하여 상사 또는 관계 부서의 결재를 받아 실행하기 위해 작성함 • 주로 비용과 관련된 사안(공사 집행, 수선, 물품 매입, 수리, 제조, 보조금 및 출연금 교부)에 결재를 받기 위해 작성하지만, 인력 채용, 업무 제휴, 진급 상신, 기존 업무의 확대 또는 추가 등의 사안에서도 활용됨	
종류	구매 품의서	물품 구매를 위해 품명, 규격, 수량, 단가, 금액 등을 기재하여 결재를 요청하는 문서
	제안 품의서	기존 업무에 대한 개선안, 신규 사업 제안 등을 위해 작성하며, 목적, 이유, 쟁점 사항 등과 이에 대한 의견 및 기대 효과를 구체적으로 기술하는 문서
	행사 품의서	행사 계획 및 효과를 설명하는 문서로, 표나 그림을 활용하여 결재권자가 쉽게 이해할 수 있도록 작성
	채용 품의서	신규 인력 채용을 위해 작성하며, 필요성 및 기대 효과를 명확히 기술하고 관련 자료를 첨부함
구성	• 제목: 문서의 목적이 한눈에 보이도록 구체적으로 작성 예) 2025년 신규 마케팅 소프트웨어 구매 품의 • 내용: 결재 요청 사유 및 목적을 명확히 기술하고, 자금 집행의 근거 및 필요성을 설명(예산, 비용, 효과 분석)하고, 필요시 세부 내용 별첨(견적서, 비교 자료 등)	

기출변형문제로 실전 훈련하기

직무 글쓰기 - 기안서·품의서

[01~02] 다음 글을 읽고 물음에 답하시오.

행정안전부

수신 수신자 참조
(경유)
제목 공문서 작성 시 쉽고 바른 우리말 활용 안내

1. 관련: 「행정 효율과 협업 촉진에 관한 규정」 제7조(문서 작성의 일반 원칙)
2. 행정 기관은 공문서 작성 등 업무 수행 과정에서 쉽고 바른 우리말과 글을 활용하여 국민과의 의사소통을 원활히 하도록 하여야 합니다.
3. 우리 부에서는 574돌 한글날을 맞아 문화체육관광부와 합동으로 공문서 작성 시 무심코 사용되는 외국어·외래어 표현을 붙임과 같이 선정하였습니다. 각 기관에서는 업무 수행 과정에서 적극적으로 참고하여 주시고, 관할 소속 기관 등에도 전파하여 협조해 주시기 바랍니다.

※ 보다 자세한 내용은 행정업무운영편람(12월 개정판 발간 예정), 국립국어원 누리집(www.korean.go.kr)에서 확인할 수 있습니다.

㉠ 붙임 공문서 작성 시 무심코 사용되는 외국어·외래어 표현 30선. 끝.

행정안전부장관

수신자 243개 전체 지자체, 중앙 행정 기관
사무관 임○○ 정보공개정책과장
전결 2020. 10. 8. 고○○
협조자
시행 정보공개정책과-5934
접수 우 30128 세종특별자치시 한누리대로 411 (어진동) / http://www.mois.go.kr
전화번호 (044)205-2262 팩스번호 (044)205-8717 / honeykyo@mois.co.kr / 대국민공개

01
기안에 대한 설명으로 적절하지 않은 것은?

① 공무원은 누구든지 기안자가 될 수 있다.
② 결재권자가 지정한 처리 담당자도 기안자가 될 수 있다.
③ 문서의 기안은 종이 문서로 기안하는 것을 원칙으로 한다.
④ 분장받은 업무에 대하여 직급에 관계없이 기안할 수 있다.
⑤ 계약직 공무원은 제한된 범위와 조건하에 기안할 수 있다.

02
㉠을 표시한 것으로 적절한 것은?

① 붙임∨공문서 작성 시 무심코 사용되는 외국어·외래어 표현 30선.∨끝.
② 붙임∨공문서 작성 시 무심코 사용되는 외국어·외래어 표현 30선.∨∨끝.
③ 붙임∨∨공문서 작성 시 무심코 사용되는 외국어·외래어 표현 30선.∨끝.
④ 붙임∨∨공문서 작성 시 무심코 사용되는 외국어·외래어 표현 30선.∨∨끝.
⑤ 붙임∨∨공문서 작성 시 무심코 사용되는 외국어·외래어 표현 30선.∨∨∨끝.

[03~04] 다음 글을 읽고 물음에 답하시오.

주제: 스마트 오피스 구축 사업 추진 기안
수신: 대표이사
발신: 경영지원팀장 김철수
날짜: 2025년 3월 10일

1. 추진 배경
   4차 산업 혁명 시대를 맞아 업무 효율성 향상과 직원 만족도 증진을 위해 스마트 오피스 구축이 필요합니다. 스마트 오피스 시스템 도입을 통해 업무 환경을 혁신하고, 회사의 경쟁력을 강화하고자 합니다.

2. 사업 개요
   가. 목표: 사무 공간을 스마트하게 변화시켜 업무 효율성을 극대화하고, 직원 만족도를 높입니다.
   나. 주요 내용: 스마트 워크 시스템 구축, 사물 인터넷(IoT) 기반 공간 관리 시스템 도입, 클라우드 기반 업무 환경 구축
   다. 기간: 2026년 1월~12월
   라. 예산: 50억 원

3. 기대 효과
   가. 업무 효율성 향상: 스마트 워크 시스템을 통해 시간과 공간 제약 없는 업무 가능
   나. 의사소통 효율성 증대: 실시간 협업 시스템 도입
   다. 비용 절감: 사무 공간의 효율적 활용 및 에너지 절감
   라. 직원 만족도 향상: 쾌적한 업무 환경 제공

4. 성공 가능성 및 위험 요소
   가. 성공 가능성: 최신 정보 기술(IT) 활용, 임직원 만족도 향상, 경쟁력 강화
   나. 위험 요소: 시스템 구축 비용 증가, 기술적 문제 발생, 직원들의 저항

5. 건의 사항
   가. 충분한 사전 교육 실시
   나. 시스템 안정성 확보
   다. 지속적인 시스템 관리

6. 결론
   스마트 오피스 구축을 통해 회사의 경쟁력을 강화하고, 직원들의 만족도를 높여 기업 성장에 기여할 수 있을 것입니다.

03

위 기안서의 주요 목적으로 적절한 것은?

① 비용 절감 ② 사무 공간 확장
③ 직원 복지 향상 ④ 신규 사업 발굴
⑤ 업무 효율성 향상

04

위 사업의 가장 중요한 기대 효과로 적절한 것은?

① 비용 절감 ② 신규 고객 확보
③ 직원 만족도 향상 ④ 회사 이미지 개선
⑤ 시장 점유율 확대

05

위 기안서에서 다룬 내용으로 적절하지 않은 것은?

① 위험 요소 ② 사업 목표
③ 성공 가능성 ④ 마케팅 전략
⑤ 예상 소요 예산

[06~07] 다음 글을 읽고 물음에 답하시오.

[신제품 출시 기념 온라인 쇼케이스]

- 행사 목표: 신제품 [제품명] 출시를 알리고, 브랜드 인지도를 높이며, 초기 판매량을 극대화한다.
- 행사 일시: 2025년 12월 15일 (금) 오후 2시
- 대상: 일반 소비자, 언론, 인플루언서
- 주요 프로그램
   - 제품 소개 영상
   - 실시간 Q&A
   - 할인 쿠폰 제공
   - 인플루언서 라이브 방송 연동
- 예산: 총 5,000만 원 (플랫폼 사용료, 영상 제작, 홍보, 경품 등)
- 성공 지표
   - 유튜브 시청 수 10만 회 이상
   - 실시간 참여 인원 5,000명 이상
   - 제품 판매량 1,000개 이상

06

위 품의서에서 가장 중요하게 고려해야 할 성공 지표로 적절한 것은?

① 제품 판매량 ② 유튜브 시청 수
③ 실시간 참여 인원 ④ 홍보 비용 대비 효과
⑤ 인플루언서 라이브 방송 참여 도달 수

07

위 품의서의 성격에 대한 설명으로 가장 적절한 것은?

① 일반 소비자와의 소통을 강화하기 위한 품의서이다.
② 새로운 채용 과정을 안내하고 설명하기 위한 품의서이다.
③ 내부 직원 간 화합과 조직 문화를 강화하는 행사를 위한 품의서이다.
④ 신제품 출시와 초기 판매량 증대를 목표로 한 마케팅 행사를 위한 품의서이다.
⑤ 기업의 사회적 책임을 실천하고 지역 사회에 기여하는 행사를 위한 품의서이다.

> **기출 유형** ▶ 행사 품의서
> 행사 준비와 진행, 실시 효과 등을 항목별로 기술하고, 표나 그림 등으로 그 내용을 일목요연하게 작성하여 결재권자가 쉽게 의사 결정을 할 수 있도록 작성해야 한다.

08

위 채용 품의서를 고려할 때, 해당 직무에 적합한 지원자로 가장 적절한 것은?

① 국내 대기업 마케팅 부서에서 5년간 근무하며 브랜드 관리를 담당했던 지원자
② 해외 유학 후 귀국하여 외국계 기업에서 2년간 영업 지원 업무를 담당했던 지원자
③ 스타트업에서 1년간 마케팅 인턴으로 근무하며 데이터 분석 경험을 쌓았던 지원자
④ 디자인 전공으로 4년간 디자인 대행사에서 근무하며 다양한 디자인 프로젝트를 수행했던 지원자
⑤ 중소 기업에서 3년간 소셜 미디어 마케팅을 담당하며 다양한 캠페인을 성공적으로 이끌었던 지원자

[08~09] 다음 글을 읽고 물음에 답하시오.

> **[채용 품의서]**
>
> 1. 채용 부서 및 직무: 마케팅팀, 신규 서비스 기획 및 실행
> 2. 채용 인원: 1명
> 3. 자격 요건
>   - 관련 분야 학사 학위 이상
>   - 3년 이상의 마케팅 경험(특히, 디지털 마케팅)
>   - 데이터 분석 능력 우수
>   - 영어 능통(비즈니스 회의 가능)
>   - 창의적이고 문제 해결 능력이 뛰어난 인재
> 4. 우대 사항
>   - 스타트업 경험
>   - 관련 자격증 소지(예: GA, Adobe Analytics)
>   - 해외 마케팅 경험
> 5. 채용 목표
>   - 신규 서비스 기획 및 실행을 통한 매출 증대
>   - 데이터 기반 마케팅 전략 수립 및 실행
>   - 글로벌 시장 진출을 위한 마케팅 활동 지원
> 6. 예상 연봉: 4,500만 원 ~ 5,500만 원

09

위 채용 면접에서 가장 중점적으로 평가해야 할 부분으로 적절한 것은?

① 리더십
② 디자인 능력
③ 문제 해결 능력
④ 데이터 설계 능력
⑤ 다양한 외국어 능력

> **기출 유형** ▶ 채용 품의서
> 회사 내에서 채용 절차를 시작하고 해당 부서에 필요한 인재를 채용하기 위해 작성하는 품의서이다. 모집 인원, 고용 형태, 채용 사유, 담당 업무, 자격 조건 등을 상세히 기입한다.

[11~12] 다음 문서를 읽고 물음에 답하시오.

**스마트 오피스 구축을 위한
클라우드 기반 협업 도구 도입 제안**

1. 제안 배경

최근 코로나19 팬데믹으로 인해 재택근무 및 원격 근무가 확산되면서 효율적인 업무 환경 구축의 필요성이 증대되었습니다. 특히, 다양한 부서 간의 협업 및 정보 공유가 원활하지 못하여 업무 생산성이 저하되는 문제가 발생하고 있습니다. 이러한 문제를 해결하고, 미래 지향적인 업무 환경을 구축하기 위해 클라우드 기반 협업 도구 도입을 제안합니다.

2. 제안 내용
- 도입 대상: 전 직원
- 도입 시스템: [클라우드 협업 도구 명 (예: 마이크로소프트 365, 구글 워크스페이스)]
- 주요 기능
  - 실시간 문서 공동 편집
  - 파일 공유 및 관리
  - 화상 회의 및 채팅
  - 프로젝트 관리
- 기대 효과
  - 업무 효율성 증대
  - 의사소통 원활화
  - 데이터 관리 체계 확립
  - 비용 절감

3. 추진 일정

단계	내용	기간	담당자
1단계	시스템 선정 및 도입	2025년 10월~11월	정보 기술(IT)팀
2단계	사용자 교육	2025년 11월~12월	정보 기술(IT)팀, 각 부서 담당자
3단계	시스템 안정화 및 교육	2026년 1월	정보 기술(IT)팀

4. 예산
- 초기 도입 비용: [금액]원
- 월 운영 비용: [금액]원

5. 결론

클라우드 기반 협업 도구 도입은 변화하는 업무 환경에 적극적으로 대응하고 기업의 경쟁력을 강화하는 데 기여할 것입니다.

10

위 제안 품의서를 작성할 때 주의해야 할 점으로 적절하지 않은 것은?

① 지나친 기술 용어의 사용을 자제해야 한다.
② 분량은 가급적 짧게 작성하여 상대방의 부담을 줄여야 한다.
③ 기대 효과를 수치화하여 제시함으로써 설득력을 높여야 한다.
④ 경쟁 시스템과의 비교 분석을 통해 선택한 도구의 우수성을 강조해야 한다.
⑤ 단기적인 성과와 장기적인 기업 성장에 대한 기여도를 명확하게 제시해야 한다.

11

위 제안 품의서의 주요 목적으로 적절한 것은?

① 회사의 이미지 개선
② 비용 절감을 통한 이익 증대
③ 회사의 정보 기술(IT) 인프라 개선
④ 직원들의 업무 효율성과 협업 강화
⑤ 새로운 사업 분야로 진출하기 위한 기반 마련

12

위 품의서에서 제안된 클라우드 협업 도구 도입의 기대 효과로 가장 적절한 것은?

① 정보 보안 강화
② 직원들의 만족도 향상
③ 새로운 비즈니스 모델 개발
④ 의사소통 원활화 및 협업 증진
⑤ 업무 자동화를 통한 생산성 향상

기출 유형 제안 품의서

- 기존 업무에 대한 개선책이나 새로운 사업과 업무를 제안하는 문서로, 결재를 원하는 사항, 목적, 이유, 쟁점 사항 등과 이에 대한 의견 및 기대 효과를 구체적으로 기술하여 작성한다.
- 제안 내용에 관한 자료를 첨부하는 것이 좋으며, 숫자, 도표, 사진, 그림 등으로 알기 쉽게 정리하여 제출한다.

[13~14] 다음 글을 읽고 물음에 답하시오.

회계연도	2025년
품의 번호	2025031598
제목	2025년 XYZ 프로젝트 컨설턴트 수당 지급
개요	2025년 XYZ 프로젝트 컨설턴트 수당을 다음과 같이 지급하였습니다. - 컨설턴트비: 금1,200,000원(금백이십만원) - 산출 근거: 1명×4시간×300,000원 =1,200,000원. 끝.
정책 사업	프로젝트 관리 지원
요구 부서	기술부
단위 사업	프로젝트 실행
품의 일자	2025년 1월 6일
세부 사업	컨설팅 사업
품의 금액	1,200,000원

13

위와 같은 문서에 대한 설명으로 가장 적절한 것은?

① 예산 지출 후에 사용 금액을 청구하기 위한 문서이다.
② 어떤 일을 하는 데 필요한 비용 등을 계산한 문서이다.
③ 회사의 경비를 집행하기 전에 승인을 얻기 위한 문서이다.
④ 결재를 얻은 안건에 대해 해당 부서에 집행을 요구하는 문서이다.
⑤ 회사에서 지급한 상여금, 각종 수당 등에 관하여 작성한 문서이다.

14

위 문서를 수정·보완할 사항으로 적절하지 않은 것은?

① 컨설턴트의 성명을 기록한다.
② '끝.'이라는 표시가 필요하지 않으므로 삭제한다.
③ 'XYZ 프로젝트'의 일시, 장소, 목적, 주요 활동 등을 기록한다.
④ 붙임 문서에 컨설턴트의 계약서, 신분증 사본, 은행 계좌 사본 등을 추가한다.
⑤ '~다음과 같이 지급하였습니다.'를 '~다음과 같이 지급하고자 합니다.'로 수정한다.

기출 유형 ▶ 지출 품의서

생산성 및 제조 원가와 직접적인 관련이 있으므로 품의의 이유를 알기 쉽고 명확하게 작성하고, 필요에 따라 전체적인 내용 파악을 위해 세밀한 내용의 자료를 별첨한다.

기출유형 15 직무 글쓰기 - 보고서

보고서의 이해와 작성

보고서는 특정 주제에 대한 조사, 분석, 연구 결과 또는 업무 진행 상황을 정리하여 전달하기 위해 작성하는 공식 문서이다. 실용글쓰기 시험에는 보고서의 종류와 형식, 내용 요소 및 작성 요령 등이 주로 출제되며 의견 보고서, 상황 보고서, 분석 보고서 등의 구체적 하위 보고서를 비롯한 다양한 보고서가 제시된다. 따라서 보고서의 내용과 형식, 보고서 작성 시의 유의 사항 등을 이해해야 한다.

대표 예제

[01~03] 다음 글을 읽고 물음에 답하시오.

출장 보고서

2025년 5월 15일   영업부장 앞   소속 영업 1팀 성명 홍길동(인)

기간: 2025년 5월 10일 ~ 12일
동행자: 영업 1팀 김철수
출장지: (주)○○전자 구미 공장
목적: 신제품 납품 계약 협상

보고
1. 협상 결과, 신제품 납품의 납기 단축을 위해 다음과 같은 실행 방안을 합의하였습니다.
   - ○○전자 측의 주문 절차 간소화
   - 당사 생산 라인의 우선순위 조정
   - 납품 후 품질 보증 시스템 강화
2. 품질 검사 기준에 대한 상호 간의 이해를 높이기 위해 구체적인 검토 기준을 공유하였습니다.
   - ○○전자 측 요구 사항 반영
   - 추가적인 품질 테스트 일정 합의

의견
- 납기 단축을 위해 당사 생산 라인의 효율성을 개선하고, 자동화 도입을 검토해야 할 필요성을 느꼈습니다.
- 추가 협의가 필요한 세부 사항(예: 긴급 주문 시 대응 방안)은 별도로 논의가 필요합니다.

경비: 계 350,000원 (명세서 별도 첨부)

> 이 자료는 출장 보고서로, 출장 후 상급자에게 출장 결과를 체계적으로 보고하는 문서이다. 출장의 목적, 과정, 성과, 문제점, 개선점 등을 종합적으로 기록하여 조직 내에서 출장 경험을 공유하고 향후 의사 결정에 활용하는 것이 그 목적이다. 출장 성과와 향후 개선점을 간결하고 명확한 문장으로 제시하여 실무적 활용도를 높여야 한다.

> 단순히 출장 결과만 나열하는 것이 아니라, 출장 경험을 바탕으로 추가적인 분석, 개선점, 제안 사항 등을 제시한다. 이를 통해 출장의 실질적인 성과를 극대화하고 향후 업무 방향을 설정하는 데 기여할 수 있다.

01
출장 보고서 작성 시 가장 중요하게 고려해야 할 사항으로 적절한 것은?

① 출장 경비 사용 내역을 상세히 기록한다.
② 향후 개선해야 할 점을 구체적으로 제시한다.
③ 회사의 기밀 정보를 외부에 유출하지 않도록 한다.
④ 출장 기간 동안 발생한 모든 사소한 일들을 상세하게 기록한다.
⑤ 출장 목표 달성 여부를 구체적인 데이터와 함께 명확하게 제시한다.

02
출장 보고서의 '의견'란에 포함되어야 할 내용으로 적절한 것은?

① 출장 경비 사용 상세 내역
② 회사에 대한 비판적인 의견
③ 출장지의 날씨 및 교통 상황
④ 출장 중 경험한 개인적인 어려움
⑤ 협상 과정에서 발생한 문제점 및 해결 방안

03
출장 보고서를 통해 얻을 수 있는 가장 큰 효과로 적절한 것은?

① 출장 경비 절감
② 회사의 매출 증대
③ 부서 간의 협력 강화
④ 개인의 업무 능력 향상
⑤ 문제 해결 및 개선을 위한 정보 제공

정답 및 해설

01 | 오답 피하기 | ① 경비 사용 내역은 별도의 문서로 관리하며, 보고서에는 총액만 간략하게 기재하는 것이 일반적이다.
② 먼저 목표 달성 여부를 명확하게 제시한 후 향후 개선점을 추가적으로 언급하는 것이 바람직하다.
③ 기밀 유지는 중요하지만, 출장 보고서의 목적과는 직접적인 관련이 없다.
④ 사소한 일을 상세하게 기록하는 것은 비효율적이며, 보고서의 목적에 맞지 않는다. 출장 보고서는 중요한 내용 위주로 간결하게 작성해야 한다.

02 '의견'란에는 출장을 통해 얻은 교훈, 개선점, 새로운 아이디어 등을 기록해야 한다. 특히 협상 과정에서 발생한 문제점과 이를 해결하기 위한 방안을 제시하는 것이 중요하다.

03 출장 보고서는 단순한 개인의 활동 보고서를 넘어, 부서 간의 정보 공유와 협력을 강화하는 데 기여하는 문서이다. 보고된 내용을 바탕으로 다른 부서와 협력하여 문제를 해결하고 새로운 사업 기회를 모색할 수 있다.

정답 | 01 ⑤ 02 ⑤ 03 ③

기출 개념 보고서

정의	• 특정 사실, 현황, 문제 또는 연구 결과를 정리하여 상급자나 관련 기관이 의사 결정을 할 수 있도록 지원하는 공식 문서 • 기업, 기관, 연구소, 교육 기관 등에서 업무, 연구 결과, 학습 활동 등을 기록하고 평가하는 용도로 사용
목적	• 정책 결정 및 방침 설정을 위한 자료 제공 • 경영 목표와 전략 등의 개선을 위한 평가 • 업무 진행 과정 및 결과 평가 • 사실 확인 및 문제 해결 지원 • 조직 내 원활한 의사소통 도구 역할
종류	**기본 보고서** 일반적인 업무에 대해 정기적으로 보고하는 보고서 예) 일일 보고서, 주간 보고서, 월간 보고서, 연간 보고서, 출장 보고서, 회의 결과 보고서 등 **의견 보고서** 특정 사안에 대한 보고자의 의견이나 아이디어, 제안 사항을 제시하는 보고서 예) 의견 보고서, 제안 보고서, 기획 보고서 등 **상황 보고서** 어떤 사실이나 현상 또는 현황, 문제 등에 관한 실태와 정보를 정리한 보고서 예) 사고 보고서, 경위 보고서, 불량 보고서, 고객 만족 보고서, 불만 발생과 처리 보고서, 규정 위반 보고서 등 **분석 보고서** 어떤 사실이나 특정 사안 혹은 발생한 문제나 선정된 주제 등에 관해 이를 연구 또는 조사·분석하여 그 결과를 알리는 보고서 예) 시장 조사 보고서, 품질 조사·분석 보고서, 사건 처리 보고서 등
작성 시 유의 사항	• 정보 수요자의 관점에서 이해하기 쉽게 작성: 전문 용어나 어려운 한자, 불필요한 외래어 등의 사용을 삼가며 필요한 경우 별도의 설명을 추가하거나 참고 자료를 첨부한다. • 객관적이고 정확한 정보에 기반하여 작성: 보고서의 내용은 객관적 사실을 근거로 하며 주관적 의견이나 편향된 자료를 배제하고 관련 부서 및 과거 사례까지 포괄적으로 검토한다. • 명확한 보고 시점 준수: 보고서는 정보 수요자가 어떤 사안이나 문제에 대해 정확한 정보를 필요로 할 때 보고하여 활용 가능하도록 해야 한다. • 완결성: 하나의 주제를 다루며 내용을 완벽히 전달하여 추가 질문이 필요하지 않도록 명확하게 구성한다(장문일 경우 요약문 추가). • 표준화된 양식 및 간결한 구성 유지: 회사나 기관에서 정한 표준 양식을 활용하여 작성하며, 결론을 먼저 제시하고 육하원칙에 의거하여 작성한다.

기출 개념 보고서 작성 과정 및 구성

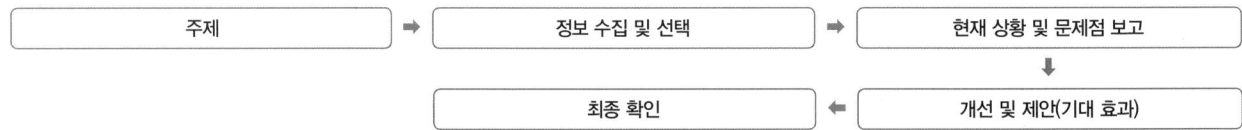

구성 요소	내용
제목	핵심 내용을 간결하고 명확하게 표현
개요	전체 내용 요약 및 보고서 작성 배경과 목적
본론	현황 분석, 문제점, 과거 사례, 대안 분석 등 주요 내용(중요도가 높은 사항을 먼저 기술)
결론	• 결론 및 대안 제시, 건의 사항, 향후 조치 사항 등을 기술하고 필요시 참고 자료 첨부 • 합리적이고 실천 가능한 구체적인 방안을 제시하여 정보 수요자(결정권자)가 실질적으로 활용, 판단할 수 있도록 내용 구성 • 어떤 사안에 대한 관련 부서 및 이해 관계자의 다양한 의견과 과거 사례, 유사 사례 등을 종합적으로 정리
말미	보고서 작성 기관 및 담당자, 연락처

실전 훈련하기

기출변형문제로

직무 글쓰기 - 보고서

|정답과 해설 21쪽|

[01~04] 다음 글을 읽고 물음에 답하시오.

> A 기업은 새로운 제품 출시를 앞두고 다양한 마케팅 전략을 검토하고 있다. B 부서에서 제안한 기존 전략에 대해 C, D 부서에서 문제점을 지적하고 새로운 전략을 제시하면서 내부적으로 의견이 분분하다. 이에 경영진은 최종적인 마케팅 전략을 결정하기 위해 종합 보고서를 요구했다.
>
> [보고서 일부]
> - 문제점 진단 및 개선 방안: B 부서의 전략 문제점, C, D 부서의 새로운 전략 제시, 각 부서 의견 종합
> - 분석 결과: 시장 조사 결과, SWOT 분석 등
> - 결론 및 제언: 최종 결정, 추진 계획, 위험 관리

01
위 보고서의 종류에 대한 설명으로 적절한 것은?

① 회의 내용을 기록한 문서
② 현재 상황을 보고하는 문서
③ 일반적인 정보를 제공하는 문서
④ 새로운 사업이나 프로젝트를 제안하는 문서
⑤ 의사 결정을 위한 정보를 제공하고 결론을 제시하는 문서

02
위 보고서를 작성할 때 가장 중요하게 고려해야 할 점으로 적절한 것은?

① 경영진의 기존 생각을 존중하여 작성해야 한다.
② 새로운 마케팅 전략의 창의성을 강조해야 한다.
③ 각 부서의 의견을 모두 동일하게 반영해야 한다.
④ 간결하고 명료하게 작성하여 빠르게 이해하도록 해야 한다.
⑤ 다양한 데이터와 자료를 활용하여 신뢰성을 높여야 한다.

03
위 보고서의 목적으로 적절한 것은?

① 경영진에게 선택권을 주어 결정을 미루는 것
② 각 부서의 의견 차이를 명확하게 보여 주는 것
③ B 부서의 마케팅 전략의 문제점을 부각시키는 것
④ C, D 부서의 새로운 마케팅 전략의 우수성을 입증하는 것
⑤ 최종적인 마케팅 전략을 결정하고 실행 계획을 수립하는 것

04
위 보고서에 포함해야 할 내용으로 가장 적절한 것은?

① 시장 조사 결과
② 경쟁사 분석 결과
③ 각 부서의 의견 차이
④ 예상되는 위험 요소 및 대책
⑤ 각 전략의 비용 대비 효과 분석

[05~07] 다음 글을 읽고 물음에 답하시오.

> 신제품 [제품명] 출시 후 판매량이 예상치의 30% 수준에 머무르고 있다. 이에 제품의 품질, 마케팅 전략, 유통 채널 등 다양한 측면에서 원인을 분석하고자 조사를 실시했다. 조사 결과, 소비자들은 제품의 [특정 기능]에 대한 불만을 가장 많이 제기했으며, 경쟁 제품과 비교하여 [특정 기능]이 부족하다는 의견이 지배적이었다. 또한, [특정 유통 채널]에서의 판매 부진이 전체 판매량 감소에 큰 영향을 미치는 것으로 나타났다.

05
위 보고서의 '별지 자료'로 가장 적절한 것은?

① 제품 생산 라인 사진
② 마케팅 예산 집행 내역
③ 경쟁 제품과의 기능 비교 표
④ 신제품 출시 기념 행사 사진
⑤ 유통 채널별 판매량 비교 그래프

06
위 보고서의 내용을 바탕으로 할 때, 판매 부진의 주요 원인으로 적절한 것은?

① 마케팅 예산이 부족했다.
② 유통 채널이 적절하지 않았다.
③ 신제품 출시 시기가 적절하지 않았다.
④ 제품의 품질이 경쟁 제품보다 떨어진다.
⑤ 소비자의 요구 사항을 정확히 파악하지 못했다.

07
위 보고서의 다음 단계로 수행해야 할 작업으로 가장 적절한 것은?

① 생산 공정 개선
② 유통 채널 확대
③ 제품 디자인 변경
④ 새로운 마케팅 전략 수립
⑤ 소비자 설문 조사 추가 실시

[08~10] 다음 글을 읽고 물음에 답하시오.

> 국내 기업 A사는 스마트 팩토리 구축을 위해 독일의 주요 산업 도시들을 방문하여 선진 기술과 사례를 조사하고자 한다.
>
> ㉠ [독일 출장 보고서의 일부]
> A사는 국내 제조업의 경쟁력 강화를 위해 스마트 팩토리 구축을 추진하고 있습니다. 이번 독일 출장의 주요 목적은 독일의 선진적인 스마트 팩토리 구축 사례를 조사하고, 특히 인공 지능(AI) 기반 생산 시스템 도입을 위한 최적의 방안을 모색하는 것입니다. A사는 독일의 강력한 제조업 기반과 뛰어난 기술력을 바탕으로 스마트 팩토리 구축을 위한 로드맵을 수립하고, 구체적인 실행 계획을 마련하고자 합니다.

08
㉠의 구성 방식으로 가장 적절한 것은?

① 현황 → 추진 과제 경과 → 필요 자원 제시 → 자원 확보 목적
② 추진 과제 경과 → 현황 → 자원 확보 목적 → 필요 자원 제시
③ 현황 → 자원 확보 목적 → 추진 과제 경과 → 필요 자원 제시
④ 추진 과제 경과 → 필요 자원 제시 → 현황 → 자원 확보 목적
⑤ 현황 → 추진 과제 경과 → 자원 확보 목적 → 필요 자원 제시

09
위와 같은 출장 보고서를 작성할 때 고려해야 할 사항으로 적절하지 <u>않은</u> 것은?

① 출장 참가자들의 개인적인 소감을 상세하게 기록한다.
② 출장 기간 동안 방문한 기업의 연락처와 담당자를 기록한다.
③ 독일의 스마트 팩토리 관련 법규 및 정책에 대한 분석을 포함한다.
④ 독일 기업의 스마트 팩토리 구축 사례를 구체적인 수치와 함께 제시한다.
⑤ A사의 기존 생산 시스템과의 연동 가능성을 고려하여 시스템 도입 방안을 제시한다.

10

다음 중 위 출장 보고서에 포함될 내용으로 적절하지 않은 것은?

① 독일의 인더스트리 4.0 정책 소개
② A사의 기존 생산 시스템의 문제점 분석
③ 독일의 스마트 팩토리 관련 스타트업 현황
④ 출장 기간 동안 참석한 콘퍼런스 내용 요약
⑤ 방문 기업의 인공 지능(AI) 기반 생산 시스템 도입 과정 및 효과 분석

11

위와 같은 문서의 종류로 가장 적절한 것은?

① 기본 보고서: 일반적인 업무에 대해 정기적으로 보고하는 보고서
② 상황 보고서: 사실이나 현황, 문제 등에 대한 실태나 정보를 정리한 보고서
③ 정책 보고서: 특정 목표를 위해 정부나 기관이 수행할 역할을 제시하는 보고서
④ 의견 보고서: 특정 사안에 대한 보고자의 의견이나 제안 사항을 제시하는 보고서
⑤ 분석 보고서: 사실이나 특정 사안 또는 문제에 대한 조사나 분석 내용을 담은 보고서

[11~12] 다음 글을 읽고 물음에 답하시오.

□ 기상 상황
○ 기상 개요(기상청 발표)

구분	일자	기상 내용	최저(℃)	최고(℃)	비고
오늘	9. 23. (월)	구름 많고 오후 한때 비	22	31	
내일	9. 24. (화)	구름 많고 오후 소나기	23	30	
모레	9. 25. (수)	맑음	21	32	

○ 중기 예보(9. 26.~10. 2.)
  • 고기압의 영향으로 대체로 맑은 날이 많겠음
  • 기온은 평년(최저: 18~21℃, 최고: 27~29℃)보다 다소 높겠음
  • 강수량은 평년(5~10㎜)보다 적을 전망임

□ 재난 관리 사항
○ 재난 상황 보고 훈련: 9. 22. (일) 14:00 / 행안부 / 시, 4개 구·군
○ 재난 대비 현장 점검: 9. 22. (일) 16:00 / 재난안전상황실 / 지역재난관리부
○ 긴급 대책 회의: 9. 22. (일) 18:30 / 시청 대회의실 / 재난관리본부

□ 재난 관련 언론 보도
○ 특이 사항 없음

12

위와 같은 문서 작성 시 유의할 사항으로 가장 적절한 것은?

① 재난 상황과 관련된 모든 정보를 시각적 자료로 표현한다.
② 정보의 정확성을 높이기 위해 관련 통계나 자료를 충분히 인용한다.
③ 정보가 부족한 경우에는 예측 데이터를 사용해 세부 사항을 보완한다.
④ 다양한 관점을 반영하여 작성하되, 보고서의 목적에 맞지 않는 정보는 배제한다.
⑤ 긴급 상황을 감안하여 내용을 간결하고 명료하게 작성하며 불필요한 세부 설명은 생략한다.

13
다음 ㉠에 해당하는 설문 문항으로 적절하지 않은 것은?

> **청년층의 지역 사회 참여 실태 조사**
>
> 설문 조사 개요: 특정 지역의 청년층을 대상으로 지역 사회 참여 실태를 조시하고자 합니다.
>
> 청년층의 지역 사회 참여는 지역 활성화와 지속 가능한 발전을 위한 중요한 요소입니다. 특히, 저출산 고령화 시대에 청년층의 지역 사회 유입은 지역 사회에 활력을 불어넣고 지역 경제를 활성화하는 데 기여할 수 있습니다.
>
> 본 조사는 지역에 거주하는 청년층을 대상으로 설문 조사를 실시하여 지역 사회 참여 실태를 파악하고, 참여 저해 요인과 활성화 방안을 모색하고자 합니다.
>
> 본 조사에서는 청년층의 지역 사회 참여를 경제적, ㉠ 사회적·문화적, 정치적 측면에서 분석하고, 지역 사회 참여 경험, 만족도, 지역 사회에 대한 애착 정도 등을 파악하고자 합니다. 또한 설문 조사 결과를 토대로 청년층의 지역 사회 참여를 증진하기 위한 정책 방안을 제시하고, 지역 사회 활성화를 위한 기초 자료를 제공하고자 합니다.

① 귀하께서는 지역 정치에 관심이 있습니까? (예) 매우 관심 있다, 관심 없다 등)
② 귀하께서는 지역 사회의 발전을 위해 어떤 정책이 필요하다고 생각하십니까?
③ 귀하께서는 지역 사회에서 차세대 리더로 성장하고 싶습니까? (예) 그렇다, 그렇지 않다 등)
④ 귀하께서는 지역 사회 문제 해결을 위해 어떤 활동을 하고 있습니까? (예) 자원봉사, 지역 축제 참여 등)
⑤ 귀하께서는 지역 사회에서 다른 사람들과의 관계를 어떻게 생각하십니까? (예) 친밀하다, 소원하다, 무관심하다 등)

14
A 부장이 작성할 보고서의 성격으로 적절한 것은?

> S 전자의 A 부장은 다음 주에 제출할 보고서를 준비하고 있다. 보고서의 내용에는 특정 기업의 신제품 출시 후 6개월 간의 시장 반응, 생산 현황, 유통 현황, 그리고 발생한 문제점 및 개선점에 대한 분석 결과가 포함될 것이다. 보고서 목적은 경영진에게 신제품 출시 이후의 성과를 보고하고, 향후 사업 전략 수립을 위한 자료를 제공하는 데 있다.

① 진행 보고서: 특정 사업이나 프로젝트의 진행 상황을 주기적으로 보고하는 보고서
② 경위 보고서: 특정 사건이나 문제 발생 경위를 시간 순서대로 상세히 기술한 보고서
③ 예측 보고서: 미래에 발생할 수 있는 상황을 예측하고 대응 방안을 제시하는 보고서
④ 제안 보고서: 새로운 사업이나 시스템 도입 등을 제안하고 그 타당성을 검토하는 보고서
⑤ 성과 보고서: 특정 기간 동안 달성한 목표와 성과를 종합적으로 평가하고 보고하는 보고서

15

다음은 A사의 9월 사업 현황 보고서의 일부이다. 보고서에 대한 설명으로 적절하지 <u>않은</u> 것은?

개요
- A사는 매출액과 순이익이 모두 경영 계획을 초과 달성함
- 매출액: 3,500억 원(경영 계획 대비 약 15% 증가)
- 순이익: 200억 원(경영 계획 대비 약 8% 증가)

1. 주요 경영 성과

(단위: 억 원)

구분	9월 계획	9월 실적	10월 계획
매출	3,000	3,500	3,800
순이익	185	200	220

- 매출 증가 요인: 해외 시장 확대 550억 원 증가, 환율 영향 50억 원 감소
- 순이익 증가 요인: 생산비 절감 10억 원 증가, 고부가 가치 제품 비중 확대 15억 원 증가, 환율 영향 10억 원 감소

2. 핵심 추진 사항
- 신규 기술 개발: B형 고성능 제품 개발 완료 및 양산 시작, 제품 원가 150,000원/개 달성(계획 대비 5% 감소)
- 생산 공정 개선: 자동화 설비 도입으로 생산 오류율 6%에서 4%로 감소

3. 향후 계획
- 생산 효율 증대를 위해 추가 자동화 설비 도입 예정
- B형 고성능 제품의 해외 수출을 10월부터 본격화할 예정

---

① 10월 매출 계획은 3,800억 원으로 설정되었다.
② 9월 실적에서 매출액은 경영 계획 대비 약 15% 증가하였다.
③ 환율 영향은 매출과 순이익 모두 긍정적인 요인으로 작용하였다.
④ 생산 공정 개선을 통해 오류율을 6%에서 4%로 절반 가까이 감소시켰다.
⑤ 순이익 증가 요인으로는 생산비 절감과 고부가 가치 제품의 비중 확대가 있었다.

16

다음 보고서의 성격에 대한 설명으로 적절하지 <u>않은</u> 것은?

○○○주식회사 AMOLED 사업부 9월 사업 현황 보고서

- 매출액: 2,200억 원(경영 계획 대비 10% 증가)
- 순이익: 120억 원(경영 계획 대비 20% 증가)

(단위: 억 원)

구분	9월 계획	9월 실적	10월 계획
매출	2,000	2,200	2,300
순이익	100	120	130

- 매출 증가 요인: 신규 거래선 개척 250억 원 증가, 환율 영향 50억 원 감소
- 순이익 증가 요인: 제품 구조 개선 20억 원 증가, 공장 가동률 개선 10억 원 증가, 환율 영향 10억 원 감소
- 향후 계획: High-end AMOLED 이관 제품의 양산이 11월에 착수될 예정

---

① 공정 개선과 신제품 개발 등의 구체적인 추진 사항이 포함되어 있다.
② 보고서는 회사의 경영 성과를 수치화하여 실적과 계획을 비교하는 성격을 지닌다.
③ 향후 사업 계획이 포함되어 있으며, 구체적인 실행 방안까지 제시하는 성격을 띤다.
④ 내부 성과 외에도 외부 경쟁사 동향과 시장 트렌드 분석을 주된 목적으로 작성된다.
⑤ 경영 계획과 실적의 차이를 분석하고, 매출 및 순이익 변화 요인을 상세히 설명한다.

기출유형 16

직무 글쓰기 - 기획서

기획서의 이해와 작성

기획서는 목표를 달성하기 위한 구체적인 실행 방안을 제시하는 문서로, 자원(인력, 예산, 시간 등)을 효과적으로 배분하고 관리하며, 상대에게 기획의 필요성과 효과를 이해시키고 동의를 얻는 데 목적이 있다. 기획서의 개념을 파악하고, 작성 단계 및 전략, 작성 방법, 작성 시 유의 사항, 형식, 내용 요소 등을 알아 두어야 한다.

대표 예제 1

[01~02] 다음 글을 읽고 물음에 답하시오.

영업부 고객 상담실 신설을 통한 고객 만족도 향상 및 영업 효율성 증대

1. 문제 진단 및 배경

현재 영업부는 고객 문의에 대한 신속하고 체계적인 대응에 어려움을 겪고 있다. 영업 직원들은 판매 활동에 집중하느라 고객 상담에 충분한 시간을 할애하지 못하고 있으며, 이는 고객 만족도 저하와 함께 신규 고객 확보에도 부정적인 영향을 미치고 있다. 또한 고객 불만 사항에 대한 정보 공유 부족은 문제 해결 지연 및 재발 가능성을 높이고 있다.

> **기획 배경**
> [문제점] 현재 상황에 대한 여러 측면에서의 문제 제기

2. 해결 방안 및 기대 효과

영업부 내에 고객 상담실을 신설하여 고객 상담을 전문적으로 처리함으로써 다음과 같은 효과를 기대할 수 있다.

- **고객 만족도 향상**: 신속하고 정확한 상담 제공을 통해 고객 만족도를 높이고, 고객 충성도를 강화한다.
- **영업 효율성 증대**: 영업 직원들은 본연의 영업 활동에 집중할 수 있고, 고객 상담실에서 수집된 정보를 활용하여 더욱 효과적인 영업 전략을 수립할 수 있다.
- **고객 데이터베이스 구축**: 고객 상담 데이터를 체계적으로 관리하여 고객의 요구를 파악하고, 맞춤형 마케팅 전략을 수립할 수 있다.
- **브랜드 이미지 향상**: 고객 중심의 서비스 제공을 통해 기업 이미지를 제고하고, 경쟁 우위를 확보할 수 있다.

> **해결 방안**
> 문제 해결 방법의 구체적인 내용
>
> **기대 효과**
> 문제 해결 시 기대되는 효과 기술

3. 실행 계획

- **조직 구성**: 상담실장 1명, 상담원 3명으로 구성하고 필요에 따라 인력을 추가 배치한다.
- **운영 체계**: 전화, 이메일, 채팅 등 다양한 채널을 통해 고객 상담을 진행하며, FAQ 시스템 구축 및 상담 내용 데이터베이스화를 통해 효율성을 높인다.
- **교육 및 훈련**: 상담원에 대한 체계적인 교육을 실시하여 전문성을 강화하고, 고객 응대 매뉴얼을 마련하여 표준화된 서비스를 제공한다.
- **성과 평가**: 정기적인 성과 평가를 통해 상담 품질을 향상시키고, 개선점을 도출한다.

> **실행 계획**
> [실행 방법] 구성과 조직, 실행 시기와 일정 등 기록

4. 예산
- **인테리어**: 2,000만 원
- **사무 집기**: 600만 원
- **운영 비용**: 월 50만 원 (소모품, 접대비 등)

5. 기대 효과 재정량화
- **고객 만족도 향상**: 고객 만족도 조사를 통해 구체적인 수치로 변화를 측정한다.
- **영업 매출 증가**: 신규 고객 유입 및 기존 고객 재구매율 증가를 통해 매출 증대를 기대한다.
- **불량률 감소**: 고객 불만 건수 감소 및 문제 해결 시간 단축을 통해 불량률을 감소시킬 수 있다.

> **비용[예산]**
> 실행 방법에 따른 항목 구분 및 집행 계획을 기술

01
위 문서에서 제시된 고객 상담실 신설의 최우선 목적으로 가장 적절한 것은?

① 불량률 감소 및 비용 절감
② 영업 직원의 업무 부담 경감
③ 브랜드 이미지 제고 및 경쟁 우위 확보
④ 고객 만족도 향상 및 고객 충성도 강화
⑤ 고객 데이터베이스 구축을 통한 마케팅 강화

02
위 문서에 대한 설명으로 적절하지 <u>않은</u> 것은?

① 고객 상담 데이터를 체계적으로 관리하여 맞춤형 마케팅 전략을 수립할 수 있다.
② 영업 직원들은 고객 상담에서 해방되어 본연의 영업 활동에 집중할 수 있게 된다.
③ 고객 불만 사항에 대한 정보 공유 부족 문제를 해결하여 문제 해결 시간을 단축할 수 있다.
④ 고객 상담실 신설을 통해 고객 만족도를 높이고 영업 효율성을 증대시키는 것을 목표로 한다.
⑤ 고객 상담실 신설에 따른 비용 증가를 고려하여 예산을 절감할 수 있는 방안을 모색해야 한다.

정답 및 해설   01 고객 상담실 신설의 가장 중요한 목적은 고객 만족도를 향상시키고 고객 충성도를 강화하여 기업의 지속적인 성장에 기여하도록 하는 것이다.
02 위 기획서의 목표는 고객 만족도 향상과 영업 효율성 증대이며, 이를 위해 상담실 신설과 같은 투자를 제안하고 있다. 따라서 예산 절감보다는 효과적인 투자를 통해 목표를 달성하는 데 초점을 맞추어야 하므로 ⑤의 내용은 적절하지 않다.

정답 | 01 ④ 02 ⑤

대표 예제 2

03

다음 글에서 설명하고 있는 문서에 대한 설명으로 적절하지 않은 것은?

> 새로운 사업이나 프로젝트를 시작하기 전에 목표 설정, 전략 수립, 실행 계획 등을 종합적으로 담아 미래를 예측하고 준비하는 문서이다. 이 문서는 조직 내부 구성원 간의 의사소통을 원활하게 하고, 외부 투자자들에게 사업의 타당성을 제시하는 데 중요한 역할을 한다. 또한 불확실한 미래에 대한 대비책을 마련하고, 자원을 효율적으로 배분하기 위한 기초 자료로 활용될 수 있다.

① 특정 사안에 대한 조사 결과나 분석 결과를 정리한 문서
② 새로운 사업 아이템을 구체화하고 실행 계획을 수립하는 문서
③ 조직 내부 구성원 간의 의사소통을 위한 도구로 활용되는 문서 ─── 자신이 속한 회사의 업무나 자사 상품 서비스를 대상으로 하는 **사내 기획서**
④ 외부 투자자들에게 사업의 타당성을 제시하는 데 사용되는 문서
⑤ 목표 설정, 전략 수립, 실행 계획 등을 종합적으로 담아 미래를 예측하는 문서 ─── 거래처와 관계 기관을 대상으로 하는 **사외 기획서**

04

다음 설명에 해당하는 문서와 이 문서를 작성할 때 가장 중요하게 고려해야 할 점을 바르게 묶은 것은?

> 새로운 시장에서 성공 가능성이 높은 사업 아이템을 발굴하고, 이를 구체적인 실행 계획으로 연결하여 회사의 미래 성장 동력을 확보하고자 한다. 이를 위해 시장 경향 분석, 경쟁사 분석, 고객의 요구 파악 등 다양한 연구를 수행하고, 이를 바탕으로 독창적인 아이디어를 도출하여 구체적인 사업 모델을 설계해야 한다. 이러한 과정을 통해 만들어진 문서는 회사의 미래 비전을 제시하고, **투자 유치를 위한 중요한 자료**로 활용될 수 있다.

① 기획서 – 창의성
② 보고서 – 데이터 정확성
③ 제안서 – 고객 맞춤형 제안
④ 사업 계획서 – 타당성 확보
⑤ 마케팅 계획서 – 시장 분석 정확도

> **정답 및 해설** 03 보고서는 이미 발생한 사건이나 결과를 분석하고 정리하는 문서이고, 기획서는 미래를 예측하고 계획을 수립하는 데 초점을 둔 문서이다. ①은 보고서에 대한 설명이다.
>
> 04 기획서는 새로운 사업이나 프로젝트를 시작하기 위한 계획을 담은 문서로, 독창적인 아이디어를 도출하고 미래 비전을 제시하여야 한다. 따라서 창의성을 중요하게 고려하여야 한다.
>
> | 오답 피하기 |
> ② 보고서는 특정 사안에 대한 조사 결과나 분석 결과를 정리한 문서이다.
> ③ 제안서는 특정 고객에게 제품이나 서비스를 제안하는 문서로, 새로운 사업 아이템 발굴보다는 기존 제품이나 서비스를 판매하는 데 초점을 둔다.
> ④ 사업 계획서는 기존 사업을 확장하거나 개선하는 경우에 주로 사용된다.
> ⑤ 마케팅 계획서는 특정 상품이나 서비스를 시장에 출시하기 위한 마케팅 전략을 담은 문서로, 기존 상품이나 서비스의 마케팅에 초점을 맞춘다.
>
> 정답 | 01 ① 02 ①

기출 개념 기획서

정의	기획은 문제나 과제의 현황을 분석하고 원인을 찾아 해결 방안을 계획하는 과정이며, 기획서는 조직(기관·기업)의 문제 해결을 위한 새로운 제도나 아이디어를 구체적으로 제안하는 문서로, 기존에 없던 제도나 아이디어를 구체적으로 제안하여 업무 개선, 신상품 개발, 판매 전략 수립 등에 활용함
유형	• 사내 기획서: 회사 내부의 업무, 상품, 서비스 개선을 위한 기획서 　예) 인사, 총무, 사업 계획, 마케팅 • 사외 기획서: 거래처나 관계 기관을 대상으로 작성하는 기획서 　예) 영업 마케팅, 사업 제안, 투자 유치, 프로젝트 제안서 등

좋은 기획서의 요건	문제 해결 요건을 충족할 것	상대방의 공감과 흥미를 유발하는 내용일 것	상대의 요구를 충족시킬 것
	• 기획 목적 • 목적 달성 전략 • 구체적 실시 방법 • 일정 • 예산	• 신선함 • 이점 • 적은 비용	• 전략적인 타협 • 전망 제시

사업 기획서	사업 아이디어를 실제 사업으로 구현하기 위해 사업 주체(기업)와 사업 대상(상품·서비스 등), 목표 시장, 마케팅 계획, 생산 계획, 재무 및 자금 운영 계획, 조직 및 인적 자원 구성, 기회와 위험 요소 등을 포함한 모든 사항들을 어떻게 실현할 것인지의 문제를 정리한 문서
사업 기획서의 요건	• 타당성: 구체적이고 객관적인 근거 지표와 전문가 의견 등을 제시하여 사업 계획서를 읽는 사람이 이를 이해하고 받아들일 수 있게 작성 • 현실성: 사업 아이디어가 실제 상품이나 서비스로 구현되면, 그 이익이 투자자들에게 '어떻게', '어느 정도'까지 분배될지를 구체적으로 설명 • 완전성: 사업 실현을 위한 모든 항목을 구비하고 각 항목들을 유기적으로 연결

기출변형문제로 실전 훈련하기

직무 글쓰기 - 기획서

01

다음 신제품 출시를 위한 마케팅 기획서 초안을 바탕으로 한 마케팅 전략으로 가장 적절한 것은?

기획서 초안

- **목표**: 신제품 X(자연 유래 성분의 저자극 화장품)를 성공적으로 출시하여 20대 여성 고객을 중심으로 6개월 안에 시장 점유율 15%를 달성한다.
- **고객**: 20대 여성, 특히 유행에 민감하고 SNS 활동이 활발한 이른바 '얼리어답터(Early adopter)'
- **마케팅 전략**
  - 인플루언서 마케팅: 뷰티, 패션 분야 인플루언서와 협업하여 제품 리뷰 진행
  - SNS 광고: 인스타그램, 틱톡 중심으로 광고 집행
  - 팝업 스토어 운영: 주요 상권에 팝업 스토어를 오픈하여 체험 마케팅 진행
  - 체험단 운용: 제품을 무료로 제공하고 사용 후기를 작성하도록 유도
  - 오프라인 매장 프로모션: 주요 화장품 매장에서 제품 시연 및 샘플링 진행
- **예산**: 총 3억 원

---

① 남성 고객을 대상으로 마케팅을 진행하여 시장을 확대한다.
② 고가의 프리미엄 이미지를 부각시키기 위해 백화점 입점을 추진한다.
③ 인플루언서 마케팅에 집중하여 제품 인지도를 높이고, 다른 마케팅 채널은 축소한다.
④ 제품의 저자극 성분을 강조하여 민감성 피부를 가진 고객을 타겟팅하는 전략을 추가한다.
⑤ 팝업 스토어에서 제품 체험과 함께 환경 보호 캠페인을 연계하여 브랜드 이미지를 강화한다.

02

다음 A사의 성공적인 시장 진출을 위한 마케팅 전략으로 가장 적절한 것은?

신생 스타트업 A사는 독특한 디자인의 커스텀 폰케이스 제작 서비스를 제공하고 있다. 다음은 A사의 SWOT 분석 결과이다.

S(강점)	W(약점)
• 독창적인 디자인 • 맞춤형 제작 서비스 • 젊은 층을 목표로 한 감각적인 브랜딩	• 낮은 브랜드 인지도 • 유통 채널 부족 • 제한적인 생산 규모
O(기회)	**T(위협)**
• 개인화를 중시하는 소비 유행 확산 • SNS를 통한 바이럴 마케팅 가능성 • 틈새시장 공략 가능성	• 개인화를 중시하는 소비 경향 확산 • 유사 서비스 제공 경쟁사 존재

---

① 고급화 전략을 추구하여 프리미엄 시장을 공략하고, 해외 시장 진출을 모색한다.
② 기업 간 거래(B2B) 시장을 개척하여 기업 고객을 대상으로 맞춤형 제품을 제공한다.
③ 기존 제품 라인업을 확대하고, 대형 온라인 쇼핑몰 입점을 통해 유통 채널을 확보한다.
④ SNS를 활용한 바이럴 마케팅을 집중적으로 진행하고, 인플루언서 마케팅을 통해 브랜드 인지도를 높인다.
⑤ 저렴한 가격으로 대량 생산하여 시장 점유율을 확대하고, 오프라인 매장을 확대하여 유통 채널을 다변화한다.

[03~05] 다음 글을 읽고 물음에 답하시오.

전시회 기획서

1. 전시회 개요: 미래 도시를 위한 지속 가능한 디자인 전시회
- 주제: 미래 도시의 지속 가능한 발전을 위한 디자인 솔루션 제시
- 목표
  - ㉠ 도시 문제에 대한 시민들의 인식 개선
  - 지속 가능한 디자인의 중요성 강조
  - 관련 기업 및 디자이너 네트워킹 기회 제공
- 기간: 2025년 10월 1일 ~ 10월 31일
- 장소: 서울시립미술관
- 특징
  - 다양한 분야의 디자인 작품 전시 (건축, 도시 계획, 제품 디자인 등)
  - 시민 참여형 워크숍 및 강연 개최
  - ㉡ 증강 현실(VR)/가상 현실(AR) 기술을 활용한 체험 공간 마련
  - 지역 사회와 연계한 다양한 프로그램 운영

03
다음 중 위 전시회의 주요 목적으로 가장 적절한 것은?

① 지역 경제의 활성화
② 다양한 분야의 디자이너 발굴과 육성
③ 도시 문제 해결을 위한 구체적인 정책 제안
④ 예술 작품을 통해 대중의 심미적 감각을 높이는 것
⑤ 미래 도시에 대한 대중의 관심 유도와 지속 가능한 디자인의 중요성 강조

04
위 전시회에서 ㉠을 위한 전시 구성 요소로 가장 적절한 것은?

① 도시 디자인 관련 학술 대회 개최
② 유명 건축가의 작품을 중심으로 한 전시 구성
③ 과거와 현재의 도시 모습을 비교하는 사진 전시
④ 미래 도시 모형을 활용한 대규모 설치 작품 전시
⑤ 시민들이 직접 참여하여 도시 문제 해결 방안을 제시하는 워크숍 운영

05
위 전시회에서 활용될 ㉡의 주된 목적으로 적절한 것은?

① 전시 작품에 대한 정보 제공
② 관람객 간의 상호 작용 증진
③ 전시 공간의 시각적 효과 고조
④ 전시 작품에 대한 구매 욕구 증가
⑤ 관람객의 몰입도 고조와 미래 도시의 생생한 체험

[06~08] 다음 자료를 읽고 물음에 답하시오.

기획서

우리 회사는 최근 급격히 성장하는 온라인 동영상 시장에 진출하기 위해 새로운 인터넷 동영상 서비스(OTT)를 새롭게 시작하고자 합니다. 이를 위해, 주요 고객층을 10대 후반에서 20대 초반의 Z세대를 중심으로 설정하고, 이들이 선호하는 다양한 콘텐츠(드라마, 예능, 영화, 웹드라마 등)를 확보할 계획입니다. 또한, 인공 지능 기반의 맞춤형 추천 시스템을 도입하여 사용자 경험을 극대화하고, 모바일 환경에 최적화된 사용자 인터페이스(UI)/사용자 경험(UX)을 구축하여 언제 어디서든 편리하게 이용할 수 있도록 할 것입니다.

이 기획서에서는 서비스 시작을 위한 상세한 로드맵, 예상되는 비용, 마케팅 전략, 경쟁 서비스 분석 등을 포함하여 성공적인 인터넷 동영상 서비스(OTT) 사업 개시를 위한 모든 계획을 담고 있습니다.

06
윗글에 해당하는 기획서의 종류로 적절한 것은?

① 사업 기획서
② 마케팅 기획서
③ 제품 개발 기획서
④ 프로젝트 기획서
⑤ 시스템 구축 기획서

07

위 기획서를 작성할 때 가장 중요하게 고려해야 할 사항으로 적절한 것은?

① 경쟁 서비스와의 차별화
② 안정적인 수익 모델 구축
③ 기술적 구현 가능성 검토
④ 콘텐츠의 독창성과 차별성 확보
⑤ 주요 고객층의 정확한 요구 파악

08

다음 중 위 기획서의 성공적인 실행을 위해 가장 중요한 것은?

① 탄탄한 기술력 확보
② 지속적인 서비스 개선
③ 유연한 조직 문화 구축
④ 위기 관리 시스템 구축
⑤ 충분한 마케팅 예산 확보

[09~10] 다음 자료를 읽고 물음에 답하시오.

[기획안 일부]

항목	내용
목표	신제품 출시 3개월 내 시장 점유율 10% 달성
주요 고객	20대 초반, 유행에 민감한 남성
마케팅 채널	SNS(인스타그램, 유튜브), 온라인 광고, 오프라인 팝업 스토어
주요 메시지	㉠ '힙하고 스타일리시한 라이프를 위한 필수템'

09

㉠이 '너무 일반적'이라는 지적을 보완하기 위한 방안으로 가장 적절한 것은?

① '가성비 좋은 제품'으로 변경한다.
② '최신 유행을 반영한 디자인의 제품'으로 변경한다.
③ '모든 라이프 스타일에 어울리는 만능 아이템'으로 변경한다.
④ 경쟁 제품과 비교하여 차별화되는 기능을 강조하는 메시지로 변경한다.
⑤ 주요 고객의 취미와 연관된 특정 상황에서 제품을 사용하는 모습을 보여 주는 메시지로 변경한다.

10

위 기획안에 추가적으로 도입하여 효과를 높일 수 있는 마케팅 전략으로 가장 적절한 것은?

① 인플루언서 마케팅을 통해 제품을 노출시킨다.
② 오프라인 매장에서 제품 체험 기회를 제공한다.
③ 해외 시장 진출을 위한 마케팅 활동을 시작한다.
④ 기업 간 거래(B2B)를 통해 기업 고객을 확보한다.
⑤ 기존 고객을 대상으로 한 로열티 프로그램을 운영한다.

기출유형 17

직무 글쓰기 - 프레젠테이션

프레젠테이션의 이해와 작성

프레젠테이션은 문서의 유형이 아니라, 특정 주제에 대해 정보를 전달하거나 설득하기 위해 구어와 시각적 자료를 활용하여 청중 앞에서 발표하는 행위 또는 그 과정을 의미한다. 실용글쓰기 시험에는 작성 방법, 프레젠테이션을 할 내용, 홍보 문구, 화면 구성 항목 등의 내용이 다양하게 출제된다. 특히 작성 방법 등은 기본적인 내용만 알고 있으면 쉽게 해결할 수 있는 수준으로 출제되고 있다.

대표 예제 1

01

프레젠테이션 논리 구성에서 가장 효과적인 방법으로 적절한 것은?

① 결론부터 제시하고 그 근거를 제시한다.
② 중요한 내용을 처음과 끝에 배치하여 강조한다.
③ 시간순으로 내용을 배열하여 시간의 흐름을 보여 준다.
④ 청중의 예상을 벗어나는 반전을 통해 흥미를 유발한다.
⑤ 각 주제별로 세부 내용을 나열하여 체계적으로 보여 준다.

> 프레젠테이션은 결론을 먼저 제시하고, 이를 뒷받침하는 자료 등을 정리·통합하여 내용 전체의 논리 체계를 구성한다. 즉, '결론 → 각 장의 항목 및 소주제 → 각 절의 세부적인 내용'으로 전개된다.

02

다음 슬라이드가 삽입되어야 할 프레젠테이션의 목차로 적절한 것은?

[ABC사의 2025년 하반기 사업 성과에 대한 프레젠테이션 자료 중 일부]

ABC사 2025년 하반기 주요 성과
- 매출 성장: 전년 동기 대비 18% 성장
- 신제품 출시: 스마트 기기 2종 출시
- 파트너십 확대: 글로벌 파트너사 5곳 추가
- 고객 만족도: 2024년 대비 12% 향상
- 주요 수상 내역: '2025 글로벌 혁신상' 수상

[프레젠테이션 목차]
㉠ 1. 회사 비전 및 경영 전략
㉡ 2. 2025년 상반기 성과 보고
㉢ 3. 2025년 하반기 성과 보고
㉣ 4. 2026년 사업 전망 및 계획
㉤ 5. 주요 파트너 및 협력 방안

① ㉠ ② ㉡ ③ ㉢ ④ ㉣ ⑤ ㉤

> **정답 및 해설** 01 일반적으로 프레젠테이션은 결론부터 제시한 후 그 근거를 제시한다.
> 02 제시된 자료는 ABC사의 2025년 하반기 성과를 구체적으로 설명하고 있다. 슬라이드에는 매출 성장, 신제품 출시, 파트너십 확대, 고객 만족도 향상 등 하반기 주요 성과에 대한 내용이 포함되어 있다. 따라서 이 자료는 '3. 2025년 하반기 성과 보고' 부분에 삽입하는 것이 가장 적절하다.
>
> **정답 |** 01 ① 02 ③

대표 예제 2

03

다음 작성 가이드에 따라 프레젠테이션을 구성하는 가장 효과적인 방법으로 적절하지 않은 것은?

[ABC사의 프레젠테이션 작성 가이드]

1. 슬라이드 구성
   - 각 슬라이드에는 하나의 주요 메시지만 포함할 것
   - 텍스트는 간결하게 작성하고, 가능한 한 시각 자료를 활용할 것
   - 슬라이드의 배경은 단순하게 유지하며, 글씨 색과 배경의 대비를 명확하게 설정할 것

2. 발표 자료 준비
   - 목차 슬라이드는 필수적으로 포함할 것
   - 발표의 첫 슬라이드에는 프레젠테이션 제목과 발표자 정보를 명시할 것
   - 발표가 끝난 후, 질의응답 시간을 슬라이드로 안내할 것

3. 발표 흐름
   - 문제 제기 → 해결책 제안 → 실행 계획의 순서로 발표를 구성할 것
   - 각 슬라이드의 전환은 자연스럽게 이루어져야 하며, 발표 시간은 20분을 넘지 않도록 할 것

---

① 첫 슬라이드에 발표자 정보를 포함한다.
② 각 슬라이드에 하나의 주요 메시지만 포함한다.
③ 슬라이드 전환이 자연스럽게 이루어지도록 구성한다.
④ 슬라이드 배경을 단순하게 유지하고 대비를 명확하게 설정한다.
⑤ 텍스트와 그래프를 하나의 슬라이드에 함께 배치하여 다양한 정보를 전달한다.

> **정답 및 해설** 03 하나의 슬라이드에 텍스트와 그래프를 함께 배치하여 다양한 정보를 전달하는 것은 작성 가이드 '1. 슬라이드 구성' 중 '각 슬라이드에는 하나의 주요 메시지만 포함할 것'에 어긋난다.
>
> **정답 |** ⑤

기출 개념 　프레젠테이션

구조	서론	• 청중의 주의 집중과 분위기 조성 및 동기 유발 • 프레젠테이션의 목적과 핵심 내용 소개 • 발표 과정에 대한 간략한 안내 제공
	본론	• 핵심 내용과 논점을 명확하게 제시, 논리적으로 전개 • 신뢰감 있는 목소리와 몸짓, 표정을 활용하여 전달력 강화
	결론	• 청중의 주의 환기, 주요 내용 요약하여 강조 • 질의응답 및 최종 마무리
구성		• 자신이 이해하거나 파악한 개념 등을 청중의 입장에서 재구성할 필요가 있음 • 결론을 먼저 제시한 후 이를 뒷받침하는 자료(증거) 등을 제시(결론 → 주요 항목 → 세부 항목)
자료 제시 방법		• 집약: 관련 없는 정보가 혼재되지 않도록 체계적으로 배열, 핵심 정보만 선별하여 정리 • 특정 지표의 수치화와 시각화: 정량적 자료(숫자, 통계 등)를 그래프나 도표 등을 활용하여 시각적으로 표현 • 전략적인 표현: 자료를 명확하게 전달하기 위해 간결하고 직관적으로 핵심적인 내용을 전달하고, 불필요한 정보나 복잡한 내용 축소

실전 훈련하기

직무 글쓰기 - 프레젠테이션

01
다음 슬라이드에 나올 내용으로 가장 적절한 것은?

```
           2025년 연구 개발(R&D) 투자 성과

  기술 개발
  인공 지능(AI) 기반 자동화 솔루션 개발 완료
  연구 개발(R&D)      80%      연구 개발(R&D)     5천만 달러
  성공률                        투자 금액

  파트너십
  인공 지능(AI) 연구소 3곳과의 협업
```

[프레젠테이션 목차]
1. 2025년 연구 개발(R&D) 투자 성과
2. 2026년 신기술 도입 계획
3. 고객 맞춤형 서비스 전략
4. 시장 확장 계획
5. 2026년 경영 목표

① 2026년 시장 확장 방안
② 고객 맞춤형 서비스 개선 방안
③ 연구 개발(R&D) 투자 금액 증가 계획
④ 2025년 연구 개발(R&D) 실패 사례 분석
⑤ 2026년 인공 지능(AI) 기술을 활용한 신기술 도입 전략

[02~03] 다음 자료를 읽고 물음에 답하시오.

HACCP(해썹)이란1
HA(위해 요소 분석)과 CCP(중요 관리점)의 영문 약자로 '식품 안전 관리 인증 기준'

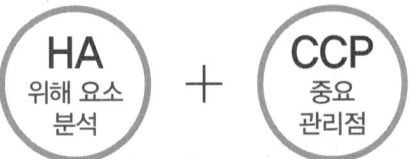

HA 위해 요소 분석 + CCP 중요 관리점
원료와 공정에서 발생 가능한 위해 요소 분석 / 위해 요소를 예방, 제어 또는 감소시키도록 중점 관리

HACCP(해썹)이란2
식품을 만드는 과정에서 발생할 수 있는 위해 요소들을 사전에 분석하고 차단하여 소비자에게 안전하고 위생적인 제품을 공급하도록 하는 사전 예방적 식품 안전 관리 시스템

위해 요소 알아보기

 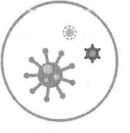 

화학적 요소 — 잔류, 농약, 중금속, 항생제 등
생물학적 요소 — 세균, 바이러스, 기생충 등
물리적 요소 — 금속, 유리 조각 등

위해 요소 관리 방법

(가)

식품의 제조·가공·유통 과정에 중요 관리점을 설정하여 인체의 건강을 해할 우려가 있는 화학적, 생물학적, 물리적 위해 요소들을 관리합니다

HACCP 인증 의무화 식품

매출 규모 상관없이 HACCP 의무 적용

국민들이 많이 섭취하는 식품, 어린이 기호식품, 노약자나 영·유아, 환자 등을 위한 특수 용도 식품은 HACCP 의무 적용을 통해 위해 발생을 사전에 예방하고 있습니다.

HACCP 인증 식품

HACCP, 알아보고 안전한 식품 섭취하세요!

02
위 프레젠테이션의 대상으로 가장 적절한 것은?

① 일반 소비자 ② 정부 정책 담당자
③ HACCP 신청 기관 ④ HACCP 평가 기관
⑤ 식품 관련 학과 대학생

03
'두부 제조 공정'을 예로 들어 (가)에 들어갈 슬라이드를 구성할 때 구성 방식으로 가장 적절한 것은?

①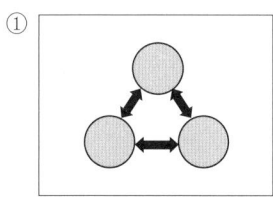

②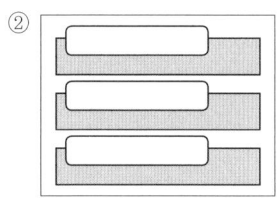

③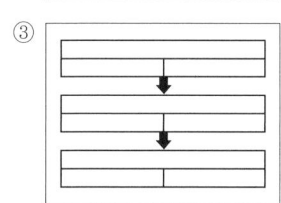

④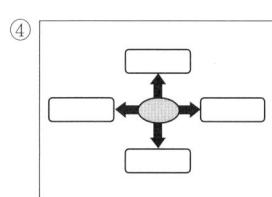

⑤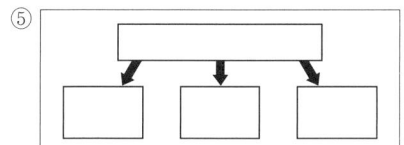

04
다음 중 프레젠테이션 슬라이드 디자인에 대한 설명으로 적절하지 <u>않은</u> 것은?

① 복잡한 표나 그래프는 최대한 피해야 한다.
② 가독성이 높은 글꼴과 색상을 사용해야 한다.
③ 슬라이드에 모든 내용을 담으려고 노력해야 한다.
④ 슬라이드 간의 전환 효과는 간결하고 자연스러워야 한다.
⑤ 이미지는 내용과 관련이 있고 시각적으로 매력적이어야 한다.

05
다음 글을 참고하여 프레젠테이션을 만들 때, 유의할 사항으로 가장 적절한 것은?

> 프레젠테이션은 복잡한 내용을 간결하고 명확하게 전달하는 것이 목표이다. 따라서 프레젠테이션은 SES(Simple, Easy, Short) 법칙을 따라 작성하는 것이 효과적이다. 프레젠테이션은 청중의 집중력을 흩뜨리는 불필요한 요소는 최대한 배제하고, 핵심 메시지를 명확하게 전달하는 것이 중요하다. 또한 시각 자료는 내용을 보완하는 역할을 해야 하며, 과도한 애니메이션이나 복잡한 그래프는 오히려 청중의 이해를 방해할 수 있다.

① 내용의 정확성
② 다양한 매체 활용
③ 청중과의 상호 작용
④ 창의적인 아이디어 제시
⑤ 간결하고 명확한 메시지 전달

[06~07] 다음 글을 읽고 물음에 답하시오.

> 신제품 개발 과정은 크게 5단계로 나눌 수 있다. 먼저, 시장 조사를 통해 소비자의 요구를 파악하고 아이디어를 도출한다. 이후에 아이디어를 구체화하여 제품 콘셉트를 개발하고, 시제품을 제작하여 성능을 검증한다. 그리고 _____㉠_____을/를 거쳐 최종적으로 제품을 출시하게 된다. _____㉠_____ 단계에서는 제한된 규모로 제품을 판매하며, 소비자의 반응을 살펴보고 개선점을 도출한다.

06
윗글은 신제품 개발 과정을 설명하는 프레젠테이션 계획의 일부이다. ㉠에 들어갈 내용으로 가장 적절한 것은?

① 시장 조사
② 대량 생산
③ 사업성 분석
④ 시험 마케팅
⑤ 제품 디자인

07
다음 신제품 개발 과정을 나타낸 그림에서 ㉡에 들어갈 내용으로 가장 적절한 것은?

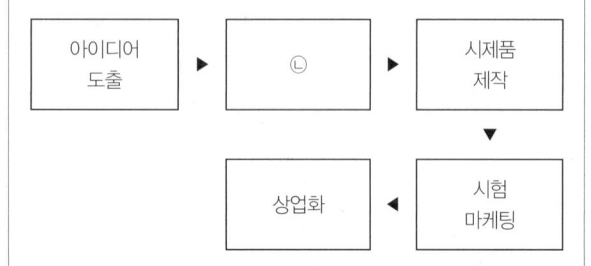

① 시장 조사
② 생산 계획
③ 특허 출원
④ 제품 디자인
⑤ 사업성 분석

08
신제품 출시 프레젠테이션을 준비하는 두 사람의 대화에서 빈칸에 들어갈 내용으로 가장 적절한 것은?

> 김 대리: 이번 프레젠테이션, 우리 정말 열심히 준비했잖아. 근데 뭔가 허전한 느낌이 드는 건 왜 그럴까?
> 이 대리: 나도 그렇게 생각해. 슬라이드는 화려하고 내용도 많이 담았는데, 뭔가 부족한 것 같아.
> 김 대리: 그러게. 아무래도 (　　) 부분이 문제인 것 같아.
> 이 대리: 맞아! 우리가 전달하고 싶은 핵심 메시지가 명확하지 않으니까 청중들이 헷갈려 할 수 있어.

① 발표 연습
② 시장 조사
③ 질의응답 준비
④ 슬라이드 디자인
⑤ 핵심 메시지 설정

기출유형 18

직무 글쓰기 - 홍보문·보도문

홍보문의 이해와 작성

홍보문은 소비자의 관심을 끌어 구매, 참여, 행동을 유도하려는 목적이 강하다. 홍보문의 목표와 종류, 작성 방법, 홍보 목적과 목적에 맞는 문구 등이 주로 출제된다.

대표 예제

[01~02] 다음 글을 읽고 물음에 답하시오.

> **"2025 한강 여름 축제에 오신 것을 환영합니다!"**
>
> 서울에서 가장 뜨거운 여름 축제, 한강 여름 축제가 돌아왔습니다! 무더운 여름을 시원하게 보낼 수 있는 다양한 프로그램과 즐길 거리를 제공하는 이 축제에는 매년 수많은 시민들이 참여합니다.
>
> **주요 프로그램**
> - **물놀이 테마파크**: 다양한 물놀이 기구가 마련된 공간에서 가족과 함께 즐거운 시간을 보내세요.
> - **푸드 트럭 페스티벌**: 전국에서 모인 다양한 푸드 트럭이 축제 기간 내내 운영됩니다. 맛있는 음식을 즐기며, 새로운 맛을 발견해 보세요.
> - **한강 나이트 마켓**: 밤이 되면 열리는 특별한 야시장에서 지역 특산물과 수공예품을 구입할 수 있습니다.
> - **한강 뮤직 페스티벌**: 유명 음악가들이 출연하는 라이브 공연을 한강 변에서 즐겨 보세요.
> - **야경 페스티벌**: 한강 다리 아래에서 펼쳐지는 화려한 불꽃놀이가 여름밤을 더욱 아름답게 장식합니다.
>
> **행사 일정 및 장소**
> - 일시: 2025년 7월 20일~8월 5일
> - 장소: 한강 공원 전역
> - 입장료: 무료 (일부 체험 프로그램은 유료입니다.)
>
> **교통 안내**
> - 지하철 5호선 여의나루역에서 도보 10분
> - 자가용 이용 시 주차가 어려울 수 있으니 대중교통을 이용해 주세요.
>
> **참여 방법**
> - 사전 예약 없이 현장 참여 가능
> - 프로그램에 따라 현장에서 접수 후 참가 가능

> 홍보는 기관이나 기업의 대내외적 선호와 인지도를 상승시키거나 투자 가치를 향상시키는 것을 목적으로 한다. 이 홍보문은 한강 여름 축제에 대한 시민의 관심을 유도하고, 참가를 독려하며 이를 통해 도시의 이미지를 긍정적으로 만들고자 하는 데 목적이 있다. 제목과 첫 문장에서 행사의 성격, 주요 내용, 기대감을 전달하고 있으며, 간결하고 명확한 표현을 사용하고 있다. 또한 행사 일정, 장소, 교통 등과 같은 실용적인 정보를 전달하고 있다.

01
위 홍보문의 목적으로 가장 적절한 것은?

① 시민들에게 다양한 문화 예술 공연을 제공하는 것이다.
② 한강의 자연환경을 보호하고 생태계를 복원하는 것이다.
③ 지역 경제 활성화를 위해 지역 특산물 판매를 장려하는 것이다.
④ 젊은 세대를 위한 트렌디한 축제를 만들어 참여를 유도하는 것이다.
⑤ 시민들에게 여가 활동 기회를 제공하고 도시 이미지를 개선하는 것이다.

02
위 홍보문을 작성할 때 고려할 점으로 가장 중요한 것은?

① 축제의 독특한 매력을 강조하여 참가자들의 호기심을 자극한다.
② 참가 비용을 최대한 낮춰 많은 사람들이 부담 없이 참여할 수 있도록 한다.
③ 축제 현장에서 발생할 수 있는 안전 문제에 대한 대비책을 명확히 제시한다.
④ 축제의 모든 프로그램을 상세히 설명하여 참가자들이 선택의 폭을 넓힐 수 있도록 한다.
⑤ 축제 기간 동안 발생할 수 있는 불편함에 대해 미리 알려 참가자들의 불안감을 해소한다.

> **정답 및 해설** 01 홍보문 내용을 종합해 볼 때, 이 축제는 시민들에게 다양한 즐길 거리를 제공하여 여가 시간을 풍요롭게 하고 도시의 이미지를 긍정적으로 만들고자 하는 목적을 지닌다.
> 02 축제의 특징을 강조하여 다른 축제와의 차별성을 부각하고 참가자들의 흥미를 유발하는 것이 중요하다.
> | 오답 피하기 | ②, ④ 참가 비용이나 프로그램 상세 설명도 중요하지만, 축제의 가장 큰 매력을 강조하는 것이 우선이다.
> ③, ⑤ 안전 정보도 중요하지만, 홍보문의 목적을 강조하는 것이 더 중요하다.
>
> 정답 | 01 ⑤ 02 ①

기출 개념 — 홍보문

정의	• 기업, 단체, 관공서 등의 조직이 사회적 커뮤니케이션을 통해 활동, 계획, 업적 등을 널리 알리는 선전 활동 • 신문 기사, 방송 보도, 지면 광고, 광고 영상물(CF), 팸플릿, 전단, 공익 광고 등을 활용하여 홍보 진행
홍보의 목표	• 회사 이미지 개선 • 상품 판매 또는 서비스의 이용 활성화 • 노사 갈등 예방 및 해결 • 조직에 대한 편견 또는 불신 해소 • 유능한 인재 유치 • 소비자 교육을 통한 소비 습관 개선 및 삶의 질 향상

홍보 방법과 종류	• 목적에 따른 분류
	  – 광고: 제품·서비스 홍보를 통해 이윤 추구를 목적으로 하는 홍보
	  – 선전·선동: 특정 이념이나 강령을 주장하고 대중의 동조를 유도하는 홍보
	• 소비자 접근 방식에 따른 분류
	  – 감성적 소구: 감정을 자극하여 구매를 유도하는 방식(감성적인 문구, 이미지 활용)
	  – 이성적 소구: 논리적인 정보 제공으로 구매를 설득하는 방식(제품 성능·가치 강조)
	• 메시지 전달 경로에 따른 분류
	  – 디엠(DM): 우편을 통해 광고물을 직접 발송
	  – 티엠(TM): 전화 또는 화상 통신을 이용

기출유형 19

직무 글쓰기 - 홍보문·보도문

보도문의 이해와 작성

보도문은 정부나 기업에서 홍보 수단으로 정책의 개요와 추진 내용, 방향 등의 상세한 자료와 보도 시점을 제공하여 대중에게 알리는 문서이다. 기사문과 같이 실제 사실이나 사건, 정보 등을 독자에게 알린다는 점에서 기사문과 공통점이 있다. 실용글쓰기 시험에는 보도문의 개념, '표제−부제−전문−본문' 등의 형식에 따른 내용 요소와 표현 방식 등이 출제된다.

대표 예제

[01~03] 다음 자료를 읽고 물음에 답하시오.

(주)가나기술	보도 자료	연월일
		담당자
		연락처

기관명
보도 자료 제공 일자, 담당자, 연락처

우리 회사, 신개념 스마트폰 출시!

㉠ (주)가나기술은 혁신적인 기능을 탑재한 스마트폰 '가나폰'을 출시한다고 밝혔다. 가나폰은 인공 지능 비서 기능, 뛰어난 카메라 성능, 대용량 배터리 등을 갖춰 소비자들의 기대를 모으고 있다.

㉡ (주)가나기술은 10일, 인공 지능 기술을 기반으로 한 새로운 스마트폰 '가나폰'을 출시한다고 발표했다. 가나폰은 사용자의 음성 명령을 정확하게 인식하고 맞춤형 정보를 제공하는 인공 지능 비서 기능을 탑재했다. 또한, 고화질 카메라와 긴 배터리 수명을 통해 더욱 편리하고 스마트한 사용 경험을 제공한다.

특히 가나폰은 최신 프로세서를 탑재하여 빠른 속도와 원활한 멀티태스킹을 지원하며, 슬림하고 세련된 디자인으로 소비자들의 눈길을 사로잡는다.

(주)가나기술 관계자는 "가나폰은 끊임없이 변화하는 소비자들의 요구를 반영하여 개발된 제품으로, 스마트폰 시장에 새로운 바람을 일으킬 것으로 기대한다"고 말했다.

[붙임 자료]
• 가나폰 주요 스펙   • 제품 이미지

표제[헤드라인]
흥미와 관심 유발
내용 전체를 파악할 수 있도록 기사 요약

전문[리드]
개요, 전문만 읽어도 전체 기사 내용을 알 수 있도록 작성
▶ 본문을 읽도록 유인

본문
육하원칙에 따라 중요 사항 순으로 작성

01

위 보도 자료의 주요 목적으로 가장 적절한 것은?

① 가나폰의 판매를 촉진하는 것
② 회사의 기술력을 과시하는 것
③ 소비자들의 의견을 수렴하는 것
④ 경쟁사 제품과의 차별성을 강조하는 것
⑤ 가나폰의 기술적인 우수성을 강조하는 것

02

위 보도 자료의 ㉠을 작성할 때 유의해야 할 점으로 적절하지 <u>않은</u> 것은?

① 기사의 핵심 내용을 요약하여 제시한다.
② 본문의 내용과 일관성을 유지해야 한다.
③ 짧고 명확한 문장으로 작성하여 가독성을 높인다.
④ 가능한 한 전문적인 용어를 사용하여 정확성을 높인다.
⑤ 부정적인 내용이나 확실하지 않은 내용은 포함하지 않는다.

03

위 보도 자료의 ㉡에서 강조하고자 하는 내용으로 가장 적절한 것은?

① 가나폰의 디자인
② 가나폰의 출시 배경
③ 가나폰의 판매 목표
④ 가나폰의 기술적인 특징
⑤ 가나폰의 인공 지능 기능

정답 및 해설
01 보도 자료의 목적은 결국 제품을 홍보하고 판매를 촉진하는 것이다.
02 ㉠은 보도 자료의 전문[리드] 부분으로, 전문적인 용어보다는 일반인이 이해하기 쉬운 간결하고 명확한 문장으로 작성해야 한다.
03 본문에서는 가나폰이 인공 지능 기술을 기반으로 한 스마트폰임을 강조하고 있다.

정답 | 01 ① 02 ④ 03 ⑤

기출 개념 | 보도문

정의	• 보도문은 기업이나 기관의 홍보 수단으로, 기자에게 정책 개요, 추진 내용, 향후 방향 등을 제공하여 정책의 효과와 유용한 정보를 대중에게 전달하는 역할을 함
보도 자료의 구조	• 기자가 그대로 기사로 활용할 수 있는 기사문과 유사한 형태의 구조 <table><tr><td>제목</td><td>주요 내용의 함축적 전달</td></tr><tr><td>전문</td><td>핵심 정보 전달(역피라미드 구조)</td></tr><tr><td>본문</td><td>주요 내용 설명</td></tr></table> ※ 기업의 경우 회사 정보와 문의처, 기관의 경우 문의처 등을 제시 • 객관적이고 보도 가치가 높은 내용으로 구성 • 역피라미드 구조 활용으로 핵심 정보를 앞에 배치
보도문 제작 시 유의사항	• 두괄식 구성: 중요한 사실을 서두에 배치하고, 한 문장을 짧게 구성 • 불필요한 수식어 배제: 핵심 정보만 간결하고 명확하게 전달 • 보충 자료 활용: 짧고 간결한 본문과 함께 설명 자료(도표, 이미지 등)를 제공 • 흥미로운 제목 작성: 독자의 관심을 유발하는 제목 활용 • 공공 언어 사용: 어려운 전문 용어 사용을 지양하고 언론 기관뿐만 아니라 일반 국민에게도 공개되므로 공공 언어를 사용해야 함

실전 훈련하기

기출변형문제로

직무 글쓰기 - 홍보문·보도문

[01~02] 다음 자료를 읽고 물음에 답하시오.

구분	제언
브랜드 콘텐츠	⑤ 일관성 유지: 국가 브랜드의 정체성을 분명히 하고 일관되게 유지하라.
확장성 확보	다양성 강화: 문화·산업 등 여러 분야를 연계해 국가 브랜드를 다각도로 확장하라.
추진 조직	중앙 집중: 국가 브랜드 관리를 위한 전담 기구를 설치하고, 이를 중심으로 체계적인 정책을 수립하라.
실행 전략	글로벌 연계: 국제 행사와 기업 협력을 통해 국가 브랜드를 홍보하고, 글로벌 시장에서의 입지를 강화하라.

01
위 자료의 내용에 관한 설명으로 가장 적절한 것은?

① 국가 브랜드는 일관성이 중요하지만 정체성 변화가 빈번하게 이루어져야 한다.
② 국가 브랜드 확장을 위해 다양한 분야를 연계하고 국제적 협력을 강화해야 한다.
③ 전담 기구는 국가 브랜드 정책의 변동성을 높여 유연한 정책 운영을 목표로 한다.
④ 국가 브랜드는 문화적 요소에 집중해야 하며 경제적인 요소는 배제하는 것이 바람직하다.
⑤ 글로벌 시장에서의 국가 브랜드 입지를 강화하기 위해 독립적인 기업 협력보다는 정부 주도의 일방적인 홍보가 중요하다.

02
다음 중 ⑤과 관련된 국가 브랜드 홍보 전략의 예로 가장 적절한 것은?

① 미국은 스타트업 생태계를 기반으로 국가 브랜드를 변화시키며, 글로벌 혁신 이미지를 확립하고 있다.
② 영국은 'Great'이라는 슬로건을 다양한 산업에 활용하며, 국가의 전통적 이미지를 유지하는 데 중점을 두고 있다.
③ 뉴질랜드는 국가 상징물을 활용한 다양한 품질 인증 프로그램을 통해 글로벌 시장에서 자국 제품의 품질을 보증하고 있다.
④ 프랑스는 다양한 현지 기관과 협력하여 국가 브랜드 슬로건을 지속적으로 바꾸며, 새로운 글로벌 이미지를 구축하고 있다.
⑤ 일본은 애니메이션 산업을 통해 확립된 'Cool Japan' 이미지를 전 세계에 알리며, 이를 자국의 핵심 브랜드로 유지하고 있다.

[03~04] 다음 글을 읽고 물음에 답하시오.

> **정부, 미세 먼지 저감 위해 전기차 보급 확대 및 노후 경유차 조기 폐차 지원 강화**
>
> 정부는 심각해지는 미세 먼지 문제 해결을 위해 전기차 보급 확대와 노후 경유차 조기 폐차 지원을 강화하는 내용의 대책을 발표했다.
> - **전기차 보급 확대**: 전기차 구매 보조금 상향 조정, 충전 인프라 확충, 공공 기관 전기차 의무 구매 비율 상향 등을 통해 전기차 보급을 확대한다.
> - **노후 경유차 조기 폐차 지원 강화**: 노후 경유차 조기 폐차 지원금을 대폭 상향하고, 저공해차 전환 지원금을 확대한다.
> - **미세 먼지 배출 사업장 관리 강화**: 미세 먼지 배출 사업장에 대한 감시를 강화하고, 불법 배출 행위에 대한 처벌을 강화한다.
>
> 정부 관계자는 "이번 대책이 미세 먼지 저감과 국민 건강 증진에 기여할 것으로 기대한다"고 밝혔다.

03
윗글의 목적으로 가장 적절한 것은?

① 시민들의 불만을 해소하고자 하는 것
② 특정 기업의 친환경 제품을 홍보하는 것
③ 미세 먼지 관련 법규 개정을 촉구하는 것
④ 정부의 미세 먼지 저감 노력을 알리고 시민들의 참여를 유도하는 것
⑤ 시민들에게 미세 먼지 문제의 심각성을 알리고 경각심을 일깨우는 것

04
윗글의 구조로 적절한 것은?

① 정책 발표 → 예산 규모 → 전문가 의견
② 문제 제기 → 해결 방안 제시 → 기대 효과
③ 예산 규모 → 정책 내용 소개 → 문제점 지적
④ 정부 관계자 의견 → 정책 내용 소개 → 예산 규모
⑤ 문제 제기 → 정책 내용 소개 → 기대 효과 및 정부 관계자 의견

05
다음 글의 본문 내용을 논리적 순서에 맞게 배열한 것으로 적절한 것은?

> (가) 교육부, 전국 초중고 학생들의 디지털 역량 강화 정책 발표
> (나) 2025년까지 모든 학교에 최신 정보 기술(IT) 장비와 교육 자료 제공
> (다) 교육부는 2025년까지 전국 초중고 학교에 최신 정보 기술(IT) 장비와 교육 자료를 제공하기 위한 새로운 정책을 발표했다. 이 정책은 디지털 역량 강화를 목표로 하며, 학생들이 미래 사회에 적응할 수 있도록 돕기 위한 다양한 프로그램을 포함하고 있다.
> (라) 또한, 교육부는 디지털 역량 강화를 위한 특별 프로그램도 운영할 계획이다. 이 프로그램은 학생들에게 코딩, 데이터 분석, 인공 지능 기초 등 디지털 기술에 대한 교육을 제공하고, 이를 통해 실질적인 디지털 능력을 함양할 수 있도록 지원한다.
> (마) 이 정책은 향후 5년 동안 단계적으로 시행되며, 정부는 정책의 효과를 분석하고 지속적으로 개선하여 모든 학생들에게 공평한 디지털 교육 기회를 제공할 예정이다. 또한 관련 예산을 확보하고, 민간 기업과의 협력을 통해 정책을 성공적으로 추진할 계획이다.
> (바) 정책의 주요 내용으로는, 모든 초중고 학교에 최신 컴퓨터와 태블릿을 제공하고 디지털 교과서와 학습 플랫폼을 도입하는 것이다. 이를 통해 학생들이 보다 효율적으로 학습할 수 있도록 지원하며, 교사들에게도 디지털 교육 도구와 연수 프로그램을 제공할 예정이다.

① (가) – (나) – (다) – (라) – (마) – (바)
② (가) – (나) – (다) – (바) – (라) – (마)
③ (가) – (나) – (라) – (다) – (마) – (바)
④ (나) – (가) – (다) – (라) – (마) – (바)
⑤ (나) – (가) – (라) – (다) – (마) – (바)

06

다음 글의 전문과 본문 내용을 논리적 순서에 맞게 배열한 것으로 적절한 것은?

교육부, 새로운 온라인 학습 플랫폼 도입 발표

2025년부터 모든 중고등학교에 적용, 인공 지능 기반 맞춤형 학습 제공

(가) 교육부는 이 플랫폼이 학생들의 학습 경험을 향상시키고, 다양한 학습 자료와 도구를 제공함으로써 전반적인 학업 성취도를 높이는 데 기여할 것으로 기대하고 있다.

(나) 교육부는 학생들의 학습 효율성을 높이기 위해 새로운 온라인 학습 플랫폼을 도입한다고 발표했다. 이 플랫폼은 2025년부터 전국의 모든 중학교와 고등학교에서 사용될 예정이다.

(다) 교육부는 이 플랫폼을 도입함으로써 학습의 질을 높이고, 학생들의 자기 주도 학습 능력을 강화할 계획이다. 플랫폼 사용에 따른 교육 효과를 분석하기 위해 파일럿 테스트를 진행할 예정이다.

(라) 새로운 온라인 학습 플랫폼은 인공 지능 기반의 맞춤형 학습 경로를 제공하며, 학생들이 자신에게 맞는 학습 자료를 쉽게 찾을 수 있도록 돕는다. 또한, 실시간 피드백 기능을 통해 학습 진도를 점검할 수 있다.

(마) 플랫폼 도입에 앞서 교육부는 교사들과 학부모들에게 시스템 사용 방법에 대한 교육을 실시할 예정이다. 또한 초기 운영에 대한 지원을 위해 헬프 데스크를 운영하며, 기술적 문제를 신속히 해결할 수 있는 지원 체계를 구축할 것이다.

---

① (가) – (나) – (다) – (라) – (마)
② (가) – (다) – (나) – (마) – (라)
③ (나) – (다) – (마) – (가) – (라)
④ (나) – (라) – (다) – (마) – (가)
⑤ (다) – (마) – (라) – (가) – (나)

[07~08] 다음 글을 읽고 물음에 답하시오.

㉠ _____
㉡ _____

(가) 국토 교통부는 이 정책이 환경 개선에 크게 기여할 것으로 기대하며, 장기적으로는 교통 혼잡을 줄이고 시민들의 삶의 질을 높이는 데 도움이 될 것으로 전망하고 있다.

(나) 국토 교통부는 2025년부터 새로운 환경친화적 교통 정책을 시행한다고 발표했다. 이 정책은 교통 혼잡을 줄이고, 공기 질을 개선하며, 대중교통 이용을 장려하기 위해 설계되었다.

(다) 국토 교통부는 정책 시행에 앞서 도시 교통 개선을 위한 시범 사업을 진행할 계획이다. 이 시범 사업을 통해 정책의 실효성을 검증하고, 대중교통 개선 방안을 보다 구체적으로 설계할 수 있을 것이다.

(라) 또한, 대중교통을 이용하는 시민들을 대상으로 다양한 인센티브 프로그램을 도입할 예정이다. 이 프로그램은 대중교통 이용 시 할인 혜택을 제공하며, 대중교통 이용을 더욱 장려하기 위해 설계되었다.

(마) 이번 정책의 주요 내용은 저공해 차량의 보급 확대와 함께, 대중교통 노선의 효율성을 높이는 것이다. 정부는 이를 위해 전기 버스와 수소 버스를 도입하고, 기존의 대중교통 네트워크를 재정비할 예정이다.

07

윗글의 ㉠과 ㉡에 들어갈 내용으로 적절한 것은?

① ㉠ 2025년, 친환경 교통 시대 개막!
  ㉡ 대중교통 중심의 도시 교통 시스템 구축
② ㉠ 스마트 시티를 위한 교통 혁신
  ㉡ 자율 주행차 도입 및 스마트 교통 시스템 구축
③ ㉠ 쾌적한 도시 환경 조성을 위한 교통 정책
  ㉡ 대중교통 이용 장려 및 저공해 차량 보급 확대
④ ㉠ 저공해 차량 확대와 대중교통 효율화를 통한 미래 교통 구현
  ㉡ 국토 교통부, 새로운 교통 정책 발표
⑤ ㉠ 교통 혼잡 해소와 환경 보호를 위한 정부의 노력
  ㉡ 대중교통 중심의 도시 교통 시스템 구축 및 저공해 차량 보급 확대

08

윗글을 논리적인 순서에 맞게 배열한 것으로 적절한 것은?

① (가) - (다) - (나) - (마) - (라)
② (나) - (라) - (가) - (다) - (마)
③ (나) - (마) - (다) - (라) - (가)
④ (다) - (가) - (나) - (라) - (마)
⑤ (마) - (다) - (가) - (나) - (라)

09

다음 글을 참고할 때, 기사문과 보도문에 대한 설명으로 적절하지 <u>않은</u> 것은?

> 기사문과 보도문은 정보 전달의 방식과 목적에 차이가 있다. 기사문에는 기자의 주관적인 의견이나 해석이 포함될 수 있으며, 보도문은 주로 사실에 기반한 객관적인 정보 전달을 목표로 한다.
>
> [자료]
>
> (가) 최근 서울에서 열린 국제 환경 회의에서 여러 나라의 환경 정책과 대응 전략이 논의되었다. 특히, 기후 변화에 대응하기 위한 국제 협력의 필요성이 강조되었으며, 참석한 각국 대표들은 기후 변화의 심각성을 인식하고 실질적인 조치를 취할 것을 약속했다. 기자는 이 회의에서의 발언과 논의 내용을 종합하여 환경 보호의 중요성을 강조하고 있다.(기사문)
>
> (나) 서울, 2024년 8월 30일 - 최근 서울에서 열린 국제 환경 회의에서는 기후 변화에 대응하기 위한 국제 협력의 필요성이 논의되었다. 회의에 참석한 각국 대표들은 기후 변화의 심각성을 인식하고 실질적인 조치를 취할 것을 약속했다. 이번 회의에서 발표된 주요 내용은 다음과 같다: [주요 발표 내용].(보도문)

① 기사문은 기자의 주관적인 의견이나 해석이 포함될 수 있으며, 보도문은 객관적인 정보 전달을 목표로 한다.
② 기사문은 사건이나 발표된 내용을 사실에 기반하여 전달하며, 기자의 개인적인 의견이나 해석이 포함될 수 있다.
③ 보도문은 기자가 특정 시각이나 의견을 반영하여 작성하는 경우가 있으며, 기사문은 주로 사실에 기반하여 작성된다.
④ 보도문은 특정 사건이나 발표된 내용에 대한 객관적인 정보만을 제공하며, 기자의 개인적인 해석이 포함되지 않는다.
⑤ 기사문은 독자의 흥미를 끌기 위해 감정적 요소나 서술적 표현을 사용할 수 있다. 반면, 보도문은 주로 중립적인 언어로 작성된다.

기출유형 20

직무 글쓰기 - 계약서

계약서의 이해와 작성

계약서는 둘 이상의 당사자가 법적 효력을 가진 계약을 체결하기 위해 작성하는 공식 문서이다. 계약서는 각 당사자의 권리와 의무를 명확히 규정하여, 계약의 이행을 보장하고, 만약 계약이 이행되지 않거나 분쟁이 발생할 경우 법적 근거를 제공하는 역할을 한다. 실용글쓰기 시험에는 약관, 협약서, 양해 각서(MOU) 및 이사 용역 계약서 등 다양한 계약서가 출제된다.

대표 예제 1

[01~02] 다음을 읽고 물음에 답하시오.

> 사적 자치(私的自治) 원칙이 적용되는 사법(私法) 관계에서, 당사자는 스스로의 의사에 따라 계약을 체결할지 여부를 결정하고, 계약의 상대방을 선택할 수 있으며, 계약의 내용을 정할 수 있고, 원하는 방식으로 계약을 체결할 수 있다. 이것이 '소유권 절대의 원칙', '과실 책임의 원칙'과 함께 근대 사법의 3대 원칙을 이루는 '계약 자유의 원칙'이다. 계약 자유의 원칙은 계약 당사자들이 일반적으로 법률의 강제 없이 자유롭게 계약을 체결하고 그 내용을 결정할 수 있다는 원칙을 말한다.
>
> 당사자의 자유의사가 합치되어 성립된 계약은 계약 체결의 당사자에게 구속력을 갖는다. 당사자가 자유의사에 따라 스스로 구속되기로 합의했다면 당사자는 이를 지키고 이행하여야 할 의무가 있고, 이를 어기면 계약 위반으로 책임을 진다. 따라서 계약이 일단 체결되면 일방 당사자에게는 권리가 부여되고 타방 당사자에게는 의무가 부담되므로, 자신의 권리·의무 관계에 미치는 영향을 검토하고 체결 여부, 계약 내용 등을 결정하여야 한다. 계약은 '청약'과 '승낙'으로 성립한다. 한쪽 당사자의 계약 조건 등을 정하여 계약을 원한다는 의사 표시를 하는 것이 '청약'이고, 이에 대응하여 조건을 검토하여 이를 받아들인다는 상대방의 의사 표시가 '승낙'이다. 계약은 원칙적으로 승낙이 청약자에게 도달하는 시점에 성립한다고 본다. 당초 계약 내용을 정하여 청약한 당사자에게 유리한 방향으로 계약서가 작성되었을 가능성이 매우 높아 일방에 유리한 청약이라도 이를 승낙한 상대방은 특별한 사정이 없는 한 계약상의 의무를 벗어나기가 어렵다.

계약은 **법적 약속이며 서면상의 구체화와 명시화가 필요하다**(반드시 서명의 형식을 요구하지는 않는다). 계약 성립 조건은 두 사람 이상의 계약 당사자, 계약 당사자 간의 합의, 계약의 목적 등이며, **계약 유효 요건으로는** 계약 당사자가 계약 체결 능력을 갖고 있어야 하며, 협의 과정에 결함이 없어야 한다. 그리고 계약의 목적은 확정할 수 있는 것이어야 하며, 그 내용이 실현 가능하며, 적법하고, 사회적 타당성이 있어야 한다.

01
계약의 효력이 발생하는 시점으로 적절한 것은?

① 계약서를 공증하는 시점
② 계약서에 서명하는 시점
③ 계약서를 작성하는 시점
④ 계약 내용을 이행하는 시점
⑤ 승낙이 청약자에게 도달하는 시점

02
다음 중 '계약 자유의 원칙'에 대한 설명으로 적절하지 <u>않은</u> 것은?

① '계약 자유의 원칙'은 시장 경제 질서의 기본 원리 중 하나이다.
② '계약 자유의 원칙'은 계약 내용을 당사자들이 자유롭게 정할 수 있다는 것을 의미한다.
③ '계약 자유의 원칙'은 당사자의 자유로운 의사에 따라 계약을 체결할 수 있다는 것을 의미한다.
④ '계약 자유의 원칙'은 일방적인 의사 표시만으로도 유효한 계약이 성립될 수 있다는 것을 의미한다.
⑤ '계약 자유의 원칙'은 법률의 강행 규정이나 공서양속에 반하는 계약은 허용하지 않는다는 한계를 지닌다.

> **정답 및 해설**
> 01 윗글에서 계약은 승낙이 청약자에게 도달하는 시점에 성립한다고 하였다. 이때부터 법적 효력이 발생하는 것이다.
> 02 '계약 자유의 원칙'은 당사자 간의 자유로운 의사 합치를 통해 계약이 성립된다는 것을 전제로 한다. 즉, 한쪽 당사자가 계약을 제안하고(청약), 상대방이 이를 받아들임(승낙)으로써 계약이 성립된다. 일방적인 의사 표시만으로는 유효한 계약이 될 수 없다. ④는 계약 성립의 기본적인 요건인 의사 합치를 간과하고 있으며, '계약 자유의 원칙'과 모순된다.
>
> 정답 | 01 ⑤   02 ④

기출 개념   계약서

정의	계약은 사법상 일정한 법률 효과를 발생시킬 목적으로, 2인 이상의 거래 당사자 간의 합의 결과 문서를 작성하는 법률 행위이고, 계약서는 계약이 성립했을 때 그 증거로 작성하는 문서임
특징	• 계약 당사자: 계약 체결 능력, 즉 행위 능력이 있는 주체(권한을 위임받은 대리인에 의해서도 성립 가능) • 법률적 구속력: 계약이 성립하면 이에 따른 권리와 의무 부담 • 계약의 유효 요건: 계약 체결 능력, 확정할 수 있는 계약 목적, 실현 가능하며 적법한 내용

대표 예제 2

[03~05] 다음 글을 읽고 물음에 답하시오.

약관 제정

1. 계약의 목적 이 약관은 '갑'과 '을' 간의 서비스 제공 및 이용에 관한 조건을 규정하여, 양 당사자의 권리와 의무를 명확히 하는 것을 목적으로 한다.

2. 서비스 제공 '갑'은 '을'에게 다음과 같은 서비스를 제공한다:
   가. 월 1회 정기적인 서비스 점검
   나. 연 2회 서비스 보고서 제공
   다. 고객 문의에 대한 24시간 이내 응답

3. 서비스 이용 요금
   가. 기본 요금: 월 100,000원 (부가세 별도)
   나. 연 요금: 월 기본 요금의 12배
   다. 추가 서비스 요금: 별도로 협의하여 결정

4. 요금 지급 조건
   가. '을'은 '갑'에게 매월 5일까지 기본 요금을 지급해야 하며 입금이 지연될 경우 지연 배상금이 발생한다.
   나. 연 요금은 계약 연도 시작일에 한 번에 지급해야 한다.
   다. 추가 서비스 요금은 해당 서비스 제공 후 7일 이내에 지급해야 한다.

5. 계약의 유효 기간
   가. 이 약관은 계약서에 서명한 날로부터 유효하며, 계약 기간은 1년으로 한다.
   나. 계약 만료 1개월 전까지 양 당사자 간의 별도 통보가 없는 경우 자동 연장된다.

6. 계약 해지
   계약 해지 시 30일 전 서면 통보가 필요하며, 해지 후 남은 요금은 환불되지 않는다.

> 약관은 계약 당사자가 다수의 상대방과 미리 작성한 계약 내용을 거래 표준으로 만들어 기록한 문서로, 소비자 권리를 보호할 목적으로 작성한 계약 문서임

03

다음 중 위 약관에 대한 설명으로 적절하지 않은 것은?

① 본 계약은 1년 단위로 무조건 자동 연장된다.
② 연 요금은 월 기본 요금의 12배로 고정된다.
③ 추가 서비스 요금은 별도 협의를 통해 결정된다.
④ 고객 문의에 대한 응답은 24시간 이내로 보장된다.
⑤ 계약 해지 시 남은 기간의 요금은 환불되지 않는다.

04
다음 중 위 약관에 따라 '을'이 지불해야 하는 요금으로 적절하지 <u>않은</u> 것은?

① 위약금
② 연 요금
③ 지연 배상금
④ 월 기본 요금
⑤ 추가 서비스 요금

05
다음 중 약관에 명시된 내용으로 적절하지 <u>않은</u> 것은?

① 계약 연장 조건
② 요금 지급 조건
③ 계약 해지 조건
④ 분쟁 해결 방법
⑤ 서비스 제공 내용

정답 및 해설 03 약관 제5조에 계약 만료 1개월 전까지 양 당사자 간의 별도 통보가 없는 경우 자동 연장된다고 명시되어 있다. 즉, 자동 연장 여부는 조건부이며, 1년 단위로 무조건 자동 연장되지는 않는다.

04 약관에는 월 기본 요금, 연 요금, 추가 서비스 요금, 지연 배상금에 대한 내용만 명시되어 있고, 위약금에 대한 언급은 없다.

05 분쟁 해결 방법은 약관에 관련 내용이 제시되어 있지 않으므로 적절하지 않다.

| 오답 피하기 | ① 계약 연장 조건은 약관 제5조 나항에 명시되어 있다.

② 요금 지급 조건은 약관 제4조에 명시되어 있고, ③ 계약 해지 조건은 약관 제6조, ⑤ 서비스 제공 내용은 약관 제2조에 명시되어 있다.

정답 | 03 ① 04 ① 05 ④

기출 개념 거래 계약 관련 문서

	거래 신청서	신규 거래처와의 거래를 신청하기 위한 목적으로 작성된 문서 예 신규 거래 신청서, 거래 변경 신청서 등
	거래 약정서	거래자끼리 상품 또는 물품의 지속적인 거래를 신의성실 원칙에 따라 작성한 문서 예 물품 거래 약정서, 어음 거래 약정서, 당좌 거래 약정서 등 각종 상거래 약정서
빈출	약관	한 명의 계약 당사자(은행이나 보험사 등)가 불특정 다수를 대상으로 반복적 거래를 하는 경우, 법적 책임과 한계를 규약으로 설정하여 거래 표준을 만들어 기재한 문서 예 운송 약관, 보험 약관, 보통 약관, 중재 약관, 협의 약관 등
	거래 사실 확인서	거래 품목과 거래 기간, 거래 금액 등 매도인과 매수인 사이의 거래명, 거래 기간, 거래 물품, 거래 금액 등의 거래 사실을 확인하는 문서. 분쟁 시 사실 관계의 주요한 증빙 서류로 활용됨
	거래 명세서	거래 당사자 인적 사항, 거래 내용, 공급 가액, 세액 등이 기재된 명세 내역을 기록한 문서. 상거래와 관련한 각종 법적 문제 발생 시, 거래 사실을 객관적으로 확인하는 주요 증빙 자료가 됨
빈출	협약서	계약 당사자들이 계약 내용을 자율적으로 협의하고 준수할 것을 명시한 문서로, 협약서는 약정서보다 비교적 크고 복잡한 거래에 사용되며, 협약서에 의거한 거래, 협력 등의 일이 원만하게 진행되었을 때, 본 계약을 체결함 예 협의서, 협조서, 협정서, 합의서, 의향서, 제휴서, 양해 각서(MOU), 합의 각서(MOA) 등 • 양해 각서(MOU): 정식 계약을 체결하기 전에 기존 협정의 합의 내용에 관한 의미를 명확하게 하거나 기존 협정에 따른 후속 조치나 관련 내용을 규정하는 문서. 정식 계약 체결에 앞서 작성하며, 일반적으로 법적 구속력을 갖지 않음 • 합의 각서(MOA): 양해 각서 체결 후 이에 대한 세부 조항이나 이행 사항을 구체적으로 명시화하여 계약한 것으로, 법적 구속력을 지님
	의향서	계약 이전에 참여 의사를 표시하는 것으로 최종 계약 전에 당사자들이 협약의 대략적인 사항을 기록한 문서 예 인수 의향서, 투자 의향서, 수출 의향서 등
	협의서	업무 수행이나 재산권 문제, 사고 처리 등에 관해 당사자 간 협의한 내용이 명시된 문서로, 동일한 사실을 서면으로 증명하고자 하는 목적으로 작성 예 이혼 협의서, 재산 분할 협의서 등
	합의서	피해 또는 손해를 배상하기 위해 당사자 간에 적정한 선에서 합의점을 찾고 합의 내용에 대한 합의를 보았음을 증명하는 문서

기출변형문제로 실전 훈련하기

직무 글쓰기 - 계약서

01

다음 〈조건〉의 내용과 직접적으로 관련이 있는 조항으로 가장 적절한 것은?

임대차 계약서

임대인 ○○○(이하 "임대인"이라 함)과 임차인 □□□(이하 "임차인"이라 함)은 다음과 같은 조건으로 임대차 계약을 체결한다.

제1조 (계약의 목적)
본 계약은 임대인과 임차인 간의 임대차에 관한 권리 및 의무를 명확히 하기 위한 것을 목적으로 한다.

제2조 (임대의 대상)
본 계약의 임대 대상은 아래의 부동산(이하 "임대 대상 부동산")으로 한다.
- 주소:
- 면적:
- 용도: ☐ 주거용, ☐ 상업용, ☐ 산업용, ☐ 기타 (   )

제3조 (임대 기간)
임대 기간은 2025년 ○월 ○일부터 2026년 ○월 ○일까지로 한다.

제4조 (임대료 및 보증금)
임대료는 매월 ○○○원으로 하며, 보증금은 ○○○원으로 한다. 임대료는 매월 ○일에 임대인에게 지급하며, 보증금은 계약 체결 시 지급한다.

제5조 (임차인의 의무)
임차인은 임대 대상 부동산을 적절히 사용하고, 임대료와 보증금을 정해진 기한 내에 지급할 의무가 있다.

|조건|
☐ 유지 관리 책임   ☐ 재산 보험 가입
☐ 수리 및 개선 사항

① 제1조 계약의 목적
② 제2조 임대 대상
③ 제3조 임대 기간
④ 제4조 임대료 및 보증금
⑤ 제5조 임차인의 의무

[02~03] 다음 글을 읽고 물음에 답하시오.

계약 당사자
갑돌이: (이사업체명), 대표 이사 (대표자명), 주소
을순이: (고객명), 주소

제1조 계약 목적
갑은 을의 이사를 대행하고, 을은 갑에게 이사 비용을 지불하기로 한다.

제2조 이사 내용
- 이사일: 2025년 12월 31일 (화)
- 이사 시작 시간: 오전 9시
- 이사 대상: (이사할 주소)에서 (새로운 주소)로의 모든 가재도구 및 짐
- 포장 및 운반: 갑은 을의 모든 짐을 안전하게 포장하여 운반하고, 새로운 주소의 지정된 장소에 배치한다.
- 특수 품목: 피아노 1대, 고가 그림 2점은 을이 직접 포장하여 갑에게 인계한다. 갑은 특수 품목에 대한 파손 책임을 지지 않는다.

제3조 이사 비용
1. 기본 이사 비용: 1,500,000원
2. 추가 비용
   - 사다리차 사용 시 별도 비용 발생
   - 폐기물 처리 시 별도 비용 발생
   - 기타 예상치 못한 상황 발생 시 추가 비용 발생 가능

제4조 보험 가입
갑은 이사 과정에서 발생할 수 있는 파손 또는 분실에 대비하여 보험에 가입한다. 단, 고객의 귀중품은 고객이 별도로 보험에 가입해야 한다.

제5조 계약 해지
1. 갑의 귀책 사유: 갑이 계약을 위반할 경우, 을은 계약을 해지하고 손해 배상을 청구할 수 있다.
2. 을의 귀책 사유: 을이 계약을 위반할 경우, 갑은 계약을 해지하고 발생한 손해를 청구할 수 있다.

제6조 기타
1. 본 계약서에 명시되지 않은 사항은 민법 등 관련 법률의 규정에 따른다.
2. 본 계약서는 2통 작성하여 각 당사자가 1통씩 보관한다.

위 계약 내용에 동의하고 계약을 체결한다.

갑: (이사업체 대표) 을: (고객)

(날짜)

02

다음 중 위 계약서에 따라 이사 업체가 책임져야 하는 사항으로 적절한 것은?

① 고객이 직접 포장한 피아노의 파손
② 이사 도중 발생한 고객의 귀중품 분실
③ 이사 지연으로 인해 고객이 입은 추가 비용
④ 이사 과정에서 발생한 고객 집 내부 벽면 훼손
⑤ 고객이 미리 알리지 않은 추가 짐에 대한 운반

03

이사 도중 고객이 추가로 짐이 생겼다고 하여 이사 업체에 운반을 부탁할 때에 대한 설명으로 적절한 것은?

① 고객의 요청이므로 추가 비용을 요구할 수 없다.
② 추가 짐의 양에 따라 추가 비용을 요구할 수 있다.
③ 이사 업체의 사정에 따라 추가 비용을 요구할 수 있다.
④ 계약서에 명시되어 있지 않으므로 추가 비용을 요구할 수 없다.
⑤ 계약서에 명시된 기본 이사 비용에 포함되어 있으므로 추가 비용을 요구할 수 없다.

[04~05] 다음 글을 읽고 물음에 답하시오.

근로 계약서

김사월(이하 "사업주"라 함)과 강달심(이하 "근로자"라 함)은 다음과 같이 근로 계약을 체결한다.

1. 근로 계약 기간: 2025년 3월 1일부터 __년 __월 __일까지
2. 근무 장소: 편의점
3. 업무의 내용: 고객 응대 및 매장 관리
4. 소정 근로 시간: 평일 13시 00분부터 20시 00분까지(휴게 시간: 시 분부터 시 분)
5. 근무일/휴일: 매주 5일(또는 매일 단위) 근무, 주휴일 매주 토요일, 일요일
6. 임금: 월(일, 시간)급: 10,000원
   - 상여금: 있음 (   )   원, 없음 (∨)
   - 기타 급여(제 수당 등): 있음 (∨), 없음 (   )
     • 8,000원
   - 임금 지급일: 매월(매주 또는 매일) 10일(휴일의 경우는 전일 지급)
   - 지급 방법: 근로자에게 직접 지급(   ), 근로자 명의 예금 통장에 입금(∨)
7. 연차 유급 휴가:
   - 연차 유급 휴가는 근로기준법에서 정하는 바에 따라 부여함
8. 사회 보험 적용 여부(해당란에 체크)
   □ 고용 보험 □ 산재 보험 □ 국민연금 □ 건강 보험
9. 근로 계약서 교부: 사업주는 근로 계약을 체결함과 동시에 본 계약서를 사본하여 근로자의 교부 요구와 관계없이 근로자에게 교부함(근로 기준법 제17조 이행)
10. 근로 계약, 취업 규칙 등의 성실한 이행 의무
    - 사업주와 근로자는 각자가 근로 계약, 취업 규칙, 단체 협약을 지키고 성실하게 이행하여야 함
11. 기타
    - 이 계약에 정함이 없는 사항은 근로 기준법령에 의함

계약 일자: 2025년 10월 17일

04

윗글에 대한 설명으로 적절하지 <u>않은</u> 것은?

① '근로 계약 기간'에 근로 기한을 작성한다.
② '근무 장소'에 일을 하는 장소를 구체적으로 작성한다.
③ '휴게 시간'에 휴식을 할 시간을 정하여 작성한다.
④ '기타 급여'에 금액에 대한 내용을 작성한다.
⑤ '사회 보험'은 근로자가 원하는 보험을 선택하여 작성한다.

05

강달심이 아르바이트를 시작한 지 3개월이 지난 후, 사업주에게 요구할 수 있는 권리로 적절한 것은?

① 임금 인상
② 퇴직금 지급
③ 주 5일 근무 보장
④ 연차 유급 휴가 사용
⑤ 사업장 내 숙소 제공

[06~07] 다음 글을 읽고 물음에 답하시오.

주택 임대차 계약서

☐ 보증금 있는 월세
☐ 전세   ☐ 월세

[임차 주택의 표시] 생략

[계약 내용]

제1조 보증금과 차임 위 부동산의 임대차에 관하여 임대인과 임차인은 합의에 의하여 보증금 및 차임을 아래와 같이 지불하기로 한다. (구체적인 내용 생략)

제2조 임대차 기간 임대인은 임차 주택을 임대차 목적대로 사용·수익할 수 있는 상태로 2025년 3월 1일까지 임차인에게 인도하고, 임대차 기간은 인도일로부터 2027년 2월 28일까지로 한다.

제3조(임차 주택의 사용·관리·수선)
① 임차인은 임대인의 동의 없이 임차 주택의 구조 변경 및 전대나 임차권 양도를 할 수 없으며, 임대차 목적인 주거 이외의 용도로 사용할 수 없다.
② 임대인은 계약 존속 중 임차 주택을 사용·수익에 필요한 상태로 유지하여야 하고, 임차인은 임대인이 임차 주택의 보존에 필요한 행위를 하는 때 이를 거절하지 못한다.
③ 임대인과 임차인은 계약 존속 중에 발생하는 임차 주택의 수리 및 비용 부담에 관하여 다음과 같이 합의한다. 다만, 합의되지 아니한 기타 수선 비용에 관한 부담은 민법, 판례 기타 관습에 따른다.
 • 임대인 부담: 임차 주택의 주요 설비의 노후 불량에 대한 수선
 • 임차인 부담: 간단한 수선 및 교체 비용
④ 임차인이 임대인의 부담에 속하는 수선 비용을 지출한 때에는 임대인에게 그 상환을 청구할 수 있다.

제4조(계약금 상환) 임차인이 임대인에게 중도금(중도금이 없을 때는 잔금)을 지급하기 전까지, 임대인은 계약금의 배액을 상환하고, 임차인은 계약금을 포기하고 이 계약을 해제할 수 있다.

제5조(채무 불이행과 손해 배상) 당사자 일방이 채무를 이행하지 아니하는 때에는 상대방은 상당한 기간을 정하여 그 이행을 최고하고 계약을 해제할 수 있으며, 그로 인한 손해 배상을 청구할 수 있다. 다만, 채무자가 미리 이행하지 아니할 의사를 표시한 경우의 계약 해제는 최고를 요하지 아니한다.

제6조(계약의 해지)
① 임차인은 본인의 과실 없이 임차 주택의 일부가 멸실 기타 사유로 인하여 임대차의 목적대로 사용할 수 없는 경우에는 계약을 해지할 수 있다.
② 임대인은 임차인이 2기의 차임액에 달하도록 연체하거나, 제3조 제1항을 위반한 경우 계약을 해지할 수 있다.

제7조(계약의 종료) 임대차 계약이 종료된 경우에 임차인은 임차 주택을 원래의 상태로 복구하여 임대인에게 반환하고, 이와 동시에 임대인은 보증금을 임차인에게 반환하여야 한다. 다만, 시설물의 노후화나 통상 생길 수 있는 파손 등은 임차인의 원상 복구 의무에 포함되지 아니한다.

—이하 생략—

06

다음 중 임대차 계약의 해지 사유로 적절하지 않은 것은?

① 임대인이 임차 주택을 경매로 인해 잃은 경우
② 임차인이 2기의 차임액에 달하도록 연체한 경우
③ 임차인이 임대인의 동의 없이 임차 주택을 전대하였을 경우
④ 임차 주택이 멸실되어 임대차의 목적을 달성할 수 없게 된 경우
⑤ 임대인이 임차 주택을 수리하기 위해 임차인에게 퇴거를 요구한 경우

07

임대 주택의 주요 설비가 노후되어 고장이 발생한 경우, 수리 비용을 부담해야 할 주체로 적절한 것은?

① 임차인
② 임대인
③ 임차인과 임대인이 절반씩 부담
④ 임차인이 우선 부담하고 이후 임대인이 상환
⑤ 임대차 계약서에 관련 규정이 없어 법적 기준에 따름

[08~09] 다음 글을 읽고 물음에 답하시오.

○○ 토목 공사 양해 각서

제1조 목적
　본 양해 각서는 갑과 을이 ○○ 토목 공사를 원활하게 추진하기 위하여 상호 협력 관계를 구축하고, 각자의 권리와 의무를 명확히 하기 위함을 목적으로 한다.

제2조 당사자
　갑: ○○○건설(주) (이하 "갑"이라 함)
　을: ○○동 주민대표회의 (이하 "을"이라 함)

제3조 공사 개요
　공사명: ○○ 토목 공사
　공사 기간: 2025년 5월 1일부터 2025년 12월 31일까지
　공사 범위: ○○로부터 ○○ 교차로까지 도로 확장 및 포장 공사

제4조 공사 비용
　가. 갑은 본 공사에 필요한 모든 비용을 부담한다.
　나. 상세한 공사 비용은 별도 첨부된 내역서를 따른다.

제5조 공사 기간 및 지연에 대한 책임
　가. 갑은 본 계약에서 정한 공사 기간 내에 공사를 완료하여야 한다.
　나. 갑의 귀책 사유로 인하여 공사가 지연될 경우, 갑은 을에게 지연 일수에 비례하여 하루당 ○○원의 지연 배상금을 지급한다.

제6조 안전 및 환경
　가. 갑은 공사 중 안전 관리에 최선을 다하고, 안전사고 발생 시 모든 책임을 진다.
　나. 갑은 공사로 인한 소음, 진동, 비산 먼지 등을 최소화하기 위한 방지 시설을 설치하고 운영하여야 한다.

제7조 분쟁 해결
　가. 본 계약과 관련하여 발생하는 모든 분쟁은 우선 협상을 통해 해결한다.
　나. 협상이 성립되지 않을 경우, 관할 법원에 소송을 제기하여 해결한다.

제8조 기타
　가. 본 계약서에 명시되지 않은 사항은 관련 법령 및 상관례에 따른다.
　나. 본 계약서는 2통을 작성하여 각 당사자가 1통씩 보관한다.

2025년 4월 15일
갑: ○○○건설(주) 대표 이사 ○○○인
을: ○○동 주민 대표 회의 회장 ○○○(인)

08

위와 같은 양해 각서의 특징에 대한 설명으로 적절하지 않은 것은?

① 계약 체결을 위한 기초가 되는 문서이다.
② 분쟁 발생 시 협상의 기초 자료로 활용된다.
③ 계약 체결 전에 당사자 간의 합의 내용을 기록한다.
④ 법적 구속력이 있으므로 계약과 동일한 효력을 가진다.
⑤ 계약서에 명시되지 않은 사항에 대해서는 양해 각서의 내용이 우선 적용될 수 있다.

기출 유형 　양해 각서(MOU)
정식 계약 체결 전 기존 협정의 합의 내용에 관한 의미를 명확하게 하거나 기존 협정에 따른 후속 조치 또는 관련 내용을 규정하는 문서

09

위 양해 각서에서 '갑'이 부담해야 할 주요 의무로 적절한 것은?

① 하자 보수
② 주민 민원 처리
③ 공사 설계 및 감리
④ 공사 비용 부담 및 안전 관리
⑤ 공사 현장 제공 및 행정 절차 처리

[10~11] 다음 글을 읽고 물음에 답하시오.

> 주식회사 A와 주식회사 B는 새로운 신약 개발을 위해 공동 연구 개발을 추진하기로 합의하고, 다음과 같은 내용을 담은 MOA(Memorandum of Agreement, 합의 각서)를 체결하였다.
>
> - 목적: 양사는 상호 협력하여 신규 항암제 개발을 위한 연구를 수행하고, 개발된 신약에 대한 지적 재산권을 공동으로 소유한다.
> - 기간: 본 협약은 2025년 1월 1일부터 2027년 12월 31일까지 3년간 유효하다.
> - 비용 분담: 연구 개발에 필요한 비용은 양사가 각각 50%씩 부담한다.
> - 지적 재산권: 개발된 신약에 대한 특허권, 노하우 등 모든 ⊙ 지적 재산권은 양사가 공동으로 소유하며, 이를 활용하기 위한 모든 결정은 양사의 합의를 통해 이루어진다.
> - 기밀 유지: 양사는 본 협약과 관련된 모든 정보를 비밀로 유지하고, 제3자에게 누설하지 않는다.

10
다음 중 위 합의 각서(MOA)의 성격으로 가장 적절한 것은?

① 특허권에 대한 양도 계약이다.
② 연구 개발 결과에 대한 보고서이다.
③ 단순한 의향 표시이며 법적 구속력은 없다.
④ 계약의 일종으로서 법적 구속력이 있는 문서이다.
⑤ 계약 체결 전에 예비적으로 협의한 내용을 기록한 문서이다.

11
다음 중 ⊙의 의미로 가장 적절한 것은?

① 양사는 개발된 신약을 각자 독립적으로 생산하고 판매할 수 있다.
② 양사는 개발된 신약에 대한 지적 재산권을 제3자에게 양도할 수 없다.
③ 양사는 개발된 신약에 대한 특허를 공동으로 출원하고 등록해야 한다.
④ 양사는 개발된 신약에 대한 독점적인 권리를 가지며, 타사에 기술을 이전할 수 없다.
⑤ 양사는 개발된 신약을 활용하여 제품을 생산할 경우에 반드시 상대방의 동의를 얻어야 한다.

[12~13] 다음 글을 읽고 물음에 답하시오.

> **상품 거래 표준 계약서**
>
> 제1조(계약의 목적) 본 계약서는 공급자(이하 "공급자"라 함)와 구매자(이하 "구매자"라 함) 간의 상품 거래에 관한 조건을 명확히 하여 양 당사자의 권리와 의무를 규정하기 위한 것이다.
>
> 제2조(상품의 정의) 본 계약의 대상이 되는 상품은 다음과 같다.
> - 상품명:
> - 규격:
> - 수량:
> - 공급단가: (부가세 별도)
>
> 제3조(계약의 기간) 본 계약의 유효 기간은 2025년 ○월 ○일부터 2025년 ○월 ○일까지로 한다.
>
> 제4조(대금 지급 조건) 구매자는 상품의 대금을 계약 체결 시 50%를 계약금으로 지급하고, 나머지 50%는 상품 납품 완료 후 7일 이내에 지급한다.
>
> 제5조(상품의 납품) 상품은 공급자가 지정한 장소에 납품하며, 납품 기일은 2025년 ○월 ○일까지로 한다.
>
> 제6조(계약의 해제 및 변경) 본 계약의 해제 또는 변경은 서면으로 이루어져야 하며, 양 당사자의 합의에 의해서만 가능하다.

12
위 문서의 내용에 대한 설명으로 가장 적절한 설명은?

① 본 계약서는 공급자와 구매자 간의 대출 거래에 관한 조건을 명시한 것이다.
② 본 계약서는 프랜차이즈 계약으로, 가맹 본부와 가맹점 간의 권리와 의무를 규정하고 있다.
③ 본 계약서는 임대차 거래에 관한 계약으로, 임대인과 임차인의 권리와 의무를 명시하고 있다.
④ 본 계약서는 서비스 제공에 관한 계약으로, 서비스 제공자의 의무와 서비스 이용자의 권리를 규정한다.
⑤ 본 계약서는 상품 거래와 관련하여 양 당사자의 권리와 의무를 규정하며, 계약 기간과 대금 지급 조건을 포함한다.

13

위 계약서에서 다음과 같은 내용을 추가해야 할 조항으로 적절한 것은?

> □ 대금 지급 지연에 대한 이자율 □ 계약금 지급 방법
> □ 상품 대금 환불 조건 □ 지급 통화의 종류
> □ 지불 관련 서류 제출 요구 사항

① 제1조 계약의 목적
② 제2조 상품의 정의
③ 제3조 계약의 기간
④ 제4조 대금 지급 조건
⑤ 제5조 상품의 납품

기출 유형 ▶ 상품 거래 계약서
거래 사실을 분명히 하고자 공급한 자와 공급받은 자의 인적 사항과 거래 내용, 세액 등이 기재된 명세 내역을 기록한 문서

[14~16] 다음 글을 읽고 물음에 답하시오.

> A 기업은 B 기업에 2025년 1월부터 12월까지 매월 100개의 스마트폰 부품을 단가 5만 원에 납품하였다. 납품은 매월 1일에 이루어졌으며, B 기업은 매월 10일에 대금을 지급하기로 계약했다. 그러나 B 기업은 8월부터 12월까지 납품 대금을 지연하고 있으며, A 기업은 B 기업에 대하여 납품 대금 지급을 요구하고 있다.

품명	규격	수량
스마트폰 부품	XYZ-123	100
단가(원)	금액(원)	납품 일자
50,000	5,000,000	2025-10-01

14

위의 거래 명세서에서 '금액(원)' 항목이 의미하는 것으로 적절한 것은?

① 환불액을 포함한 금액
② 할인액을 제외한 금액
③ 운송비를 포함한 총 금액
④ 부가 가치세를 포함한 총 금액
⑤ 부가 가치세를 제외한 공급가액

15

A 기업이 B 기업에게 납품 대금 지급을 요구하기 위해 제출해야 할 서류로 가장 적절한 것은?

① 견적서
② 계약서
③ 거래 명세서
④ 납품 확인서
⑤ 세금 계산서

16

위 상황에서 거래 명세서가 갖는 가장 중요한 기능으로 적절한 것은?

① B 기업의 경영난을 증명하는 기능
② 납품된 부품의 품질을 보증하는 기능
③ A 기업의 채권액을 정확히 산정하는 기능
④ 납품 지연에 대한 책임 소재를 규명하는 기능
⑤ 거래 당사자 간의 법적 관계를 명확히 하는 기능

17

다음 상품 발주서에 추가될 수 있는 약관 조항으로 가장 적절한 것은?

> 주식회사 한빛은 주식회사 미래에 신형 스마트폰 부품을 발주하고자 한다. 아래는 양사 간의 상품 발주서 초안이다.
>
> **상품 발주서**
> - 발주처: 주식회사 한빛
> - 수주처: 주식회사 미래
> - 품명: 신형 스마트폰 카메라 모듈
> - 수량: 10,000개
> - 단가: 개당 50,000원 (부가세 별도)
> - 납품 기일: 2025년 12월 31일
> - 납품 장소: 주식회사 한빛 물류 센터
> - 지불 조건: 납품 완료 후 30일 이내 지급
> - 특기 사항
>   - 납품되는 모든 제품은 품질 검사를 거쳐야 한다.
>   - 납품 지연 시 지연된 일수당 계약금의 1%에 해당하는 위약금을 지급한다.

① 수주처는 납품된 제품에 대한 하자 보수 기간을 1년으로 한다.
② 발주처는 수주처의 동의 없이 본 계약을 제3자에게 양도할 수 있다.
③ 수주처는 천재지변으로 인한 납품 지연이 발생할 경우 그 책임을 진다.
④ 발주처는 납품된 제품의 품질에 문제가 있을 경우, 전량 반품하고 계약을 해지할 수 있다.
⑤ 발주처는 납품된 제품에 하자가 발생할 경우, 수주처에 모든 손해 배상을 청구할 수 있다.

PART III

[직업 기초 능력]

직무 이해
21 경영, 직무 이해
22 직무 관련 의사소통

수리·자료 활용
23 기초 연산
24 통계 해석
25 도표 해석

문제 해결
26 문제 유형
27 사고 전략
28 문제 해결 과정

[직무 문해력]

직무 문해력
29 사회·문화·경제 문해력
30 과학·기술 문해력
31 디지털 문해력

사고력

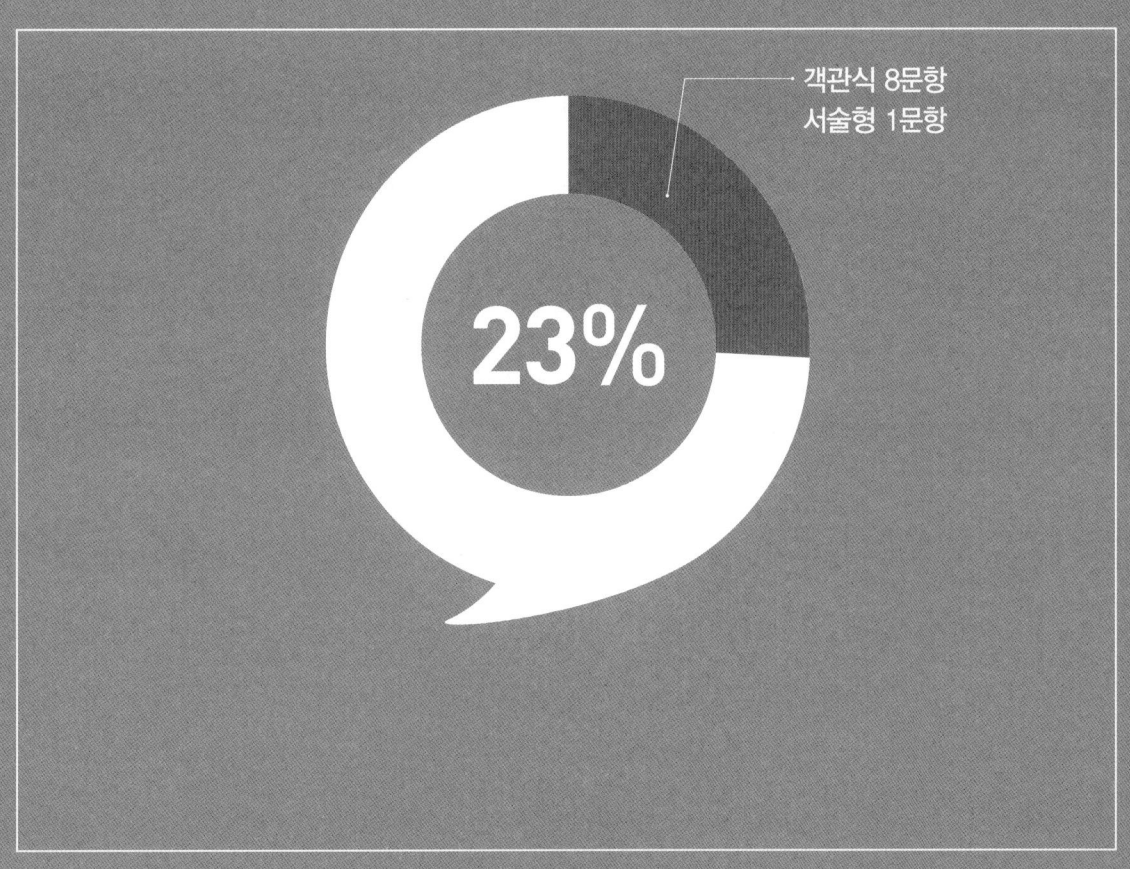

기출유형 21

직업 기초 능력 - 직무 이해

경영, 직무 이해

'경영, 직무 이해'는 경영과 관련된 개념, 기업 경영의 기능, 조직과 구성원, 경영자, 경영 전략뿐만 아니라 7S 모형, BCG 매트릭스 기법 등 조직 진단 및 조직 관리 분야에서 활용되는 모형이 자주 출제된다. '대인 관계'와 관련하여서는 팀워크, 리더십 등이, '갈등 및 고객 관리'와 관련하여서는 갈등 유형과 해결 방법, 협상 전략 등이, '자원 관리'와 관련하여서는 시간, 예산, 물적 자원, 인적 자원 관리 등이 출제된다.

대표 예제

01
다음 글에서 '조직 목적'의 기능으로 가장 적절한 것은?

> 조직 목적은 전체 구성원들이 공통적으로 달성하려는 장래의 목적(상태), 즉 하나의 가치를 성취하기 위해 공동으로 노력하고 적극적으로 협력할 때 성취된다. 대기업, 정부 부처, 종교 단체, 중소기업 등 모든 조직은 조직 목적을 가지고 있으며, 조직 목적은 다음과 같은 기능을 한다.
> - 조직 구성원들의 의사 결정의 기준
> - 조직 구성원들의 자발적 참여 동기 유발
> - 조직 설계의 기준과 직무 수행 평가의 기준
> - 조직이 존재하는 정당성과 합법성, 활동의 지침 제공
> - 조직이 실현하고자 하는 과업의 바람직한 상태나 방향 제시

'조직이 실현하고자 하는 과업의 바람직한 상태나 방향 제시' 등을 통해 조직의 목적을 쉽게 파악할 수 있다. 요구하는 내용을 찾기 위해 지문을 꼼꼼하게 분석하는 연습이 필요하다.

① 조직 구성원들 간의 경쟁을 촉진하는 역할
② 조직 내부의 문제를 해결하기 위한 갈등 관리 체계 마련
③ 조직이 추구하는 바람직한 상태나 방향을 제시하는 역할
④ 구성원들이 스스로 의사 결정을 하지 않도록 지침을 제공하는 역할
⑤ 조직의 이익을 극대화하기 위해 개별 구성원의 성과를 비교하는 역할

정답 및 해설 '조직 목적'은 조직이 실현하고자 하는 바람직한 상태나 방향을 제시하는 역할을 한다. 이는 구성원들이 공동의 목표를 위해 협력하고 자발적으로 참여하도록 유도하며, 조직에 정당성과 합법성을 부여하는 데 중요한 기능을 한다.
| 오답 피하기 | ①, ②, ④, ⑤ 조직 목적의 핵심적인 기능과 직접적인 관련이 없다.

정답 | ③

참고 자료 | 기업의 성장 전략

	기존 제품	신제품
기존 시장	시장 침투 전략	제품 개발 전략
신규 시장	시장 개발 전략	다각화 전략

- 시장 침투 전략: 기존 시장에서의 점유율 키우는 데 주력
- 시장 개발 전략: 기존 제품을 다른 고객층에게 공급, 시장 확장
- 제품 개발 전략: 이른 시일 안에 차별화된 신제품 출시
- 다각화 전략: 신제품을 개발하여 새로운 시장에 진출 → 위험도가 크지만 유사 분야 진출 시 시너지 기대

그 외 기타 전략
- 원가 우위 전략: 대량 생산을 통한 단위 원가의 절감, 생산 기술 개발 등을 통한 원가 절감으로 시장 내 우위 차지
- 차별화 전략: 연구 개발을 통해 제품·서비스 특화, 광고를 통해 이미지를 개선하여 고객 만족도 최대화
- 집중화 전략: 특정 시장이나 특정 고객층 등 한정된 시장을 집중적으로 공략

기업의 경영 목표

구분	효율성	유효성
평가 대상	자원의 사용 정도	목표 달성의 정도
의미	일을 올바르게 함	옳은 일을 함
목표	최소한의 자원으로 최대한의 산출	최대한의 목표 달성
조직의 목표 달성과의 관계	• 조직=목표 달성 수단 • 효율성을 높이면 목표 달성이 쉬움	• 조직=올바른 목표를 달성하는 것 • 유효성이 높아야 목표가 달성됨

기업의 경영 전략 수립 단계

사업 구조 파악	경영 목표 및 전략 수립 전 조직의 구성과 추진 계획 수립
외부 환경 분석	시장 경쟁 상황 및 고객의 요구 분석, 정부 법규와 규제 등 외부의 기회와 위험 요소 파악
내부 역량 분석	조직의 역량, 인력과 자금, 프로세스 등 내부의 자원과 능력 파악
비전과 과제 도출	고객의 요구사항 파악과 경쟁사와의 차별화 전략
사업별 전략 수립	• 구체적 계획 수립 • 세부 목표 수립 및 계획 추진
실행 및 피드백	실행 중 발생 문제 파악 및 조치, 전략의 유연성과 조정 가능성 고려

BCG 매트릭스 기법

- BCG 매트릭스 기법: 2개의 축을 기준으로 4개의 영역을 도출하여 각 사업 단위의 경쟁적 지위 분석
  → 상대적 시장 점유율(매출액), 시장 성장률, 현금 흐름 측면에서 SBU(전략 사업 단위)를 평가하여 어떤 사업에 자원을 우선 할당할지 투자 우선순위 결정
- 캐시 카우: 시장 성장률은 낮고, 시장 점유율은 높은 사업. 시장으로부터 사업 이익 많이 도출되나, 시장 성장률 둔화로 인해 신규 자금 투입 필요 없음
- 별: 시장 성장률과 시장 점유율이 둘다 높을 경우 현금 흐름은 좋으나 성장 기회의 활용을 위해 생산 시설 확충 등 막대한 자원 투입이 필요함
- 개: 낮은 시장 성장률과 낮은 시장 점유율로 이익이 매우 적은 사업
- 물음표: 시장 성장률은 높으나 시장 점유율이 낮은 사업으로 시장이 급속히 성장하면서 자금 투입이 필요함

GE 매트릭스

		← 사업 경쟁력 →		3가지 영역에 따른 전략
		고	저	
↑ 산업 매력도 ↓	고	우위 사수 / 성장 투자(리스크 감수)	선택적 성장	• 투자 육성 전략: 우위 사수, 성장 투자, 이익 극대화 • 선택적 개선 전략: 이익 창출, 현상 유지, 선택적 성장 • 수확/퇴출 전략: 선택적 수확, 선택적 투자·선택적 철수, 손실 최소화
		이익 극대화(리스크 최소화) / 현상 유지	선택 투자·선택 철수	
	저	이익 창출 / 선택적 수확(리스크 배제)	철수·손실 최소화	

- BCG 매트릭스의 단점을 보완하여 보다 다양한 변수를 사용한 분석 방법
- 산업 매력도와 사업 경쟁력을 기준으로 사업 평가
  - 산업 매력도: 시장 성장률, 규모, 수익률, 경기 민감도, 경쟁 강도 등 기업 외부 요인
  - 사업 경쟁력: 시장 점유율, 매출 성장률, 가격 우위, 품질, 기술력 등 기업 내부 요인
- BCG 매트릭스에 비해 변수가 많아 더욱 정확한 측정이 가능하나 측정 요소 변동 가능성 때문에 객관성은 떨어짐

기출유형 22

직업 기초 능력 - 직무 이해

직무 관련 의사소통

직무 관련 의사소통과 관련하여서는 실제 대인 관계 의사소통에서 자주 사용되는 대화의 원리인 협력의 원리, 적절한 거리 유지의 원리, 공손성의 원리, 공감적 대화 등이 출제된다. 이외에도 비언어적 의사소통, 사회적 상호 작용과 관련한 자아 개념과 자아 노출, 리더십, 말하기 불안 등과 같은 실제 원리를 다룬다.

대표 예제

01
다음 상황에서 김○○ 부장이 선택한 협상 전략을 설명하는 내용으로 가장 적절한 것은?

> 김○○ 부장은 대기업 영업 부서에서 공급 업체와 협상 중이다. 공급 업체는 현재의 공급 계약 조건이 불리하다고 주장하며 가격 인상을 요구하고 있다. 김○○ 부장은 가격 인상 요구를 수용하되, 공급 업체가 앞으로 6개월 동안 추가로 제공할 서비스(예) 월별 제품 점검 및 유지 보수)를 협상에 포함시키기로 결정하였다.

양보와 대가 교환으로 김○○ 부장은 가격 인상을 받아들이는 것뿐만 아니라, 추가적인 가치를 확보하기 위한 새로운 조건(추가 서비스 제공)을 제시함
→ 공급 업체는 가격 인상을 통해 수익성을 개선할 수 있고, 김○○ 부장은 추가 서비스를 제공 받아 회사의 장기적인 이익(제품 점검 및 유지 보수를 통한 품질 개선과 비용 절감)을 확보할 수 있음

① 김○○ 부장은 협상에서 가격 인상 요구를 거절하며, 공급 업체의 다른 요구를 무시하는 경쟁 전략을 사용하였다.
② 김○○ 부장은 공급 업체의 가격 인상 요구를 수용하면서도, 추가 서비스의 제공을 거부하는 힘의 전략을 사용하였다.
③ 김○○ 부장은 협상 과정에서 공급 업체의 모든 요구를 포기하며, 협상 타결을 시도하는 협상 포기 전략을 사용하였다.
④ 김○○ 부장은 협상에서 공급 업체의 가격 인상 요구를 전부 수용하면서도, 추가 서비스의 제공을 요구하는 유화 전략을 사용하였다.
⑤ 김○○ 부장은 가격 인상 요구를 수용하되, 협상 과정에서 공급 업체가 제공할 추가 서비스의 가치를 평가하여 자신의 이익을 극대화하는 호혜 전략을 사용하였다.

정답 및 해설 김○○ 부장은 가격 인상 요구를 수용하면서도, 공급 업체가 추가로 제공할 서비스의 가치를 활용하여 자신의 이익을 극대화하는 호혜 전략을 사용하였다. 이는 상호 이익을 고려하여 협상 결과를 최적화한 접근이라고 할 수 있다.

| 오답 피하기 | ① 경쟁 전략: 가격 인상 요구를 거절하고 공급 업체의 다른 요구를 무시하는 행동은 경쟁 전략에 해당한다. 이는 자신의 이익을 우선시하고 상대방의 요구를 고려하지 않는 접근 방식이다.
② 힘의 전략: 공급 업체의 가격 인상 요구를 수용하면서도 추가 서비스의 제공을 거부하는 것은 힘의 전략을 사용한 것이다. 이 전략은 상대방의 단점이나 약점을 이용해 자신의 목표를 달성하려는 접근 방식이다.
③ 협상 포기 전략: 공급 업체의 모든 요구를 포기하며 협상 타결을 시도하는 것은 협상 포기 전략에 해당한다. 이는 갈등을 피하고 최소한의 손실로 협상을 종료하려는 접근 방식이다.
④ 유화 전략: 협상에서 공급 업체의 가격 인상 요구를 전부 수용하면서도 추가 서비스의 제공을 요구하는 것은 유화 전략에 해당한다. 이 전략은 관계를 중시하고 갈등을 최소화하려는 접근 방식이다.

정답 | ⑤

| 기출 개념 | 직무 관련 의사소통 |

공감적 듣기	• 정의: 화자의 말을 분석하거나 비판하지 않고, 화자의 입장에서 문제를 바라보며 감정을 이해하려는 듣기 방법으로, 상대방의 생각과 감정에 진심으로 공감하며 듣는 것임 • 방법 – 비판적 태도를 버리고 수용적인 태도를 가져야 하며, 상대방의 말을 있는 그대로 받아들이는 것이 중요함 – 윤리적 판단을 배제한 편안한 분위기를 만들어야 하며, 상대방이 자신의 생각과 감정을 솔직하게 이야기할 수 있도록 안락한 분위기를 조성해야 함 – 화자의 말에 집중하고, 더 많은 이야기를 끌어낼 수 있도록 격려해야 하며 적극적으로 경청하며 상대방이 자신의 이야기를 충분히 할 수 있도록 도와야 함 – 화자의 말을 반영하여 공감을 표현해야 하고, 상대방의 말을 자신의 언어로 재구성하여 말함으로써 상대방의 감정을 이해하고 있음을 보여 주는 것이 중요함
공감적 듣기의 효율적인 방법 (Stewart & Logan, 1998)	• 집중하기 – 눈 맞춤: 상대방과 눈을 맞추는 것은 청자가 화자에게 집중하고 있다는 것을 보여 주는 강력한 신호임 – 몸짓과 적절한 음성 반응: 고개를 끄덕이거나 "그래", "정말?", "그래서"와 같은 적절한 음성 반응을 통해 상대방에게 더 잘 집중하고 있음을 나타낼 수 있음 • 격려하기 – 대화 이끌어 가기: "좀 더 이야기해 봐", "계속 말해 봐", "좀 더 자세히 말해 주겠니?", "이를테면?"과 같은 말로 상대방이 계속해서 이야기할 수 있도록 유도함 – 어휘나 표현 반복 및 질문: 상대방이 한 말 중 중요한 어휘나 표현을 반복해 주거나 부족한 부분에 대한 질문을 하며 질문은 "예/아니오"로 답하는 닫힌 질문보다는 "~에 대한 네 생각은 어떠니?"와 같은 열린 질문이 좋음 – 침묵 견디기: 침묵은 불편할 수 있지만, 상대방에게 생각할 시간을 주고 더 많은 이야기를 할 수 있도록 침묵을 견디는 것이 중요함 • 반영하기 – 들은 내용을 자신의 말로 재진술: 상대방의 메시지를 자신이 얼마나 이해했는지를 나타내는 반응임 – 상대방의 관점 직접 반영: 상대방의 견해를 뒷받침할 수 있는 자신의 경험을 이야기하고, 이에 대한 상대방의 의견을 물어볼 수도 있음

기출변형문제로 실전 훈련하기

직업 기초 능력 - 직무 이해

[01~02] 다음 글을 읽고 물음에 답하시오.

> 경영은 조직이 목표를 달성하도록 전략을 수립하고, 이를 관리하며 운영하는 활동을 말한다. 경영은 조직의 목표, 전략적 계획, 관리, 운영이라는 네 가지 핵심 요소로 구성되어 있으며, 이들 요소는 개별적으로 작동하는 것이 아니라 상호 밀접하게 연결되어 있다. 현대의 경영은 단순한 관리의 범위를 넘어서, 조직의 목표를 설정하고 이를 달성하기 위한 전략적 의사 결정과 관리 활동을 포함하는 운영의 의미를 포괄한다.
> 경영의 네 가지 주요 구성 요소는 경영 목표, 인적 자원, 자금, 그리고 전략이다. 경영 목표는 최고 경영자가 조직의 비전을 실현하기 위해 설정하는 방향성이다. 인적 자원은 조직의 구성원으로, 이들의 업무 수행을 토대로 경영 활동이 이루어지기 때문에 적절한 인력 배치와 활용이 중요하다. 자금은 경영 활동을 뒷받침하는 필수 자원으로, 자금 확보의 정도에 따라 경영의 방향과 범위가 결정된다. 전략은 이러한 자원들을 효율적으로 배치하고 활용하여 조직의 목표를 달성하기 위한 계획을 말한다.
> 경영자는 조직의 전략 수립, 관리, 운영 활동을 주관하며, 조직의 방향을 설정하고, 구성원들이 조직의 목표에 맞춰 행동하도록 이끈다. 이들은 조직의 변화를 주도하고, 구성원들을 관리하며, 필요한 의사 결정을 내리는 책임을 진다. 경영자는 조직의 계층 구조에 따라 서로 다른 역할을 수행한다. 최고 경영자는 조직의 혁신과 전략적 결정을 주도하는 반면, 중간 경영자는 재무, 생산, 인사 등과 관련된 구체적인 경영 목표를 실행한다. 하위 경영자는 현장에서 근로자들을 직접 지휘하고 감독하는 역할을 맡는다.

01

다음 중 조직의 계층 구조에 따른 경영자의 역할에 대한 설명으로 적절하지 <u>않은</u> 것은?

① 최고 경영자는 조직의 장기적 비전과 전략을 수립하고, 조직의 혁신을 주도하는 역할을 수행한다.
② 최고 경영자는 주로 단기적 목표를 설정하고, 일상적인 운영 활동에 직접 관여하며, 현장 지휘를 담당한다.
③ 중간 경영자는 부서 간의 조정 역할을 하며, 현장에서 발생하는 문제를 직접 해결하고 의사 결정을 내린다.
④ 하위 경영자는 일선 근로자들을 직접 지휘하고, 구체적인 작업 지침을 제공하며, 일상적인 관리 활동을 수행한다.
⑤ 중간 경영자는 조직의 전략적 의사 결정에 대한 실행 계획을 수립하고, 해당 계획을 실행에 옮기는 데 중점을 둔다.

02

다음 글을 고려할 때, 중간 경영자의 역할이 가장 중요한 상황으로 적절한 것은?

> A 회사는 최근 급격한 시장 변화에 대응하기 위해 새로운 제품 라인을 추가하기로 결정했다. 이 과정에서 기존 제품의 생산 효율성을 높이기 위해 생산 공정을 개편하고, 새로운 인력을 채용하며, 재무 관리 전략을 조정해야 한다. 또한, 부서 간 협력을 강화하고, 새로 도입된 기술에 대한 직원 교육을 진행할 필요가 있다.

① 조직의 전체적인 비전과 목표를 재정립하고, 장기적인 성장 방향을 제시할 필요가 있을 때
② 시장 변화에 맞춘 새로운 제품 라인의 전략적 방향을 설정하고, 주요 의사 결정을 내릴 필요가 있을 때
③ 새로운 생산 공정의 설계와 구체적인 작업 지침을 마련하고, 일선 근로자의 작업을 직접 감독할 필요가 있을 때
④ 조직의 일상적인 운영 상태를 모니터링하고, 생산성과 효율성을 유지하기 위한 관리 활동을 강화할 필요가 있을 때
⑤ 부서 간의 협력을 강화하고, 새로운 기술 도입에 따른 직원 교육 프로그램을 기획하며, 재무 관리 전략을 조정할 필요가 있을 때

[03~04] 다음 글을 읽고 물음에 답하시오.

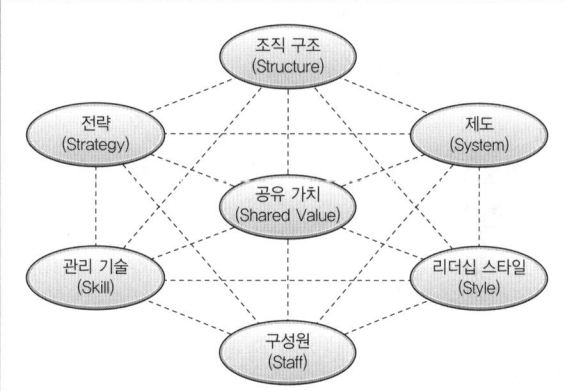

7S 모형은 조직 성과에 영향을 미치는 조직 내부의 핵심적 구성 요소를 7가지 요인으로 파악하고 이를 중심으로 조직을 진단하는 것으로 조직의 문제 해결을 위한 유용한 접근 방법이다. 7S 모형의 조직의 핵심적 역량 요소 7개가 매우 밀접하고 일관성 있게 상호 의존적으로 연계될수록 강한 조직 역량이 구축되며, 이러한 조직이 장기적으로 높은 성과를 거두게 된다고 본다. 이 모형은 조직의 핵심 역량을 전략적으로 관리하는 통합적인 시각을 제공하여 조직 관리나 조직 진단 실무에서 유용하다. 하지만 조직에 영향을 미치는 외부의 환경적 요인과의 관계는 명시적으로 제시하지 못한다는 한계가 있다.

03

다음 중 '7S 모형'을 활용한 조직 진단에 관한 설명으로 적절하지 않은 것은?

① 제도: 의사 결정의 신속성 및 책임 소재의 명확성을 분석한다.
② 리더십 스타일: 외부 환경에 대한 적응력과 관련된 내용의 분석이 포함된다.
③ 구성원: 조직원들이 너무 순종적이지 않은지와 적절한 인재 배치 여부를 점검한다.
④ 전략: 조직의 전략이 환경에 적절한지와 조직원 간의 전략에 대한 합의 여부를 확인한다.
⑤ 조직 구조: 환경 변화에 대응할 수 있는 기능적 구조와 조직 규모의 적정 여부를 평가한다.

04

'7S 모형'에서 '조직 구조'에 대한 설명으로 적절하지 않은 것은?

① 조직의 의사 결정 과정이 신속하고 효과적인지를 검토한다.
② 조직 내의 책임 소재가 명확하게 정의되어 있는지를 점검한다.
③ 조직의 기능적 구조가 외부 환경의 변화에 적합한지를 분석한다.
④ 조직의 규모가 환경 변화에 적절하게 조정되어 있는지를 평가한다.
⑤ 조직의 계층 구조가 경직되어 있어 상하 관계의 유연성이 부족한지를 확인한다.

[05~06] 다음 글을 읽고 물음에 답하시오.

기업을 경영할 때 효율성과 유효성의 차이가 존재한다. 효율성(Efficiency)은 최소한의 자원을 투입하여 최대한의 산출을 얻는 것을 의미한다. 효율성은 자원의 사용 정도를 평가하며, 일을 올바르게 하는 것을 강조한다. 효율성이 높으면 조직의 목표 달성이 더 쉬워진다. 유효성(Effectiveness)은 목표를 달성하는 정도를 의미한다. 유효성은 옳은 일을 하는 것에 초점을 맞추며, 조직의 목표 달성에 직접적인 영향을 미친다. 유효성이 높아야 조직의 목표를 달성할 수 있다.

경영의 핵심 요소는 경영 목적과 경영 전략, 인적 자원, 자금이라고 할 수 있다. 경영 목적은 최고 경영자가 조직의 목적을 달성하기 위해 설정하는 것으로, 조직이 나아가야 할 방향을 제시한다. 경영 전략은 조직이 변화하는 환경에 적응하기 위해 경영 활동을 체계화하는 것이다. 이는 조직의 장기적인 목표를 달성하기 위한 계획과 방향성을 제공한다. 인적 자원은 조직에서 일하는 구성원을 의미하며, 이들의 적절한 배치와 활용이 경영의 성공을 좌우한다. 자금은 경영 활동에 사용되는 재정적 자원으로, 자금의 충분성은 경영 활동의 범위와 방향을 결정짓는다.

05

윗글을 이해한 내용으로 가장 적절한 것은?

① 자금은 경영에 있어 필요하지 않은 자원이다.
② 경영 목적은 조직 구성원들이 자율적으로 설정한다.
③ 효율성은 조직의 목표를 달성하기 위한 수단이며, 올바른 목표를 달성하는 것을 의미한다.
④ 유효성은 일을 올바르게 수행하여 최소한의 자원으로 최대한의 산출을 얻는 것을 의미한다.
⑤ 경영 전략은 조직이 변화하는 환경에 적응하기 위해 경영 활동을 체계화하는 것을 의미한다.

06

다음 자료를 바탕으로 윗글을 이해한 내용으로 가장 적절한 것은?

	효율성	유효성
평가 대상	자원의 사용 정도	목표의 달성 정도
의미	일을 올바르게 함	옳은 일을 함
목표	최소한의 자원 투입으로 최대한의 산출	최대한의 목표 달성
조직의 목표 달성과의 관계	목표 달성을 위한 수단, 효율성을 높이면 목표 달성이 쉬움	올바른 목표를 달성하는 것, 유효성이 높아야 목표가 달성됨

① 효율성이 높으면 유효성이 낮아도 조직의 목표를 달성할 수 있다.
② 최고 경영자는 현장에서 근로자를 직접 지휘하고 감독하는 역할을 맡는다.
③ 경영 전략이 없는 경우에도 조직의 장기적 목표를 달성하는 데 큰 문제가 없다.
④ 자금이 부족해도 인적 자원을 잘 활용하면 조직의 목표를 쉽게 달성할 수 있다.
⑤ 경영자는 조직의 전략, 관리, 운영 활동을 통해 조직의 유지와 발전에 책임을 진다.

07

다음 글을 바탕으로 경영 참가를 이해한 내용으로 적절하지 않은 것은?

> 경영 참가는 경영 민주화의 사고방식에 따라 근로자가 경영에 참여하는 일로, 관리 참가, 분배 참가, 자본 참가 등 세 가지 형태가 있다. '관리 참가'는 종업원의 대표가 경영자에게 이의 주장을 신청하는 제도나 종업원의 대표가 톱 매니지먼트에 참가하는 것이다. '분배 참가'는 생산 보상 제도나 이윤 분배 제도를 시행하는 것이고 '자본 참가'는 종업원 지주 제도를 통해 종업원이 자기가 속해 있는 기업의 주식을 소유하는 것 등을 말한다.
>
> 경영 민주화는 기업 경영에 민주주의 원칙을 도입하여 경영의 공정성과 투명성을 높이고, 이해 집단 간의 균형 잡힌 조정을 목표로 한다. 구체적으로, 경영 민주화는 다음과 같은 측면을 포함한다.
>
> 먼저 기업의 다양한 이해 집단(주주, 직원, 고객 등)의 의견을 균형 있게 반영하여 공정한 경영을 실현한다. 그리고 기업 내부의 계급적·신분적 차별을 없애고, 모든 직원이 동등하게 대우받는 환경을 조성한다. 또 종업원이나 노동조합이 경영 의사 결정에 참여하고 발언할 수 있는 기회를 보장한다. 마지막으로 종업원이 기업의 소유에 참여하거나, 성과에 따른 보상과 분배가 이루어지는 제도를 통해 경영에 대한 책임과 참여 의식을 높인다.

① 노동조합의 단체 교섭권을 확립하고 노사 협의제나 자주 관리 등을 통해 경영 참가를 권장한다.
② 소유 참가 자체는 경영 민주화에 큰 의미를 두지 않지만, 성과 분배 제도는 협력과 민주화에 중요한 역할을 한다.
③ 유럽에서 직원과 노동자의 신분적 차별을 없애려는 노력이 진행되고 있으며 공장 출신도 관리직의 기회를 얻고 있다.
④ 노사 간의 일정 기준에 따라 이윤의 일부를 추가로 분배하는 제도를 통해 근로자의 협조와 근로 의욕을 향상시킨다.
⑤ 대기업에서 소유와 경영의 분리로 전문 경영자가 경영 지배권을 가지게 되었으며 이해 집단 간의 균형이 이루어졌다.

08

다음 글을 참고할 때, 생산성 향상을 위한 방법으로 적절하지 <u>않은</u> 것은?

> 생산성 지수는 투입 대비 산출물의 비율을 측정하는 지표이다. 생산성 지수값이 높으면 생산성이 향상된 것으로 간주하고, 낮으면 생산성이 떨어졌다고 볼 수 있다. 생산성 향상을 위해서는 산출량을 늘리거나 투입량을 줄이는 방법이 사용된다.
> 컨베이어 방식은 특정한 환경에서 생산성을 향상시키는 방식과 관련된다. 조립 생산 방식에서는 컨베이어 방식이 널리 사용되지만, 현재는 다품종 소량 생산의 요구에 맞춰 일괄 처리(BATCH) 방식이나 셀(CELL) 방식이 선호되고 있다.
> 컨베이어 방식은 다품종 소량 생산에 적합하지 않으며, 작업 준비 시간이 길어질 수 있다. 반면, 일괄 처리(BATCH) 또는 셀(CELL) 방식은 작업자가 여러 작업을 동시에 수행할 수 있게 하여 작업자 간의 낭비를 최소화하고, 모델 변화에 신속하게 대처하여 준비 시간을 줄일 수 있다는 장점이 있다.

① 셀(CELL) 방식은 작업자의 작업 부담을 줄이고, 작업 효율성을 높일 수 있다.
② 컨베이어 방식은 대량 생산에 적합하지만, 다품종 소량 생산에는 유연성이 부족하다.
③ 일괄 처리(BATCH) 방식은 생산 라인의 흐름을 일정하게 유지하여 효율성을 높인다.
④ 일괄 처리(BATCH) 방식은 작업자 간의 낭비를 최소화하며, 모델 변화에 빠르게 대응할 수 있다.
⑤ 컨베이어 방식은 생산 라인의 고정성과 일관성을 제공하지만, 다품종 소량 생산에는 비효율적일 수 있다.

09

다음 사례에 해당하는 경영 전략에 대한 설명으로 가장 적절한 것은?

> ABC 전자는 스마트폰 시장에서 강력한 경쟁력을 가지기 위해 다음과 같은 전략을 채택했다. ABC 전자는 대규모 생산 설비를 도입하여 단위당 생산 비용을 대폭 줄였고, 이를 통해 제품 가격을 경쟁 제품보다 낮게 유지할 수 있었다. 또한 원가 절감을 통해 비용 이점을 바탕으로 가격 경쟁력을 확보하였다.

① 대량 생산과 기술 개발을 통해 단위 원가를 절감하고, 가격 경쟁력을 확보하는 전략
② 다양한 사업 분야로의 진출을 통해 리스크를 분산하고 새로운 시장을 창출하는 전략
③ 시장 점유율을 높이기 위해 저가 제품을 출시하여 기존 시장에서의 경쟁력을 강화하는 전략
④ 특정 시장이나 고객군에 따라 제품이나 서비스를 맞춤화하여 경쟁이 덜한 시장을 공략하는 전략
⑤ 제품의 기술, 품질, 브랜드 등을 개선하여 고객의 만족을 최대화하고, 고유의 이미지를 강조하는 전략

10

다음 중 '슈퍼플루이드(Superfluid)'의 개념에 대한 설명으로 적절한 것은?

> 슈퍼플루이드(Superfluid)는 물리학에서 특정 조건에서 마찰 없이 흐르는 유체를 의미하지만, EY(Ernst & Young) 등 글로벌 기업들은 이를 4차 산업 혁명 시대의 비즈니스 용어로 해석하여 사용하고 있다. 슈퍼플루이드 비즈니스는 디지털 기술의 발전을 통해 상품과 서비스의 거래 비용을 최소화하거나 제거하는 것을 의미한다. 이는 특히 블록체인, 사물 인터넷(IoT), 인공 지능(AI), 로봇 기술 등을 통해 이루어진다. 기업들은 이러한 기술을 활용해 기존의 생산, 물류, 판매 과정에서 발생하는 거래 비용을 크게 줄이고, 중개자 없이 수요와 공급을 바로 연결하는 구조를 형성한다.
> 예를 들어, 우버(Uber)와 에어비앤비(Airbnb)는 공급자(차량 운전자, 숙박 제공자)와 수요자(고객)를 직접 연결하여 중간 단계에서 발생하는 비용을 최소화하고, 거래 과정을 자동화하여 수익을 창출한다. 우버는 기존의 택시 서비스 중개 과정을 대폭 간소화했다. 전통적인 제조업에서도 로봇과 인공 지능(AI)을 도입해 생산성을 높이고, 인간이 수행하던 복잡한 작업을 자동화함으로써 인건비와 물류비를 대폭 절감한다.

① 슈퍼플루이드는 소비자가 원하는 맞춤형 제품을 생산자가 직접 제작해 주는 맞춤형 제조 시스템을 의미한다.
② 슈퍼플루이드는 거래를 간편하게 하는 블록체인 기술을 통해 모든 거래를 암호화하여 보안을 강화하는 방식이다.
③ 슈퍼플루이드는 생산 과정에서 물리적 마찰을 없애기 위해 사용되는 자동화 기술로, 제조업에서 주로 적용된다.
④ 슈퍼플루이드는 인공 지능(AI) 기술을 활용해 고객 서비스 분야에서 인간의 개입 없이 자동으로 대응하는 시스템을 뜻한다.
⑤ 슈퍼플루이드는 디지털 기술을 사용하여 생산자와 소비자가 중개자 없이 거래할 수 있도록 하여 거래 비용을 혁신적으로 줄이는 방식이다.

11

다음 공감적 듣기의 전략 중 ㉠에 해당하는 예로 가장 적절한 것은?

> 공감적 듣기는 상대방의 담화를 분석하거나 비판하지 않고, 화자의 관점에서 문제를 바라보고 감정을 이입하여 들으며 화자의 생각이나 감정을 이해하며 듣는 것을 말한다.
> 공감적 듣기의 방법으로는 집중하기, 격려하기, 반영하기 등이 있다. 집중하기는 상대방과의 눈 맞춤이나 몸짓, 적절한 음성적 반응을 통해 나타내며, 격려하기는 대화를 이끌어 가기, 어휘나 표현들의 반복, 부족한 부분에 대한 질문, 침묵을 견디는 것 등을 통해 나타낸다. ㉠반영하기는 들은 내용을 자신이 이해한 자신의 말로 재진술하는 방법을 말한다.

─┤ 보기 ├─

김 대리: 이번 신제품 출시 건으로 인공 지능(AI)을 활용해서 새로운 광고를 만들어 보려 합니다.
박 팀장: ⓐ 인공 지능(AI)을 활용한다고? ⓑ (고개를 갸웃거리며) ⓒ 구체적으로 설명해 주겠나?
김 대리: 네. 인공 지능(AI)은 마케팅 전반적으로 유용하게 활용될 수 있습니다. 특히 고객의 선호도에 맞춘 상품을 추천하고, 최근 트렌드에 맞춘 콘텐츠 제작도 가능합니다. 그래서 기존보다 더 효율적으로 캠페인을 운용할 수 있을 것으로 보고 있습니다.
박 팀장: 결국 ⓓ 인공 지능(AI)을 활용해서 효율성을 높이는 게 목표인 거군.
김 대리: 맞습니다. 그리고 캠페인 진행 후에는 피드백 및 고객의 반응을 분석해서 실제 효과 및 개선점을 찾아내려고 합니다.
박 팀장: 알겠어. ⓔ 그러면 이 캠페인에 필요한 자원이나 예산안은 어떻게 되지?
김 대리: 일단 최대한 기존 콘텐츠들을 인공 지능(AI)을 활용해서 최신 트렌드에 부합하게끔 수정할 예정입니다. 외주를 주는 것보다 인공 지능(AI)을 활용하여 콘텐츠를 제작하는 것이 예산을 30% 가까이 절감할 수 있을 것이라 예상 중입니다.

① ⓐ
② ⓑ
③ ⓒ
④ ⓓ
⑤ ⓔ

12

다음 글을 참고할 때, 〈보기〉의 B의 대답에 적용된 정중 어법의 원리로 적절한 것은?

> 정중 어법은 대화 참여자들이 의사소통 과정에서 상대에게 정중한 표현은 최대화하고, 정중하지 않은 표현은 최소화하라는 원리이다. 이 원리에는 요령의 격률, 관용의 격률, 찬동의 격률, 겸양의 격률, 동의의 격률 등이 있다. 요령의 격률은 상대방에게 부담이 되는 표현은 최소화하고 상대방의 이익을 최대화하는 것이고, 관용의 격률은 요령의 격률을 화자의 관점에서 말한 것으로 화자 자신에게 혜택을 주는 표현을 최소화하고 자신에게 부담을 주는 표현을 최대화하는 것이다. 찬동의 격률은 다른 사람에 대한 비방을 최소화하고 칭찬을 최대화하는 것을 말한다. 겸양의 격률은 자신에 대한 칭찬을 최소화하고 자신에 대한 비방을 최대화하는 것으로, 찬동의 격률을 화자의 관점에서 말한 것이다. 동의의 격률은 자신의 의견과 다른 사람의 의견 사이의 다른 점을 최소화하고 자신의 의견과 다른 사람의 의견 사이의 일치점을 극대화하는 것을 말한다.

─┤ 보기 ├─
A: 요즘 새로운 프로젝트를 시작했는데, 정말 기대가 돼요. 첫 번째 결과물이 예상보다 잘 나왔어요.
B: 와, 대단하시네요! 그런데 저희 팀은 아직 초기 단계라서, 결과가 나올 때까지 좀 더 시간이 걸릴 것 같아요. 아무튼 큰 성과를 이루신 것 같아서 정말 기쁩니다.

① 요령의 격률
② 관용의 격률
③ 찬동의 격률
④ 겸양의 격률
⑤ 동의의 격률

13

㉠에서 위배한 협력의 원리로 적절한 것은?

> 협력의 원리는 대화 참여자가 대화의 목적에 성공적으로 도달하기 위해 지켜야 할 네 가지 격률 또는 규칙을 말한다. 양의 격률은 대화의 목적에 필요한 만큼의 정보를 제공하고, 필요 이상의 정보를 제공하지 말라는 것이며, 질의 격률은 타당한 근거를 들어 진실을 말하고 거짓이라고 생각되는 말이나 증거가 불충분한 것을 말하지 말라는 것이다. 관련성의 격률은 대화의 목적이나 주제와 관련된 적합성이 있는 말을 하라는 것이다. 태도의 격률은 명료하게 말하는 것으로, 모호성이나 중의성이 있는 표현을 하지 말고 간결하고 조리 있게 말하되 언어 예절에 맞게 말을 하여야 한다는 것이다. 그런데 의도적으로 협력의 원리를 어긋나게 말함으로써 발화의 의도를 함축적으로 전달하는 대화 함축도 있다.
>
> 이 과장: 오늘 회의는 몇 시에 시작하나요?
> 김 대리: ㉠회의는 오후 2시에 시작입니다. 오전 10시에 팀 미팅, 1시에 프레젠테이션 리허설이 있습니다. 회의에 오실 때 노트북과 보고서, 참고 자료를 준비해 오시길 바랍니다.

① 양의 격률
② 질의 격률
③ 대화 함축
④ 태도의 격률
⑤ 관련성의 격률

14

거리 유지의 원리에 대한 설명으로 적절하지 <u>않은</u> 것은?

> 거리 유지의 원리는 의사소통 과정 중 연관성과 독립성의 욕구 사이에서 균형을 유지하는 것을 말한다. 연관성은 다른 사람과 관계를 맺고자 하는 욕구이고, 독립성은 누구에게도 자신의 개인적인 욕망을 침해받고 싶어 하지 않는 욕구이다. 이 원리는 상대방과 거리를 유지하고, 상대방에게 선택권을 주고 의견을 말하도록 유도하며, 항상 우호적인 태도를 견지하라는 것이다.

① 상대방에게 선택권을 주어 의사 결정을 유도한다.
② 상대방의 의견을 존중하며 우호적인 태도를 유지한다.
③ 상대방이 자신의 개인적 영역을 침해받지 않도록 배려한다.
④ 상대방과의 연관성을 강조하여 가까운 관계를 유지하려 한다.
⑤ 상대방에게 항상 솔직하게 의견을 말하고 감정을 표현하도록 한다.

15

다음 글을 참고할 때, 〈보기〉와 관련 있는 내용으로 가장 적절한 것은?

> 자아 개념은 자신에 대한 생각이 아니라 다른 사람이 나를 어떻게 생각한다고 보느냐에 대한 나의 생각을 말하고, 자아 노출은 화자가 말하는 과정에서 자신에 대한 정보를 청자에게 제공하는 것을 말한다. 자아는 사회적 자아, 문화적 자아, 개인적 자아로 구분된다. 개인적 자아 노출은 어떻게 자신을 적절하고 효과적으로 드러내는가가 중요하다.

─| 보기 |─
A 사원: 팀장님, 저는 팀원들과 어울리는 것이 부담됩니다. 어제 김 모 사원이 제게 왜 자신에 대해 조금도 이야기하지 않느냐고 하더군요. 그러면서 지나치다고 생각할 정도로 자기의 개인적인 이야기를 하는데, 정말 부담스러웠습니다.

① 불확실성의 감소
② 상호 작용적인 성격
③ 상대와의 친밀감 형성
④ 관계 형성과 유지·발전
⑤ 노출의 시기와 정도의 조절

16

다음 글에서 드러난 리더십의 유형에 대한 설명으로 적절하지 않은 것은?

> 최근 ABC 기업의 CEO인 김철수 씨는 팀원들의 참여를 유도하기 위해 매주 팀 회의를 주재하며, 각 팀원이 제안하는 아이디어를 적극적으로 반영하고 있다. 김 CEO는 각 팀원이 자신의 의견을 자유롭게 표현할 수 있도록 장려하며, 중요한 결정사항은 팀원들과 함께 논의하여 결정한다. 또한 팀원들이 자율적으로 업무를 수행할 수 있도록 책임과 권한을 위임하며, 팀의 성과에 대해 정기적으로 피드백을 제공하고 있다.

① 김철수 씨는 팀원들에게 정기적으로 피드백을 제공하여 성과를 개선하도록 유도하고 있다.
② 김철수 씨는 팀원들과의 소통을 통해 팀의 의견을 존중하고, 팀워크를 강화하는 데 중점을 두고 있다.
③ 김철수 씨는 팀원들에게 권한을 부여하지만 중대한 결정 사항은 직접 결정하고 이를 팀원들에게 통보한다.
④ 김철수 씨는 팀원들에게 자율성과 권한을 부여하며, 이를 통해 팀의 동기 부여와 성과 향상을 도모하고 있다.
⑤ 김철수 씨는 모든 사안을 팀원들과 논의하며 팀원들의 의견을 반영하되 최종 결정은 리더가 내리는 방식을 사용한다.

17

다음 '감정 은행 계좌'에 대한 설명을 참고할 때, ㉠에 들어갈 내용으로 적절한 것은?

> 스티븐 코비는 인간관계에서 신뢰를 구축하기 위한 개념으로 '감정 은행 계좌'를 제시하였는데, 그는 이를 통해 신뢰를 쌓고 유지하기 위해 여러 가지 행동이 필요하다고 설명한다. 그는 '감정 은행 계좌'를 적립하기 위해 상대방에 대한 존중, 문제 해결의 진지함, 피드백의 수용, 협력적인 태도 등 다양한 접근 방식을 제시하였다.

> [상황] 팀원 C와 팀원 D가 프로젝트 작업 중 의견 차이를 보였다. 팀원 C는 자신의 의견이 프로젝트의 성공에 필수적이라고 주장하며, 팀원 D는 팀원 C의 접근 방식이 비효율적이고 실행 가능성이 낮다고 반박하였다. 두 팀원이 상대방의 의견을 완전히 수용하지 않고, 각자의 해결책을 강하게 주장하면서 갈등이 심화되었다. 이러한 갈등을 해결하기 위해서는 (㉠)을/를 명확히 하고 서로의 접근 방식을 존중하며, 협력적인 태도를 유지하는 것이 중요하다. 이를 통해 갈등을 줄이고, 효과적인 문제 해결을 도모할 수 있다.

① 상호 존중
② 감정적 지원
③ 피드백 수용
④ 협력적인 태도
⑤ 문제 해결의 진지함

기출유형 23

직업 기초 능력 - 수리·자료 활용

기초 연산

기초 연산은 전문적인 수학 능력이 아니라, 실제 생활에서 필요한 기초적인 연산 능력이나 통계 자료 해석 능력, 도표 해석 능력 등을 평가한다. 실용글쓰기 시험에는 직무 수행에 필요한 사칙 연산과 계산 방법을 이해하고 활용하는 능력을 평가하는 문제가 주로 출제된다.

대표 예제

01
다음 중 총 금액에서 할인받아 지불해야 할 금액으로 적절한 것은?

> 한 카페에서 아메리카노 한 잔의 가격은 3,500원이고, 라떼 한 잔의 가격은 4,000원이다. 친구 3명이 이 카페에서 아메리카노 2잔과 라떼 1잔을 주문했다. 그리고 총 금액에서 500원을 할인받았다.

① 10,000원　　② 10,500원　　③ 11,000원
④ 11,500원　　⑤ 12,000원

02
㉠에 들어갈 금액으로 적절한 것은?

> 어떤 식당에서 볶음밥 한 그릇의 가격이 7,000원이고, 자장면 한 그릇의 가격은 6,000원이다. 4명이 이 식당에서 볶음밥 2그릇과 자장면 2그릇을 주문했다. 여기에 10%의 부가 가치세를 추가하여 지불해야 할 총 금액은 _____㉠_____이다.

① 26,400원　　② 27,500원　　③ 28,600원
④ 29,700원　　⑤ 30,800원

정답 및 해설　01 아메리카노 두 잔의 가격은 3,500원×2=7,000원이며, 라떼 1잔의 가격은 4,000원이다. 따라서 총 금액은 7,000원+4,000원=11,000원인데, 500원을 할인받았으므로 최종 지불 금액은 10,500원이다.
02 볶음밥 두 그릇의 가격은 7,000원×2=14,000원이고, 자장면 두 그릇의 가격은 6,000원×2=12,000원이다. 따라서 총 금액은 26,000원인데 부가 가치세 10%를 추가해야 하므로 최종 지불 금액은 26,000원×1.1=28,600원이다.

정답 | 01 ②　02 ③

기출유형 24 직업 기초 능력 - 수리·자료 활용

통계 해석

통계 해석은 직무 수행 과정에서 평균, 합계, 빈도 등과 같은 통계 기법을 활용하여 자료의 특성과 경향성을 파악하는 능력과 관련된다. 실용글쓰기 시험에는 통계 해석의 개념과 용어에 대한 이해를 바탕으로 통계 자료의 목적과 특징을 분석하거나 해석하는 등의 문제가 출제된다.

대표 예제

[01~02] 다음 자료를 읽고 물음에 답하시오.

품목	2023년 가중치	2025년 가중치	가중치 증감
도시가스	5.0	2.8	-2.2
월세	17.5	18.0	+0.5
대형 승용차	3.2	4.1	+0.9
커피	1.5	2.0	+0.5
해외 단체 여행비	1.8	2.5	+0.7
휴대 전화 요금	8.0	6.5	-1.5
맥주	3.0	2.6	-0.4
전기 요금	2.5	2.3	-0.2
택시 요금	1.2	1.5	+0.3
비누 및 세제	0.8	1.0	+0.2

01

위 표에 관한 설명으로 적절하지 않은 것은?

① 휴대 전화 요금과 맥주는 소비자 물가에 미치는 영향이 감소하였다.
② 도시가스의 가중치는 2023년에 비해 2025년에 가장 많이 축소되었다.
③ 월세는 2023년과 2025년 모두 소비자 물가 지수에 가장 큰 영향을 미친다.
④ 대형 승용차와 커피는 가중치가 올라 소비자 물가에 미치는 영향이 더 커졌다.
⑤ 해외 단체 여행비의 가중치가 증가한 이유는 배낭여행의 인기가 줄어들었기 때문이다.

02

위 자료를 참고할 때, 소비자 물가에 미치는 영향이 가장 작은 품목으로 적절한 것은?

① 월세 ② 택시 요금 ③ 대형 승용차 ④ 비누 및 세제 ⑤ 휴대 전화 요금

> **정답 및 해설** 01 해외 단체 여행비의 가중치 증가가 배낭여행의 인기와 관련된다는 내용은 자료에서 확인할 수 없다.
> 02 비누 및 세제는 가장 낮은 가중치를 지니므로 소비자 물가 지수에 미치는 영향이 가장 작다.
>
> 정답 | 01 ⑤ 02 ④

기출유형 25

직업 기초 능력 - 수리·자료 활용

도표 해석

도표 해석은 직무 과정에서 도표(그림, 표, 그래프)의 의미를 파악하고 필요한 정보를 해석하는 능력과 관련된다. 실용글쓰기 시험에는 도표의 목적과 종류, 도표 분석을 통한 문제 해결 능력과 관련된 문제가 주로 출제된다.

대표 예제

01
다음 글을 참고할 때, 〈보기〉의 데이터 특징을 잘 드러낼 수 있는 그래프로 가장 적절한 것은?

> 도표란 자료나 정보를 선, 그림, 원 등을 통해 시각적으로 표현한 것을 말한다. 이를 통해 중요한 자료나 정보를 한눈에 파악할 수 있다. 수치로만 나열할 경우에 다소 복잡한 매출액의 추이, 가격 변화 등을 단순하게 드러낼 수 있는 것이다.

ㅡ 보기 ㅡ
> A 가정의 2025년 1월부터 12월까지의 월별 식비 지출 데이터를 보면 명절 연휴 기간에 식비 지출이 크게 증가하는 경향을 확인할 수 있다.

① 선그래프 ② 원그래프 ③ 점그래프
④ 막대그래프 ⑤ 층별그래프

02
다음 글의 내용과 같이 특정 집단 내에서의 분포를 효과적으로 나타내는 그래프로 가장 적절한 것은?

> A 도시의 20대, 30대, 40대 인구의 직업별 분포를 비교하려고 한다. 20대는 서비스업에 종사하는 비율이 높고, 30대는 제조업에 종사하는 비율이 높으며, 40대는 공무원 비율이 높은 특징을 가지고 있다.

① 선그래프 ② 원그래프 ③ 점그래프
④ 막대그래프 ⑤ 층별그래프

정답 및 해설 01 시간의 경과에 따른 수치 변화 상황을 나타내는 데는 절선(꺾은 선)의 기울기로 표현하는 선그래프가 가장 적절하다.
02 원그래프는 전체를 100%로 보고 각 부분이 차지하는 비율을 시각적으로 나타내므로, 각 연령대별 직업 분포를 비교하는 데 가장 효과적이다.

정답 | 01 ① 02 ②

기출 개념 — 수리·자료 활용

기초 연산	수학의 기본 개념으로, 덧셈, 뺄셈, 곱셈, 나눗셈 등 기본 사칙 연산과 자릿값 이해, 분수와 소수 개념, 백분율 계산 등 실생활에서 연산을 활용한 문제를 해결하는 능력	
통계 해석	**데이터 유형** • 정성적 데이터: 수치로 측정할 수 없는 데이터 예 불량 항목, 학력 수준, 담당 부서, 날짜, 요일, 계절 등 • 정량적 데이터: 수치로 측정할 수 있는 데이터 예 제품의 품질에서 물성을 나타내는 두께, 무게, 지름, 강도, 길이, 수명 등 – 연속형 데이터: 길이, 무게, 온도와 같이 어떤 척도에 의해서 얻을 수 있는 데이터	
	등간 척도	시각, 온도 등 어떤 특징에 부여된 숫자가 일정한 간격은 있으나 절대 영점은 없는 체계 예 온도는 100℃, 200℃, 300℃로 측정할 수 있고, 300℃가 100℃보다 더 뜨겁다고 말할 수 있지만, 3배 더 뜨겁다고 말할 수는 없음
	비율 척도	0을 기준으로 측정하고자 하는 속성의 실제 양을 수치로 나타낸 것 예 키, 몸무게, 길이, 매출 실적, 혈압 등
	– 이산형 데이터: 수와 수 사이에 어떤 값도 가질 수 없는 데이터로, 자녀의 수, 나이 등과 같이 정수로 나타냄	
	명목 척도	관찰 대상의 속성을 분류하기 위해 숫자나 기호를 부여하는 척도 예 남성 집단은 1, 여성 집단은 2를 부여하여 두 집단을 구분하는 척도
	서열 척도	관찰 대상의 속성을 비교하기 위해 관찰 대상의 속성이 많고 적은 정도 또는 크고 작은 정도의 순서에 따라 수치를 부여하는 척도 예 여고생들에게 3명의 배우 중에서 좋아하는 배우 순으로 1, 2, 3 순위를 매기라고 하는 경우
	통계 용어 통계란 집단 현상에 대한 구체적인 양적 기술을 반영하는 숫자를 말함. 집단을 기준으로 자연 통계(예 기후 통계, 생물 통계 등)와 사회 통계(예 경제 통계, 경영 통계 등)로 나뉨	
	표지	집단 현상을 통계로 나타낼 때 그 집단을 구성하는 각 개체를 나타내는 통계 단위(또는 단위)의 공통 성질 예 질적 표지(남녀, 산업·직업 등)와 양적 표지(연령·소득 등)
	빈도와 빈도분포	빈도는 어떤 사건이 일어나거나 증상이 나타는 정도이고, 빈도 분포는 그러한 빈도를 표나 그래프로 종합적이면서도 일목요연하게 표시한 것임
	백분율	전체 수량을 100으로 하여 해당 수량이 그 중 몇이 되는가를 가리키는 수(%, 퍼센트) ※ 퍼센트포인트: 퍼센트 간의 차이를 표현 예 실업률이 작년 3%에서 올해 6% 상승한 경우, 퍼센트는 실업률이 작년에 비해 100% 상승, 퍼센트포인트는 실업률이 작년에 비해 3%포인트 상승했다고 표현함
	평균	모든 사례의 수치를 합한 후 총 사례 수로 나눈 값 예 1부터 10까지 10개의 값 평균(1+2+3+4+5+6+7+8+9+10)/10=5.5
	중앙값	원 자료 중에서 정확하게 중간에 있는 값으로, 최솟값부터 최댓값까지 순서대로 배열했을 때 중앙에 위치하는 사례의 값 예 체중이 46.0, 46.9, 48.2, 48.5, 50.4의 학생 5명이 있을 때 세 번째 학생의 체중인 48.2가 중간값으로 평균과는 다름
	산포도	데이터들이 평균을 중심으로 가깝게 분포하는지 아니면 넓게 퍼져 있는지를 판단할 수 있는 값이 흩어져 있는 정도 예 범위, 분산, 표준 편차, 사분위 범위 등

도표 해석	**도표의 종류**
	• 선그래프: 시간의 경과에 따른 수량 변화 상황을 절선의 기울기로 나타내는 그래프로, 시간의 추이를 표시하는 데 적합함
	  예 연도별 매출액 추이 변화 등에 활용
	• 막대그래프: 비교하고자 하는 수량을 막대 길이로 표시하고, 그 길이를 비교하여 각 수량 간의 대소 관계를 나타냄
	• 원그래프: 내역이나 내용의 구성비를 원으로 분할하여 작성함 예 제품별 매출액 구성비
	• 점그래프: 종축과 횡축에 2요소를 두고, 보고자 하는 것이 어떤 위치에 있는가를 알고자 할 때 쓰임
	  예 지역 분포를 비롯하여 도시, 지방, 기업, 상품 등의 평가나 위치, 성격 표시 등
	• 층별 그래프: 선그래프의 변형(연속 내역 봉 그래프)으로, 선의 움직임보다 선과 선 사이의 크기로써 데이터 변화를 나타냄
	  예 상품별 매출액 추이
	• 레이더 차트(거미줄 그래프): 월별 상품별 매출액 추이 레이더 차트는 원그래프의 일종으로, 비교하는 수량을 직경 또는 반경으로 나누어 원의 중심에서의 거리에 따라 수량의 관계를 나타냄
	  예 매출액의 계절적 변동 등	

실전 훈련하기

직업 기초 능력 - 수리·자료 활용

01

소비자 판매 전략과 관련된 세 가지 사례에 대한 설명으로 적절하지 않은 것은?

> 요즘 마트에서 매출을 높이기 위해 다양한 할인 전략을 사용한다. 이러한 상황에서 소비자는 할인율에 현혹되어 충동구매를 하거나 바람직한 소비를 하지 못하기도 한다.
>
> 〈사례 1〉
> 민수: 내가 좋아하는 주스에 '1+1 행사'라고 적혀 있어. 1,500원짜리 주스를 하나 사면 하나 더 주는 거래.
> 영희: 그럼 1,500원에 주스를 두 개 사는 것과 같네.
>
> 〈사례 2〉
> 지현: 이 운동화는 30% 할인 중인데, 원래 가격이 10만 원이라서 3만 원 할인이야.
> 상현: 아니, 30% 할인 외에 추가 10% 할인도 있어. 그러니까 더 할인받는 거지.
>
> 〈사례 3〉
> 서연: 아이스크림 500ml의 가격이 4,000원인데, 한 상점은 20% 할인된 가격으로 판매하고, 다른 상점은 양을 20% 더 준대. 어떤 상점에서 사는 것이 더 유리할까?
> 지민: 양을 20% 더 주는 상점에서 사는 것이 더 유리할 것 같아.
> 서연: 하지만 할인된 가격이 더 저렴할 수도 있어.

① 〈사례 1〉에서 '1+1 행사'는 실제 할인율이 약 50%로 계산된다.
② 〈사례 1〉에서 영희는 '1+1 행사'를 할인된 가격으로 착각하여 충동구매를 할 가능성이 있다.
③ 〈사례 2〉에서 지현은 30% 할인과 추가 10% 할인을 함께 고려하였다.
④ 〈사례 3〉에서 지민은 할인된 가격을 기준으로 더 합리적인 선택을 하고자 한다.
⑤ 〈사례 3〉에서 서연은 할인된 가격과 양을 비교하여 어떤 것이 더 저렴할지 고민하고 있다.

02

A가 B에 비해 더 내야 할 금액으로 적절한 것은?

> A, B, C 세 친구가 함께 떡볶이를 먹으러 갔다. 떡볶이 1인분 가격은 5,000원이고, 김밥 1줄은 3,000원이다. A는 떡볶이 2인분, B는 떡볶이 1인분과 김밥 1줄, C는 떡볶이 1인분을 주문했다. 이들은 떡볶이 2인분을 주문 시 총 금액에서 1,000원을 할인해 주는 쿠폰을 가지고 있다. 각자 먹은 만큼 돈을 분담한다면, A가 B보다 얼마를 더 내야 할까?

① 868원 ② 1,016원
③ 1,913원 ④ 2,415원
⑤ 3,713원

03

(가)와 (나)를 근거로 할 때, 영수가 베이킹 사업을 할 경우 얻게 될 1년간 순편익으로 적절한 것은?

> (가) 영수는 대학교를 졸업하고 프로그래머로 취업할지, 자신이 좋아하는 베이킹 사업을 시작할지 고민 중이다. 프로그래머로 취업하면 연봉 4,800만 원을 받을 수 있고, 베이킹 사업을 시작하면 월 매출 400만 원에 월 고정 비용 100만 원이 예상된다.
>
> (나) • 편익: 경제적 선택에서 비용을 지급하여 얻으려는 만족 또는 선택의 결과 얻게 되는 이득
> • 순편익: 편익−기회비용
> • 기회비용: 선택 가능한 대안 중 어느 하나를 선택함으로써 포기하게 되는 나머지 대안 중 가장 가치가 큰 것

① −1,200만 원 ② 1,200만 원
③ −900만 원 ④ 480만 원
⑤ 600만 원

04

다음 중 토끼와 닭의 수로 적절한 것은?

> 숲 속에 토끼와 닭이 살고 있다. 토끼와 닭의 다리를 모두 세어 보니 36개였고, 머리를 세어 보니 10마리였다. 토끼는 다리가 4개이고, 닭은 다리가 2개이다. 토끼와 닭은 각각 몇 마리씩 있을까?

① 토끼 9마리, 닭 1마리
② 토끼 8마리, 닭 2마리
③ 토끼 7마리, 닭 3마리
④ 토끼 6마리, 닭 4마리
⑤ 토끼 5마리, 닭 5마리

05

다음 글의 ㉠에 들어갈 내용으로 적절한 것은?

> 퍼센트(%)는 백분비라고도 하는데 전체의 수량을 100으로 하여, 해당 수량이 그중 몇이 되는가를 가리키는 수로 나타낸다. 퍼센트포인트(%p)는 이러한 퍼센트 간의 차이를 표현한 것으로 실업률이나 이자율 등의 변화가 여기에 해당한다.
> A가 편의점에서 자주 사는 B 상품의 가격이 10,000원에서 8,000원으로 인하되었다. 따라서 B의 가격은 ㉠ 감소하였다.

① 20%
② 20%p
③ 80%
④ 80%p
⑤ 8,000원

06

다음 글을 참고할 때, 〈자료〉를 나타내기에 적합한 통계 해석 방법에 대한 설명으로 가장 적절한 것은?

> [통계 해석]
> 통계 해석에서는 데이터 유형과 통계 자료를 기반으로 하여 결과를 분석하고, 그에 따른 결론을 도출할 수 있어야 한다. 데이터는 정성적 데이터(qualitative data)와 정량적 데이터(quantitative data)로 나뉜다. 정성적 데이터는 수치로 표현되지 않으며, 불량 항목, 학력 수준, 담당 부서와 같은 성질을 나타낸다. 반면, 정량적 데이터는 수치로 표현되며, 제품의 두께, 무게, 길이와 같은 물리적 속성을 포함한다. 또한 정량적 데이터는 연속형 데이터와 이산형 데이터로 구분된다. 데이터 해석에는 다양한 통계적 방법이 사용되며, 이러한 통계 자료는 그래프, 도표 등을 통해 쉽게 분석될 수 있다.

| 자료 |

년도	20대 개인 회생 신청자 수	평균 부채 규모 (백만 원)
2018년	10,000명	5
2019년	12,000명	6
2020년	11,500명	5.5
2021년	13,000명	6.2
2022년	14,500명	6.8

① 정성적 데이터를 제공하고 있다.
② 각각의 구성비를 한눈에 파악할 수 있다.
③ 비교하고자 하는 수량을 길이로 표시하여 각 수량 간의 대소 관계를 파악할 수 있다.
④ 제시한 값들이 흩어져 있는 정도나 데이터들이 평균을 중심으로 어떻게 분포하는지 파악할 수 있다.
⑤ 비교하는 수량을 지름 또는 반지름으로 나누어 원의 중심에서 거리에 따라 각 수량의 관계를 파악할 수 있다.

직업 기초 능력 - 문제 해결

기출유형 26 문제 유형

문제 유형은 문제에 대한 개념 이해를 바탕으로 조직 경영과 관련된 문제를 해결하는 능력을 평가한다. 실용글쓰기 시험에는 '보이는 문제, 찾는 문제, 미래 문제', '설정형 과제, 탐색형 과제, 발생형 과제' 등 여러 유형의 문제와 관련된 내용이 출제된다.

대표 예제

01

다음 사례와 문제 유형이 바르게 연결된 것으로 가장 적절한 것은?

(가) [마케팅팀의 이○○ 사원은 최근 자사 온라인 쇼핑몰의 방문자 수가 급격히 감소하고 있다는 보고를 받았다.]

(나) [연구 개발팀의 김○○ 연구원은 팀장으로부터 신제품의 기능을 차별화하는 방법에 대해 아이디어를 제안해 보라는 요청을 받았다.]

(다) [인사팀의 박○○ 과장은 최근 직원들의 이직률이 증가하고 있는 이유를 파악하기 위해 다양한 데이터를 분석하고 있다.]

발생형 문제
이미 발생한 문제인 온라인 쇼핑몰 방문자 수 감소에 대응하는 상황

설정형 문제
신제품 기능 차별화라는 새로운 목표를 설정함에 따라 이를 해결하기 위해 아이디어를 창출하는 상황

탐색형 문제
이직률 증가의 원인을 파악하고 이해하기 위해 데이터를 분석하는 상황

	(가)	(나)	(다)
①	발생형 문제	설정형 문제	탐색형 문제
②	발생형 문제	탐색형 문제	설정형 문제
③	설정형 문제	탐색형 문제	발생형 문제
④	탐색형 문제	설정형 문제	발생형 문제
⑤	탐색형 문제	발생형 문제	설정형 문제

정답 및 해설 (가) 방문자 수가 급격히 감소하는 돌발 상황이 발생하여 방문자 수를 회복시키는 등 문제 상황을 해결할 방안을 찾아야 하는 상황이다.
(나) 신제품 기능 차별화라는 새로운 방향에 관한 창조적 제안 등이 필요한 상황이다.
(다) 이직률이 증가하고 있는 문제 상황의 원인을 탐색하고, 이를 해결하기 위한 방안을 마련해야 하는 상황이다.

정답 | ①

기출 개념 | 문제 해결 능력

문제 유형		
	'보이는 문제, 찾는 문제, 미래 문제'	
	보이는 문제	이미 드러나 있는 문제로, 대부분 수치화되거나 객관적 지표로 확인이 가능함 ㋿ 매출 감소, 직원 이직 증가, 고객 불만 증가 등
	찾는 문제	현재 상황을 개선하기 위해 적극적으로 찾아야 하는 문제 • 잠재 문제: 현재는 표면화되지 않았지만 시간이 지나면 표면화될 가능성이 높은 문제 　㋿ 직원 불만 증가 → 향후 이직률 상승 가능 • 예측 문제: 미래 환경 변화로 인해 발생 가능성이 있는 문제 　㋿ 경쟁사 신기술 도입 → 3년 후 시장 점유율 감소 우려 • 발견 문제: 기존에 인식하지 못했지만 조사 과정에서 처음 발견된 문제 　㋿ 고객 설문 조사 결과, 예상과 달리 제품 A보다 제품 B의 인기가 높은 것으로 나타남
	미래 문제	미래에 발생할 가능성이 높은 문제로, 장기적인 경영 전략 관점에서 대비해야 할 문제 ㋿ 인공 지능(AI) 자동화로 인한 일자리 감소, 기후 변화로 인한 공급망 문제 등
	'기업의 혁신 활동 중 직면하는 문제' 빈출	
	설정형 과제	기업의 새로운 비전과 목표를 제시하는 과정에서 발생하는 과제로, 창조적 노력이 요구되는 문제 ㋿ 신제품 개발, 시장 확대, 경쟁사와의 경쟁에서 우위를 점하기 위해 미리 설정하는 과제 등.
	탐색형 과제	드러나지 않았지만 내재해 있는 기존의 문제점을 제거하거나 효율성을 향상시키기 위한 과제 ㋿ 사내 소통 부족 개선, 업무 자동화 도입, 타 업체의 감성 마케팅 움직임 등
	발생형 과제	돌발적 상황으로 인해 업무가 정상적으로 진행되지 않는 문제 ㋿ 제품 불량, 원자재 공급 차질 등

기출유형 27

직업 기초 능력 - 문제 해결

사고 전략

사고 전략은 문제의 유형에 따른 문제 해결을 위한 사고 활동을 다룬다. 실용글쓰기 시험에는 전략적 사고, 분석적 사고, 발상의 전환, 내·외부 자원 활용을 위한 사고 등의 문제를 해결하기 위한 사고 활동과 SWOT 분석, 만다라트 기법, 트리즈 기법, MECE 기법, 브레인스토밍, 고든법, 델파이 기법 등 다양한 사고 전략과 관련된 문제가 주로 출제된다.

대표 예제

01

다음 파레토 법칙을 적용한 예로 적절하지 <u>않은</u> 것은?

파레토 법칙(80/20 법칙)은 전체 결과의 80%가 원인의 20%에서 비롯된다는 원칙을 말한다. 이 법칙은 특정 원인이나 요소가 결과의 대부분을 차지하는 상황을 설명하는 데 유용하다. 예를 들어, 기업은 주요 고객층이나 핵심 제품군을 식별하여 집중할 수 있으며, 시간 관리에서는 중요한 작업에 집중함으로써 성과를 극대화할 수 있다.

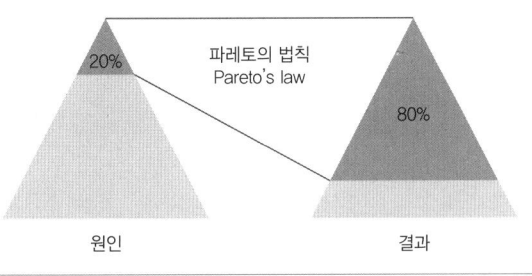

파레토 법칙과 반대로 인터넷 시대가 도래하며 <u>인터넷 상거래를 통해 단기적으로 소량이 팔리는 제품(틈새시장)도 장기적인 누적 판매량에서 기업에 기여를 하게 되었다.</u> 이를 롱테일 법칙이라고 부른다. '롱테일'은 단기적으로는 적은 매출을 나타내지만, 장기적으로 얻는 이익(꼬리)을 합산하면 상당한 매출량이 된다는 것을 의미한다.

① 회사 매출의 80%가 상위 20%의 고객층에서 발생할 수 있다.
② 직원의 80%가 회사의 전체 성과에서 20%의 기여를 할 수 있다.
③ 고객 불만의 80%가 특정 20%의 제품 문제로부터 발생할 수 있다.
④ 회사의 80% 생산 비용이 상위 20%의 원자재에서 발생할 수 있다.
⑤ 프로젝트 작업의 80%가 소수의 핵심 인력 20%에 의해 완료될 수 있다.

정답 및 해설 01 파레토 법칙은 소수의 원인이 전체 결과의 대부분을 차지하는 원칙이다. ①, ③, ④, ⑤는 특정 소수(20%)가 전체 결과의 대부분(80%)을 차지하는 상황을 설명한다. 하지만 ②는 80%의 직원이 전체 성과에서 20%의 기여를 한다고 설명하고 있으며, 이는 파레토 법칙의 원칙에 부합하지 않고 오히려 반대의 설명에 해당한다.

정답 | ②

기출 개념 | 사고 전략

- **발산적 사고**

만다라트 기법	• 이마이즈미 히로아키가 고안한 아이디어 확장 기법으로, 3×3 매트릭스의 중앙에 주제를 적고, 주변 8칸에 관련 아이디어를 기록하며 점점 확장하는 방식 • 자유 발상과 강제 연상 기법의 혼합으로, 주제를 중심으로 다양한 아이디어를 도출함 ㉠ '친환경 자동차 개발'을 주제로 설정하였을 때, 주변 8칸에는 전기차, 수소차, 재활용 부품, 에너지 효율 개선 등 연관 아이디어를 배치하고 확장 가능
브레인스토밍	• 알렉스 오즈번이 고안한 기법으로, 자유롭게 아이디어를 제시하여 창의적인 발상을 촉진함 • 규칙: 비판 금지, 자유로운 발상, 양산 중시, 결합과 개선 ㉠ '미래 식품'을 주제로 브레인스토밍을 진행하였을 때, 곤충식, 배양육, 해조류 식품, 3D 프린팅 음식 등 다양한 아이디어 생성 가능
고든법 (Gordon)	• 브레인스토밍의 단점을 보완한 기법으로, 추상적 사고를 통해 더 넓은 범위에서 아이디어를 찾는 방법 • 전혀 새로운 방식의 접근이 가능하고, 기존 사고 방식에서 벗어나게 함 시간이 많이 걸리고 리더의 역량이 중요하며, 참가자들이 추상적 사고에 익숙하지 않으면 문제 해결이 어려움 ㉠ '더 맛있는 초콜릿을 만들자'라는 문제를 직접 다루지 않고 초콜릿을 더 추상화한 개념인 과자, 음식, 감미료 등을 탐색한 후 최적의 해결책을 도출

- **논리적 문제 해결**

트리즈 기법	• 러시아 과학자 알트 슐러가 개발한 방법으로, 모순 극복을 통해 창의적 문제 해결 방법을 도출하는 기법 • 창의적 발명들은 공통적으로 모순을 극복하고 있다는 사실을 발견하고 모순 극복 과정을 통해 40개의 문제 해결 원리와 76개의 문제 해결 패턴을 바탕으로 '이상적인 목표 정의 → 이상적 목표와 현 상태간 모순 파악 → 주어진 자원 안에서 해결 방법 파악'의 과정 제시 ㉠ 자동차 연료 효율을 높이는 문제를 해결할 때 '무게를 줄이면 연료 효율이 높아진다'는 원리를 활용해 경량 소재 사용을 도출
MECE 기법 (Mutally Exclusively Collectively Exhaustive)	항목들이 상호 배타적이면서 전체를 포괄하는 방법으로, 서로 중복되지 않고 누락을 방지하여 문제를 완전하게 분류하는 방법 ㉠ '신제품 개발'에서 제품군을 '소비자 행동'과 '판매 가격대'로 나누어 분석하고, 경쟁 상품이 없는 영역을 찾아 기획
여섯 색깔 생각 모자	하얀색(중립), 빨간색(감정), 검은색(신중), 노란색(장점과 긍정), 초록색(창의적 아이디어), 파란색(통제)의 6가지 모자를 활용하여 다양한 사고 방식을 유도하는 기법 ㉠ • 진행 결과 요약과 대안 결정: '파란색 → 초록색 → 검은색 → 파란색'의 순서 • 현재의 아이디어 개선: '초록색 → 검은색 → 초록색 → 검은색'의 순서

- **기획 및 계획 수립 기반**

PERT 기법	계획 단계에서 프로젝트 관리를 위해 작업의 전후 관계를 분석하고 최적의 일정을 도출하는 기법 ㉠ 건설 프로젝트에서 공정별 소요 시간을 측정해 가장 오래 걸리는 공정(크리티컬 패스)을 파악하여 일정 단축
결점 열거법	개선하려는 대상의 결점을 밝혀내어 제거함으로써 개선 방법을 찾아내는 기법으로, 개선하고자 하는 대상에 대한 바람을 나열하는 희망점 열거법과 상반되는 방법
체크리스트법 (오스본법)	체크리스트에 새로운 아이디어를 내는 체크 포인트를 준비해 두고 하나씩 찾아 나가는 방법으로, 자신의 행동이나 업무를 검토하고, 분석해 보기 위한 목적으로 주로 사용
델파이 기법	• 어떤 문제에 관하여 전문가 집단의 의견을 수렴하여 최적의 결론을 도출하는 기법 • 전문가들이 직접 모이지 않고 주로 우편이나 전자 메일 등 통신 수단으로 의견을 수렴하여 결론을 도출 • 한계: 통계적 처리 결과를 무의식적으로 따라갈 수 있다는 점, 참여 전문가들이 설문에 대하여 신중하지 못할 수 있다는 점, 반복적 조사를 필요로 하기 때문에, 오랜 시간이 소요된다는 점, 반복된 조사로 인해 설문지의 회수율이 점점 낮아진다는 점 등 ㉠ 신규 의약품 개발 시, 의료 전문가들의 의견을 수차례 수렴하여 최적의 결과 도출

기출유형 28 직업 기초 능력 - 문제 해결

문제 해결 과정

문제 해결 과정은 문제에 따라 다양한 사고 전략을 활용하여 문제를 해결하는 과정으로, 목표와 현상을 분석하고 분석 결과를 토대로 문제를 도출하여 최적의 해결책을 찾아 실행하고 평가하는 활동이다. 실용글쓰기 시험에는 '문제 유형', '사고 전략' 등과 결합하여 출제된다.

대표 예제 1

01
다음 SWOT 분석을 바탕으로 수립한 마케팅 전략으로 가장 적절한 것은?

S(강점)	W(약점)
• 자체 브랜드 상품의 품질 우수성 • 최신 기술을 이용한 빠른 제품 개발 능력 • 고객 충성도가 높은 전자 상거래 플랫폼 보유	• 전통적인 오프라인 매장 부재 • 광고 예산 부족 • 새로운 시장에 대한 낮은 인지도
O(기회)	**T(위협)**
• 전자 상거래 시장의 빠른 성장 • 친환경 제품에 대한 소비자 수요 증가 • 해외 고객의 적극적인 온라인 구매 선호	• 경쟁사의 적극적인 가격 인하 전략 • 유사 제품의 등장으로 인한 경쟁 심화 • 경제 불확실성으로 인한 소비 심리 위축

	내부 환경 요인	
	강점 (Strengths)	약점 (Weaknesses)
외부 환경 요인 · 기회 (Opportunities)	SO 내부 강점과 외부 기회 요인을 극대화	WO 외부 기회를 이용하여 내부 약점을 강점으로 전환
외부 환경 요인 · 위험 (Threats)	ST 외부 위협을 최소화 하기 위해 내부 강점 극대화	WT 내부 약점과 외부 위협을 최소화

① 전통적인 오프라인 매장의 부재를 극복하기 위해 대형 유통 업체와 제휴하여 제품을 판매하고 브랜드 인지도를 높인다.
② 광고 예산이 부족한 상황에서 소비자들에게 할인 쿠폰을 제공하여 저가 시장에 집중하고 매출을 단기적으로 증가시킨다.
③ 전자 상거래 플랫폼의 강점을 활용해 친환경 제품 전용 카테고리를 신설하고, SNS 마케팅을 통해 해당 제품을 집중 홍보한다.
④ 경제 불확실성에 대응하여 프리미엄 제품 라인을 축소하고, 대량 생산을 통해 비용을 절감하여 저가 제품으로 시장 점유율을 확대한다.
⑤ 최신 기술을 이용한 빠른 제품 개발 능력을 강조하여, 경쟁사의 가격 인하에 대응하기 위해 자사 제품의 가격을 대폭 인하하고 대규모 프로모션을 진행한다.

정답 및 해설 ③ 강점과 기회를 잘 결합한 전략으로, 전자 상거래 플랫폼의 강점을 활용하고 친환경 제품에 대한 수요 증가를 타겟팅하여 시장에서의 경쟁력을 높일 수 있다.

정답 | ③

기출 개념 | 문제 해결 과정

- **환경 분석 기법**
  기업이나 조직이 직면한 외부 및 내부 요인을 체계적으로 분석하여 문제를 정의하고 전략적 방향을 설정하는 과정
  (환경 분석 → 주요 과제 도출 → 과제 선정 등)

3C 분석법	고객(Customer), 자사(Company), 경쟁사(Competitor)에 대한 질문을 통해 환경을 분석함	
	고객 분석	고객은 자사의 상품/서비스에 만족하고 있는가?
	자사 분석(당사자)	자사가 세운 목표와 현상 간에 차이가 없는가?
	경쟁사 분석	경쟁 기업의 우수한 점과 자사의 현상과의 차이가 없는가?

빈출 SWOT 분석법

기업의 내부 환경 분석을 통해 강점(strength)와 약점(weakness)을 발견하고 외부 환경을 분석하여 기회(opportunity)와 위협(threat) 요인을 찾아내어 마케팅 전략을 수립하는 기법

		내부 환경 요인	
		강점 (Strength)	약점 (Weakness)
외부 환경 요인	기회 (Opportunity)	SO 내부 강점과 외부 기회 요인 극대화 예) 브랜드 인지도가 높은 기업이(강점) 글로벌 시장 확대(기회) 추진	WO 외부 기회를 이용하여 내부 약점을 강점으로 전환 예) 기술력이 부족한 기업이(약점) 외부 협력사를 활용해(기회) 신기술 도입
	위협 (Threat)	ST 외부 위협을 최소화하기 위해 내부 강점 극대화 예) 강력한 유통망을 가진 기업이(강점) 새로운 규제(위협)에 맞춰 제품을 빠르게 출시	WT 내부 약점과 외부 위협을 동시에 최소화 예) 비용이 높은 기업(약점)이 원가 절감 전략을 통해(위협 극복) 경영 안정화

실전 훈련하기

기출변형문제로

|정답과 해설 28쪽|

직업 기초 능력 – 문제 해결

01

다음 (가)~(다)에 드러난 문제 원인 분석 방법으로 가장 적절한 것은?

> (가) A 회사는 최근 몇 개월간 브랜드 인지도가 상승하고 동시에 매출이 증가하는 긍정적인 흐름을 경험하고 있다. 마케팅 팀은 이 두 요소 간의 관계를 더 깊이 이해하기 위해 다양한 데이터를 수집하고 있지만, 상승 요인에 대한 명확한 결론을 내리지 못하고 있다.
> (나) B 회사는 신규 제품 출시 이후 고객 반응이 긍정적으로 변하며 시장에서의 입지가 강화되었다. 고객 설문 조사 결과, 제품에 대한 만족도가 높은 것으로 나타났지만, 마케팅 전략과 제품 개선 중 어느 요인이 주된 역할을 했는지에 대해 내부 논의가 지속되고 있다.
> (다) C 회사는 최근 조직 문화 개선 프로그램을 도입하여 직원들의 업무 효율성이 이전보다 향상된 것을 관찰하였다. 그러나 일부 관리자들은 이러한 변화가 프로그램 도입의 직접적인 결과인지 아니면 시장 상황 변화에 의한 것인지를 놓고 이견을 보이고 있다.

① 문제의 원인을 여러 범주로 나누어 시각적으로 도식화하여 분석하는 방법
② 특정 요인이 원인인지 결과인지 쉽게 구분할 수 없는 경우를 분석하는 방법
③ 구체적인 데이터를 바탕으로 가설을 세우고, 가설을 실험적으로 검증하는 방법
④ 전체 문제의 80%를 유발하는 주요 원인을 찾아내어 해결하는 데 집중하는 방법
⑤ 문제의 근본 원인을 찾아내기 위해 '왜?'라는 질문을 여러 차례 반복하여 탐구하는 방법

02

다음 중 문제 해결형 사업 모델의 특성에 부합하는 것으로 가장 적절한 것은?

> 문제 해결형 사업 모델은 단순히 제품이나 서비스를 판매하는 데 그치지 않고, 고객의 종합적인 문제를 설정하고 해결하는 경향을 지닌 사업 모델을 말한다. 이 모델은 각 고객의 차별적인 요구를 전제로 하여 상품 구성이 이루어지므로, 고객별 맞춤형 형태를 띠는 것이 일반적이다. 이러한 모델은 다음과 같은 특성을 가지고 있다.
>
> 1. 고객의 다음 목적까지 고려
> 문제 해결형 사업은 고객의 일차적인 만족을 넘어 그들의 다음 목적까지도 충족시킨다. 예를 들어, ERP(전사적 자원 관리) 소프트웨어는 단순히 운영 효율성을 높이는 것뿐만 아니라 경영 전반을 통합 관리함으로써 장기적인 사업 성공을 지원한다. 신용 카드 역시 단순 결제 기능 외에도 소비 지출 절감이라는 가치를 제공한다.
>
> 2. 정보 및 지식의 전제
> 고객의 문제를 효과적으로 해결하기 위해서는 고객보다 더 많은 정보와 지식을 갖추고 있어야 한다. 이러한 정보와 지식이 문제 해결 과정에서 진정한 부가 가치를 창출한다.
>
> 3. 종합적이고 구성적인 기능
> 문제 해결형 사업 모델은 다양한 지식을 종합하여 가치 있는 상품을 구성할 수 있는 능력이 필요하다. 이를 위해 고객의 입장에서 가치 있는 방향으로 자원이나 공급자를 결합할 수 있는 능력이 중요하다.

① 단순히 저렴한 가격의 제품을 대량으로 판매하여 시장 점유율을 높인다.
② 고객의 문제를 해결하는 것보다 제품의 기능성을 강화하는 데 초점을 둔다.
③ 모든 고객에게 동일한 제품과 서비스를 제공하여 운영 효율성을 극대화한다.
④ 제품의 광고와 마케팅에 투자하여 브랜드 인지도를 높이는 것을 우선시한다.
⑤ 고객의 요구에 맞추어 종합적인 솔루션을 제공하여 장기적인 관계를 구축한다.

03

(가)~(라)에 해당하는 문제 해결을 위한 사고 활동 유형으로 적절한 것은?

> (가) 김 대리는 신제품 개발 프로젝트를 진행하면서 회사의 장기적인 비전과 프로젝트의 연관성을 고민하고 있다. 그는 신제품이 회사의 전체 전략에 부합하도록 하고 향후 다른 제품들과 시너지를 낼 수 있는 방안을 찾기 위해 다양한 방안을 검토 중이다.
> (나) 박 과장은 팀원들과 함께 프로젝트 계획을 세우는 과정에서 프로젝트의 주요 요소들을 하나씩 나누어 각각의 중요도를 평가하고, 이에 따라 우선순위를 정하고 있다. 그는 프로젝트의 모든 구성 요소가 잘 이해되고 구체적인 해결 방법이 마련되도록 노력하고 있다.
> (다) 이 대리는 일상 업무에서 발생하는 다양한 문제에 대해 기존의 방식과 달리 새로운 관점에서 접근하려고 한다. 그는 고객의 니즈를 재검토하고, 과거의 고정된 사고방식에서 벗어나기 위해 다른 산업에서 성공한 사례들을 참고하고 있다.
> (라) 최 부장은 회사의 문제 해결을 위해 필요한 기술과 자원을 최대한 활용하기 위해 외부 전문가와의 협력을 고려하고 있다. 그는 회사 내·외부의 다양한 자원을 효과적으로 결합하여 문제를 해결하기 위한 방법을 모색하고 있다.

	(가)	(나)	(다)	(라)
①	전략적 사고	분석적 사고	발상의 전환	내·외부 자원 활용을 위한 사고
②	발상의 전환	내·외부 자원 활용을 위한 사고	분석적 사고	전략적 사고
③	분석적 사고	전략적 사고	내·외부 자원 활용을 위한 사고	발상의 전환
④	내·외부 자원 활용을 위한 사고	발상의 전환	전략적 사고	분석적 사고
⑤	분석적 사고	발상의 전환	전략적 사고	내·외부 자원 활용을 위한 사고

04

MOT 마케팅에 대한 설명으로 적절하지 않은 것은?

> '진실의 순간(MOT; Moment of Truth)'은 투우에서 투우사가 황소를 데리고 재주를 부리다 마지막에 소의 급소를 찌르는 가장 중요하고 결정적 순간을 부르는 용어이다. 기업 경영에서 MOT는 '어느 기업의 직원 또는 그 기업의 여러 자원이 직간접적으로 고객과 처음 만나는 고객과의 접점'이라 할 수 있다. 이를 활용한 마케팅은 소비자가 제품이나 서비스를 경험하는 결정적인 순간을 중시하는 접근 방식이다. 이 개념은 소비자가 제품을 처음 접하거나 서비스를 이용할 때의 경험이 소비자의 인식과 구매 결정에 큰 영향을 미친다고 강조한다.
>
> MOT는 다음과 같은 핵심 요소를 포함한다.
>
> MOT(Moment of Truth)
> 첫 순간: 소비자가 제품이나 서비스와 처음 만나는 순간
> 재구매 순간: 소비자가 제품이나 서비스를 다시 구매할 때의 경험
>
> 이러한 순간에서 긍정적인 경험을 제공하는 것이 고객 충성도를 높이는 데 중요하다. MOT 마케팅은 고객이 브랜드와의 접점을 경험하는 모든 순간을 관리하여 일관된 긍정적인 고객 경험을 제공하는 것을 목표로 한다.

① 고객의 문제 해결과 요구 사항에 적극적으로 대응하여 긍정적인 인상을 남기는 것이 중요하다.
② 소비자가 제품이나 서비스를 경험한 후의 만족도 조사를 통해 브랜드 이미지와 충성도를 평가하는 접근 방식이다.
③ 소비자가 제품이나 서비스를 처음 접할 때의 결정적인 순간을 중시하며, 이 순간에 긍정적인 경험을 제공하는 것이 중요하다.
④ 소비자의 구매 결정 과정에서의 접점인 '첫 순간'과 '재구매 순간'을 포함하며, 이 시점에서 기업의 대응이 고객 충성도에 영향을 미친다.
⑤ 고객이 브랜드를 처음 인식하는 순간뿐만 아니라, 제품 사용 중의 모든 접점을 관리하여 일관된 고객 경험을 제공하는 것을 목표로 한다.

05

SMART 법칙을 적용하여 설정한 각 요소별 활동으로 적절하지 않은 것은?

> SMART 법칙은 목표 설정을 위해 널리 사용되는 프레임워크로, 1981년 조지 T. 도란(George T. Doran)이 경영자들을 위해 제안하였다. 도란은 목표 설정을 더욱 명확하고 달성 가능하게 만들기 위해 이 개념을 개발하였다.
>
> SMART라는 용어는 각 목표가 가져야 할 다섯 가지 중요한 요소의 머리글자를 딴 것으로, 다음과 같다.
> Specific(구체적인): 목표는 구체적으로 설정한다.
> Measurable(측정 가능한): 목표를 수치화할 수 있도록 작성한다.
> Achievable(달성 가능한): 행동 중심의 달성이 가능한 목표를 수립한다.
> Realistic(현실적인): 목표를 실천할 수 있는 것으로 설정한다.
> Time-bound(기한이 정해진)시간 제한을 두고 단기적인 목표를 수립한다.
>
> ○○병원의 ○○○ 사회복지사는 당뇨 환자를 위해 SMART 법칙을 사용하여 건강 계획을 제시하였다. SMART 법칙은 명확하고, 측정 가능하고, 달성할 수 있는 목표를 작성하는 데 도움이 되는 요소들의 머리글자를 딴 용어이다.

① S: 계단을 이용하여 오르내리기 운동을 한다.
② M: 주 3회 이상 계단을 오르내리면서 이동한다.
③ A: 자신의 한계에 이를 정도로 계단 오르내리기 목표를 수립한다.
④ R: 주 3회 이상 계단을 이용하도록 목표를 수립한다.
⑤ T: 한 달간 주 3회 이상 계단을 이용하고 목표를 달성하면 주 5회 이상 계단을 이용하기로 목표를 재설정한다.

06

다음 자료에서 설명하는 사고 전략의 효과로 가장 적절한 것은?

> 일본 야구 선수 오타니 쇼헤이(大谷翔平·27)가 미국 메이저리그에서 투타 양면에서 놀라운 활약을 보이면서, 그가 학창 시절부터 활용했다고 소개한 자기 계발법인 '만다라트(Mandarat) 기법'이 화제가 되고 있다.
>
> 만다라트 기법은 1979년 마쓰무라 야스오(松村寧雄) 클로버 경영 연구소장이 고안한 사고(思考)법으로, 여러 기업에서 경영 전략이나 업무 개선 등 아이디어를 내는 기법이다. '만다라트'라는 이름의 도표는 불교화 양식인 '만다라'를 닮아서 연꽃을 닮은 연꽃 기법이라고도 한다. 가로와 세로에 세 칸씩 구성된 아홉 칸 네모 상자 중 가운데 칸에 핵심 목표를 써넣고, 그 주변 여덟 칸에 핵심 목표를 달성하기 위한 세부 목표를 적는다. 이 여덟 개의 세부 목표를 다시 바깥에 있는 여덟 개의 네모 상자의 가운데 칸에 각각 옮겨 적은 다음, 각 세부 목표를 달성하기 위한 구체적인 실천 과제를 주변 여덟 칸에 적는다. 이렇게 하면 총 64개의 실천 과제가 완성된다.

① 공통적으로 나타나는 모순을 극복하는 데 효과적이다.
② 목표가 상호 배타적이면서 서로 충돌하지 않게 할 수 있다.
③ 목표를 계획하거나 아이디어를 구체화시킬 때 유용하다.
④ 머릿속에서 떠오르는 대로 자유롭게 목표를 적어나갈 수 있다.
⑤ 어떤 문제에 관하여 의견을 유도하고 종합하여 집단적으로 판단할 수 있다.

07

㉠~㉤ 중 'MECE 기법'에 대해 설명한 내용으로 적절하지 않은 것은?

> MECE(Mutually Exclusive, Collectively Exhaustive) 기법은 문제 해결과 분석에서 논리적 구조를 유지하기 위해 사용하는 기법으로, 데이터를 분석하거나 정보를 분류할 때 겹치지 않으면서도 빠짐없이 모든 가능성을 고려할 수 있도록 한다. MECE는 '상호 배타적이고, 완전히 포괄적인'의 의미로, 어떤 사항과 개념을 중복 없이, 그리고 누락 없는 부분집합으로 전체를 파악하기 위한 방법론이다.
>
> 〈MECE의 예시〉
> - ㉠시장 세분화: 시장을 분석할 때 연령대에 따라 10대, 20대, 30대, 40대 이상으로 구분
> - ㉡비용 항목 분석: 사업 운영 비용을 인건비, 재료비, 마케팅비, 기타 운영비로 구분
> - ㉢회사 부서 분류: 회사의 조직도를 인사팀, 재무팀, 마케팅팀, 운영팀, IT팀, 법무팀, 연구개발팀으로 구분
> - ㉣소비자 행동 분석: 소비자들을 온라인 구매자와 오프라인 구매자로 구분
> - ㉤제품 카테고리 분류: 전자 제품을 분류할 때 '스마트폰', '노트북', '태블릿', '웨어러블 기기'로 구분

① ㉠
② ㉡
③ ㉢
④ ㉣
⑤ ㉤

08

다음 중 '트리즈(TRIZ) 기법'의 효과로 가장 적절한 것은?

> 트리즈(TRIZ) 기법은 러시아의 발명가 겐리히 알트슐러(Genrich Altshuller)가 개발한 창의적 문제 해결 기법으로, 주로 기술적 문제를 체계적으로 해결하는 데 사용된다. 트리즈 기법은 문제의 근본 원인을 파악하고, 기존의 문제 해결 원칙을 적용하여 모순을 해결하는 데 중점을 둔다. 트리즈는 발명 원리와 분리의 원칙을 활용하여, 비슷한 문제를 해결한 다른 사례를 참고하여 창의적인 해결 방안을 제시한다.
> 자동차의 에어백 시스템은 사고 발생 시 빠르게 팽창해야 하지만, 평소에는 작은 공간에 압축되어 있어야 한다. 즉, '빠른 팽창'과 '작은 공간에 압축'이라는 두 가지 상반된 요구 사항을 동시에 충족해야 한다. 이러한 문제는 트리즈 기법의 분리의 원칙 중 '시간에 따른 분리'를 적용하여 해결했다. 평소에는 에어백을 압축된 상태로 유지하고, 충돌이 감지되었을 때만 빠르게 팽창하도록 설계함으로써 상반된 요구 사항을 충족할 수 있었다. 이 방식은 트리즈 기법의 제39번 원리인 '압축'과 '확장' 원리를 결합한 해결책이다.
> 세탁기의 성능을 높이기 위해 빠르게 회전시키면 세탁 효율이 올라가지만, 소음과 진동이 증가한다는 문제가 있다. 따라서 '빠른 회전'과 '저소음'이라는 두 가지 모순된 요구를 만족시켜야 했다. 이러한 문제 해결에는 트리즈 기법의 분리 원칙 중 '공간에 따른 분리'를 활용했다. 이를 위해 세탁기 내부에 진동을 흡수하는 특수 재질을 적용하거나 세탁기 드럼을 균형 있게 설계하여 빠른 회전 속도에도 진동을 최소화했다. 이로써 세탁 효율 향상과 소음 감소라는 두 가지 요구 사항을 동시에 만족시킬 수 있었다.

① 제조 비용의 절감
② 제품 수명의 연장
③ 고객 만족도의 향상
④ 기술적 문제의 단순화
⑤ 모순된 요구 사항의 해결

09

다음 문제 상황과 해결 과정에 대한 설명을 바탕으로 마련한 문제 해결 방안으로 가장 적절한 것은?

[상황]

A 회사는 최근 자사의 주력 제품인 'X'의 매출이 감소하고 있다는 문제를 인식했다. 이에 따라 A 회사는 다음과 같은 절차를 통해 문제를 해결하고자 하였다.

1. 문제 인식: 'X' 제품의 매출 감소 원인을 분석하기 위해 3C 분석법과 SWOT 분석법을 사용하여 내부 및 외부 환경을 파악했다.
   - 고객 분석: 최근 고객 만족도가 하락하고, 경쟁사 제품으로 이탈하는 사례가 늘어나고 있음을 발견했다.
   - 자사 분석: 회사의 마케팅 전략이 최신 트렌드에 맞지 않으며, 기존의 판매 전략이 효과적이지 않다는 점을 파악했다.
   - 경쟁사 분석: 경쟁사들이 보다 공격적인 가격 인하와 다양한 프로모션을 통해 시장 점유율을 높이고 있음을 확인했다.
   - SWOT 분석을 통해 내부 강점으로는 높은 제품 품질을, 약점으로는 부족한 유통 네트워크를, 외부 기회로는 디지털 마케팅의 확대를, 위협으로는 경쟁사의 저가 마케팅을 도출하였다.

2. 주요 과제 도출 및 과제 선정: 환경 분석을 통해 다음과 같은 주요 과제를 도출하고, 이를 해결하기 위해 긴급성과 중요성을 고려하여 우선순위를 정했다.
   - 고객 이탈 방지를 위한 만족도 개선
   - 최신 마케팅 트렌드에 맞는 전략 수립
   - 경쟁사의 가격 인하와 프로모션에 대응할 방안 마련
   - 유통 네트워크 강화 방안 모색

3. 문제 해결 단계 및 실행 계획 수립: 각 과제의 해결안을 도출하고, 실행 계획을 수립했다.
   - 고객 만족도 개선을 위해 신제품 개발 및 고객 서비스 강화 방안 마련
   - 디지털 마케팅 강화 및 소셜 미디어 캠페인 확대
   - 단기적으로는 경쟁사의 가격 인하에 대응하기 위한 프로모션 전략 시행, 장기적으로는 제품의 고급화를 통한 차별화 시도
   - 유통 네트워크 강화를 위한 새로운 유통 채널 확보 및 기존 채널과의 협력 강화

① 경쟁사의 저가 마케팅에 대응하여 즉각적으로 'X' 제품의 가격을 인하하고, 기존 고객 유지에만 초점을 맞춘다.
② 'X' 제품의 기존 가격을 유지하고, 고급화 전략을 강조하여 경쟁사 제품과 차별화된 프리미엄 이미지를 구축한다.
③ 디지털 마케팅 강화를 위해 소셜 미디어 캠페인을 집중적으로 실시하고, 새로운 고객층을 타겟으로 한 맞춤형 광고를 진행한다.
④ 유통 네트워크를 강화하기 위해 추가적인 자원 투자를 통해 새로운 유통 채널을 확보하고, 기존 채널과의 협력 관계를 강화한다.
⑤ 고객 만족도 하락의 주된 원인으로 파악된 요소를 개선하기 위해 신속하게 가격을 인하하고 대규모 할인 행사를 통해 단기적으로 매출을 증대시킨다.

10

(가)~(다)를 3C 분석법의 요소에 따라 분류한 것으로 가장 적절한 것은?

(가) A 회사는 최근 고객들의 만족도를 높이기 위해 정기적인 설문 조사를 실시하고 있으며, 이를 통해 상품과 서비스의 질을 지속적으로 개선하고 있다. 이 회사는 고객이 자사 제품에 대해 어떻게 생각하는지, 또 어떤 추가 기능을 원하는지에 대해 지속적으로 피드백을 수집하고 있다.

(나) B 회사는 자사의 핵심 역량을 강화하고자 내부 프로세스를 개선하고, 직원 교육 프로그램을 도입하여 기술 및 서비스를 향상시키고 있다. 또한 회사가 설정한 목표와 실제 성과 간의 격차를 줄이기 위해 정기적으로 성과 평가를 시행하고 있다.

(다) C 회사는 시장에서 경쟁사의 동향을 모니터링하고 있으며, 특히 경쟁사가 제공하는 제품의 강점과 약점을 분석하여 이를 자사 제품 개발에 반영하고 있다. 또한 경쟁사의 가격 전략을 분석하여 이에 대한 대응 전략을 마련하고 있다.

① (가) 고객 분석, (나) 자사 분석, (다) 경쟁사 분석
② (가) 자사 분석, (나) 경쟁사 분석, (다) 고객 분석
③ (가) 경쟁사 분석, (나) 고객 분석, (다) 자사 분석
④ (가) 고객 분석, (나) 경쟁사 분석, (다) 자사 분석
⑤ (가) 자사 분석, (나) 고객 분석, (다) 경쟁사 분석

기출유형 29

직무 문해력 - 직무 문해력

사회·문화·경제 문해력

사회·문화·경제 문해력은 사회, 문화, 경제의 구조와 원리를 이해하고, 이를 바탕으로 개인과 사회가 직면한 문제를 비판적으로 분석하며, 책임감 있고 효율적인 선택을 할 수 있는 능력을 의미한다. 실용글쓰기 시험에는 법, 사회 구조, 경제 시스템과 재무 관리 방법 등을 이해하고 복잡한 현대 사회를 효과적으로 탐색하며 사회적·문화적·경제적 변화에 능동적으로 대응하는 능력을 평가하는 문제가 주로 출제된다.

대표 예제

[01~03] 다음 글을 읽고 물음에 답하시오.

> B 씨는 자신이 소유한 밭에 심은 포도나무에서 열매가 무성하게 자라는 모습을 보며 흡족해했다. 그런데 어느 날 이웃의 A 씨가 자신의 밭으로 넘어온 포도나무의 일부 가지에서 열매를 따가자, B 씨는 몹시 화가 났다. A 씨는 "내 땅에 넘어온 가지의 열매는 내 것이 아니냐?"라고 주장했다.
>
> '물건'으로부터 생기는 이익을 '과실(果實)'이라 하고, 이 과실을 만들어 내는 물건을 '원물(元物)'이라 한다. 과실은 물건에 의해서 생기는 이익으로, 예를 들어 주식의 배당금은 과실로 인정되지 않는다. 과실에는 ㉠'천연 과실'과 ㉡'법정 과실'이 있다. 천연 과실은 물건의 본래 용법에 따라 생기는 이익이며, 천연 과실을 수확할 권리는 일반적으로 물건의 소유권이나 점유권과 밀접한 관련이 있다. 예를 들어 포도나무에서 나는 열매는 천연 과실이다. 법정 과실은 물건을 사용한 대가로 받는 금전 등이 해당된다. 물건의 임대료나 차임 등이 대표적인 예이다.
>
> 천연 과실은 물건에서 분리되는 순간에 그 수취 권리자에게 귀속되며, 법정 과실은 사용 기간에 따라 계산하여 귀속된다.

'포도'는 포도나무의 본래 용법에 따라 생기는 것이므로 천연 과실이다. 낙엽은 포도나무가 열매를 맺는 것과 직접적인 관련이 없고, 나무가 자연적으로 떨어뜨리는 부산물이므로 천연 과실이 아니다.

천연 과실(포도)은 포도나무의 소유권자나 점유권자가 수취할 권리가 있다.

임대료는 물건의 사용 대가로 받는 것이므로 법정 과실에 해당한다

01

윗글을 이해한 내용으로 적절하지 <u>않은</u> 것은?

① 포도는 천연 과실에 해당한다.
② 포도나무에서 떨어진 낙엽도 천연 과실에 해당한다.
③ 포도나무의 소유자는 그 열매를 수취할 권리가 있다.
④ 천연 과실은 물건의 용법에 따라 발생하는 이익이다.
⑤ 법정 과실은 사용료와 같은 금전적 이익을 의미한다.

02

㉠에 해당하지 않는 것은?

① 시장에서 구매한 포도
② 포도나무의 전세권자가 수확한 포도
③ 포도 농장을 운영하는 지상권자가 수확한 포도
④ 포도나무를 관리하는 선의의 점유자가 수확한 포도
⑤ 토지 소유주가 아닌 사람이 심은 포도나무에서 수확한 포도

03

㉡에 해당하는 것은?

① 임차인의 월세
② 포도 수확 인건비
③ 포도 농장의 이자
④ 포도 농장의 사용료
⑤ 포도 농장 토지를 임대하여 얻은 소득

정답 및 해설

01 천연 과실은 물건의 본래 용법에 따라 생기는 이익이다. 포도는 포도나무가 열매를 맺는 본래의 기능에 의해 생산되는 것이므로 천연 과실에 해당하지만, 낙엽은 나무가 자연스럽게 떨어뜨리는 부산물로 포도나무의 주된 용법(열매를 맺는 것)과 직접적인 관련이 없으므로 천연 과실이라고 보기 어렵다.

02 토지 소유주가 아닌 경우 천연 과실에 대한 권리가 없다.

03 '포도 농장 토지를 임대하여 얻은 소득'은 '물건을 사용한 대가로 받는 금전'이라는 법정 과실의 개념에 부합한다.

정답 | 01 ② 02 ⑤ 03 ⑤

기출유형 30

직무 문해력 – 직무 문해력

과학·기술 문해력

과학·기술 문해력은 일상생활에서 접하는 화학, 물리, 지구 과학, 생명 과학 등 과학적 개념과 기술적 원리를 이해하고, 이를 일상생활과 사회적 문제 해결에 적용할 수 있는 능력을 말한다. 실용글쓰기 시험에는 과학적 개념과 원리를 이해하고 이를 활용하여 문제를 해결하는 능력을 평가하는 문제가 주로 출제된다.

대표 예제

[01~02] 다음 글을 읽고 물음에 답하시오.

남현: 진짜 맵다! 혀가 아릴 정도야. 물 좀 마셔야겠어!
혜영: 응. 매운맛을 내는 음식은 캡사이신을 포함하고 있는 경우가 많아. 그런데 캡사이신은 물에 잘 안 녹아서 물을 마시면 더 맵게 느껴질 수도 있어.
남현: 그럼 무엇을 마셔야 해?
혜영: 우유 같이 기름기 있는 음료가 좋아. 우유 속 지방이 캡사이신을 녹여서 매운맛을 중화시켜 주거든.
남현: 오, 그런 원리가 있구나. 그런데 매운 음식을 먹으면 기분이 좋아지기도 해. 왜 그런 걸까?
혜영: 캡사이신이 통증을 유발하는데, 몸에서는 그것을 완화하려고 엔도르핀을 분비해. 그래서 일종의 쾌감을 느끼게 되는 거야.
남현: 신기하다! 그래서 사람들이 매워하면서도 계속 매운 음식을 찾아서 먹는 거구나.
혜영: 맞아. 그리고 캡사이신이 신진대사를 활발하게 해서 체온을 올리고, 에너지 소비도 늘려 준대.
남현: 와, 다이어트에도 도움이 될 수 있겠네?
혜영: 응, 방송에서 봤는데 갈색 지방이 활성화되면서 칼로리 소모를 돕는다는 연구 결과가 있대. 하지만 다이어트를 위해서는 결국 운동이 제일 중요하기는 하지!
남현: 그래도 매운 음식을 먹으면서 다이어트까지 가능하다면 일석이조네!

> 캡사이신은 물에 녹지 않고 기름에 잘 녹기 때문에 기름기가 있는 음식을 통해 매운맛을 중화할 수 있다.

01

매운맛을 효과적으로 줄이는 방법으로 가장 적절한 것은?

① 찬물을 많이 마신다.
② 얼음을 입에 머금는다.
③ 신맛이 강한 과일을 먹는다.
④ 단맛이 강한 음식을 먹는다.
⑤ 기름 성분이 포함된 음료를 마신다.

02

다음 중 매운 음식을 먹을 때 엔도르핀이 분비되는 이유로 가장 적절한 것은?

① 캡사이신이 신진대사를 느리게 만들기 때문이다.
② 캡사이신이 체온을 낮춰 몸을 시원하게 만들기 때문이다.
③ 캡사이신이 신경을 차단하여 매운맛을 느끼지 못하게 하기 때문이다.
④ 캡사이신으로 인한 통증을 완화하려고 몸에서 엔도르핀을 분비하기 때문이다.
⑤ 매운 음식을 먹으면 혈액 순환이 느려지면서 엔도르핀이 자동으로 생성되기 때문이다.

정답 및 해설

01 대화에서 우유 속 지방이 캡사이신을 녹여서 매운맛을 중화시켜준다고 설명하고 있다. 따라서 매운맛을 중화하려면 물보다는 기름 성분이 포함된 음료를 마시는 것이 적절하다.
02 캡사이신이 통증을 유발하면, 몸에서는 이를 완화하기 위해 엔도르핀을 분비하기 때문이다.

정답 | 01 ⑤ 02 ④

기출유형 31

직무 문해력 - 직무 문해력

디지털 문해력

디지털 문해력은 디지털 환경에서 정보를 효과적으로 탐색, 평가, 활용, 생성하는 능력을 말한다. 실용글쓰기 시험에는 스미싱(Smishing), 파밍(Pharming), 피싱(Phishing), 메모리해킹, 랜섬웨어 등과 관련된 문제, 디지털 매체를 비판적으로 이해하고 윤리적으로 활용하는 능력을 평가하는 문제가 주로 출제된다.

대표 예제

[01~02] 다음 글을 읽고 물음에 답하시오.

QR 코드 사기란?

QR 코드 사기는 악성 QR 코드를 스캔하도록 유도하여 피해자의 스마트폰에 악성 코드를 설치한 후에 정보를 탈취하거나 원격으로 금융 거래를 시도하는 범죄 수법이다. 범인은 피해자가 QR 코드를 스캔해도 즉시 의심하지 않도록 정상적인 화면을 띄우거나 무의미한 페이지로 연결되게 한 후, 그 사이에 악성 코드를 배포한다. QR 코드 사기는 가짜 알림창을 통해 추가 인증을 요구하거나 QR 코드에 포함된 링크로 개인 정보를 입력하게 하는 등 다양한 방식으로 발전하고 있다.

> QR 코드 사기는 악성 QR 코드를 스캔하면 스마트폰에 악성 코드를 설치하는 방식으로, 가짜 사이트에서 보안 카드 정보를 요구하는 피싱(Phishing)과는 다르다.

- 범죄 유형

〈수법1〉 피해자가 악성 QR 코드 스캔 → 정상적인 페이지 연결 후 추가 인증 요구 → 알림창을 통해 OTP나 비밀번호 입력 요구 → 일정 시간 후 범인이 입력된 정보를 사용하여 피해자의 금융 계좌로 접근

〈수법2〉 피해자가 악성 QR 코드 스캔 → 알림창을 통해 QR 코드가 손상되었다며 재스캔 요구 → 그 과정에서 악성 코드 설치 → 일정 시간 후 범인이 원격으로 피해자의 금융 계좌에 접근

- QR 코드 사기 예방 방법
1. 공식 애플리케이션이나 인증된 서비스만을 이용하여 QR 코드를 스캔한다.
2. 불분명한 출처의 QR 코드를 스캔하지 않으며, 알림창을 통해 추가 정보를 요구하는 경우 주의한다.
3. 스마트폰 보안 프로그램을 최신 상태로 유지하고 정기적으로 악성 코드를 검사한다.
4. 알림창이나 문자 메시지로 QR 코드 관련 인증을 요구하는 경우 즉시 삭제한다.
5. 금융 거래 시 스마트폰의 OTP와 보안 토큰 등을 사용해 이중 인증을 적용한다.

> 보안 인증서가 뜬다고 해서 해당 사이트가 안전한 것은 아니다. 보안 인증서를 위조하는 등의 경우가 있으므로 신뢰할 수 있는 출처인지 확인해야 한다.

01
QR 코드 사기에 대한 설명으로 적절하지 않은 것은?

① 은행 사이트가 아닌 가짜 사이트에서 보안 카드 정보를 요구하는 사례가 있다.
② 전자 금융 사기는 금융 거래 정보를 악용해 불법적으로 금전을 탈취하는 수법이다.
③ 보안 카드 번호를 여러 차례 요구하는 경우는 사기일 수 있으므로 주의가 필요하다.
④ 보안 강화 알림창이 뜨며 비밀번호를 추가로 입력하라고 요구할 때는 주의가 필요하다.
⑤ 정상적인 인터넷 뱅킹 도중에 오류가 반복된다면 전자 금융 사기를 의심할 필요가 있다.

02
QR 코드 사기를 예방하기 위한 방법으로 적절하지 않은 것은?

① QR 코드의 출처가 명확한 경우에만 스캔한다.
② QR 코드의 생성자가 불확실할 경우, 즉시 사용을 중단한다.
③ QR 코드가 연결하는 사이트의 보안 인증서가 뜨면 접속한다.
④ QR 코드를 스캔하기 전에 인터넷 위치(URL)를 확인하여 이상 여부를 체크한다.
⑤ 공인 인증서나 비밀번호를 입력하는 경우, 공공 와이파이(Wi-Fi) 사용을 피한다.

정답 및 해설
01 '가짜 사이트에서 보안 카드 정보를 요구하는 사례'는 QR 코드 사기가 아닌, 피싱 사기 기법에 해당한다.
02 보안 인증서가 뜨더라도 그 내용이 믿을 수 있는지를 확인하는 절차가 필요하다.

정답 | 01 ① 02 ③

실전 훈련하기

기출변형문제로

직무 문해력 - 직무 문해력

[01~02] 다음 글을 읽고 물음에 답하시오.

> 무고와 위증은 모두 타인에게 불이익을 가하고 사법 절차를 왜곡시키는 범죄이다. 형법 제156조의 무고죄는 허위 사실을 신고하여 타인을 형사 처분이나 징계 처분을 받게 할 목적으로 하는 범죄이고, 형법 제152조의 위증죄는 법률에 의해 선서한 증인이 허위의 진술을 하여 사법 절차에 부당한 영향을 미치는 범죄이다. 무고죄와 위증죄는 개별적인 사건의 상황에 따라서 형량이 결정된다.

		무고죄	위증죄
공통점		• 허위 사실 기반 • 범죄 성립 시 사회적 비난 가능성 높음 • 타인에게 불이익을 가하고 사법 절차를 왜곡시킴	
차이점	행위 방식	신고	진술
	신고 대상	공무소나 공무원	법정
	주체 요건	모든 사람	법률에 의해 선서한 증인

01
무고죄와 위증죄에 대한 설명으로 적절하지 <u>않은</u> 것은?

① 무고죄와 위증죄 모두 타인에게 불이익을 가하고 사법 절차를 왜곡시킨다는 점에서 공통점을 가지고 있다.
② 무고죄는 허위 사실을 신고하는 행위이고, 위증죄는 허위의 진술을 하는 행위라는 점에서 행위 방식이 다르다.
③ 무고죄는 공무소나 공무원에게 신고하는 것이고, 위증죄는 법정에서 증언하는 것이라는 점에서 신고 대상이 다르다.
④ 무고죄와 위증죄 모두 자백하거나 자수하면 형이 감경되거나 면제될 수 있다는 점에서 형의 가중·감경에 있어 유사한 점을 가지고 있다.
⑤ 무고죄는 타인을 형사 처분이나 징계 처분을 받게 할 목적으로 허위 사실을 신고하는 행위이고, 위증죄는 법률에 의해 선서한 증인만이 범할 수 있다는 점에서 주체 요건이 다르다.

02
다음 사례와 관련하여 무고죄에 대한 이해를 높이기 위해 가장 중요한 것은?

> 최근 SNS상에서 특정 연예인에 대한 허위 사실을 유포하여 명예 훼손 및 무고 혐의로 고소당하는 사례가 빈번하게 발생하고 있다.

① 무고죄에 대한 처벌 수준을 강화하여 범죄 예방 효과를 높이는 것
② 무고죄를 예방하기 위한 교육 프로그램 개발 및 홍보를 강화하는 것
③ 무고죄와 관련된 판례를 분석하여 실제 사례에 대한 이해를 높이는 것
④ 무고죄로 인해 발생할 수 있는 법적 책임과 사회적 비난을 명확히 인식하는 것
⑤ 무고죄의 구성 요건을 정확히 이해하고, 허위 사실 유포의 심각성을 인지하는 것

[03~04] 다음 글을 읽고 물음에 답하시오.

> '한계 효용 체감'의 법칙(고센의 제1법칙)은 어떤 재화 소비량 증가에 따라 결국 그 재화로부터 얻는 한계 효용이 점차 감소하는 현상으로, 총 효용의 증가분이 감소한다는 의미이다. 합리적 소비는 한정된 소득으로 최대의 만족을 줄 수 있는 소비로, 동일한 비용이 든다면 최대 만족감을 줄 수 있는 소비를 하고, 동일한 만족감을 준다면 비용이 최소화되는 선택을 해야 한다.
> '총 효용'은 '소비한 전체 양에 대한 효용의 합계'를 의미한다. A를 1개 먹었을 때 12의 만족감을 얻고, B를 1개 먹었을 때 8의 만족감을 얻었다면 총 효용은 12 + 8 = 20이 된다. A를 1개 먹었을 때 총 효용이 12이고, 2개를 먹었을 때 총 효용이 18이라면 2개째 먹었을 때 한계 효용은 18 − 12 = 6이 된다. '한계 효용'은 추가적으로 한 단위 소비 시 얻을 수 있는 효용의 증가분을 의미한다. 즉, 마지막 단위의 상품이 주는 추가적인 만족을 말하는데, 소비자는 한계 효용과 한계 비용(가격)이 일치하는 점에서 수요량을 결정할 것이다. 한계 효용은 소비하는 단위 수가 증가할수록 줄어드는데, 이를 '한계 효용의 법칙'이라고 한다.

[A 상품의 소비량에 따른 총 효용과 한계 효용]

소비량(개)	1	2	3	4	5
총 효용	15	28	39	48	55
한계 효용	15	13	11	9	7

[B 상품의 소비량에 따른 총 효용과 한계 효용]

소비량(개)	1	2	3	4	5
총 효용	10	19	27	34	40
한계 효용	10	9	8	7	6

03

달심이가 A, B 상품을 소비할 때마다 각 1,000원씩의 비용이 발생한다. 달심이가 5,000원의 예산으로 총 효용을 극대화하기 위해 구매해야 하는 A 상품의 최적 소비량으로 적절한 것은?

① 1개
② 2개
③ 3개
④ 4개
⑤ 5개

04

빵 1개의 가격은 2,000원, 우유 1개의 가격은 1,000원이며, 달심이의 예산은 10,000원이다. 달심이가 총 효용을 극대화하기 위해 구매해야 하는 빵과 우유의 양으로 적절한 것은? (단, 효용 극대화를 위해서는 모든 상품에서 한계 효용/가격이 같아지거나, 더 이상 높지 않게 되는 시점까지 소비해야 하며, 6개 이상 소비의 한계 효용은 5개와 동일하다.)

소비량(개)	1	2	3	4	5
빵(한계 효용)	12	10	8	6	4
우유(한계 효용)	8	6	4	2	1

① 빵 5개, 우유 0개
② 빵 4개, 우유 2개
③ 빵 3개, 우유 4개
④ 빵 2개, 우유 6개
⑤ 빵 0개, 우유 10개

[05~06] 다음 글을 읽고 물음에 답하시오.

'편익'은 선택을 함으로써 얻게 되는 금전적, 비금전적 이익을 의미하고, '기회비용'은 무엇인가를 선택함으로써 포기하는 것 중 가장 가치가 큰 것을 의미한다. 선택에 따른 비용인 기회비용은 명시적 비용과 암묵적 비용으로 구성된다. 소비자가 A를 선택하면, 직접적인 지출인 명시적 비용은 3,000원을 의미하고, A를 선택함으로써 포기하는 B의 가치(B의 편익-B 명시적 가격)인 암묵적 비용은 ㉠ _____ 원이다. 따라서 ㉡ A를 선택한 기회비용은 '명시적 비용+암묵적 비용'이 된다. B 또한 마찬가지로 계산된다. 이런 방법에 의해 소비자는 합리적 선택을 할 수 있다.

(단위: 원)

상품	가격	편익
A	3,000	5,000
B	5,000	6,000

* 편익: A를 선택했을 때의 만족감

05

㉠과 ㉡에 해당하는 비용으로 적절한 것은?

	㉠	㉡
①	1,000	4,000
②	1,000	7,000
③	1,500	5,500
④	2,000	6,000
⑤	2,000	4,000

06

윗글을 이해한 내용으로 적절하지 <u>않은</u> 것은?

① A와 B의 명시적 비용은 B가 A보다 많다.
② A와 B의 암묵적 비용은 A가 B보다 적다.
③ A와 B의 순편익을 비교하면 A보다 B가 많다.
④ A와 B의 기회비용을 비교하면 A보다 B가 많다.
⑤ A의 순편익은 +가 되고 B의 순편익은 -가 된다.

[07~08] 다음 글을 읽고 물음에 답하시오.

아스피린은 인류 역사상 가장 많이 판매된 약물 중 하나로, 그 기원은 아주 오래되었다. 기원전 1500년경 이집트 파피루스에는 버드나무 껍질을 이용해 무릎 관절의 통증을 완화했다는 기록이 남아 있으며, 기원전 400년경 히포크라테스도 이 껍질의 효능을 인정한 바 있다.

1758년에 이르러 본격적으로 버드나무 껍질이 약물로 연구되기 시작했다. 영국의 성직자 에드워드 스톤은 버드나무 껍질의 의학적 효과를 연구하면서 첫 임상 실험을 시작했다. 그는 환자 50여 명에게 버드나무 껍질을 사용하여 말라리아 치료에 효과가 있는지를 실험했고, 그 결과 성공적으로 해열 효과를 확인할 수 있었다. 이후 19세기 중반에 연구가 더욱 고도화되며 현재의 아스피린으로 이어지게 되었다. 1828년, 독일의 부흐너가 버드나무에서 살리산을 추출하였고, 1838년에는 이탈리아의 라파엘레 피리아가 더욱 강한 산성을 가진 살리실산을 개발했다. 그러나 살리실산은 위장에 심한 자극을 주는 부작용이 있었고, 이를 개선하기 위해 1897년 펠릭스 호프만이 아세틸살리실산을 합성했다. 이 성분은 위장 장애를 상당히 완화시켰으며, 이후 아스피린이라는 이름으로 시장에 출시되었다.

처음에 진통제로 사용되었던 아스피린은 이후 혈전 형성을 억제하는 효과가 밝혀졌고, 심혈관 질환 예방과 면역 체계 활성화를 통한 암 전이 억제에 도움을 줄 수 있다는 연구 결과도 발표되었다.

07
윗글의 주제로 적절한 것은?

① 아스피린과 심혈관 질환의 관계
② 현대 의학이 발견한 새로운 진통제
③ 아스피린의 다양한 부작용과 위험성
④ 고대 치료법에서 탄생한 현대 의약품
⑤ 버드나무 껍질에서 추출한 천연 치료제

08
살리실산에서 개선된 아스피린의 장점으로 가장 적절한 것은?

① 살리실산의 강한 산성을 유지하여 효과를 극대화했다.
② 연구 과정에서 혈전 예방 효과를 우선적으로 고려했다.
③ 위장 장애를 유발하는 성분을 제거하여 부작용을 줄였다.
④ 버드나무 추출물의 향을 제거하여 복용하기에 용이하도록 했다.
⑤ 면역 체계를 활성화하는 성분을 추가하여 종합적인 약물로 개발했다.

[09~11] 다음 글을 읽고 물음에 답하시오.

'파이토케미컬(PhytoChemical)'은 식물들이 곤충이나 다른 생물들에게 먹히지 않기 위해 자연적으로 분비하는 화학 물질이다. 이 물질들은 생명 유지에 필수적이지는 않지만, 항산화 작용, 항염증 작용을 포함해 건강 유지에 중요한 역할을 한다. 또한 암세포 사멸을 유도하거나 발암 물질을 배출하는 데에도 기여한다. 파이토케미컬은 식물의 맛, 향, 색깔을 형성하여 식물의 개성을 부여하는 데에도 관여한다. 대표적인 예로, 파이토케미컬의 한 종류인 카로티노이드는 오렌지, 당근 등의 빨간색과 노란색 채소에 함유되어 있다. 또 다른 예로 플라보노이드는 딸기, 블루베리 등에서 활성 산소를 중화하는 항산화 역할을 한다.

09
파이토케미컬의 기능을 이해한 내용으로 적절하지 않은 것은?

① 항암 작용을 한다.
② 항염증 작용을 한다.
③ 세포의 재생을 촉진한다.
④ 발암 물질 배출을 촉진한다.
⑤ 식물의 맛과 향을 형성한다.

10
파이토케미컬의 특징을 설명한 내용으로 적절한 것은?

① 인체에서 활성 산소를 생성한다.
② 식물에 독특한 색깔을 부여한다.
③ 동물성 물질과 결합하여 작용한다.
④ 모든 식물에서 동일한 역할을 한다.
⑤ 필수 영양소로, 반드시 섭취해야 한다.

11
다음 중 플라보노이드가 가장 많이 함유된 음식으로 적절한 것은?

① 자두
② 딸기
③ 두부
④ 양배추
⑤ 오렌지

12

다음 글을 이해한 내용으로 적절하지 <u>않은</u> 것은?

랜섬웨어란?

랜섬웨어는 사용자의 컴퓨터나 서버에 침투하여 데이터를 암호화하거나 시스템을 잠근 후, 이를 복구해 주는 대가로 금전을 요구하는 악성 프로그램이다. 주로 이메일 첨부 파일, 불법 다운로드 사이트, 악성 광고 등을 통해 유포된다.

랜섬웨어의 감염 경로

출처가 불분명한 이메일의 첨부 파일이나 링크, 악성 광고를 클릭하거나, 해킹된 웹사이트를 방문하면 랜섬웨어에 감염될 수 있다. 그리고 개인 간 거래(P2P) 프로그램이나 불법 다운로드 사이트를 통해 감염된 파일을 다운로드하거나 감염된 USB를 연결하거나 악성 링크가 포함된 메시지를 클릭하면 랜섬웨어에 감염될 수 있다.

랜섬웨어 예방 방법

- 백신 프로그램 설치 및 최신 업데이트: 백신 프로그램은 랜섬웨어를 탐지하고 차단하는 데 도움을 줍니다.
- 소프트웨어 업데이트: 운영 체제와 응용 프로그램 보안 시스템의 취약점을 이용한 공격을 방지하기 위해 정기적으로 업데이트해야 합니다.
- 의심스러운 이메일 주의: 출처가 불분명한 이메일은 열람하지 않고 삭제해야 합니다.
- 공식 웹사이트 이용: 소프트웨어나 파일을 다운로드할 때는 공식 웹사이트를 이용해야 합니다.
- 강력한 비밀번호 설정: 예측하기 어려운 강력한 비밀번호를 사용하고, 주기적으로 변경해야 합니다.
- 백업: 중요한 데이터는 정기적으로 백업하여 만일의 사태에 대비해야 합니다.
- 보안 교육: 랜섬웨어에 대한 직원 교육을 실시하여 보안 의식을 높여야 합니다.

---

① 출처가 불분명한 이메일의 첨부 파일은 백신으로 검사한 후 실행하는 것이 안전하다.
② 네트워크에서 보안 패치가 적용된 컴퓨터는 랜섬웨어 감염으로부터 완전히 안전하다.
③ 개인 간 거래(P2P) 프로그램을 통한 파일 다운로드 시 감염 위험이 있으므로 주의해야 한다.
④ 소셜 미디어에서 단축 인터넷 위치(URL)를 클릭할 때는 신뢰할 수 있는 출처인지 확인하는 것이 중요하다.
⑤ 신뢰할 수 없는 웹사이트의 광고는 랜섬웨어 감염 위험을 증가시키므로, 광고 차단 프로그램을 사용하는 것이 도움이 된다.

[13~14] 다음 글을 읽고 물음에 답하시오.

파밍(Pharming)은 사용자의 컴퓨터를 악성 코드로 감염시켜 정상적인 웹사이트에 접속하더라도, 사용자를 가짜 웹사이트(피싱 사이트)로 유도하는 사이버 범죄이다. 이 과정에서 사기범은 사용자의 호스트 파일이나 브라우저의 메모리를 변조하여 정상적인 금융 거래 웹사이트에 접속하더라도 피싱 사이트로 연결되게 한다. 이러한 방식으로 사용자의 금융 거래 정보(예: 계좌 비밀번호, 보안 카드 번호 등)를 가로챈다.

피싱 사이트(Phishing Site)는 금융 거래 정보를 빼내기 위해 은행 등의 공식 웹사이트와 유사하게 만들어진 가짜 웹사이트이다. 사기범은 이 사이트를 통해 사용자의 개인 정보를 입력하도록 유도한다. 피싱 사이트는 정상적인 웹사이트와 외관상 유사하지만 인터넷 위치(URL)가 다르거나 보안 인증서가 없는 경우가 많다. 사용자가 피싱 사이트에 접속하게 되면, 개인 정보 입력을 요구받고 이를 통해 금융 거래 정보가 유출된다.

13

윗글을 이해한 내용으로 적절하지 <u>않은</u> 것은?

① 파밍과 피싱 사이트는 피해자의 장치에 사용자 정보를 수집하기 위한 소프트웨어를 설치한다.
② 파밍과 피싱 사이트는 문자 메시지나 이메일을 통해 피해자를 유인하여 악성 코드를 전파한다.
③ 파밍이 성공하면 정상적인 금융 회사의 웹사이트에 접속하더라도 피싱 사이트로 리디렉션된다.
④ 피싱 사이트에 접속한 후에는 사용자가 금융 거래 정보를 입력하지 않아도 정보가 자동으로 유출된다.
⑤ 파밍은 사용자의 컴퓨터나 스마트폰에 감염된 악성 코드를 통해 시스템 설정이나 파일을 변조하는 방식이다.

14

파밍과 피싱 사이트의 예방법으로 적절하지 <u>않은</u> 것은?

① 금융 거래 시 과도한 정보 요청이 있을 경우 응답하지 않는다.
② 정상적인 은행 사이트와 동일한 인터넷 위치(URL)인지 확인한다.
③ 의심스러운 이메일이나 문자 메시지에 포함된 링크는 클릭하지 않는다.
④ 정기적으로 컴퓨터의 보안 소프트웨어를 업데이트하고 실시간 감시를 활성화한다.
⑤ 웹사이트에서 개인 정보를 입력하는 경우, 웹사이트의 주소를 확인하지 않고 입력한다.

PART IV

[글쓰기 윤리]

글쓰기 윤리

32 저작권

33 표절과 인용

34 글쓰기 윤리

글쓰기 윤리

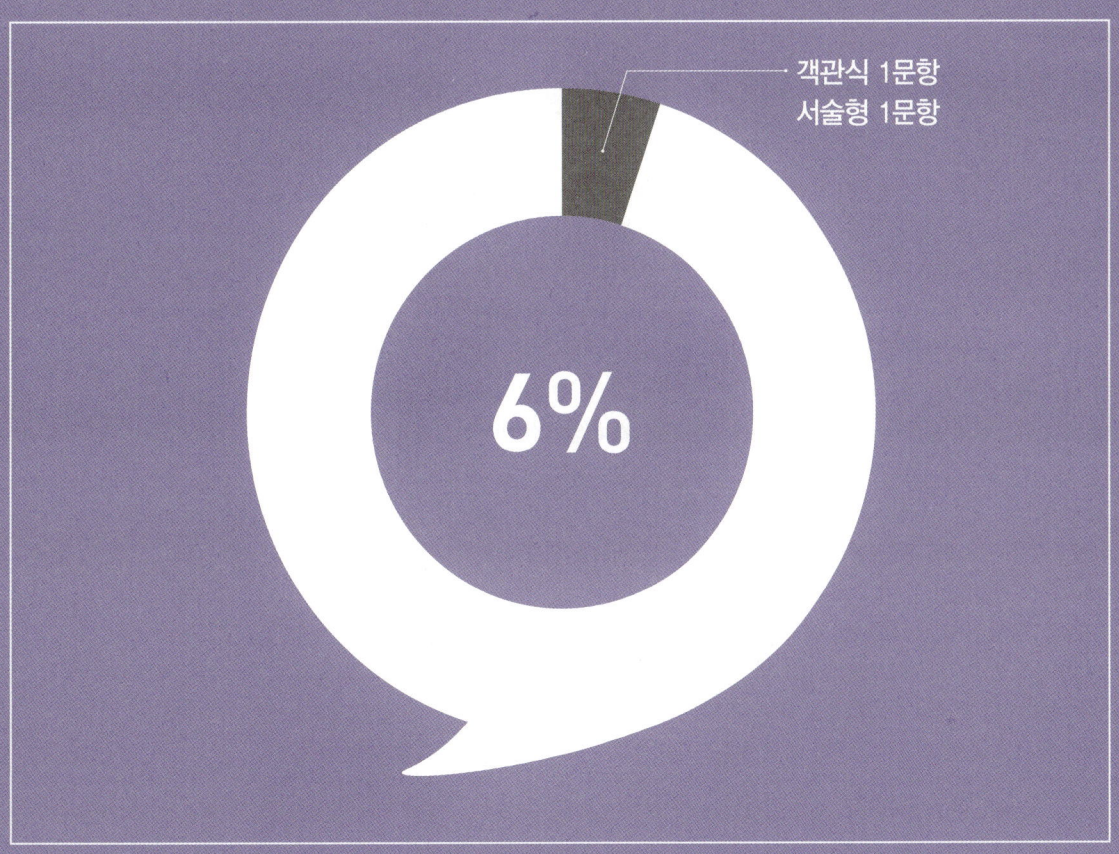

기출유형 32 글쓰기 윤리 - 글쓰기 윤리

저작권

저작권이란 시, 소설, 음악, 미술, 영화, 연극, 컴퓨터 프로그램 등과 같은 '저작물'에 대하여 창작자가 가지는 권리를 말한다. 예를 들어 소설가가 소설 작품을 창작한 경우에 원고 그대로 출판·배포할 수 있는 복제·배포권과 함께 그 소설을 영화나 번역물 등과 같이 다른 형태로 저작할 수 있는 2차적 저작물 작성권, 연극 등으로 공연할 수 있는 공연권, 방송물로 만들어 방송할 수 있는 방송권 등 여러 가지 권리를 아우르는 저작권을 가지게 된다.

대표 예제

[01~03] 다음 글을 읽고 물음에 답하시오.

저작권법상 저작자에게 인정되는 권리는 크게 ㉠ 저작 인격권과 ㉡ 저작 재산권으로 나눌 수 있다. 저작 인격권이란 저작자가 저작물에 대하여 가지는 인격적·정신적 이익을 보호하는 권리로, 공표권, 성명 표시권 및 동일성 유지권이 이에 해당한다. 저작 인격권은 일신 전속권(一身專屬權)이므로 저작자가 저작 재산권을 양도하는 경우에도 창작자에게 남아 있게 된다. 따라서 저작 재산권 양도 계약의 당사자가 저작 인격권도 양도하기로 약정하였다고 하더라도 이는 무효이며 포기할 수 없는 권리이다.

저작 재산권이란 저작자가 저작물을 스스로 이용하거나 다른 사람이 이용할 수 있도록 허락함으로써 경제적 이익을 올릴 수 있는 재산권을 말한다. 저작 재산권은 전부 또는 일부를 양도하거나 기증할 수 있다. 저작 재산권의 전부를 양도하는 경우에 특약이 없는 때에는 2차적 저작물을 작성하여 이용할 권리는 포함되지 않는 것으로 추정한다. 다만, 컴퓨터 프로그램 저작물의 경우 특약이 없으면 2차적 저작물 작성권도 함께 양도된 것으로 추정한다.

저작 재산권자는 다른 사람에게 그 저작물의 이용을 허락할 수 있다. 저작물의 이용을 허락을 받은 자는 허락받은 이용 방법 및 조건의 범위에서 그 저작물을 이용할 수 있다. 이용 허락에 따라 저작물을 이용할 수 있는 권리는 저작 재산권자의 동의 없이 제3자에게 이를 양도할 수 없다. 저작 재산권은 원칙적으로 저작자가 사망한 후 70년간 보호된다.

공표권 저작자가 그의 저작물을 공표하거나 공표하지 않을 것을 결정할 권리
성명 표시권 저작자가 저작물의 원본이나 그 복제물 또는 저작물의 공표 매체에 그의 실명 또는 이명을 표시할 권리
동일성 유지권 저작물의 내용·형식 및 제호의 동일성을 유지할 권리

복제권, 공연권, 공중 송신권, 전시권, 배포권, 대여권, 2차적 저작물 작성권

원저작물을 번역·편곡·변형·각색·영상 제작 등의 방법으로 2차적 저작물을 작성하여 이용할 수 있는 권리

01

다음 중 ㉠과 ㉡에 대한 설명으로 적절하지 <u>않은</u> 것은?

① ㉠은 ㉡의 양도와 함께 자동으로 양도된다.
② ㉡은 전부 또는 일부를 양도하거나 기증할 수 있다.
③ ㉠은 저작자가 포기하거나 양도할 수 없는 권리이다.
④ ㉡의 보호 기간은 원칙적으로 저작자가 사망한 다음 해부터 70년간 유지된다.
⑤ ㉠은 저작자가 가지는 인격적·정신적 이익을 보호하는 권리이며, ㉡은 경제적 이익을 보호하는 권리이다.

02

저작물 이용 허락에 대한 설명으로 적절한 것은?

① 이용 허락받은 권리는 제3자에게 자유롭게 양도할 수 있다.
② 저작물 이용 허락은 저작 재산권자의 동의 없이 이루어질 수 있다.
③ 이용 허락은 저작물의 경제적 권리와 인격적 권리를 함께 이전한다.
④ 이용 허락을 받은 자는 허락받은 범위 내에서 저작물을 이용할 수 있다.
⑤ 이용 허락을 받은 자는 허락받은 조건을 초과하여 저작물을 이용할 수 있다.

03

저작 재산권의 양도와 관련된 설명으로 적절하지 않은 것은?

① 저작 재산권은 일부 또는 전부를 양도할 수 있다.
② 저작 재산권은 양도뿐만 아니라 기증도 가능하다.
③ 양도 계약에도 불구하고 저작 인격권은 저작자에게 남아 있다.
④ 저작 재산권 양도 시, 2차적 저작물 작성권은 반드시 포함된다.
⑤ 컴퓨터 프로그램 저작물은 특약이 없는 경우에도 2차적 저작물 작성권이 양도된 것으로 본다.

> **정답 및 해설**
> **01** 저작 인격권(㉠)은 저작자가 가지는 인격적·정신적 이익을 보호하는 권리로, 포기하거나 양도할 수 없다. 반면, 저작 재산권(㉡)은 경제적 이익을 목적으로 하는 재산권으로 양도 및 기증이 가능하며, 저작자가 사망한 다음 해부터 70년간 보호된다. 따라서 저작 인격권이 저작 재산권의 양도와 함께 자동으로 양도된다는 내용은 적절하지 않다.
> **02** 저작 재산권자가 허락한 조건과 범위 내에서만 저작물을 이용할 수 있으며, 제3자에게 양도하려면 저작 재산권자의 동의가 필요하다.
> **03** 일반적으로 저작 재산권 양도 시 2차적 저작물 작성권은 특약이 없는 한 포함되지 않는 것으로 추정되며, 컴퓨터 프로그램 저작물은 예외적으로 포함된다.
>
> **정답 | 01 ① 02 ④ 03 ④**

기출 개념 | 저작권 이용 허락 표시 제도

CCL

 Atribution (저작자 표시)　　 Noncommercial (비영리)　　 No Derivative Works (변경 금지)　　 Share Alike (동일 조건 변경 허락)

저작권 이용 허락 표시 제도란 저작권자가 자신의 저작물에 대한 이용 방법 및 조건을 표시하는 제도이다. 현재 국내에서 사용되고 있는 공식적인 저작권 이용 허락 표시 제도 중 가장 널리 사용되는 'CCL'은 'Creative Commons License'의 약자로, 왼쪽의 마크를 이용하여 다음과 같이 라이선스를 표기한다. 그리고 이를 통해 저작권자가 저작물 사용 조건을 미리 제시해 사용자가 저작권자에게 따로 허락을 구하지 않고도 창작물을 사용할 수 있게 하는 일종의 오픈 라이선스를 표방하고 있다. 라이선스 표기 시 'CC'는 '저작물을 공유함'을 나타낸다.

라이선스	CC BY	CC BY ND	CC BY NC SA
이용 조건	저작물을 공유할 때 저작자를 표시한다.	저작물을 공유할 때 저작자를 표시하고, 변경을 금지한다.	저작물을 공유할 때 저작자를 표시하고 비영리 목적으로만 이용 가능해야 하며, 동일 조건에서만 변경을 허락한다.
문자 표기	CC BY	CC BY-ND	CC BY-ND-SA

기출유형 33 — 글쓰기 윤리 - 글쓰기 윤리

표절과 인용

표절은 다른 사람이 쓴 문학 작품, 학술 논문, 또는 기타 각종 글의 일부니 전부를 직접 베끼거나 관념을 모방하면서 자신의 독창적 산물인 것처럼 공표하는 것을 말한다. 인용은 하나 이상의 저작물을 원저자를 밝히고 출처를 명확히 밝히면서 다른 저작물에 이용하는 것을 말한다. 실용글쓰기 시험에는 인용 방법과 각주 작성 방법, 표절, 출처 표시 등과 관련된 문제가 출제된다.

대표 예제

01
다음 자료를 참고하여 참고 문헌 작성 규칙을 적용한 예로 적절한 것은?

> 참고 문헌은 학술적 글쓰기에서 사용된 자료를 명시하는 부분으로, 일반적으로 다음의 형식을 따른다.
> - 책[단행본] 저자. (발행 연도). 책 제목. 출판사.
>   예) 홍길동. (2020). 글쓰기의 기술. 문학출판사.
> - 학술 논문 저자. (발행 연도). 논문 제목. 학술지 이름, 권(호), 페이지.
>   예) 김영희. (2021). 비평과 저작권. 저작권학연구, 12(3), 45-67.
> - 웹사이트 저자 또는 단체명. (접속 연도). 페이지 제목. 웹사이트 주소.
>   예) 한국저작권위원회. (2023). 저작권 이해하기. https://www.copyright.or.kr
>
> 모든 참고 문헌에는 저자, 발행 연도, 자료 제목, 출처가 명확히 기재되어야 한다. 참고로 저자, 책 제목, 출판사, 발행 연도로 제시하는 경우도 있다.

저자명 → 「글 제목」 → 『책 제목』 → 출판사명 → 발행 연도 → 페이지

글의 제목은 「」, 책 제목은 『』 표시를 사용하며, 〈〉, 《》 표시를 사용할 수도 있다. 발행 연도는 저자명 다음에 제시할 수 있다.

① 홍길동. (2020). 글쓰기의 기술.
② 이민지. (2022). 창작과 법의 만남. 저작권출판사.
③ 홍길동. 글쓰기의 기술. 2020년 출판. 문학출판사.
④ 김영희. (2021). 비평과 저작권. 저작권학연구, 12(3), 45.
⑤ 한국저작권위원회. 저작권 이해하기. https://www.copyright.or.kr.

02

다음 내용을 인용한 문장으로 적절하지 않은 것은?

> "기술 발전은 인간의 삶을 편리하게 만들었지만, 동시에 사회적 불평등을 심화시키는 요인이 되기도 했다. 특히 인공 지능 기술의 발전은 경제적 효율성을 높이는 데 기여했으나, 일자리 감소라는 부작용을 초래했다. 이러한 문제를 해결하기 위해서는 정부와 기업이 협력하여 새로운 사회적 안전망을 구축해야 한다."
>
> 김영희(2020), 『미래 사회와 기술』, 지식의 집, 120쪽.

① 김영희(2020)는 기술 발전이 경제적 효율성을 높이는 동시에 사회적 불평등 문제를 야기한다고 주장하였다.

② 김영희(2020)에 따르면, 인공 지능 기술의 발전은 경제 성장에 기여하지만, 일자리 감소라는 부작용을 초래하여 사회적 문제를 야기한다고 한다.

③ 김영희(2020)는 "특히 인공 지능 기술의 발전은 경제적 효율성을 높이는 데 기여했으나, 일자리 감소라는 부작용을 초래했다."(p.120)라고 구체적으로 서술하였다.

④ 김영희(2020)는 기술 발전이 가져온 긍정적인 측면과 부정적인 측면을 모두 분석하며, 특히 인공 지능 기술이 사회에 미치는 영향에 대해 심층적으로 논의하였다.

⑤ 김영희(2020)는 "기술 발전은 인간의 삶을 편리하게 만들었지만, 동시에 사회적 불평등을 심화시키는 요인이 되기도 했다."라고 주장하며, 특히 인공 지능 기술의 발전이 이러한 문제를 심화시킨다고 분석하였다.

> 간접 인용은 상대의 말을 자신의 말로 바꾸어 표현하므로 큰따옴표를 쓰지 않고 간접 인용 조사 '고'를 사용하거나, '~에 따르면, ~는 ~(이)라고 말한다'와 같이 원저자의 생각이나 논지가 들어간 부분이 명확히 드러나도록 표시한다.

> 직접 인용은 인용문에 큰따옴표(" ")를 하고 '라고' 등의 인용 조사를 사용한다.

정답 및 해설

01 저자명, 발행 연도, 책 제목, 출판사 순서로 기재한 ②가 가장 적절하다.
| 오답 피하기 | ① 출판사 정보가 누락되어 있다.
③은 연도가 잘못된 위치에 있으며, 형식이 불완전하다.
④ 페이지 범위를 정확히 기재해야 하며 '45-67'처럼 명확한 표기가 필요하다.
⑤ 발행 연도가 누락되었다.

02 원문의 내용을 지나치게 일반적으로 서술하고 있으며, 특히 '심층적으로 논의하였다'는 표현은 주관적인 판단이 개입되어 있어 적절하지 않다.
| 오답 피하기 | ①, ② 간접 인용으로, 원문의 내용을 요약하거나 다른 표현으로 바꾸어 표현했다.
③, ⑤ 직접 인용으로, 인용 부호를 사용하여 원문을 그대로 옮겨 왔다.

정답 | 01 ② 02 ④

기출유형 34 글쓰기 윤리 - 글쓰기 윤리

글쓰기 윤리

쓰기 윤리는 글쓰기에서 다른 사람이 지적 재산을 다룰 때 지켜야 할 윤리적 기준을 말한다. 이는 다른 사람의 아이디어, 연구 결과, 데이터 등을 사용할 때 정확하게 출처를 밝히고, 그 내용을 왜곡하지 않으며 인용하는 것과 표절, 자기 표절, 공동 저자 문제, 연구 결과의 왜곡 등을 다룬다. 따라서 쓰기 윤리는 신뢰성 확보, 법적 책임, 정직성 유지 등의 측면에서 중요성을 지닌다.

대표 예제

01

다음 자료를 참고할 때, '부당한 저자 표시'에 해당하는 예를 〈보기〉에서 모두 고른 것은?

「한국연구재단」과 「전국 대학교 산학협력단장·연구처장 협의회」는 대학 등 연구 기관과 연구자들의 연구 논문의 부당한 저자 표시에 대하여 아래와 같이 권고하고 있다.
〈연구 윤리 확보를 위한 지침(제12조 제1항 제4호) [교육부훈령 263호]〉
"부당한 저자 표시"는 다음 각 목과 같이 연구 내용 또는 결과에 대하여 공헌 또는 기여를 한 사람에게 정당한 이유 없이 저자 자격을 부여하지 않거나, 공헌 또는 기여를 하지 않은 사람에게 감사의 표시 또는 예우 등을 이유로 저자 자격을 부여하는 행위를 말한다.
  가. 연구 내용 또는 결과에 대한 공헌 또는 기여가 없음에도 저자 자격을 부여하는 경우
  나. 연구 내용 또는 결과에 대한 공헌 또는 기여가 있음에도 저자 자격을 부여하지 않는 경우
  다. 지도 학생의 학위 논문을 학술지 등에 지도 교수의 단독 명의로 게재·발표하는 경우

〈보기〉
㉠ 대학원생 A는 자신의 연구를 지도한 교수를 존경하여 논문에 교수를 제1저자로 추가하였다. 그러나 해당 교수는 연구에 실제로 참여하지 않았다.
㉡ 대학 교수 B는 연구비 지원을 받은 기업의 임원을 논문의 공동 저자로 추가하였다. 하지만 해당 임원은 연구에 직접적으로 기여한 바가 없다.
㉢ 연구원 C는 연구의 주요 실험과 분석을 수행했으나, 연구 책임자인 D 교수가 C의 이름을 저자 목록에서 제외하였다.
㉣ 박사 과정 학생 E의 학위 논문이 지도 교수 F의 단독 명의로 학술지에 발표되었다.
㉤ 연구 프로젝트에 참여한 모든 구성원이 자신이 수행한 실질적 기여에 따라 논문에 공동 저자로 포함되었다.

① ㉠, ㉡, ㉢
② ㉠, ㉡, ㉣
③ ㉠, ㉢, ㉣
④ ㉡, ㉢, ㉤
⑤ ㉡, ㉣, ㉤

정답 및 해설 01 ㉠의 교수는 연구에 실질적으로 참여하지 않았으므로 저자 자격을 부여하는 것은 부당하다. ㉡의 기업 임원 역시 연구에 직접적으로 기여한 바가 없으므로 저자로 추가하는 것은 부당한 저자 표시에 해당한다. ㉣에서 학생의 학위 논문이 지도 교수 단독 명의로 발표된 것 또한 부당한 저자 표시에 해당한다.

정답 | 01 ②

기출변형문제로 실전 훈련하기

글쓰기 윤리 - 글쓰기 윤리

01
다음 자료를 참고하여 공공누리를 상업적으로 활용할 때 그 유형을 모두 고른 것은?

공공 저작물에 특화된 자유 이용 허락 표시 제도인 '공공누리'는 누구나 자유롭고 편하게 이용할 수 있는 자유 이용 제도이다. 국가나 지방 자치 단체에서 업무상 작성하여 공표한 저작물과 계약에 따라 저작 재산권의 전부를 보유한 저작물을 국민 누구나 별도의 이용 허락 없이 자유롭게 이용할 수 있다. 또한, 공공 기관이 공공 저작물 자유 이용 허락 표시인 공공누리를 적용하여 표시한 저작물은 누구나 별도의 이용 허락을 받지 않아도 자유로운 이용이 가능하다. 공공누리의 마크 유형은 4가지로 구분할 수 있다. 출처 표시, 변경 금지, 상업적 이용 금지를 바탕으로 총 4가지의 이용 허락 유형을 설정하였으며, 저작물의 출처 표시는 모든 유형에서 필수 사항이다.

제1유형	OPEN 공공누리 공공저작물 자유이용허락 [출처표시]
제2유형	OPEN 공공누리 공공저작물 자유이용허락 [출처표시][상업용금지]
제3유형	OPEN 공공누리 공공저작물 자유이용허락 [출처표시][변경금지]
제4유형	OPEN 공공누리 공공저작물 자유이용허락 [출처표시][상업금지][변경금지]

① 제1유형
② 제1유형, 제2유형
③ 제1유형, 제3유형
④ 제2유형, 제4유형
⑤ 제3유형, 제4유형

02
다음 중 저작권에 대한 설명으로 적절하지 않은 것은?

저작권법은 저작물을 창작한 시점부터 저작권이 발생하며, 등록이나 출판 등 특정 절차를 요구하지 않는 무방식주의를 채택하고 있다. 이와 같은 무방식주의는 베른 협약에 근거한 것으로, 현재 대부분의 국가가 이 협약에 따라 무방식주의를 따르고 있다. 이는 특허권, 실용신안권, 상표권, 디자인권 등 산업 재산권과 구별된다.

현대 저작권법에서는 저작물이 창작되면 저작권이 자동으로 발생하며, ⓒ 표시나 "All rights reserved" 문구의 사용 여부와 상관없이 법적인 보호를 받을 수 있다. 이러한 원칙은 미국이 1989년 베른 협약에 가입하면서 적용되었으며, 그 이전의 방식주의는 더 이상 필요하지 않다.

ⓒ 기호와 함께 "All rights reserved" 문구는 과거 미국의 방식주의 저작권 체제에서 저작권 보호를 위해 사용되었던 표시이다. 이 표시는 저작물의 복제물에 저작권자의 성명, 최초 발행 연도와 함께 표시되어야 했으며, 이는 당시의 방식주의를 만족시키기 위한 것이었다.

하지만 프로그램 저작물의 경우에는 오픈소스 라이선스에 따라 저작권 표시를 반드시 해야 하는 경우가 있다. 따라서 오픈소스를 사용할 때는 라이선스 조건을 정확히 확인하고, 그에 맞게 표기해야 저작권 위반의 문제를 피할 수 있다.

① 무방식주의는 베른 협약에 따른 원칙으로, 현재 대부분의 국가에서 채택되고 있다.
② 프로그램 저작물의 경우, 오픈소스 라이선스에 따라 저작권 표시를 해야 할 수도 있다.
③ ⓒ 기호와 "All rights reserved" 문구는 현대 저작권법에서 법적 보호의 필수 조건이다.
④ 저작권법은 저작물이 창작된 시점부터 저작권을 자동으로 부여하며, 별도의 등록 절차를 요구하지 않는다.
⑤ 미국은 1989년 베른 협약에 가입하면서 무방식주의를 채택하였고, 그 이전의 방식주의는 더 이상 필요하지 않다.

03

다음 중 ⊙에 해당하지 <u>않는</u> 것은?

> ⊙ 표절은 일반적 지식이 아닌 타인의 독창적인 아이디어 또는 창작물을 적절한 출처 표시 없이 활용함으로써, 제3자에게 자신의 창작물인 것처럼 인식하게 하는 행위를 말한다.

① 타인의 저작물을 번역하여 활용하면서 출처를 표시하지 않은 행위
② 타인의 독창적인 생각 등을 활용하면서 출처를 표시하지 않은 행위
③ 타인의 연구 내용 전부 또는 일부를 출처를 표시하지 않고 그대로 활용하는 행위
④ 타인의 연구 자료를 임의로 변형·삭제함으로써 연구 내용 또는 결과를 왜곡하는 행위
⑤ 타인의 저작물의 단어·문장 구조를 일부 변형하여 사용하면서 출처 표시를 하지 않은 행위

04

다음 중 ⊙에 해당하는 연구 부정 행위로 적절한 것은?

> 연구 부정 행위는 위조, 변조, 표절, 부당한 저자 표기, 부당한 중복 게재, 연구 부정 행위에 대한 조사 방해 행위, 그 밖에 각 학문 분야에서 통상적으로 용인되는 범위를 심각하게 벗어나는 행위 등이 있다.
> ⊙ 연구자 A는 자신이 연구한 논문을 발표하면서 친한 동료 교수의 딸을 저자에 포함시켰다.

① 위조　　　② 변조
③ 표절　　　④ 부당한 저자 표기
⑤ 부당한 중복 게재

05

다음 신문 기사에서 드러난 박 교수의 부정 행위로 적절한 것은?

> ○○대학교가 논문 표절 의혹이 제기된 국어국문학과 박○○ 교수에게 해임 징계를 내렸다. ○○대는 지난달 교원 징계 위원회를 열어 박 교수의 연구 부정행위에 대해 해임 징계를 내리기로 의결하고, 최근 이를 소속 단과 대학에 통보했다고 15일 밝혔다.
> 박 교수의 표절 의혹은 과거 그의 지도를 받은 대학원생 A씨가 20○○년 대자보를 통해 학내에 고발하면서 처음 제기됐다. 박 교수의 파면을 요구한 학생회는 "박 교수는 자신의 논문에 (타 논문의) 단락을 그대로 베끼고, 논리를 그대로 가져오는 등 명백한 연구 부정을 자행했다"고 비판했다.
> － 2000. 12. 15. 『○○일보』

① 위조　　　② 변조
③ 표절　　　④ 부당한 저자 표기
⑤ 부당한 중복 게재

06

다음 중 출처를 표시할 때 포함해야 할 필수 정보로 적절하지 <u>않은</u> 것은?

① 저작자의 이름
② 저작물의 제목
③ 사용자의 의견
④ 출판사 또는 출처
⑤ 인용한 저작물의 페이지

07

다음 중 학술적 글쓰기에서 '자기 표절'의 예로 가장 적절한 것은?

① 타인의 연구 결과를 인용한 뒤, 출처를 정확히 표기한 경우
② 다른 사람의 연구 데이터를 무단으로 사용하고 출처를 표기한 경우
③ 과거 연구에서 나온 아이디어를 새로운 연구에 포함시켜 적절하게 인용한 경우
④ 다른 연구자의 논문에서 나온 아이디어를 자신의 논문에 인용 없이 사용한 경우
⑤ 자신이 이미 발표한 논문에서 사용한 내용을 별다른 변경 없이 다시 제출한 경우

08

다음 중 기사 작성 과정에서 A 기자가 쓰기 윤리를 위반한 행동으로 적절한 것은?

① 전문가의 의견을 인용하며 출처를 명시했다.
② 기사가 대중에게 미칠 수 있는 영향을 고려하여 작성했다.
③ 익명의 제보자로부터 받은 정보를 그대로 기사에 포함했다.
④ 대중이 이해하기 쉽도록 복잡한 기술 용어를 쉽게 풀어 썼다.
⑤ 기사 작성 시 데이터의 정확성을 검토하기 위해 여러 자료를 분석하였다.

한국실용글쓰기

기출유형 35	서술형 30점	162p
기출유형 36	서술형 30점	177p
기출유형 37	서술형 30점	183p
기출유형 38	서술형 30점	190p

PART V

[서술형]

서술형

35 서술형 30점
36 서술형 50점
37 서술형 100점
38 서술형 300점

서술형

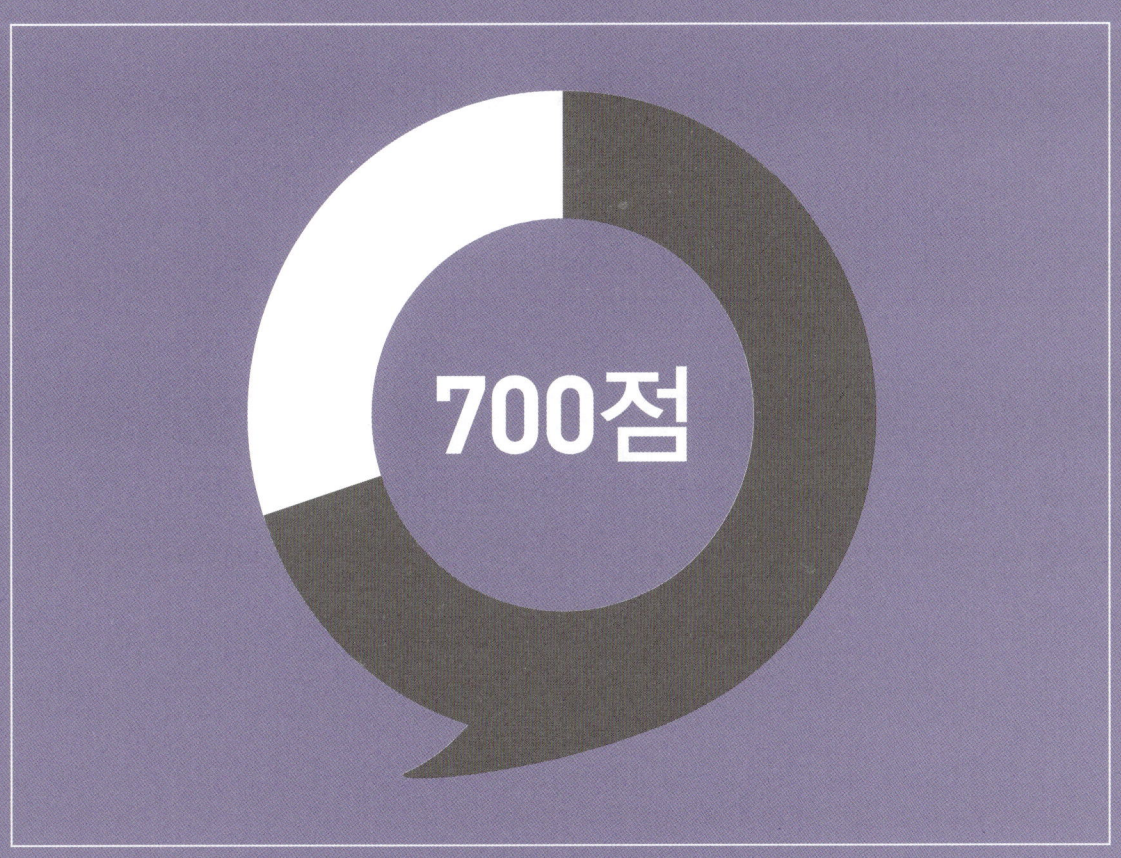

실용글쓰기 시험 출제 비중

700점

기출유형 35 서술형

서술형 30점

1번부터 5번까지의 문항은 30점이 배점된 문항으로, 글쓰기 과정과 사고력 분야에서 주로 출제된다. 글쓰기 과정, 직무 이해, 수리 자료 활용, 문제 해결, 직무 문해력, 글쓰기 윤리가 그 범위에 해당한다. 30점 배점의 문항은 단어나 어절, 문장 단위의 쓰기를 요구한다. 단어나 어절을 요구하는 문제의 경우, 〈보기〉에서 선택하거나 제시문에서 찾아 제시하는 유형으로 출제되므로 주어진 자료의 분석을 통해 쉽게 해결할 수 있다.

대표 예제

01

다음 자료의 ㉠~㉢에 들어갈 내용을 기호와 함께 〈조건〉에 맞게 쓰시오. [30점]

조건
1. 문맥을 고려하여 ㉠과 ㉡의 내용을 쓸 것
2. ㉢은 내용 다음에 '끝' 표시를 하되 띄어쓰기를 ∨로 표시하고 마침표를 고려할 것

수신자 수신자 참조
(경유)
제목 ㉠ _____ 알림

1. 본 시청각실은 시민들에게 다양한 교육 및 문화 프로그램을 제공하기 위해 운영되고 있으며, 시민들의 학습 능력 향상과 문화적 소양 함양에 기여하고자 노력하고 있습니다.
2. 귀하께서 신청하신 2025년도 시청각실 대관 신청을 승인하였습니다. 붙임의 시청각실 이용 규정과 시설 사용 안내를 숙지하시고, 5일 이내에 ㉡ _____ 을/를 작성하여 제출해 주시기 바랍니다.
3. 대관 승인 후 다음과 같은 사유가 발생할 경우 대관이 취소될 수 있음을 알려 드립니다.
   가. 지정된 기간 내에 시청각실 이용 신청서를 제출하지 않을 때
   나. 계약 체결 후 5일 이내에 시설 사용료를 납부하지 않을 때
4. 기타 궁금한 사항은 시청각실 담당자에게 문의하시기 바랍니다.

붙임∨∨1.∨시청각실 이용 신청서 1부.
       2.∨시청각실 이용 규정.
       3.∨㉢ _____

'기호와 함께'라는 조건이 있는 이유
답안 작성 시 기호를 제시하지 않고 내용을 나열하면 채점할 때 문제가 발생하기 때문이다. 따라서 답을 작성할 때 '㉠, ㉡, ㉢, ⋯, 1, 2, 3, ⋯' 등의 기호와 내용을 함께 써야 한다.

⇨ _____
_____

02

다음 글의 ㉠~㉥에 들어갈 내용을 기호와 함께 〈조건〉에 맞게 쓰시오. [30점]

조건 ㉠~㉤은 2자, ㉥은 4자로 쓸 것

온라인 쇼핑은 소비자가 상점에 직접 방문하지 (㉠) 원하는 상품을 구매할 수 있는 서비스이다. 이 서비스는 컴퓨터와 스마트폰을 통해 접근할 수 있으며, 소비자는 다양한 (㉡)을/를 비교하고 쉽게 (㉡)을/를 선택할 수 있다.

특히 2020년 이후, 코로나19 팬데믹의 영향으로 온라인 쇼핑의 수요가 급증하였다. 전자 상거래 플랫폼은 비대면 결제를 비롯해, 상품의 빠른 (㉢)을/를 강조하며 다양한 배송 옵션을 제공하고 있다.

소비자가 온라인 쇼핑을 이용하려면 이름, 주소 등 개인 정보가 필요하다. 웹사이트나 애플리케이션에 가입한 후, 원하는 상품을 장바구니에 추가하고 결제 및 배송 (㉣)을/를 입력하는 등의 절차를 거쳐야 한다. 이때, 정확한 배송을 위해 (㉤)와/과 연락처 정보를 올바르게 입력해야 한다.

일부 전자 상거래 업체는 고객의 (㉥)을/를 보호하기 위해 다양한 보안 시스템을 운영하고 있다.

⇨

출제 의도는 '몇 글자'로 쓰라는 의도인데 '2음절', '3음절'로 쓰라고 잘못 표기되는 경우가 있다. '2음절'로 쓰라고 하면 혼동하지 말고 2자로 쓰면 된다.

03

다음 글의 ㉠, ㉡에 들어갈 내용을 기호와 함께 〈조건〉에 맞게 쓰시오. [30점]

조건 ㉠은 4어절, ㉡은 2어절로 쓸 것

고객님,
3월 15일에 예약하신 호텔 숙소에 대한 안내 메일입니다. 4월 20일 체크인 예정이며, 예약 확정을 위해서는 4월 10일 17시까지 결제를 완료하셔야 합니다. 그러므로 정해진 기한 내에 (㉠).

만약 기한까지 결제를 하지 않으시면 (㉡). 이후에는 다시 예약하셔야 합니다.

부대 시설 이용료는 체크인을 하는 날에 따라 변동될 수 있습니다.

고객님의 편안한 숙박을 위해 항상 최선을 다하는 호텔이 되겠습니다. 감사합니다.

⇨

어절은 문장을 구성하고 있는 각각의 마디로, 문장 성분의 최소 단위이다.
예 영희가∨새∨책을∨샀다.
    1   2   3   4
어절은 띄어쓰기의 단위가 되므로 위와 같이 띄어쓰기로 구분하면 된다. 따라서 해당 문제에서 ㉠은 4어절로 쓰라는 조건에 따라 '결제를(1어절)∨완료해(2어절)∨주시기(3어절)∨바랍니다.(4어절)'와 같이 쓰면 된다.

04

다음 글의 ㉠, ㉡에 들어갈 내용을 본문에서 찾아 기호와 함께 〈조건〉에 맞게 쓰시오. [30점]

조건 ㉠은 가장 큰 원인을 2어절로 쓰고, ㉡은 6어절로 쓸 것

> ○○대학교의 학생들 중 교내 동아리에 소속된 학생의 비율은 2023년 기준 35.5%로 전체 대학생 평균(45.0%)이나 지역 평균(47.2%)보다 현저히 낮았다. 특히 대학교 2학년과 3학년 학생들이 동아리 활동에 참여하는 비율이 급격히 줄어드는 경향이 나타났다. 이러한 감소의 가장 큰 이유는 시간 부족(30.1%), 학업 부담(28.7%), 그리고 대외 활동(24.5%)인 것으로 분석되었다. 이는 학생들이 ㉠ _____(으)로 인해 ㉡ _____ 결과를 보여 준다.

> 실용글쓰기 문제의 특징 중 하나는 대부분 본문에 답이 있다는 것이다. 따라서 본문 분석만 제대로 하면 모든 답을 제대로 쓸 수 있다. 해당 문제에서는 ㉠은 '시간 부족(원인)'으로 인해 ㉡ '동아리 활동에 참여하는 비율이 급격히 줄어드는' 결과가 나타난다.

⇨ _____
_____

예시 답안 04 '시간 부족으로 인해'는 원인과 결과 관계를 명확하게 보여 주며, 문장의 흐름도 자연스럽다. ㉡에는 본문에 나온 '동아리 활동에 참여하는 비율이 급격히 줄어드는'이라는 문장을 그대로 사용함으로써 학생들이 동아리 활동에 어려움을 겪고 있다는 것을 구체적으로 나타낼 수 있다.

정답 | 01 ㉠ 2025년도 시청각실 대관 신청 승인 ㉡ 시청각실 이용 신청서 ㉢ 시설 사용 안내. ∨∨끝.
02 ㉠ 않고 ㉡ 상품 ㉢ 배송 ㉣ 정보 ㉤ 주소 ㉥ 개인 정보
03 ㉠ 결제를 완료해 주시기 바랍니다. ㉡ 예약이 취소됩니다.
04 ㉠ 시간 부족 ㉡ 동아리 활동에 참여하는 비율이 급격히 줄어드는

기출변형문제로 실전 훈련하기 — 서술형

01
지역 환경 보호 협회 김OO 팀장은 '제12회 환경 보호의 날' 기념행사 참석 협조를 위한 공문을 다음과 같이 작성하였다. ㉠~㉤에 들어갈 내용을 기호와 함께 순서대로 쓰시오. [30점]

지역 환경 보호 협회

수신: 수신자
참조: 환경 보호 관련 부서
제목: 제12회 '환경 보호의 날' 기념행사 참석 안내

1. 지역 환경 보호 협회는 제12회 '환경 보호의 날'을 맞이하여 협회 창립 기념과 환경 보호 활동 성과를 공유하기 위한 행사를 개최합니다.
2. 관련 내용을 다음과 같이 ㉠_____하오니, 관심 있는 대상자가 참석할 수 있도록 협조하여 주시기 바랍니다.
  가. ㉡_____: 2025. 4. 22. (월) 10:00~12:00
  나. ㉢_____: ○○시청 대강당
  다. ㉣_____: 지역 환경 전문가, 관련 공무원, 일반 시민 등
  라. ㉤_____: 지역 환경 보호 협회
  마. 협조 사항: 참석자 명단을 2025. 4. 15. (월)까지 이메일 또는 팩스로 제출

— 이하 생략 —

⇨

02
다음 글의 ㉠, ㉡, ㉢에 들어갈 단어를 〈조건〉에 맞게 쓰시오. [30점]

조건 ㉠과 ㉡은 한 단어, ㉢은 두 단어로 쓸 것.

2014년부터 강화된 '국민 건강 증진법'에 따라 공공장소 내 흡연은 전면 금지되었으며, 위반 시 과태료가 부과된다. 이 법은 공원, 놀이터, 버스 정류장 지하철역 등 다중 이용 시설에서의 흡연을 금지하는 것을 주요 내용으로 한다. 즉, 흡연 구역이 아닌 곳에서 흡연하는 것은 (㉠) 행위이며, 이를 어길 경우 (㉡)을/를 부과받을 수 있다. 이러한 강력한 흡연 규제는 간접흡연으로 인한 건강 피해를 줄이고 쾌적한 환경을 조성하기 위한 노력의 일환이다. 특히, 실내 공공장소뿐만 아니라 (㉢)에서도 흡연이 금지되어 있다.

⇨

03

다음 〈본문〉을 읽고 〈주제문〉의 ㉠~㉤에 들어갈 내용을 기호와 함께 쓰시오. [30점]

〈주제문〉
(㉠) 문제가 (㉡)와/과 (㉢)의 (㉣)을/를 (㉤)시킨다.

〈본문〉
　최근 미세 먼지와 대기 오염 문제가 심각해지면서 공기 질이 크게 악화되고 있다. 산업화와 교통량 증가로 인해 대기 중 유해 물질의 농도가 점점 높아지고 있으며, 이는 호흡기 질환을 비롯한 건강 문제를 유발한다. 특히 어린이와 노약자에게 치명적인 영향을 미칠 수 있으며, 공기 질의 개선이 이루어지지 않으면 환경 질환이 더욱 증가할 것으로 예상된다. 또한 오염된 공기는 사람들의 실외 활동을 제한하여 삶의 질을 낮춘다. 결국 환경 오염 문제를 해결하지 않고서는 공기 질 문제 해결이 어렵다.

⇨

04

㉠~㉥의 밑줄 친 부분을 바르게 고쳐 〈조건〉에 맞게 쓰시오. [30점]

조건　고친 부분만 기호와 함께 쓸 것　예 ㉠ 반드시

보기
㉠ 거리가 얼마나 될지 가름해 보았다.
㉡ 백화점 휴계실에서 만나자.
㉢ 참 깎듯한 존댓말을 하는구나.
㉣ 그 친구가 오랫만에 연락을 했어.
㉤ 한 아줌마가 계속 어의없게 맞춤법을 틀리는 거야.
㉥ 앞으로 한글 맞춤법 공부를 열심히 할께요.

⇨

05

다음 ㉠~㉥에 들어갈 일본어 투 용어를 순화한 표현을 기호와 함께 쓰시오. [30점]

국립 국어원은 꼭 가려 써야 할 일본어 투 용어 50개를 선정해 발표했다. 이번에 발표된 일본어 투 용어는 국립 국어원이 2005년 제작한 일본어 투 용어 순화 자료집에 실린 단어 1,100여 개 가운데 여전히 개선되지 않고, 사용 빈도가 높은 표현을 선정했다. 아직도 일부 공문서에서 일본어 투 용어를 사용하고 있어 개선이 필요하다.

일본어 투 용어	권장 표현	일본어 투 용어	권장 표현
가불	선지급	가오	체면/무게
고수부지	둔치	곤조	고집/근성
기스	㉠	단도리	㉡
나와바리	㉢	땡땡이	㉣
망년회	㉤	유도리	㉥

⇨

06

다음 〈한글 맞춤법 조항〉을 바탕으로 〈문서 자료〉의 밑줄 친 부분을 〈조건〉에 맞게 고쳐 쓰시오. [30점]

조건
1. 〈보기 1〉의 밑줄 친 부분에서 띄어쓰기가 잘못된 것을 찾아 기호를 제시하고 다음 예와 같이 수정할 것
    예 (가)-㉠ 아는것 → 아는∨것 또는 아는것 → 아는 것
2. 〈보기 2〉는 잘못된 표기를 기호와 함께 제시하고 다음 예와 같이 수정할 것
    예 (나)-㉠ 믿음으로 → 믿으므로

〈한글맞춤법 조항〉	〈문서 자료〉

제5장 띄어쓰기
제42항 의존 명사는 띄어 쓴다.
예 아는 것이 힘이다. / 아는 이를 만났다. / 그가 떠난 지가 오래다.
 	
제6장 그 밖의 것
제56항 '-더라, -던'과 '-든지'는 다음과 같이 적는다.
  2. 물건이나 일의 내용을 가리지 아니하는 뜻을 나타내는 조사와 어미는 '(-)든지'로 적는다.
	〈보기 1〉
	(가) ㉠ 책상 위에 놓인 공책, 신문 들을 가방에 넣다.
	    ㉡ 해결해야 할 사건 들이 너무 많다.
	(나) ㉠ 하나만 알고 둘은 모른다.
	    ㉡ 세 번만에 시험에 합격했다.
	
	〈보기 2〉
	(다) ㉠ 배든지 사과든지 마음대로 먹어라.
	    ㉡ 가던지 오던지 마음대로 해라.

⇨

07

다음 글을 읽고 ㉠~㉥에 들어갈 내용을 기호와 함께 쓰시오. [30점]

> 이탈리아 경제학자 빌프레도 파레토(Vilfredo Pareto)는 19세기 이탈리아에서 상위 20%의 사람들이 전체 부의 80%를 소유하고 있다는 연구를 발표하였다. 이 개념은 파레토 법칙으로 알려지게 되었다. 경영학에서 이 법칙은 품질 경영 전문가 조셉 주란(Joseph M. Juran)에 의해 처음 도입되었다. 예를 들어, 한 회사에서 상위 20%의 고객이 전체 매출의 80%를 차지할 수 있으며, 가장 중요한 20%의 제품이 전체 판매량의 80%를 책임질 수 있다는 것이다.
>
> 구체적인 예로, 한 자동차 회사는 상위 20%의 프리미엄 모델이 전체 매출의 80%를 차지한다는 사실을 발견할 수 있다. 반면 나머지 80%의 보급형 모델은 상대적으로 적은 비율을 차지하지만, 다양한 소비자의 요구를 충족시킨다.
>
> 이와 반대로 인터넷 상거래의 발달로 롱테일 법칙이 주목받기 시작했다. 롱테일 법칙은 파레토 법칙과 반대되는 개념으로, 단기적으로 적은 매출을 내는 다수의 틈새 제품들이 장기적으로는 상당한 매출 기여를 할 수 있음을 설명한다. 전통적인 파레토 법칙에서는 매출의 80%를 차지하는 상위 20%의 제품을 머리(head), 나머지 다수의 제품을 꼬리(tail)라고 부른다. 인터넷 시대에서는 이 꼬리가 길어져 장기적으로 중요한 매출원이 된다.

> 파레토 법칙은 상위 ㉠_____%의 요소가 전체 결과의 ㉡_____%를 차지한다는 개념으로, 기업은 이를 바탕으로 매출에 더 큰 기여를 하는 중요한 고객이나 제품에 집중할 수 있다.
> ㉢_____은/는 매출에서 상위 소수 제품보다는 ㉣_____이/가 장기적으로 더 많은 기여를 할 수 있다는 개념으로, ㉤_____의 발달과 함께 주목받았는데 파레토 법칙의 '머리'와 달리 ㉥'_____'에 해당하는 부분이 길어져서 경제적 가치를 창출하게 된다.

⇨

08

다음 글을 읽고 ㉠~㉥에 들어갈 내용을 기호와 함께 〈조건〉에 맞게 쓰시오. [30점]

조건

1. 제시된 글에서 ㉠과 ㉡, ㉥에 들어갈 내용을 찾아 쓸 것
2. ㉢~㉤은 구체적인 기술 3가지를 쓸 것

> 슈퍼플루이드(Superfluid)는 원래 물리학 용어로, 물체가 움직이는 동안에 방해하는 마찰이 없어 운동 에너지를 잃지 않는 초유동성의 액체 흐름을 말한다. 슈퍼플루이드의 경제학적 의미는 상품과 서비스의 유통 과정에서 생산자와 소비자, 생산자와 판매자 사이에 중개 유통이나 중개 서비스가 개입하지 못함으로써 물류의 흐름이 초스피드로 이루어지는 것을 뜻한다. 이는 거래 과정에서 창출되는 부가가치 등 기존의 가치 사슬(value chain)이 무너진다는 것을 말한다. 즉, 중개 비용, 유통 수수료와 같은 거래 비용이 없어진다는 것이다.
>
> 글로벌 회계 컨설팅 법인인 ○○은 슈퍼플루이드를 비즈니스에 적용하여 새로운 경제 상황을 설명하였다. 4차 산업 혁명 시대에 디지털 기술이 급격히 발달하고 상품과 서비스의 거래 비용이 최소화되면서 원가 구조가 변화하고 중간 과정 없이 수요자와 공급자가 직접 연결될 수 있는 비즈니스 모델이 등장하였다는 것이다.
>
> 구체적인 예로, 블록체인 기술을 통해 거래 당사자 간 중개인이 필요 없게 되면서, 금융 거래나 공급망 관리에서 비용이 대폭 절감되고 있다. 또한 사물 인터넷(IoT) 기술을 통해 제조 공정과 물류 시스템이 실시간으로 연결되고, 로봇 기술을 도입하여 자동화된 생산 시스템이 구축되면서 효율성이 크게 향상되고 있다.
>
> ⇩
>
> (㉠)의 급격한 발달로 인해 상품과 서비스의 (㉡)이/가 최소화되면서 수요자와 공급자가 직접 연결되는 비즈니스 모델이 등장하였다. 원가를 혁신하기 위해 사용되는 (㉢), (㉣), (㉤) 등은 슈퍼플루이드 개념의 비즈니스적 적용을 보여 주는 사례라고 할 수 있다. 이는 디지털 기술이 거래 비용 최소화를 통해 (㉥)을/를 혁신하는 방식이라고 할 수 있다.

⇨

09

다음 글의 ㉠~㉥에 들어갈 내용을 기호와 함께 쓰시오. [30점]

공손성의 원리(정중 어법)는 대화 참여자들이 의사소통 과정에서 상대에게 정중한 표현은 최대화하고, 정중하지 않은 표현은 최소화하라는 원리로, 자기중심적 생각을 상대방의 관점에서 표현하려는 것이며 담화가 상대방에게 미칠 영향을 고려하는 태도의 문제라고 할 수 있다.

요령의 격률은 상대방에게 부담이 되는 표현은 최소화하고 상대방의 이익을 최대화하라는 원리이고, 관용의 격률은 요령의 격률을 화자의 관점에서 말한 것으로 화자 자신에게 혜택을 주는 표현은 최소화하고 자신에게 부담을 주는 표현을 최대화하라는 원리이다. 찬동의 격률은 다른 사람에 대한 비방을 최소화하고 칭찬을 최대화하라는 원리이고, 겸양의 격률은 자신에 대한 칭찬은 최소화하고 자신에 대한 비방을 최대화하라는 것으로, 찬동의 격률을 화자의 관점에서 말하는 원리이다. 동의의 격률은 자신의 의견과 다른 사람의 의견 사이의 다른 점을 최소화하고 자신의 의견과 다른 사람의 의견 사이의 일치점을 최대화하라는 원리이다.

(가) 혜영 씨, 혹시 지금 시간 좀 있으십니까? 아주 잠깐이면 됩니다.
(나) 김 과장님, 제가 잠시 다른 생각을 하고 있었어요. 죄송하지만 한 번만 다시 말씀해 주시겠습니까?

(가)는 (㉠)의 격률에 따라 상대방이 지금 시간이 있을 수도 있고 없을 수도 있다는 가능성을 열어 두고 있고, '(㉡)'(이)라는 표현을 통해서 청자의 부담을 최소화하고 있다. 또 의문문의 형식을 취함으로써 상대방에게 시간이 없다고 대답할 수 있는 선택의 여지를 허용해 줌으로써 부담을 최대한 줄여 주고 있다. (나)는 (㉢)의 격률에 따라 못 들은 책임을 자신의 부주의 탓으로 돌려서 자신의 부담을 (㉣)하는 대신 상대방의 부담을 (㉤)하고 있는 정중한 표현을 사용하고 있다. 공손성의 원리는 의사소통의 목표 달성뿐만 아니라 표면적으로 (㉥)에게 부담을 적게 주고 (㉥)을/를 대우하는 사회적 기능이라는 측면에서 인간관계를 유지하고, 의사소통의 목적을 달성하는 데 효과적이다.

⇨

10
다음은 거리 유지의 원리에 대한 설명이다. ㉠~㉥에 들어갈 내용을 기호와 함께 쓰시오. [30점]

> 사람은 누구나 서로 상반된 욕구를 지닌다. 하나는 다른 사람과 관계를 맺고자 하는 연관성의 욕구이고, 또 다른 하나는 누구에게도 자신의 개인적 욕망을 침해받고 싶어 하지 않는 독립성의 욕구이다. 이 두 가지 욕구 사이에서 균형을 유지하려는 것이 거리 유지의 원리이다.
>
> 미국의 언어학자 로빈 레이코프는 두 가지 욕구 사이의 균형을 유지하려는 원리에 대해 다음과 같은 해결 방법을 제시하고 있다. 첫째, 상대방과의 (㉠)을/를 유지하라는 것, 이는 상대방의 독립성의 욕구를 존중해 줌으로써 상대방을 편안하게 해 주라는 의미이다. 둘째는 상대방에게 (㉡)을/를 주라는 것으로, 상대방으로 하여금 의견을 말하도록 유도하는 것을 말한다. 셋째는 항상 우호적인 태도를 견지하라는 것으로, 상대방과의 연관성을 확보하라는 것이다. 이러한 거리 유지 원리의 핵심은 상대방에게 선택권을 주라는 두 번째 지침에서 찾아볼 수 있는데, 이는 (㉢)와/과 연관성이라는 상반된 욕구 사이에서 균형을 잡고 적절한 거리를 유지할 수 있게 한다. 상대방에게 선택권을 주는 방법은 대개 간접적이고 (㉣)인 표현을 통해 실현된다.
>
> A. 텔레비전 소리 좀 줄여 주세요.
> B. 좀 시끄럽지 않으세요?
>
> A는 명령문의 형태로 발화한 직접 대화 행위이고, B는 우회적 표현으로 의도를 간접적으로 표현한 (㉤) 대화 행위이다. B는 일방적인 명령이 아니라, (㉥) 형식의 간접적 표현으로 상대방에게 선택권을 부여함으로써 강요한다는 인상을 주지 않고 상대방과 우호적 관계를 유지할 수 있다.

⇨

11
다음 글을 읽고 각 사원의 업무 완료 시각을 서울 기준으로 환산하여 날짜와 함께 〈조건〉에 맞게 쓰시오. [30점]

조건
1. 홍 대리와 박 대리는 보고서를 작성·수정 완료할 시각을 쓸 것
2. 김 대리는 박 대리로부터 보고서를 전달받을 시각을 쓸 것

> 홍 대리는 현재 도쿄에 출장을 갔고, 박 대리는 시드니에 출장을 갔다. 두 사람은 각각 출장지에서 수집한 데이터를 바탕으로 '시장 동향 분석 보고서'를 작성하여 서울에 있는 김 대리에게 전달할 계획이다.
>
> 홍 대리: 도쿄에서 보고서를 10월 3일 오후 3시에 완료할 예정입니다. 박 대리님께 바로 보내겠습니다.
> 박 대리: 보고서를 받으면 수정하는 데 약 4시간이 걸릴 것 같습니다. 완료하면 김 대리님께 보내겠습니다.
>
> ▶ 각 사원이 말한 시각은 그들이 체류 중인 곳의 표준시를 기준으로 한다.
> ▶ 각 도시의 표준시는 서울은 GMT+9, 도쿄는 GMT+9, 시드니는 GMT+11이다.
> ▶ GMT(그리니치 평균시. 런던 그리니치 천문대의 자오선상에서의 평균 태양시를 기준으로 하여 전 세계의 지방 표준시를 나타냄.)

⇨

12

다음 자료를 참고하여 ㉠~㉣에 들어갈 값을 기호와 함께 〈조건〉에 맞게 쓰시오. [30점]

조건
1. ㉠, ㉡, ㉣은 지점과 단위를 포함한 값을 함께 쓸 것
2. ㉢은 중앙에 위치한 두 지점의 평균값을 쓸 것

S전자 판매부 김○○ 주임은 8개 지점의 '1. 지점별 분기 판매 실적'을 참고하여 '2. 판매 실적 분석'을 작성하려고 한다.

1. 지점별 분기 판매 실적

(단위: 천 원)

순위	지점	판매 실적
1	강남점	12,000
2	신촌점	11,000
3	강동점	8,000
4	송파점	7,000
5	마포점	6,000
6	서초점	5,000
7	은평점	4,000
8	종로점	3,000

2. 판매 실적 분석
- ☐ 판매 실적 최솟값: ㉠ _____
- ☐ 판매 실적 최댓값: ㉡ _____
- ☐ 판매 실적 중앙값: ㉢ _____
- ☐ 판매 실적 하위 25% 값: ㉣ _____

※참고
- 중앙값: 원 자료 중에서 정확하게 중간에 있는 값으로, 최솟값부터 최댓값까지 순서대로 배열했을 때 중앙에 위치하는 사례의 값
- 평균값: 모든 사례의 수치를 합한 후 총 사례 수로 나눈 값

⇨

13

⊙~ⓒ에 들어갈 문제 유형을 기호와 함께 쓰시오. [30점]

> 기업의 혁신 활동 중에 직면하는 문제로는 발생형 문제, 탐색형 문제, 설정형 문제 등이 있다. 발생형 문제는 문제가 이미 발생한 상황에서 그 원인을 찾아 해결하는 문제이다. 탐색형 문제는 미래에 발생할 수 있는 문제를 예측하고 이에 대응하는 문제이다. 설정형 문제는 현재 상황에서의 문제점을 분석하고 이에 대한 전략을 수립하는 문제이다.
>
> 예를 들어, A가 새로운 시장에 진입할 때 발생할 수 있는 위험 요소를 미리 예측하고 대응 전략을 마련하라는 지시를 받은 경우는 (⊙) 문제에 해당하고, 최근 고객들이 상품에 대한 불만을 제기하고 있어 그 원인을 조사하고 문제를 해결할 방안을 찾아야 하는 경우는 (ⓒ) 문제에 해당한다. 그리고 경쟁사가 새로운 광고 캠페인을 통해 고객층을 넓히면서 자사 제품의 판매가 감소하고 있어 이에 대한 대응 전략을 수립하려 하는 경우는 (ⓒ) 문제에 해당한다.

⇨

14

다음 글에서 ⊙~ⓒ에 들어갈 단어 혹은 의견을 찾아 기호와 함께 쓰시오. [30점]

> 러시아 과학자 슐러 박사가 개발한 트리즈(TRIZ) 기법은 200만 건이 넘는 특허를 분석해 모순을 해결하는 공통의 원리를 찾아낸 것이다. 트리즈 기법에 따르면, 문제 해결 과정은 △이상적인 목표를 설정하고, △현 상태와의 모순을 찾아내어, △주어진 자원을 활용해 해결 방안을 모색하는 순서로 진행된다.
>
> H 게임 회사의 김○○ 대표는 게임 창업 당시 "무료 게임을 제공하여 활용도를 높일 것인가?"와 "유료 게임으로 제공하여 수익을 높일 것인가?"라는 두 가지 (⊙)에 직면했다. 이상적인 목표는 많은 사람이 사용하여 수익을 높이는 것이다. 하지만 무료 게임으로 제공하면 많은 사람이 쓸 수 있으나, 회사 차원에서는 수익 창출이 미비할 것이라는 (ⓒ)이/가 생긴다. 회사 내의 회의를 통해 무료 게임 확대, 유료 게임 확대, 무료 게임 폐지, 부분 유료 게임화, 전면 무료 게임화 등의 의견이 제시되었다.
>
> 김 대표는 여러 의견에 대해 고민하다가, 비행기를 타고 가면서 문제를 해결하였다. 김 대표는 항공사의 기본 좌석과 비즈니스 좌석의 차이에서 아이디어를 얻었다. 항공기 좌석은 이코노미석에 금액을 추가하면 서비스를 더 받을 수 있는 비즈니스 좌석을 이용할 수 있다. 그는 이를 활용하여 여러 의견 중에서 가장 적절한 수익 모델을 설계했고, (ⓒ)을/를 통해 사용자들의 접근성을 높이면서도 안정적인 수익을 창출하는 데 기여하여 회사의 성공적인 성장을 이끌었다.

⇨

15

다음 글의 ㉠~㉥에 들어갈 내용을 기호와 함께 쓰시오. (단, 중복 답안이 있을 수 있음) [30점]

체온 측정 기기의 정확도는 여러 요인에 따라 달라지는데, 이 중 가장 중요한 것은 민감도와 특이도이다. 민감도는 고열이 있을 때 기기가 이를 고열로 판정한 비율을 말하고, 특이도는 정상 체온일 때 기기가 이를 정상으로 판정한 비율을 의미한다. 측정 오차로 인해 고열임에도 정상으로 나오는 경우를 위음성이라 하고, 정상 체온임에도 고열로 나오는 경우를 위양성이라고 한다. 반대로, 정확한 판정을 할 경우 고열을 진양성, 정상 체온을 진음성이라고 한다.

박 대리는 매일 아침 체온 측정기를 사용하여 체온을 측정했는데, 5일 연속 정상 체온으로 나타났다. 하지만 몸이 계속 불편하여 병원을 방문한 결과, 발열이 있는 것으로 진단되었다. 반면, 김 과장은 체온 측정기로 고열이 측정되었지만, 병원에서 정밀 검사를 받은 결과는 정상 체온이었다. 박 대리의 경우 발열이 있었지만 음성으로 판정되었으므로 (㉠)(이)고, 김 과장의 경우는 실제로 발열이 없었지만 양성으로 판정되었으므로 (㉡)에 해당한다. 검사에서 질병이 있는 사람들 중 검사에서 양성으로 판정되는 비율을 (㉢)(이)라고 하고, 실제로 질병이 없는 사람이 검사에서 질병이 없다고 판정될 확률을 (㉣)(이)라고 한다. 만약 박 대리가 사용한 체온 측정기의 (㉤)이/가 낮다면 검사에서 질병이 있는 사람을 놓칠 가능성이 높아지고, 김 과장의 체온 측정기의 (㉥)이/가 낮다면 실제로 질병이 없는 사람에게 불필요한 추가 검사나 치료를 받게 할 수 있다.

⇨

16

다음 글에서 ㉠~㉢에 들어갈 내용을 찾아 기호와 함께 〈조건〉에 맞게 쓰시오. [30점]

조건 ㉠은 2어절, ㉡과 ㉢은 3어절로 쓸 것

지난해 환경부는 공기 질 개선을 위해 사용하는 특정 유형의 공기 청정기 필터가 오히려 실내 공기 질에 부정적인 영향을 미칠 수 있다는 연구 결과를 발표했다. 이 연구에 따르면, 오래된 필터는 공기 중의 오염 물질을 효과적으로 제거하기보다는 오히려 먼지를 축적하여 실내 공기를 악화시킬 수 있다. 환경부는 이러한 문제를 해결하기 위해, 해당 필터의 (㉠)을/를 명확히 정하고, 필터를 정기적으로 교체할 것을 권장하기로 했다. 필터는 시간이 지남에 따라 효과가 감소하므로, 정해진 주기를 준수하는 것이 중요하기 때문이다. 실제로 유럽 환경청도 공기 청정기 필터의 교체 가이드라인을 강화했으며, 일부 국가에서는 규정을 초과한 사용으로 인해 실내 공기 질이 악화된 사례가 보고되었다. 이를 통해 필터 교체의 필요성이 더욱 부각되고 있다.

국내 대응 방안으로, 환경부는 (㉡)을/를 6개월로 정하고, 일정 기간이 지나면 자동으로 교체 시점을 알리는 알림 기능을 포함하도록 제조사에 권고했다. 이를 통해 소비자들이 필터의 상태를 쉽게 확인하고 제때 교체할 수 있도록 하려는 것이다. 또한 제품명에 '정기 교체 필터'라고 표기하고, 경고 문구를 통해 (㉢)의 중요성을 소비자가 쉽게 인식할 수 있도록 붉은색 배경에 표시하기로 했다. 관련 전문가들은 이와 같은 변화가 실내 공기 질 유지에 필수적임을 강조하며 사용자들에게 규정된 교체 주기를 안내할 예정이다.

⇨

17
다음 글을 참고하여 ㉠, ㉡에 대한 평가를 '~ 때문에 ~을(를) 위반하였다.'의 문장 형식으로 기호와 함께 각각 한 문장으로 쓰시오. [30점]

> 글쓰기 윤리는 개인이 글을 작성할 때 지켜야 할 도리로, 거짓이나 과장을 피하고 진실하게 표현해야 함을 의미한다. 타인의 창작물을 무단으로 사용하며 출처를 명시하지 않는 행위는 사회적 차원의 윤리 위반이다. 또한 연구 결과를 조작하거나 왜곡하는 행위는 개인적 차원의 윤리를 위반한 것으로, 연구의 신뢰성을 해치게 된다.

> ㉠ 연구원 A는 연구 성과를 높이기 위해 실험 결과를 조작하여 학술지에 발표하였다.
> ㉡ 유명 블로거인 B는 다른 사용자의 블로그 글을 그대로 복사하여 자신의 블로그에 게시하였다.

⇨

18
㉠~㉢에 들어갈 단어를 기호와 함께 〈조건〉에 맞게 쓰시오. [30점]

조건 ㉠~㉥은 다음 글을 바탕으로 쓸 것(단, 중복 답안이 있을 수 있음)

> 저작권법은 사람들이 창작한 (㉠)에 대한 권리를 보호하는 법이다. 소설, 음악, 그림 등 다양한 창작물이 이에 해당된다. 만약 A가 쓴 소설을 다른 사람이 허락 없이 복제하여 판매한다면, 이는 A의 (㉡)을/를 침해하는 행위이다.
> 저작권은 창작자에게 저작물을 복제하거나 다른 사람에게 복제를 허락하고, 저작물을 공개적으로 공연하거나 방송하는 등의 방법으로 이용할 수 있는 독점적인 권리를 부여한다. 즉 저작권자는 자신의 저작물을 (㉢) 또는 배포하거나 공연하는 등의 다양한 방법으로 이용할 수 있는 권리를 가진다. 이러한 권리를 침해하는 것은 저작권 침해에 해당한다.
>
> A는 자신이 쓴 소설 '별이 빛나는 밤에'를 출판하려고 한다. A는 출판사 B와 계약을 체결하면서, 소설 '별이 빛나는 밤에'에 대한 (㉣)을/를 B 출판사에 부여했다. 이는 B 출판사가 소설을 책으로 만들어 판매할 수 있는 출판과 관련한 권리를 의미한다.
> 그런데 C가 A의 소설 '별이 빛나는 밤에'의 일부를 자신의 블로그에 무단으로 게재했다. 이는 A의 (㉤)을/를 침해하는 행위이다. 즉 C가 A의 허락 없이 소설을 복제하여 공개한 행위는 (㉥) 위반에 해당된다.

⇨

19

다음 글을 바탕으로 ㉠~㉢에 들어갈 내용을 기호와 함께 쓰시오. [30점]

공공 저작물에 특화된 자유 이용 허락 표시 제도인 '공공누리'는 국가나 지방 자치 단체에서 업무상 작성하여 공표한 저작물과 계약에 따라 저작 재산권의 전부를 보유한 저작물을 국민 누구나 별도의 이용 허락 없이 자유롭게 이용할 수 있는 제도이다. 공공누리의 마크 유형은 4가지로 구분할 수 있다. 출처 표시, 변경 금지, 상업적 이용 금지를 바탕으로 총4가지의 이용 허락 유형을 설정하였으며, 저작물의 출처 표시는 모든 유형에서 필수 사항이다.

제1유형	OPEN 공공누리 공공저작물 자유이용허락 (출처표시)	출처 표시 상업. 비상업적 이용 가능 변형 등 2차적 저작물 작성 가능
제2유형	OPEN 공공누리 공공저작물 자유이용허락 (출처표시, 상업용금지)	(㉠) 상업적 이용 금지 변형 등 2차적 저작물 작성 가능
제3유형	OPEN 공공누리 공공저작물 자유이용허락 (출처표시, 변경금지)	출처 표시 (㉡) 이용 가능 변형 등 2차적 저작물 작성 금지
제4유형	OPEN 공공누리 공공저작물 자유이용허락 (출처표시, 상업용금지, 변경금지)	출처 표시 상업적 이용 금지 (㉢)

⇨

20

다음 글을 읽고 ㉠을 출처 표시 형식에 맞게 쓰시오. [30점]

표절은 일반적 지식이 아닌 타인의 독창적인 아이디어 또는 창작물을 적절한 출처 표시 없이 활용함으로써, 제3자에게 자신의 창작물인 것처럼 인식하게 하는 행위를 말한다. 인용은 타인의 아이디어나 저작물을 적절한 인용 부호를 사용하여 출처를 명확히 밝히면서 이용하는 것을 말한다. 인용한 내용의 출처를 밝힐 때에는 원칙이 있다. 일반적으로 저자, 글 제목, 책 이름, 출판사, 출판 연도, 인용한 면을 제시한다. 글의 제목은 「 」이나 〈 〉, 책의 이름은 『 』, 《 》의 기호를 사용한다.

㉠ 이영택 박사는 2022년에 '독서평설'이라는 월간지에 '탈진실 시대와 가짜 뉴스'라는 글을 썼다.

⇨

기출유형 36 서술형

서술형 50점

50점 배점의 문항은 글쓰기의 실제(직무 글쓰기)에 관한 내용이 한 문제 출제된다. 공문서, 기안서, 품의서 등 여러 문서를 자료로 하여 어절 또는 문장 단위의 쓰기를 요구한다. 출제 관점은 객관식 문항에서 출제되는 '글쓰기의 실제'와 유사하나 서술형이라는 점에서 차이가 있다. 출제 문항에서 요구하는 어절이나 문장은 자료 분석을 통해 쉽게 파악할 수 있으므로 자료를 분석하는 연습을 해야 한다.

대표 예제

01
다음 글을 읽고 안내문의 문장을 작성하려고 한다. (가)~(마)에 들어갈 내용을 각각 3어절로 기호와 함께 쓰시오. [50점]

> 지방이 많은 음식이나 가공식품을 자주 섭취하면 체내 지방이 축적될 수 있다. 건강한 체중 관리를 위해서는 이들 음식의 **섭취를 줄이는 것이** 바람직하다. 지방 섭취가 줄어들면 몸은 에너지를 얻기 위해 먼저 탄수화물과 단백질을 사용한다. 단백질 섭취를 늘리면 근육 유지에 도움을 줄 수 있다. 체중 1kg당 1.5~2.0g의 단백질 섭취를 권장한다. 또한, 심박수를 높이는 유산소 운동을 30분 이상 **하는 것이** 좋다. 유산소 운동은 지방 연소에 효과적이다. 마찬가지로, **웨이트 트레이닝을** 병행하면 근육량을 늘릴 수 있어 기초대사량을 높일 수 있다. 특히, 규칙적인 운동 후에는 단백질 보충제를 섭취하는 것이 좋다. 단식을 통해 체내 에너지원의 변화를 이끌어 내면 건강에 도움이 된다. 전문가들은 "단식 후 16시간의 공복을 유지하면 체중 감량에 효과적이다."라고 조언한다.

내장 지방을 빼는 방법
(가) _____
(나) _____
(다) _____
(라) _____
(마) _____

⇨

> 서술형 문제는 제시된 자료나 글을 분석하면, 답안으로 쓸 단어나 어절, 문장을 찾을 수 있다. 실용글쓰기 시험은 제시된 자료나 글에서 요구하는 내용을 찾을 수 있다.

02

다음 기사문의 (가)에 들어갈 전문을 기사 내용을 고려하여 〈조건〉에 맞게 3문장으로 쓰시오. [50점]

조건
1. '현황, 훼손 원인, 대책' 순서로 쓸 것
2. 첫 번째 문장은 '최근 ~ 줄었나.'로 8어절 이하, 두 번째 문장은 '내부분 ~ 훼손되었나.'로 6어절 이하, 세 번째 문장은 '환경부는 ~ 검토하겠다고 밝혔다.'로 10어절 이하로 쓸 것

최근 도시 녹지 면적 감소…대책 시급

(가) _____
_____
_____

　환경부가 발표한 최근 조사에 따르면, 지난 5년간 전국 주요 도시의 녹지 면적이 15% 이상 감소한 것으로 나타났다. 녹지 감소의 주요 원인은 도로 확장 및 주택 개발과 같은 도시 개발 계획으로 분석되었다. 녹지 공간이 줄어들면서 도시의 미세 먼지 농도가 증가하고, 여름철 도심의 기온이 상승하는 등 환경적 문제가 발생하고 있다.

　전문가들은 도시 내 녹지 보전과 확충이 필요하다고 주장하며, 정부가 보다 적극적인 대책을 마련해야 한다고 강조하고 있다. 이에 환경부는 도시 녹지 보호와 관련한 정책을 강화하고, 도심 속 공원을 확대하는 등 녹지 확충 방안을 검토하겠다고 밝혔다.

○○일보. ○월 ○일.

> 서술형 문제는 〈조건〉에 따라 자료의 핵심어나 구절을 중심으로 문장을 완성해야 한다. 불필요한 단어나 구절은 삭제하고, 〈조건〉에서 요구하는 형식(어절 수)을 지켜야 한다.

⇨ _____
_____

예시 답안

01 제시된 글에서는 지방 섭취를 줄이는 것이 중요하다는 점을 강조하고, 근육 유지와 관련하여 단백질 섭취를 늘리는 것을 권장하고 있다. 또 유산소 운동과 웨이트 트레이닝을 병행할 것을 제안하고, 단식의 중요성을 언급하고 있다.

02 첫 번째 문장의 '현황'은 '최근'으로 시작하여 주요 도시의 녹지 면적이 15% 감소한 사실을 어절 수에 맞게 제시한다. 두 번째 문장의 '훼손 원인'은 6어절이라는 조건에 따르기 위해 '도시 개발 계획'은 삭제하고, 그 구체적인 원인에 해당하는 '도로 확장 및 주택 개발'을 제시하여야 한다. 세 번째 문장은 '10어절 이하'라는 조건에 따르기 위해 '도시 녹지 보호와 관련한 정책을 강화하고'에서 핵심인 '녹지 보호 정책 강화'를, '도심 속 공원을 확대하는 등 녹지 확충 방안을 검토'하겠다는 내용에서 '녹지 확충 방안 검토'를 이끌어내야 한다.

정답 | 01 (가) 지방 섭취를 줄인다. (나) 단백질 섭취를 늘린다. (다) 유산소 운동을 한다. (라) 웨이트 트레이닝을 한다. (마) 단식을 한다.
02 (가) 최근 5년간 전국 도시 녹지 면적이 15% 줄었다. 대부분 도로 확장과 주택 개발로 훼손되었다. 환경부는 녹지 보호 정책을 강화하고 녹지 확충 방안을 검토하겠다고 밝혔다.

기출변형문제로 실전 훈련하기

서술형

|정답과 해설 33쪽|

01

다음 스마트폰 앱 사용 설명서를 작성하려고 할 때, 주의 사항의 ㉠~㉢에 들어갈 내용을 기호와 함께 〈조건〉에 맞게 쓰시오.

[50점]

조건 ㉠과 ㉡은 6어절, ㉢은 8어절, ㉣은 5어절, ㉤은 2어절로 쓸 것

스마트폰 앱 사용 설명서

- 알림 설정: 앱 설정에서 알림 수신 여부, 알림 소리, 배지 표시 등을 세밀하게 조정할 수 있습니다.
- 데이터 저장: 앱에서 생성된 데이터는 기기 내부 저장소와 클라우드에 분리되어 저장됩니다.
- 배터리 소모: 앱의 백그라운드 실행, 위치 정보 사용, 화면 밝기 등이 배터리 소모량에 영향을 미칩니다.
- 업데이트: 앱은 자동 업데이트 기능을 지원하며, 수동으로 업데이트를 확인하고 설치할 수도 있습니다.
- 오프라인 사용: 일부 기능은 오프라인 모드를 설정하면 오프라인 상태에서 사용 가능하며, 데이터를 절약할 수 있습니다.
- 계정 연동: 다른 서비스와 계정 연동을 통해 데이터를 동기화하고 편의 기능을 이용할 수 있습니다.
- 권한 설정: 앱이 사용하는 카메라, 마이크, 연락처 등의 권한을 설정하여 개인 정보를 보호할 수 있습니다.

[제품 사용 시 주의 사항]
Q. 앱 알림이 계속 울려서 불편해요. 어떻게 해야 할까요?
A. (㉠   ) 알림 빈도를 줄일 수 있습니다.
Q. 앱에서 작성한 글이 사라졌어요. 어떻게 찾을 수 있나요?
A. 앱에서 생성된 데이터는 (㉡   ) 저장 위치를 확인해 보세요.
Q. 앱을 사용하면 배터리가 너무 빨리 닳아요. 어떻게 해야 하나요?
A. (㉢   )와/과 같은 설정을 변경하면 배터리 소모량을 줄일 수 있습니다.
Q. 앱을 최신 버전으로 유지하고 싶어요. 어떻게 해야 할까요?
A. 앱은 자동 업데이트 기능을 지원하지만, 앱 스토어를 통해 수동으로 업데이트를 확인하고 설치할 수도 있습니다.
Q. 인터넷이 안 되는 곳에서도 앱을 사용하고 싶어요. 어떻게 해야 할까요?
A. (㉣   ) 오프라인 상태에서도 사용할 수 있습니다.
Q. 앱에서 개인 정보를 보호하려면 어떻게 해야 할까요?
A. 앱이 사용하는 (㉤   ) 개인 정보 유출을 방지할 수 있습니다.

⇨

㉠ 스마트 시티 구축
㉡ 인공 지능 기술을 통해 도시의 안전을 강화하자.
㉢ 빅 데이터 분석을 통해 효과적인 정책을 수립하자.
㉣ 시민 참여 플랫폼 구축을 통해 공동체 의식을 높이자.
㉤ 강력한 사이버 보안 시스템을 통해 개인 정보를 보호하자.

03

다음 글을 읽고 의료용 ○○기에 관한 기술 문서를 작성하려고 한다. ㉠~㉣에 들어갈 내용을 기호와 함께 〈조건〉에 맞게 쓰시오.

[50점]

조건 ㉠은 6어절, ㉡은 8어절, ㉢과 ㉣은 7어절 이내로 쓸 것.

> 의료용 ○○기는 의료 절차 중 정확한 데이터를 제공하는 장비로, 정확한 작동과 안전한 사용이 필수적이다. 이 기구를 사용하기 전에는 몇 가지 주의할 점이 있다. 우선 기구가 올바르게 작동하는지 확인해야 하며, 작동 중에 과열 여부를 점검해야 한다. 사용 후에는 반드시 기구를 깨끗이 세척하여 보관해야 한다. 보관 시에는 고온 다습한 환경을 피해야 하며, 건조한 곳에 보관하는 것이 적절하다. 사용 중 기구가 손상되지 않도록 조심해야 하며, 만약 기구에 결함이 있을 경우 즉시 사용을 중지하고 전문가에게 점검을 요청해야 한다. 더불어 사용자가 보호 장비를 착용하여 기구 사용 중 발생할 수 있는 부상을 방지하는 것도 중요하다.
>
> **의료용 ○○기**
> 제품명: 의료용 ○○기(DEF-5678)
> - 생략 -
> **사용 방법**
> 가) 사용 전에 해야 할 일
> ① 기구가 정상 작동하는지 확인해야 한다.
> ② (㉠   )
> 나) 사용 후 보관 방법
> ① 사용 후 기구를 깨끗하게 세척한다.
> ② (㉡   )
> 다) 사용 시 주의 사항
> ① 기구가 손상되지 않도록 조심해야 한다.
> ② 기구에 결함이 있는 경우에 (㉢   )
> ③ (㉣   )

⇨

04

자동 심장 충격기 사용법을 홍보하기 위한 글을 쓰려고 한다. 〈보기〉의 핵심어를 활용하여 ㉠~㉣에 들어갈 내용을 기호와 함께 〈조건〉에 맞게 쓰시오. [50점]

조건 ㉠은 5어절, ㉡은 4어절, ㉢과 ㉣은 4어절로 쓸 것

―| 보기 |―
심장 리듬 분석, 전기 충격기, 환자의 가슴에 패드 부착, 전원 버튼 누르기, 음성 안내에 따르기, 심폐 소생술 계속, 응급 처치 진행

[자동 심장 충격기 사용법]
1단계 전원 켜기: 전원 버튼을 누르면 음성이 나오며 절차를 안내하니 당황하지 말고 기다린다.
2단계 패드 부착: _____㉠_____. 패드를 부착하면서도 심폐 소생술을 멈추지 않는다.
3단계 심장 리듬 분석: _____㉡_____ 환자와의 접촉을 피해야 한다.
4단계 전기 심장 충격기가 충전된 후, 전기 충격 버튼을 누르라는 지시가 나온다. 이때 주위에 있는 사람들에게 다시 한번 환자와 떨어져 있도록 주의를 준다. 그리고 전기 충격이 필요한 경우 _____㉢_____.
5단계 반복: 환자가 소생하거나 119가 도착할 때까지 심폐 소생술을 계속하고 _____㉣_____ 하면서 이 과정을 계속 반복한다.

⇨

기출유형 37 서술형

서술형 100점

100점 배점의 문항은 글쓰기의 실제(직무 글쓰기)와 관련된 내용으로, 두 문제가 출제된다. 글쓰기의 실제에 관한 내용이 출제 범위라는 점은 50점 배점의 문항과 같지만, 〈조건〉의 수가 더 많고 그에 따라 내용도 길다. 실용글쓰기 시험은 요구하는 답안의 90% 이상이 주어진 자료에 제시되어 있으므로 자료를 근거로 하여 〈조건〉에 충실하게 답안을 구성하는 연습을 해야한다.

대표 예제

△△환경 연구소 신입 박○○ 연구원은 탄소 포집 기술에 관한 문서를 읽고 요약하고자 한다. 다음 글을 읽고 요약문을 〈조건〉에 맞게 세 문장으로 쓰시오. [100점]

조건
1. 첫 문장은 '탄소 포집 기술의 목적과 원리'를 'A을/를 위해 B하여 C하는 것을 목표로 한다.'의 형식으로 작성하되, B에 해당하는 포집 원리를 구체적으로 제시할 것
2. 두 번째 문장은 '탄소 포집 기술의 장점' 세 가지를 한 문장으로 쓰고, 세 번째 문장은 '탄소 포집 기술의 단점'의 세 가지를 한 문장으로 쓸 것
3. 글의 분량은 240자 이내로 서술하되, 주어진 답안지를 벗어나지 않도록 할 것

> 탄소 포집 기술은 대기 중 이산화 탄소(CO_2) 농도를 줄이기 위해 개발된 방법으로, 이산화 탄소를 효율적으로 포집하여 대기로의 배출을 방지하는 데 초점을 맞춘다. 이 기술의 기본 원리는 발전소나 산업 공정에서 발생하는 이산화 탄소를 고온 및 고압의 환경에서 화학적 흡수 또는 물리적 흡수 방식으로 분리하는 것이다. 이 과정을 통해 포집된 이산화 탄소는 지하에 저장하거나 산업적으로 활용할 수 있으며, 이를 통해 기후 변화의 주범인 온실가스를 줄이는 데 기여한다.
>
> 탄소 포집 기술은 대기 중 이산화 탄소 농도를 낮춰 기후 변화에 효과적으로 대응하여 지구 온난화를 완화할 수 있다. 또한, 화석 연료 기반 발전소나 산업 공정에 적용하여 탄소 배출량을 줄이면서도 기존 산업 구조를 유지하고 친환경 전환을 이루는 기회를 제공한다. 그리고 포집된 이산화 탄소는 재활용하거나 활용 가능성이 높아 경제적 가치를 창출할 수도 있다.
>
> 반면, 탄소 포집 기술은 여러 단점을 안고 있다. 첫째, 포집 및 저장 시설의 설치 및 운영 비용이 상당히 높아 초기 투자 부담이 크다. 둘째, 포집 과정에서 에너지를 많이 소모하게 되어 전체적인 에너지 효율성이 저하될 수 있다. 셋째, 이산화 탄소 저장 공간이 제한적이며, 장기적인 저장 안전성에 대한 우려도 존재한다. 이러한 문제로 인해 많은 국가에서 탄소 포집 기술의 상용화에 어려움을 겪고 있다.

〈조건〉을 보면, 세 가지의 내용을 제시해야 한다. 일반적으로 문제에서 요구하는 내용이 한 문단에 하나씩 제시되어 있다. 따라서 '탄소 포집 기술의 목적과 원리'는 1문단, '탄소 포집 기술의 장점'은 2문단, '탄소 포집 기술의 단점'은 3문단에서 찾으면 된다.

〈조건 1〉의 A와 C의 내용은 첫 번째 문장에 제시되어 있고, B는 두 번째 문장에 제시되어 있다.

탄소 포집 기술의 장점은 지구 온난화를 완화하여 기후 변화에 효과적으로 대응할 수 있다는 점, 기존 산업 구조 유지와 친환경 전환의 기회 제공, 경제적 가치 창출을 들 수 있다. '탄소 배출량을 줄이면서도'는 '이산화 탄소 농도를 낮춰'와 의미상 중복되므로 중요한 구절만을 중심으로 요약이 이루어져야 한다.

탄소 포집 기술의 단점은 세 번째 문단에 제시되어 있는데, 불필요한 부분을 삭제하고 순서대로 요약하면 된다.

⇨

> **예시 답안** 탄소 포집 기술은 대기 중 이산화 탄소(CO_2) 농도를 줄이기 위해 이산화 탄소를 고온 및 고압의 환경에서 화학적 흡수 또는 물리적 흡수 방식으로 분리하여 대기로의 배출을 방지하는 것을 목표로 한다. 탄소 포집 기술은 지구 온난화를 완화할 수 있고, 탄소 배출량 감소와 기존 산업 구조의 친환경 전환을 지원하며, 재활용하거나 활용 가능성이 높아 경제적 가치를 창출할 수 있다. 하지만 탄소 포집 기술은 높은 초기 투자 비용, 에너지 효율성 저하, 제한된 저장 공간 및 장기적인 저장 안전성 우려 등 여러 단점을 안고 있다.

해결 전략 서술형 100점 풀이 분석

일반적으로 문단마다 문제의 〈조건〉에서 요구하는 내용이 하나씩 제시되어 있다. 이 문제도 〈조건〉에서 요구하는 내용을 각각 문단에서 찾으면 된다. 첫째 조건은 첫 문장을 '탄소 포집 기술의 목적과 원리'를 'A을/를 위해 B하여 C하는 것을 목표로 한다.'의 형식으로 작성하되, B에 해당하는 원리를 구체적으로 제시하라는 것이다. 여기서 A는 '문제'나 '원인'과 관련되며, 이를 해결하기 위해 탄소 포집 기술의 B에 해당하는 '원리'를 통해 C하는 것을 목표로 함을 읽어 내야 한다.

> 탄소 포집 기술은 대기 중 이산화 탄소(CO_2) 농도를 줄이기 위해 개발된 방법으로, 이산화 탄소를 효율적으로 포집하여 대기로의 배출을 방지하는 데 초점을 맞춘다. 이 기술의 기본 원리는 발전소나 산업 공정에서 발생하는 이산화 탄소를 고온 및 고압의 환경에서 화학적 흡수 또는 물리적 흡수 방식으로 분리하는 것이다. 이 과정을 통해 포집된 이산화 탄소는 지하에 저장하거나 산업적으로 활용할 수 있으며, 이를 통해 기후 변화의 주범인 온실 가스를 줄이는 데 기여한다.

A에 해당하는 문제는 '대기 중 이산화 탄소 농도'이다. 이를 줄이기 위해 탄소 포집 기술은 어떤 원리로 문제를 해결하는지를 고민할 필요가 있다. 구체적인 원리는 '이산화 탄소를 효율적으로 포집'하기 위한 방법과 관련되므로, '이산화 탄소를 고온 및 고압의 환경에서 화학적 흡수 또는 물리적 흡수 방식으로 분리'하는 것이 그 원리에 해당한다.

> 탄소 포집 기술의 가장 큰 장점은 대기 중 이산화 탄소 농도를 낮춰 기후 변화에 효과적으로 대응하여 지구 온난화를 완화할 수 있다는 것이다. 또한, 화석 연료 기반 발전소나 산업 공정에 적용하여 탄소 배출량을 줄이면서 기존 산업 구조를 유지하고 친환경 전환을 이루는 기회를 제공한다. 그리고 포집된 이산화 탄소는 재활용하거나, 활용 가능성이 높아 경제적 가치를 창출할 수도 있다.

두 번째 조건의 내용은 두 번째 문단에서 찾을 수 있다. 장점 세 가지는 다음과 같다. 먼저 '지구 온난화 완화'로 '기후 변화에 효과적으로 대응'할 수 있다는 점이다. 이를 묶어서 '지구 온난화를 완화하여 기후 변화에 대응'한다는 점을 이끌어 내야 한다. 두 번째 장점은 '탄소 배출량 감소'와 '기존 산업 구조의 친환경 전환을 이루는 기회 제공'이다. 만약 '친환경 전환을 이루는 기회 제공'만 쓴다면 '무엇을'에 해당하는 문장 성분이 누락되므로 '기존 산업 구조'를 넣어야 문장이 바르게 성립된다. 세 번째 장점은 '재활용하거나 활용 가능성이 높아 경제적 가치를 창출할 수 있다는 것'이다.

> 반면, 탄소 포집 기술은 여러 단점을 안고 있다. 첫째, 포집 및 저장 시설의 설치 및 운영 비용이 상당히 높아 초기 투자 부담이 크다. 둘째, 포집 과정에서 에너지를 많이 소모하게 되어 전체적인 에너지 효율성이 저하될 수 있다. 셋째, 이산화 탄소 저장 공간이 제한적이며, 장기적인 저장 안전성에 대한 우려도 존재한다. 이러한 문제로 인해 많은 국가에서 탄소 포집 기술의 상용화에 어려움을 겪고 있다.

'탄소 포집 기술의 단점'은 하나의 문장으로 써야 하므로 불필요한 내용을 배제하고 핵심만을 파악해야 한다. 따라서 '초기 투자 부담이 크다'를 그대로 쓰는 것이 아니라, '높은 초기 투자 부담'처럼 명사형으로 바꾸어야 한다. 그리고 '이산화 탄소 저장 공간이 제한적이며'와 '장기적 저장 안전성 우려' 등의 표현처럼 간결하게 수정하여 전체적으로 자연스러운 한 문장을 완성하여야 한다.

기출변형문제로 실전 훈련하기

|정답과 해설 34쪽|

서술형

01
다음 글을 참고하여 기안서의 ㉠~㉺에 들어갈 내용을 기호와 함께 〈조건〉에 맞게 쓰시오. [100점]

조건
1. ㉠은 7어절, ㉡과 ㉢은 6어절, ㉣은 4어절, ㉤과 ㉥은 2어절로 쓸 것
2. ㉺은 '끝' 표시를 포함하여 ㉹와 같이 띄어쓰기를 표시하여 쓸 것 ㉹ ○○∨지원∨신청 수∨1부.∨∨끝.

한국 ○○ 공단이 '2027년 하반기 친환경 시설 자금 지원 사업 시행 계획'을 확정했습니다. 이번 지원 사업은 친환경 설비 확충을 위해 지원 규모를 전년도 대비 20억 원 증가한 총 70억 원으로 설정했습니다. 기업당 최대 지원 한도는 5억 원이며, 금리는 연 1.5%로 고정하여 안정적인 자금 조달이 가능하도록 했습니다. 이번 사업은 국내에 사업장을 둔 기업이라면 누구나 지원서를 통해 신청할 수 있으며, 상환 조건은 2년 거치, 5년 균등 분할 상환입니다. 또한 중도 상환 시 수수료가 없어 조기 상환에 대한 부담이 없습니다. 신청 기간은 2025년 9월 1일부터 10월 31일까지입니다.

[기안서]

한국 ○○ 공단

수신: ○○기업 담당자
참조: ○○부서
(경유) ○○부서장

(㉠   ) 안내

  귀사의 무궁한 발전을 기원합니다.
  한국 ○○ 공단에서는 국내 기업의 친환경 설비 투자를 지원하여 탄소 중립 목표 달성에 기여하고, 기업의 환경 경쟁력을 강화하여 지속 가능한 발전을 이루고자 아래와 같이 '2027년 하반기 친환경 시설 자금 지원 사업'을 시행합니다.

1. 사업 목적: (㉡   )
2. 지원 대상: (㉢   )
3. 지원 내용
  - 기업당 최대 5억 원 지원
  - (㉣): 연 1.5% (고정 금리)
  - (㉤): (㉥   )
4. 지원 가능 설비: 고효율 모터, 태양광 발전 설비, 폐수 처리 시설 등
5. 신청 기간: 2025년 9월 1일부터 10월 31일까지
6. 신청 방법 및 제출 서류: 붙임의 신청서를 작성하여 제출해 주시기 바랍니다.

붙임 (㉺   )

02

다음 글을 바탕으로 '호두 농산물 구매 활성화'를 위한 홍보문 초안을 작성하고자 한다. ㉠~㉠에 들어갈 내용을 기호와 함께 〈조건〉에 맞게 쓰시오. [100점]

조건

1. ㉠은 4어절, ㉡은 10어절, ㉢과 ㉤은 7어절, ㉣은 8어절, ㉥은 6어절로 쓸 것
2. ㉣은 '~의 위험이 있으므로 ~이하 섭취를 권장합니다.'의 형식으로 쓰되, 권장량은 개수를 제시하지 말 것

> 호두는 고지방, 고단백 식품으로 100g당 밥 두 공기의 칼로리를 가지고 있으며 다양한 영양 성분이 들어 있어 건강 식품으로 인기가 많다. 호두에는 14종의 비타민과 28종의 무기질이 포함되어 있으며, 항산화 성분인 비타민 E가 풍부해 노화 방지와 피부 미용, 두뇌 건강에 좋고, 오메가-3 지방산이 함유되어 있어 심장 건강에 유익하다. 특히 불포화 지방산이 풍부하여 콜레스테롤 수치를 낮추고 동맥 경화 예방에 도움을 준다. 또 호두는 견과류 중에서 특히 레시틴과 엽산이 많아 아이들의 뇌 발달에도 긍정적인 영향을 줄 수 있다. 하루에 약 30g(8-10개)의 호두를 섭취하는 것이 권장되며, 과다 섭취 시 소화 불량이나 체중 증가를 초래할 수 있다.
>
> 섭취 시 유의해야 할 점으로는 호두 알레르기가 있는 경우 즉시 섭취를 중단하고 의료 기관을 방문해야 하며, 호두는 껍질이 있는 상태로 밀봉해 서늘한 곳에 보관하는 것이 좋다. 껍질을 벗긴 호두는 밀봉하여 냉장고에 보관하면 신선함을 오래 유지할 수 있다. 생호두는 미지근한 물에 담가 껍질을 불린 후 벗겨 사용하고, 풋호두는 겉껍질을 벗기지 않고 찌거나 삶아 다양한 요리에 활용할 수 있다.

[홍보문 초안-'호두 농산물 구매 활성화']

호두, 제대로 알고 제대로 먹어요!

호두는 ㉠ _____ (으)로 풍부한 영양을 제공합니다.

호두의 효능
- 비타민 E가 풍부해 노화 방지, 피부 미용, 두뇌 건강에 좋습니다.
- 오메가-3 지방산이 함유되어 있어 심장 건강에 유익합니다.
- ㉡ _____
- ㉢ _____

주의 사항
- 알레르기 발생 시 섭취를 중단하고 의료 기관 방문을 권장합니다.
- 과다 섭취 시 ㉣ _____

보관 방법
- 호두는 ㉤ _____

요리 방법
- 생호두: ㉥ _____
- 풋호두: ㉦ _____

⇨ _____
_____
_____

03

자전거 문화 협회에서 '즐거운 자전거 문화'라는 제목으로 자전거 예절 캠페인을 위한 글을 작성하고자 한다. 다음 안내문의 ㉠~㉥에 들어갈 내용을 〈조건〉에 맞게 쓰시오. [100점]

조건 항목별 설명의 핵심 내용을 반영하여 ㉠~㉣은 '~ㄴ/는다.', ㉤~㉥은 '~지 않는다.'의 형식을 사용하여 각 내용을 4~5어절로 간결하게 쓸 것

즐거운 자전거 문화

시민과 자전거 이용자가 함께 지켜야 할 자전거 예절

자전거 이용자

- ㉠ 앞뒤로 충분한 안전거리를 유지한다.
  자전거를 탈 때는 앞뒤로 충분한 안전거리를 확보해 급정거나 회전 시에 대비해야 합니다. 특히 사람이나 다른 자전거가 갑자기 멈추더라도 부딪치지 않도록 최소 1~2m의 거리를 유지하세요.

- ㉡ 횡단보도에서는 자전거에서 내려 걷는다.
  자전거 도로가 아닌 횡단보도에서는 보행자의 안전을 위해 자전거에서 내려서 걷는 것이 필수입니다. 이는 보행자와의 충돌을 방지하고 자전거 도로와 보행자 도로의 경계를 명확히 하기 위함입니다.

- ㉢ 출발 전에 자전거 상태를 점검한다.
  안전한 주행을 위해 출발 전에 타이어의 공기압과 브레이크 상태, 체인의 이상 유무를 점검하는 것이 좋습니다. 정기적으로 자전거를 정비하여 타이어 마모나 각 부품 상태를 확인하면 사고를 예방할 수 있습니다.

- ㉣ 헬멧과 반사 재킷을 착용한다.
  헬멧은 머리 보호를 위해 꼭 착용해야 하며, 야간이나 새벽 주행 시에는 반사 재킷을 착용하여 다른 운전자들이 쉽게 알아볼 수 있도록 하는 것이 좋습니다. 이는 자전거 이용자의 생명을 보호하는 중요한 안전 수칙입니다.

보행자

- ㉤ 자전거 도로를 무단으로 횡단하지 않는다.
  자전거 도로를 가로지르려면 반드시 횡단보도나 정해진 장소를 이용해야 합니다. 자전거가 지나가고 있을 때 도로를 무단으로 건너면 충돌 위험이 높아집니다.

- ㉥ 자전거 이용자의 주행을 방해하지 않는다.
  지나가는 자전거 이용자에게 큰 소리로 말을 걸거나 방해하는 행동은 주의를 분산시켜 자전거 이용자에게 불안감을 줄 수 있고 사고를 유발할 수 있습니다. 자전거가 다가올 때는 자연스럽게 이동해 자전거 이용자가 안전하게 지나갈 수 있도록 배려가 필요합니다.

- 불필요하게 자전거 이용자를 응시하지 않는다.
  자전거 이용자가 지나갈 때 오랫동안 시선을 유지하거나 응시하는 것은 부담을 줄 수 있습니다. 지나가는 동안 편안하게 이동할 수 있도록 시선을 자연스럽게 피하는 것이 좋습니다.

04

A기업 홍보실에서 자동 심장 충격기(제세동기) 사용법 홍보문을 쓰고 있다. 다음 자료를 참고하여 기호와 함께 〈조건〉에 맞게 쓰시오. [100점]

조건
1. ㉠~㉢에 들어갈 내용을 한 문장으로 쓸 것
2. ㉠은 2어절, ㉡은 11어절, ㉢은 3어절, ㉣은 4어절, ㉤은 12어절로 쓸 것

식품 의약품 안전처는 자동 심장 충격기의 중요성이 부각됨에 따라 올바른 사용법에 대해 안내했다.

[자료]
　자동 심장 충격기의 올바른 사용 방법은 다음과 같다. 우선 심폐 소생술이나 자동 심장 충격기가 필요한 상황일 경우, 구조자나 보호자는 심폐 소생술에 방해가 되지 않는 위치에 놓고 전원을 켠다. 둘째, 신체에 패드를 부착할 때에는 부착 부위 피부의 땀이나 기타 이물질을 제거하고 단단히 밀착하여 부착해야 한다. 두 개의 패드 중 하나는 왼쪽 갈비뼈 아래에 부착한다. 그리고 다른 하나는 오른쪽 쇄골 아래에 부착해야 한다. 셋째, 자동 심장 충격기가 환자의 심전도를 분석하는 동안 환자에게 접촉하지 말고, 분석 결과에 따라 충격이 필요한 경우 음성이나 화면에 안내가 나오면 전기 충격 버튼을 누른다. 넷째, 전기 충격 후에는 즉시 심폐 소생술을 재개하고, 자동 심장 충격기의 지시에 따라 심전도 분석을 반복한다. 분석 결과 전기 충격이 필요한 경우에만 충격을 시행하며, 119 구급대 도착 시까지 심폐 소생술과 자동 심장 충격기 사용을 반복해야 한다.

AED Automated Extermal Defibrillator 자동심장충격기

자동 심장 충격기(AED)는 심장 정지 환자의 심장 상태를 분석하고 필요에 따라 전기 충격을 전달하여 심장의 기능이 다시 돌아올 수 있게 해 주는 의료 기기입니다.

⇩

자동 심장 충격기, 이렇게 사용하세요

❶ 준비 가능 상태를 확인하고 ❷ _____㉠_____
자동 심장 충격기의 작동이 가능한지 표시 램프 점등을 확인하고, 전원을 켜서 음성 안내를 따르세요.

❶ 준비 가능 상태 확인하기
　: 작동 가능 표시 램프 점등 확인
❷ 전원 켜기
　: 전원 ON, 음성 안내 따르기

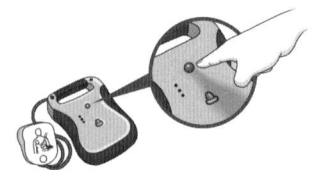

❸ **패드 부착하기**: 부착 후, 전극을 자동 심장 충격기에 연결

[성인 패드 부착 위치]
오른쪽 쇄골 아래
왼쪽 갈비뼈 아래

❸ 두 개의 패드를 가슴 부위에 단단히 부착하세요.
두 개의 패드 중 _____㉡_____
_____
_____

4 심전도를 분석하세요.
분석 버튼을 눌러 자동 심장 충격기가 심전도를 분석하는 동안
ㅤㅤㅤㅤㅤㅤㅤㅤㅤㅤㅤㅤㅤㅤㅤㄷ

5 필요한 경우에 전기 충격을 가하세요.
분석 결과에 따라 충격이 필요하면
ㅤㅤㅤㅤㅤㅤㅤㅤㅤㅤㅤㅤㅤㅤㅤㄹ

❻ 즉시 심폐 소생술 재시행
  : 심폐 소생술 시행
※ 자동 심장 충격기는 2분마다 심전도 분석을 반복하여 시행

❹ 심전도 분석하기
  : 분석 버튼을 누르고, 환자로부터 떨어져 대기하기
❺ 전기 충격 가하기
  : 분석 후, 전기 충격 필요시 안내에 따라 'shock' 버튼 누르기

※ 아무도 환자와 접촉하지 않은 것을 확인하세요

전기 충격 후에는
ㅤㅤㅤㅤㅤㅤㅤㅤㅤㅤㅤㅤㅤㅤㅤㅁ

⇨

기출유형 38 서술형

서술형 300점

300점 배점의 문항은 글쓰기의 실제(직무 글쓰기)와 관련된 내용이 한 문제 출제된다. 실용글쓰기 서술형 시험에서 30점, 50점, 100점 배점의 문항은 읽기의 '사실적 → 추론적 → 비판적 과정'에서 주로 사실적 읽기 능력을 바탕으로 재구성하여 쓰는 것을 요구하므로 비교적 난도가 높지 않다. 하지만 300점 배점의 문항은 추론적 읽기 능력을 요구하는 경우가 많아 실용글쓰기 시험에서 가장 중시된다. 300점 배점의 문항에서는 주로 글쓰기 계획이나 개요에 맞춰 자료를 분석하여 쓰는 것을 요구하는데, 주로 세 개나 네 개의 문단이 제시되며, 각 문단이 각각의 조건과 연관된다. 첫 번째 조건은 첫 번째 자료로 하나의 문단을 쓰는 형식으로, 이를 고려하여 실제 글쓰기에서도 문단 또는 자료와 요구되는 조건을 연관 지어 조건에 맞게 작성한다면 문제를 충분히 해결할 수 있다.

대표 예제

01
다음 〈글쓰기 계획〉에 맞게 ESG 경영에 관한 보고서를 쓰시오. [300점]

┌ 글쓰기 계획 ┐

문단	내용 및 조건	활용 자료	분량
1문단	ESG 경영의 정의를 비재무적 요소 세 가지를 포함하여 한 문장으로 서술하고, ESG의 중요성을 기업 평가의 변화를 중심으로 과거와 현재를 비교하여 서술할 것	〈자료1〉	120~140자
2문단	A 기업의 사업 계획 목표를 환경(E), 사회(S), 지배 구조(G) 요소로 구분하여 서술할 것 단, '목표7' 등의 용어는 사용하지 않고 내용을 쓸 것	〈자료2〉	270~290자
3문단	기업의 ESG 경영이 제품 구매에 미치는 영향과 제품 구매 시 추가 지불 의사가 있는 경우의 전체 비율을 쓰고, ESG 경영에 대한 소비자의 태도를 한 문장으로 쓸 것	〈자료3〉	150~180자
4문단	• ESG가 중요한 이유 네 가지를 각각 한 문장씩 서술할 것 • ESG 경영을 도입할 때 기업 가치 제고와 효과를 기회 요인과 위험 요인을 고려하여 서술할 것	〈자료4〉	390~410자

┌ 자료1 ┐

ESG 경영

환경(Environmental)	사회(Social)	지배 구조(Governance)
• 기후 변화 및 탄소 배출 • 환경 오염 및 환경 규제 • 생태계 및 생물 다양성 • 자원 및 폐기물 관리 • 에너지 효율 • 책임 있는 구매 및 조달 등	• 고객 만족 • 데이터 보호 및 프라이버시 • 인권, 성별 평등 및 다양성 • 지역 사회 관계 • 공급망 관리 • 근로자 안전 등	• 이사회 및 감사 위원회 구성 • 뇌물 및 반부패 • 로비 및 정치 기부 • 기업 윤리 • 컴플라이언스 • 공정 경쟁 등

비재무적 요소를 중시하는 경영으로 기업의 경제적 가치와 사회적 가치를 동시에 추구함으로써 지속 가능한 발전 가능

[기업 평가 기준의 변화]

과거	현재
영업 이익 = 기업 가치	재무 지표 + 기업이 사회적으로 미치는 영향
재무적 가치	비재무적 가치

(과거 ⇨ 현재)

자료2

SUSTAINABLE DEVELOPMENT G🌀ALS

1. 빈곤 퇴치	2. 기아 종식	3. 건강과 웰빙	4. 양질의 교육	5. 성평등	6. 깨끗한 물과 위생
7. 모두를 위한 깨끗한 에너지 목표	8. 양질의 일자리와 경제 성장	9. 산업, 혁신, 사회 기반 시설	10. 불평등 감소	11. 지속 가능한 도시와 공동체	12. 지속 가능한 생산과 소비
13. 기후 변화와 대응	14. 해양 생태계 보존	15. 육상 생태계 보존	16. 정의, 평화, 효과적인 제도	17. 지구촌 협력	

재생 가능한 에너지를 활용하여 친환경 전기 자동차를 생산하는 사업 계획(A 기업)

- 목표7: 태양광 및 풍력 등 재생 에너지의 공정 과정 도입
- 목표8: 양질의 일자리 제공 및 안전한 근무 환경 구축
- 목표9: 혁신적 기술 투자와 지속 가능한 공급망 관리 체계 구축
- 목표11: 전기차 충전 인프라 확대를 통해 지속 가능한 도시 환경 기여
- 목표12: 전기차 배터리 재활용 및 친환경 소재 활용
- 목표13: 탄소 배출량 감소 목표 설정 및 이행
- 목표16: ESG 정책 공개와 투명한 경영 실행
- 목표17: 글로벌 파트너십을 통해 지속 가능성에 대한 협력 확대

E(환경)	S(사회)	G(지배 구조)
• 태양광 및 풍력 등 재생 에너지의 공정 과정 도입	•	•
•	•	•
•	•	•

자료3

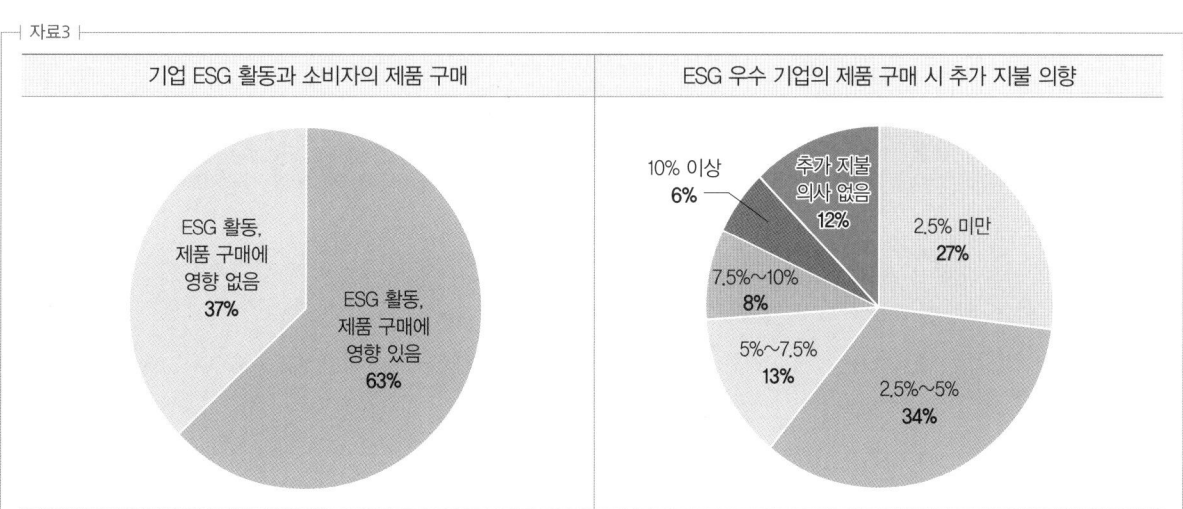

자료: 대한상공회의소, 「ESG 경영과 기업의 역할에 대한 국민 의식 조사」, 2021.5.30.

자료4
주요 이해 관계자의 ESG 요구

투자자의 ESG 요구 증대	• 기업 지배 구조 개선 등을 도모하는 스튜어드십 코드 강화 • 연기금과 자산 운용사 등의 책임 투자 및 ESG 투자 전략 활용 확대
고객의 ESG 요구 증대	• 공급망 관리와 협력 업체 선정의 주요 요소로 부상 • MZ 세대 중심의 고객 요구 확대
ESG의 신용 평가 반영	• 무디스, S&P 등 글로벌 신용 평가사의 기업 신용 평가에도 ESG 요소가 적극 반영
ESG 관련 정부 규제 강화	• 국내 지속 가능 보고서 공시 의무화 추진 • 2050년 탄소 중립 달성을 위한 탄소 감축 규제 강화

기업 기회 요인	기업 경쟁력 제고	수익성, 성장성 제고
기업 위험 요인	고용 및 생산 효율성 제고	사고 위험 감소
시장 위험 요인	체계적 위험 감소	자본 조달 비용 감소

해결 전략 — 서술형 300점 풀이 분석

조건1 ESG 경영의 정의를 비재무적 요소 세 가지를 포함하여 한 문장으로 서술하고, ESG의 중요성을 기업 평가의 변화를 중심으로 과거와 현재를 비교하여 서술할 것

자료1
ESG 경영

환경(Environmental)	사회(Social)	지배 구조(Governance)
• 기후 변화 및 탄소 배출 • 환경 오염 및 환경 규제 • 생태계 및 생물 다양성 • 자원 및 폐기물 관리 • 에너지 효율 • 책임 있는 구매 및 조달 등	• 고객 만족 • 데이터 보호 및 프라이버시 • 인권, 성별 평등 및 다양성 • 지역 사회 관계 • 공급망 관리 • 근로자 안전 등	• 이사회 및 감사 위원회 구성 • 뇌물 및 반부패 • 로비 및 정치 기부 • 기업 윤리 • 컴플라이언스 • 공정 경쟁 등

비재무적 요소를 중시하는 경영으로 기업의 경제적 가치와 사회적 가치를 동시에 추구함으로써 지속 가능한 발전 가능

[기업 평가 기준의 변화]

과거	현재
영업 이익 = 기업 가치	재무 지표 + 기업이 사회적으로 미치는 영향
재무적 가치	비재무적 가치

> '비재무적 요소를 중시하는'이라는 구절을 통해 '환경, 사회, 지배 구조'라는 세 가지 요소를 파악하고, 핵심 구절인 '기업의 경제적 가치와 사회적 가치를 동시에 추구하는 지속 가능한 발전'을 통해 ESG 경영의 정의를 파악해야 한다.

> 과거의 기준을 먼저 제시하고, 현재의 기준을 제시해야 한다.

예시 답안   ESG 경영은 환경, 사회, 지배 구조 등 비재무적 요소를 중시하여 기업의 경제적 가치와 사회적 가치를 동시에 추구하는 지속 가능한 발전 경영 방식이다. 과거 기업 평가 기준은 재무적 가치 중심이었으나, 현재는 비재무적 가치에 중점을 둔다.

조건2 A 기업의 사업 계획 목표를 환경(E), 사회(S), 지배 구조(G) 요소로 구분하여 서술할 것(단, '목표7' 등의 용어는 사용하지 않고 내용을 쓸 것

재생 가능한 에너지를 활용하여 친환경 전기 자동차를 생산하는 사업 계획(A 기업)
- 목표7: 태양광 및 풍력 등 재생 에너지의 공정 과정 도입 ← 환경
- 목표8: 양질의 일자리 제공 및 안전한 근무 환경 구축 ← 사회
- 목표9: 혁신적 기술 투자와 지속 가능한 공급망 관리 체계 구축 ← 지배 구조
- 목표11: 전기차 충전 인프라 확대를 통해 지속 가능한 도시 환경 기여 ← 사회
- 목표12: 전기차 배터리 재활용 및 친환경 소재 활용 ← 환경
- 목표13: 탄소 배출량 감소 목표 설정 및 이행 ← 환경
- 목표16: ESG 정책 공개와 투명한 경영 실행 ← 지배 구조
- 목표17: 글로벌 파트너십을 통해 지속 가능성에 대한 협력 확대 ← 지배 구조

E(환경)	S(사회)	G(지배 구조)
• 태양광 및 풍력 등 재생 에너지의 공정 과정 도입 • •	• • •	• • •

예시 답안 A 기업이 사업을 수행하면서 고려해야 할 환경(E) 관련 목표는 태양광 및 풍력 등 재생 에너지의 공정 과정 도입, 전기차 배터리 재활용 및 친환경 소재 활용, 탄소 배출량 감소 목표 설정 및 이행 등이 있다. 사회(S) 관련 목표는 양질의 일자리 제공 및 안전한 근무 환경 구축, 전기차 충전 인프라 확대를 통해 지속 가능한 도시 환경 기여하는 것이다. 지배 구조(G) 관련 목표는 혁신적 기술 투자와 지속 가능한 공급망 관리 체계 구축, ESG 정책 공개와 투명한 경영 실행, 글로벌 파트너십을 통해 지속 가능성에 대한 협력 확대 등이다.

조건 3 기업의 ESG 경영이 제품 구매에 미치는 영향과 제품 구매 시 추가 지불 의사가 있는 경우의 전체 비율을 쓰고, ESG 경영에 대한 소비자의 태도를 한 문장으로 쓸 것

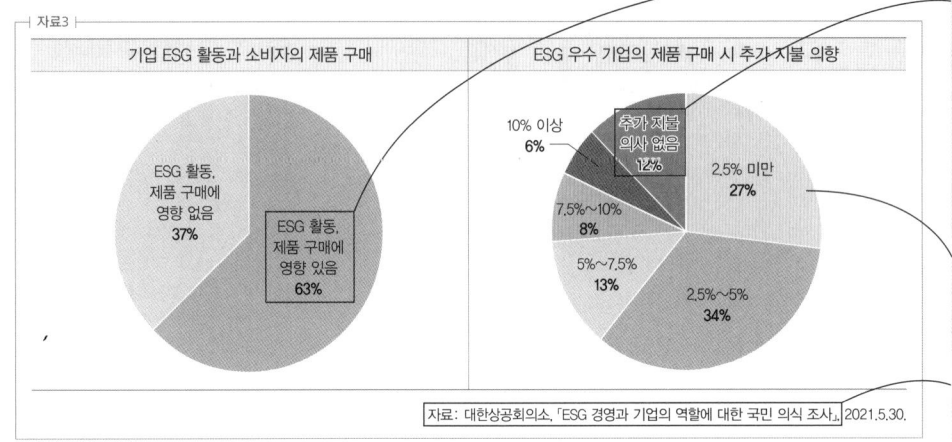

> 〈조건〉에서 ESG 경영이 제품 구매에 영향을 주는 비율을 쓰라고 했으므로, 제품 구매에 영향이 없는 비율은 쓸 필요가 없고 영향이 있는 63%만 밝히면 된다. 그리고 제품 구매 시 추가 지불 의사가 있는 경우의 전체 비율을 요구하므로, '추가 지불 의사 없음' 12%를 제외한 88%만을 제시하면 된다.

> 기업의 ESG 경영에 따라 소비자의 구매 태도가 결정된다는 점을 추론해야 한다.

> 출처가 주어진 경우에는 출처를 밝혀야 한다.

예시 답안 2021년 대한상공회의소의 조사에 따르면, 기업의 ESG 경영이 소비자의 제품 구매에 영향을 준다고 답한 응답자의 비율은 63%, ESG 우수 기업 제품에 추가 가격을 지불할 의사가 있다고 답한 비율은 88%에 달한다. 이를 통해 기업의 ESG 활동이 소비자가 어떤 기업의 제품을 구입할지 결정하는 데 영향을 준다는 것을 알 수 있다.

조건 4
- ESG가 중요한 이유 네 가지를 각각 한 문장씩 서술할 것
- ESG 경영을 도입할 때 기업 가치 제고와 효과를 기회 요인과 위험 요인을 고려하여 서술할 것

예시 답안 ESG가 중요한 이유는 첫째, 투자자의 요구 확대로 기업 지배 구조 개선 등을 도모하는 스튜어드십 코드가 강화되고, 연기금과 자산 운용사 등의 책임 투자 및 ESG 투자 전략 활용이 확대되고 있다. 둘째, 고객의 요구 확대로 공급망 관리와 협력 업체 선정의 주요 요소로 부상하고 있다. 셋째, 무디스, S&P 등 글로벌 신용 평가사의 기업 신용 평가에도 ESG 요소가 적극 반영되고 있다. 넷째, 정부 규제 강화로 국내 지속 가능 보고서 공시 의무화가 추진되고, 2050년 탄소 중립 달성을 위한 탄소 감축 규제를 강화하고 있다.

ESG 경영을 도입하면 기업의 기회 요인으로 기업 경쟁력을 제고하여 수익성과 성장성을 높이는 데 기여할 수 있다. 기회 위험 요인은 고용 및 생산 효율성 제고를 통해 사고 위험을 감소시킬 수 있다.

실전 훈련하기

서술형

01

다음 〈글쓰기 계획〉에 맞게 탄소 중립에 관한 글을 쓰시오. [300점]

┌─ 글쓰기 계획 ─┐

문단	내용 및 조건	활용 자료	분량
1문단	산업화 이전과 이후 기후 변화와 그 원인을 쓰고, 온실가스의 종류를 '(원인)으로 인한 (온실가스 종류)'의 형태로 서술할 것	〈자료1〉	110~120자
2문단	탄소 중립을 달성하기 위한 온실가스 배출량 감소와 흡수량 증가의 역할을 설명하고, 이를 통해 탄소 중립의 정의를 서술할 것	〈자료2〉	270~290자
3문단	1.5℃가 기후 저지선으로 설정된 배경과 이를 초과할 경우 나타날 수 있는 주요 영향을 서술할 것	〈자료3〉	390~410자
4문단	일상생활에서 온실가스를 줄이기 위한 방법을 에너지 사용, 자원 활용, 기타 생활 습관 측면에서 구분하여 서술할 것	〈자료4〉	150~180자

┌─ 자료1 ─┐

산업화 이전
(1850~1990년)

산업화 이후
(2011~2020년)

1.09℃ 상승!

CO₂ 이산화탄소	PFCs 수소 불화 탄소 HFCs 과불화 탄소 SF6 육불화황
화석 연료 연소	냉장고, 에어컨의 냉매, 반도체 제조
N₂O 아산화 질소	CH₄ 메탄
비료 사용	폐기물 농업 축산

기후 변화의 주 원인은
산업 혁명 이후 경제 성장의 원동력이 된 석탄, 석유 등 화석 연료 연소로 인한 이산화 탄소 배출의 급격한 증가로 분석되고 있습니다.

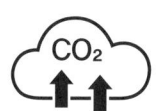

┌─ 자료2 ─┐

배출량 감소	화석 연료 연소, 수송 등 인간 활동에 의한 인위적 배출량을 0에 가깝게 감소
흡수량 증가	숲 복원, 블루카본 기술, 탄소 제거 기술 활용 등으로 흡수

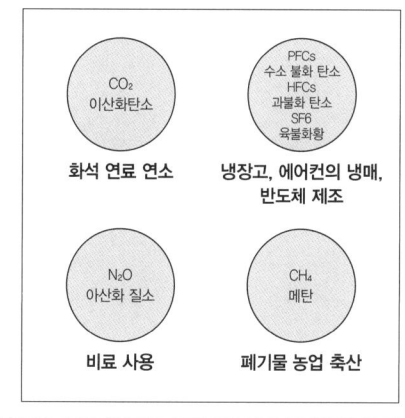

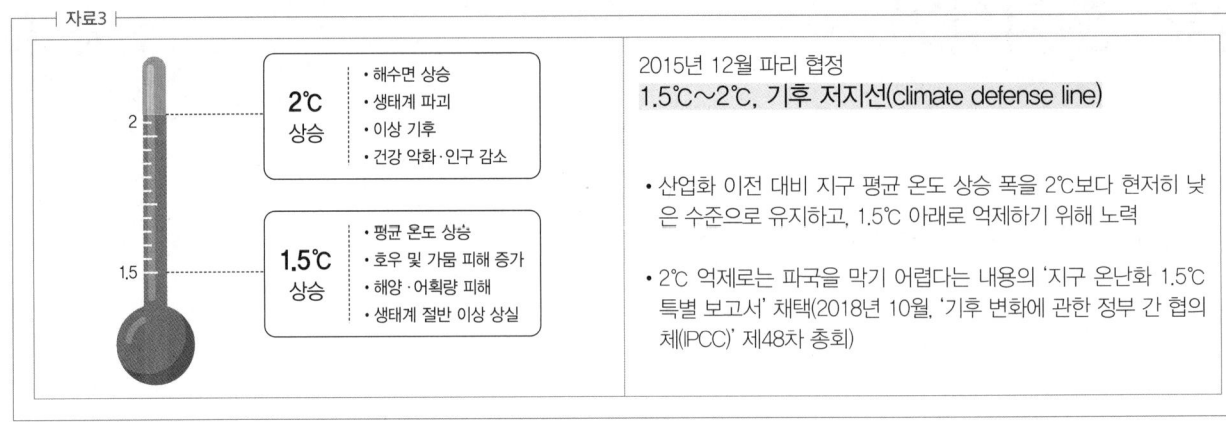

┤ 자료4 ├

일상생활에서 온실가스를 줄이는 방법

- 2km 걷기 또는 자전거 타기
- 형광등 6개를 LED로 교체
- 단열재로 열손실 2℃ 방지
- 음식물 쓰레기 20% 감소
- 주 1회 대중교통 이용
- 태양광 미니 발전기 설치
- 유리병, 캔 등 분리 배출
- 종이 타월 대신 손수건 사용

⇨

02

다음 〈글쓰기 계획〉에 맞게 '워라블'에 대한 보고서를 쓰시오. [300점]

글쓰기 계획

문단	내용 및 조건	활용 자료	분량
1문단	워라밸과 워라블을 비교하여 그 의미와 방식의 차이를 서술하고, 워라블의 방식을 고려하여 워라블을 실현하기 위한 방법을 시간과 공간을 중심으로 서술할 것	〈자료1〉	110~120자
2문단	밀레니얼 세대와 Z 세대가 업무를 통해 추구하는 가치를 순서대로 비율을 포함하여 서술할 것(단, 출처를 밝힐 것)	〈자료2〉	270~290자
3문단	각각의 자료를 통해 워라블 실현 과정에서 나타나는 문제점과 각 문제점에 따른 해결 방안을 서술할 것	〈자료3〉	390~410자

자료1

	구분	
워라밸 (Work-life balance) WORK LIFE		워라블 (Work-life blending) WORK⟲LIFE
밀레니얼 세대	세대	Z 세대
일과 가정이 조화로운 삶	의미	나와 커리어를 위한 조화로운 삶
일과 생활이 분리 직장에서의 효율성을 높이기 위한 개인적인 시간 관리가 핵심	방식	일과 생활의 조화 업무와 개인 생활을 하나로 엮어 자아 표현 및 성장(유연한 근무 방식)

자료2

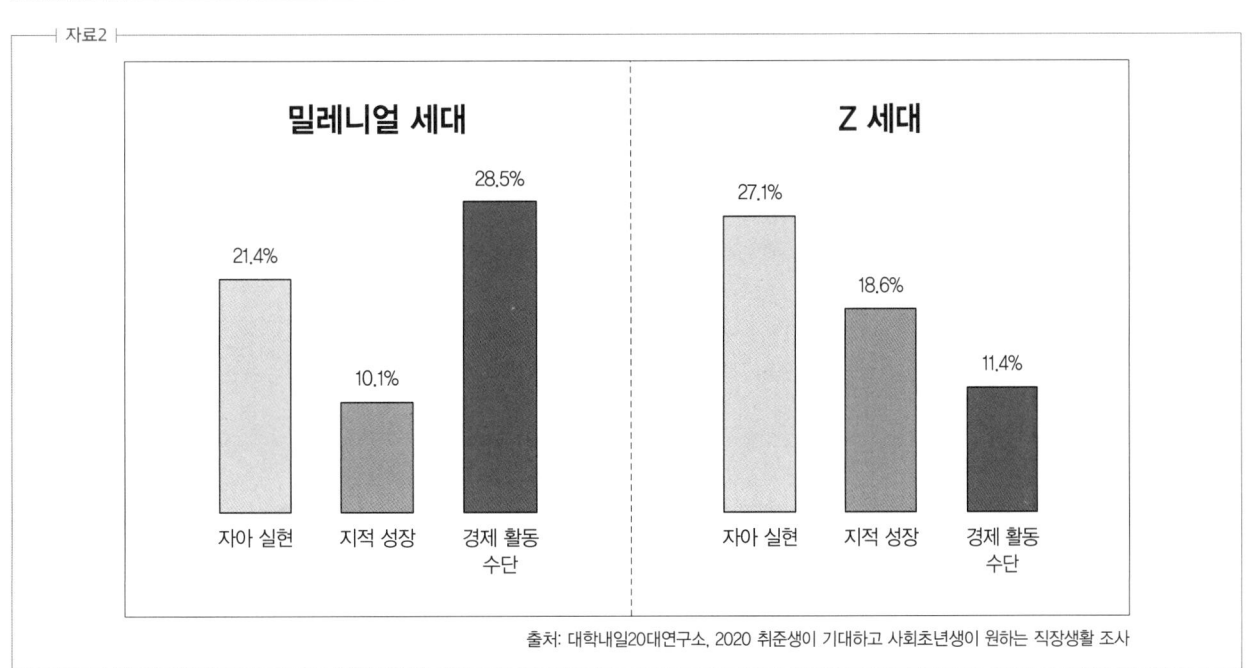

출처: 대학내일20대연구소, 2020 취준생이 기대하고 사회초년생이 원하는 직장생활 조사

┤ 자료3 ├

■ 기사 "일과 삶의 블랜딩, 이제는 워라블 시대"

　워라블은 주로 MZ세대에게 선호되며, 특히 Z세대는 '취미를 활용한 창의적 직무 수행'을 중시한다. 그러나 **업무와 개인 생활의 경계가 모호해질 경우, 과도한 업무 연결성과 스트레스가 문제로 제기될 수 있다.** 이를 해결하기 위해 A 회사는 '근무 시간 외 업무 지시 금지' 정책을 시행하며, 직원의 만족도를 20% 이상 증가시켰다.

(출처: POSTECH 기사)

■ 연구 보고서 "디지털 디톡스의 필요와 혜택"

　디지털 기기의 과도한 사용은 디지털 중독, 스트레스, 번아웃 등의 문제를 야기한다. 개인이 디지털 기기의 사용을 제한하는 **디지털 디톡스 활동은** 자신의 정신 건강을 향상시키며, 삶의 질과 업무 효율성을 높이는 데 효과적이다.

(출처: 한국학술지인용색인 연구 보고서)

■ 인터넷 댓글

- 하루 한 걸음: 지난달에 내 친구는 자신이 좋아하고 즐거워하는 일을 하고 있었는데도 퇴직을 했어요. 이유를 물어보니까 아무런 '통제권'이 없었고, '자율적'으로 할 수 있는 게 없어서 내 일이 아닌 남의 일을 해 준다는 느낌에 답답했다고 해요. 월급도 중요하지만 통제권을 갖고 주체적으로 자유롭게 일할 수 있는 환경에 있을 때 업무에 대한 동기 부여나 성취감을 높일 수 있고 퇴사율도 낮아질 것 같아요.
- 실용이: 회사 내에서 공적으로 모임을 만들어 주면 좋겠어요. 회사 차원에서 동료들과 함께하는 식사 자리를 열고 지원금을 마련해 준다면 모임을 통해 동료들 간 유대감을 쌓을 수 있고, 세대를 교차하는 이야기의 장이 펼쳐질 수 있지 않겠어요? 모임을 구성해서 서로 이야기를 할 수 있는 시간을 가진다면 직원들이 회사 생활에 잘 적응할 거예요.

⇨

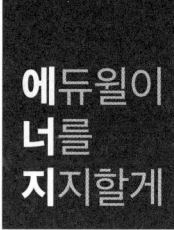

인생의 목적은
끊임없는 전진에 있다.

– 프리드리히 니체(Friedrich Wilhelm Nietzsche)

모바일 OMR
채점 & 성적 분석

QR 코드를 활용하여, 쉽고 빠른
응시 – 채점 – 성적 분석을 해 보세요!

STEP 1　QR 코드 스캔

STEP 2　모바일 OMR 작성

STEP 3　채점 결과 & 성적 분석 확인

해당 서비스는 2025. 08. 31까지만 이용하실 수 있습니다.

▶ QR 코드는 어떻게 스캔하나요?

① 네이버앱 ⇨ 그린닷 ⇨ 렌즈
② 카카오톡 ⇨ 더보기 ⇨ 코드 스캔(우측 상단 모양)
③ 스마트폰 내장 카메라 사용(촬영 버튼을 누르지 않고 카메라 화면에 QR 코드를 비추면 URL이 자동으로 뜬답니다.)

실전 모의고사

실전 모의고사 **1** 회 — 202

실전 모의고사 **2** 회 — 222

국가공인 한국실용글쓰기검정 제1회

| 수험번호 | | 성명 | | 시험 시간 120분 |

| 객관식(300점)　　서술형(700점) | 감독관 확 인 | |

【수험생 유의 사항】

[규정 위반 행위] 처리 규정: 해당 시험 무효 처리

　1. 휴대전화 또는 전자 통신기기에서 소리 또는 진동이 발생한 경우

　2. 시험 종료 후 답안을 작성하는 경우

　3. 시험 시작 전 문제를 보거나 풀이하는 경우

　4. 기타 시험 진행 방해 및 감독관의 정당한 지시에 불응하는 경우

【답안 작성 시 유의 사항】

1. 시험 시간 120분 준수(객관식 30문제, 서술형 9문제)

2. 문제에 대한 답안은 반드시 해당 답안에만 작성하시오.

　■ OMR 답안은 한 곳만 표시해야 함.

　■ 답안 밖에 작성한 서술형 답안은 채점할 수 없음.

　■ 서술형 답안은 검은색 볼펜 등 가는 필기구로 작성하기 바람.

3. 서술형의 경우 발문이나 조건에 맞지 않는 답안은 감점됩니다.

　■ 문제와 관련 없는 내용을 장황하게 작성한 답안은 감점

4. 개인 신상(소속·이름 등)을 드러낸 답안은 감점됩니다.

객관식(01~30번)

[01~02] 다음 글을 읽고 물음에 답하시오.

효율적인 글쓰기를 위해서는 글쓰기의 주요 과정인 계획하기, 내용 생성하기, 내용 조직하기, 표현하기, 고쳐쓰기를 잘 수행해야 한다.

우선 계획하기는 글의 목적과 독자를 고려하며 글의 전반적인 방향을 정하는 단계이다. 이 과정에서는 글의 주제, 목표, 독자의 관심사 등을 고려해야 한다. 내용 생성하기는 글에 포함될 아이디어를 떠올리고 자료를 수집하는 단계이다. 브레인스토밍, 관련 문헌 조사 등을 통해 주제와 관련된 다양한 정보를 모으는 것이 중요하다. 다음 단계인 내용 조직하기는 수집된 아이디어를 논리적으로 배열하여 글의 구조를 구성하는 과정이다. 이 단계에서 글의 개요를 작성하면 글쓰기가 훨씬 수월해진다. 표현하기 단계에서는 실제로 글을 쓰며 문장과 문단을 구성한다. 명확한 표현과 적절한 어휘 사용이 중요하다. 마지막 단계인 고쳐쓰기는 초고를 점검하고 수정하는 과정으로, 글의 완성도를 높이는 데 필수적이다. 문법, 문장 표현, 논리적 흐름 등을 꼼꼼히 살펴봐야 한다.

01

다음 중 계획하기 단계에서 중점적으로 해야 할 활동으로 가장 적절한 것은?

① 자료의 신뢰도를 점검한다.
② 독자와 글의 목적을 설정한다.
③ 문법과 표현 오류를 수정한다.
④ 글의 구조를 논리적으로 배열한다.
⑤ 적합한 어휘를 선택하여 문장을 작성한다.

02

다음 중 고쳐쓰기 과정에서 수행하는 작업으로 적절하지 않은 것은?

① 논리적 흐름을 점검한다.
② 문법적 오류를 수정한다.
③ 문장의 명료성과 일관성을 높인다.
④ 초고를 재작성하며 표현을 개선한다.
⑤ 주제와 관련된 자료를 추가로 수집한다.

[03~04] 다음 글을 읽고 물음에 답하시오.

전 세계적으로 플라스틱 쓰레기 문제가 심각해지고 있다. 매년 약 3억 톤의 플라스틱이 생산되며, 이 중 절반 이상이 일회용으로 사용되고 있다. 특히 해양으로 유입되는 플라스틱은 연간 800만 톤에 달하며, 이로 인해 해양 생물들은 생태계와 건강에 심각한 위협을 받고 있다. 일부 연구에 따르면 2050년까지 바다에 버려진 플라스틱의 무게가 물고기의 총 무게를 넘어설 것이라는 충격적인 전망도 나오고 있다. 문제는 단순히 쓰레기양뿐만이 아니다. 플라스틱은 자연에서 분해되는 데 수백 년이 걸리며, 미세 플라스틱으로 분해되더라도 다시 식량과 음용수를 통해 인간에게로 돌아오고 있다.

(가)

유럽 연합은 일회용 플라스틱 제품의 사용을 단계적으로 금지하고 있으며, 여러 국가가 플라스틱 세금과 같은 정책을 도입해 생산과 소비를 줄이고자 노력하고 있다. 기업들 역시 플라스틱을 재활용이 가능한 재료로 대체하거나, 제품의 재활용 가능성을 높이는 기술 개발에 힘쓰고 있다. 다만 이러한 노력에도 불구하고, 소비자들의 인식 개선과 적극적인 참여가 없다면 실질적인 변화는 어려울 것이다. 플라스틱 문제 해결은 전 세계 모든 구성원의 협력이 필요한 과제이다.

03

윗글을 쓰기 위해 참고한 자료로 적절하지 않은 것은?

① 세계 플라스틱 생산량 통계 보고서
② 플라스틱 재활용 기술 관련 기업 발표 자료
③ 유럽 연합의 해양 수산업 수출 현황 보고서
④ 미세 플라스틱 검출 관련 국내 식수 조사 보고서
⑤ 해양 생태계에 대한 플라스틱 오염 영향 연구 자료

04

윗글의 (가)에 들어갈 내용으로 가장 적절한 것은?

① 소비자들의 무분별한 플라스틱 사용이 문제가 되고 있다.
② 플라스틱 문제를 해결하려면 대규모의 새로운 기술 개발이 필수적이다.
③ 여러 국가와 기업이 플라스틱 문제 해결을 위한 정책을 도입하고 있다.
④ 유럽 연합은 플라스틱 오염 문제 해결을 위해 선도적인 역할을 하고 있다.
⑤ 플라스틱 쓰레기의 재활용률이 낮아 이를 해결하기 위한 사회적 관심이 필요하다.

[05~06] 다음 글을 읽고 물음에 답하시오.

(가) 이러한 문제점을 해결하기 위해 정부는 지난 1일 '친환경 교통 혁신 종합 계획'을 발표했습니다. 이 계획의 핵심은 전기차 충전 인프라를 대폭 확대하는 데 있으며, 주요 내용으로는 주요 도시 내 충전소 확대, 고속 도로 휴게소 충전소 설치 의무화, 충전 속도 개선 등이 포함됩니다.

(나) 환경부 관계자는 "충전 인프라 구축이 전기차 보급률 향상의 핵심"이라고 강조하며, 공공 기관뿐만 아니라 민간 기업과 협력하여 충전소 확대를 적극 추진할 계획이라고 밝혔습니다.

(다) 또한 이번 종합 계획은 전기차뿐 아니라 수소차 인프라 확대와 대중교통 전동화 추진 등 보다 광범위한 친환경 교통 정책을 포괄하고 있습니다. 이를 통해 정부는 궁극적으로 탄소 배출량 감축 목표를 달성하겠다는 강력한 의지를 보여 주고 있습니다.

(라) 최근 전기차 보급률은 꾸준히 증가하고 있지만, 충전소 부족 문제는 여전히 심각한 상황입니다. 특히 거주지 주변에서 충전 시설을 찾기 어려운 경우가 많아, 전기차 구매를 망설이거나 이미 전기차를 사용하는 사람들조차 불편을 겪고 있습니다. 심지어 충전 문제 때문에 전기차 사용을 포기하는 사례까지 발생하면서, 충전 인프라 확충의 필요성이 그 어느 때보다 높아지고 있습니다.

05

윗글의 주제문으로 가장 적절한 것은?

① 탄소 배출량 감축 목표 달성을 위해서는 자동차뿐 아니라 산업 전반의 에너지 효율 개선이 필수적이다.
② 전기차 충전 인프라 부족은 전기차 보급의 가장 큰 걸림돌이며, 정부의 적극적인 확충 노력이 시급하다.
③ 고속 도로 휴게소에 전기차 충전소를 의무적으로 설치하는 것은 장거리 전기차 운행의 편의성을 크게 향상시킬 것이다.
④ 정부는 친환경 교통 시스템 구축을 위해 전기차뿐만 아니라 수소차, 대중교통 전동화 등 다양한 정책을 추진하고 있다.
⑤ 전기차 보급률 증가는 대기 오염 문제 해결에 긍정적인 영향을 미치지만, 폐배터리 처리 문제 등 새로운 과제를 야기한다.

06

윗글의 (가)~(라)를 순서에 맞게 배열한 것으로 적절한 것은?

① (가)-(나)-(다)-(라)
② (나)-(라)-(가)-(다)
③ (다)-(가)-(나)-(라)
④ (라)-(가)-(나)-(다)
⑤ (라)-(나)-(가)-(다)

[07~08] 다음 글을 읽고 물음에 답하시오.

기술 발전은 인간의 삶을 크게 변화시켜 왔다. (㉠) 기술의 혜택을 누리는 사회에서는 편리함과 효율성을 경험할 수 있지만, 동시에 기술 의존도가 높아지며 사회적 문제가 발생하기도 한다. (㉡) 즉, 인공 지능의 도입은 많은 일상적인 작업을 자동화하여 인간의 부담을 줄였지만, 일부 직업군의 감소로 이어지기도 했다. (㉢) 그러나 기술 발전이 반드시 부정적 결과를 초래하는 것은 아니다. (㉣) 새로운 기술은 기존에 존재하지 않았던 직업을 창출하고, 개인의 삶의 질을 향상시키는 데 기여할 수 있다. (㉤) 따라서 기술 발전이 인간 사회에 긍정적 영향을 미치도록 적절한 관리와 규제가 동반되어야 한다.

07

윗글을 두 문단으로 나누고자 할 때 문단을 구분하기에 가장 적절한 곳은?

① ㉠   ② ㉡   ③ ㉢
④ ㉣   ⑤ ㉤

08

윗글에서 다음 문장이 들어가기에 가장 적절한 곳은?

일자리 감소는 기술 발전이 초래할 수 있는 주요 사회적 문제 중 하나로 꼽힌다.

① ㉠   ② ㉡   ③ ㉢
④ ㉣   ⑤ ㉤

[09~11] 다음 글을 읽고 물음에 답하시오.

국립 산업 기술 박물관 설립 위원회 규정
제정 2023. 5. 10. 산업 통상 자원부 훈령
제305호

제1조(목적)
이 규정은 국립 산업 기술 박물관(이하 "박물관"이라 한다) 설립 준비에 관한 주요 사항을 자문하기 위해 산업 통상 자원부에 국립 산업 기술 박물관 설립 위원회(이하 "위원회"라 한다)를 설치하고, 그 조직과 운영에 필요한 사항을 규정함을 목적으로 한다.

제2조(위원회의 구성)
① 위원회는 위원장 1명을 포함한 12명 이내의 위원으로 구성하며, 위원장은 위원 중에서 산업 통상 자원부 장관(이하 "장관"이라 한다)이 지명하는 자가 된다.
② ㉠ <u>위원회 위원</u>은 다음 각 호의 사람들로 구성된다.
1. 산업 통상 자원부 고위 공무원 중에서 장관이 임명하는 사람
2. 기술 관련 학계·단체, 산업계, 박물관 분야 등에서 학식과 경험이 풍부한 사람 중 장관이 위촉하는 사람

제3조㉡(   )
위원회는 장관의 자문에 응하여 다음 각 호의 사항을 심의한다.
1. 박물관 설립 추진에 관한 사항
2. 전시 및 콘텐츠 개발에 관한 사항
3. 소장품 수집 및 관리에 관한 사항
4. 박물관 운영 및 홍보에 관한 사항
5. 그 밖에 위원장이 상정하는 사항

제4조(위원장의 직무)
① 위원장은 위원회를 대표한다.
② 위원장이 직무를 수행할 수 없을 때에는 미리 지명한 위원이 그 직무를 대행한다.

제5조(위원의 임기)
① 위촉 위원의 임기는 2년으로 한다.
② 공무원이 아닌 위원이 사임할 경우, 새로 위촉된 위원의 임기는 전임 위원의 남은 임기로 한다.

부칙
제1조(시행일) 이 훈령은 발령한 날부터 시행한다.
제2조(유효 기간) 이 훈령은 박물관 개관 전날까지 효력을 가진다.

09

윗글의 성격으로 적절한 것은?

① 법규 문서
② 지시 문서
③ 공고 문서
④ 비치 문서
⑤ 일반 문서

10

㉠으로 위촉될 사람으로 적절하지 않은 것은?

① 산업계 홍보 전문가
② 박물관 운영 전문가
③ 교육부 고위 공무원
④ 기술 관련 학과 교수
⑤ 산업 전시 기획 전문가

11

㉡에 들어갈 내용으로 적절한 것은?

① 위원장의 역할
② 위원회의 기능
③ 회의 소집 절차
④ 위원의 임명 기준
⑤ 위원회 운영 절차

[12~14] 다음 글을 읽고 물음에 답하시오.

사내 인재 개발 프로그램 추진 기안
수신: 대표 이사
발신: 인사팀장 이민수
날짜: 2024년 5월 15일

1. 추진 배경
   빠르게 변화하는 산업 환경에 대응하고, 회사의 지속적인 성장과 경쟁력 강화를 위해 사내 인재 개발 프로그램이 필요합니다. 직원들의 직무 역량을 강화하고, 인재를 내부에서 육성하는 전략이 중요한 시점입니다.

2. 사업 개요
   가. 목표: 직원들의 직무 역량 향상과 리더십 개발을 통한 조직 경쟁력 강화
   나. 주요 내용: 맞춤형 교육 과정 개발, 멘토링 프로그램 운영, 리더십 훈련
   다. 기간: 2025년 3월 ~ 2026년 2월
   라. 예산: 20억 원

3. 기대 효과
   가. 직무 역량 향상: 전문성 강화를 위한 교육과 훈련 제공
   나. 리더십 개발: 중간 관리자 이상의 리더십 스킬 향상
   다. 직원 만족도 향상: 개인 성장 기회 제공을 통한 직무 만족도 증대
   라. 조직 문화 개선: 협력적이고 혁신적인 조직 문화 구축

4. 성공 가능성 및 위험 요소
   가. 성공 가능성: 직원들의 교육에 대한 높은 수요, 교육 프로그램의 효과성
   나. 위험 요소: 교육 프로그램에 대한 참여 저조, 예산 초과 문제

5. 건의 사항
   가. 교육 프로그램의 주기적 점검 및 개선
   나. 직원들의 참여 유도를 위한 인센티브 제공
   다. 강사의 전문성 확보

6. 결론
   사내 인재 개발 프로그램을 통해 직원들의 역량을 강화하고, 회사의 경쟁력을 높여 장기적인 성장을 이룰 수 있을 것입니다.

12
윗글의 주요 목적으로 적절한 것은?

① 비용 절감 ② 신규 고객 확보
③ 사내 인프라 확장 ④ 시장 점유율 확대
⑤ 직원 직무 역량 향상

13
윗글에서 다룬 내용으로 적절하지 않은 것은?

① 위험 요소 ② 사업 목표
③ 성공 가능성 ④ 예상 소요 예산
⑤ 외부 파트너십 전략

14
위와 같은 기안서에 대한 설명으로 가장 적절한 것은?

① 기안서 작성 시 반드시 서명을 포함해야 한다.
② 기안서는 특정 직급의 직원만 작성할 수 있다.
③ 기안서는 구체적이고 명확하게 작성해야 한다.
④ 기안서 작성자는 반드시 결재자와 동일해야 한다.
⑤ 기안서에는 작성자의 개인적인 의견이 포함되어야 한다.

[15~16] 다음 글을 읽고 물음에 답하시오.

_____ (가) _____

본 문서는 사내 교육 프로그램에 대한 예산 배정 및 집행을 위한 승인을 요청하는 품의서입니다. 다음과 같이 프로그램의 예산 배정 및 집행을 승인해 주시기 바랍니다.

- 품목: 사내 교육 프로그램 예산 배정
- 배정 예산: 총 10,000,000원(금일천만원)
- 배정 방법: 부서 예산에서 전용하여 지급
- 예산 사용 내역
  - 교육 시설 임대: 4,000,000원
  - 강사비: 3,000,000원
  - 교육 자료 인쇄 및 배포비: 2,000,000원
  - 기타 운영비: 1,000,000원

- 붙임 1. 교육 프로그램 세부 계획서 1부.
       2. 예산 집행 계획서 1부. 끝.

15
위와 같은 문서에 관한 설명으로 적절하지 않은 것은?

① 시행 일자는 결재권자가 승인한 후 적용될 수 있다.
② 문서 번호는 문서 관리와 추적을 돕기 위해 부여된다.
③ 품의서는 특정 예산 배정에 대해서만 작성될 수 있다.
④ 제목은 품의할 사항을 한눈에 알아볼 수 있도록 명확하고 간결하게 작성해야 한다.
⑤ 품의 명세에는 목적, 배경, 예산 세부 내용 등을 구체적으로 명시하고 관련된 자료를 첨부하는 것이 좋다.

16
위 문서의 (가)에 들어갈 제목으로 가장 적절한 것은?

① 사내 교육 프로그램 예산 배정
② 사내 교육 프로그램 예산 승인 요청
③ 사내 교육 프로그램 예산 집행 승인
④ 사내 교육 프로그램 예산 배정의 건
⑤ 사내 교육 프로그램 예산 배정 및 집행의 건

[17~19] 다음 글을 읽고 물음에 답하시오.

사무 자동화 시스템 도입 제안

1. 제안 배경
　최근 회사의 업무 환경이 급격히 변화하고 있으며, 업무의 디지털화가 빠르게 진행되고 있습니다. 그런데 여전히 많은 부서에서 종이 기반의 수작업 처리가 이루어지고 있어 업무 효율성 저하와 오류 발생이 빈번하게 일어나고 있습니다. 이에 따라 업무의 자동화와 디지털화를 통해 더 효율적인 작업 환경을 구축할 필요성이 대두되었습니다. 이러한 배경을 바탕으로 사무 자동화 시스템의 도입을 제안합니다.

2. 제안 내용
- 도입 대상: 전 직원
- 도입 시스템: 사무 자동화 소프트웨어(예 전자 문서 관리 시스템, 업무 관리 시스템)
- 주요 기능
  - 전자 문서 작성 및 저장
  - 업무 흐름 자동화
  - 일정 및 업무 관리
  - 이메일 및 파일 자동화 처리
- 기대 효과
  - 업무 생산성 증대　　- 업무 오류 감소
  - 문서 관리 및 보안 강화　- 운영 비용 절감

3. 추진 일정

단계	내용	기간	담당자
1단계	시스템 선정 및 도입	2025년 6월~7월	정보 기술(IT)팀
2단계	사용자 교육	2025년 8월~9월	정보 기술(IT)팀, 각 부서 담당자
3단계	시스템 운영 및 피드백 수집	2025년 10월~	정보 기술(IT)팀

4. 예산
- 초기 도입 비용: [금액]원
- 월 운영 비용: [금액]원

5. 결론
　사무 자동화 시스템 도입은 업무 효율성을 획기적으로 개선하고, 반복적인 작업을 최소화하여 직원들의 시간을 더 가치 있는 일에 투자할 수 있도록 도울 것입니다. 또한 관리의 효율성을 높여 전반적인 회사의 경쟁력을 강화하는 데 기여할 것입니다.

17

윗글을 작성할 때 주의해야 할 점으로 적절하지 <u>않은</u> 것은?

① 제안서는 핵심 사항을 중심으로 간결하게 작성해야 한다.
② 기대 효과를 구체적 수치로 제시하여 설득력을 높여야 한다.
③ 기술적인 용어 사용을 최소화하여 이해하기 쉽게 작성해야 한다.
④ 시스템 도입 후 발생할 수 있는 문제에 대한 대비책을 제시해야 한다.
⑤ 경쟁 시스템과의 비교를 통해 제안하는 시스템의 우수성을 강조해야 한다.

18

윗글의 주요 목적으로 가장 적절한 것은?

① 회사의 디지털 역량 강화
② 직원들의 업무 만족도 향상
③ 비용 절감을 통한 이익 증대
④ 업무 효율성 증대 및 오류 감소
⑤ 새로운 사업 분야로 진출하기 위한 기반 마련

19

윗글에서 제안된 사무 자동화 시스템 도입의 주요 기대 효과로 가장 적절한 것은?

① 전자 문서 보안 강화
② 새로운 업무 모델 개발
③ 직원들의 업무 스트레스 감소
④ 업무의 생산성 증대 및 비용 절감
⑤ 업무 자동화를 통한 직원 관리 체계 개선

[20~21] 다음 글을 읽고 물음에 답하시오.

나트륨 섭취 줄이면 고혈압 위험 감소
성인 대상, 나트륨 섭취와 고혈압의 상관관계 분석 결과

(가) ○○연구소는 나트륨 섭취를 줄이면 고혈압 위험이 크게 감소한다는 연구 결과를 발표했다. 이번 조사는 2015년부터 2020년까지 6년 동안 전국의 성인 남녀 5,000명을 대상으로 나트륨 섭취와 혈압의 관계를 분석한 결과이다.

(나) 주로 외식을 자주 하는 성인은 집에서 식사하는 성인에 비해 나트륨 섭취량이 평균 35% 더 많고, 고혈압 위험이 2배 높게 나타났다. 가정식 위주의 식단을 유지한 사람의 고혈압 발병률은 외식 빈도가 높은 사람에 비해 평균 42% 낮았다.

(다) ○○연구소는 고혈압 예방을 위해 식단 개선이 중요하다고 강조하며, 특히 나트륨 섭취량을 줄이는 것이 필요하다고 밝혔다. 나트륨 섭취가 고혈압에 영향을 미치는 것은 나트륨이 혈압을 조절하는 신장의 기능을 방해하기 때문으로 분석된다.

(라) ○○연구소는 국민 건강 증진을 위해 저염 식단의 중요성을 널리 알리고, 외식 산업과 협력해 저염 메뉴 개발을 장려할 계획이다. 더불어 나트륨 섭취의 건강 위험성을 강조하는 교육과 홍보 활동을 강화할 예정이다.

20
위 보도 자료의 목적에 대한 설명으로 가장 적절한 것은?

① 공공 기관에서 기획하여 시행하는 사업의 내용을 안내하는 데 목적이 있다.
② 공공 기관의 정책이나 업무와 관련하여 조사한 정보를 제공하는 데 목적이 있다.
③ 공공 기관에서 기획하여 시행하는 행사의 내용을 홍보하고 안내하는 데 목적이 있다.
④ 공공 기관의 정책이나 업무와 관련하여 생산되는 정보 중 잘못된 것을 바로잡는 데 목적이 있다.
⑤ 공공 기관에서 입법하거나 개정하는 법령의 내용 또는 공공 기관과 관련된 법령의 입법과 개정 내용을 안내하는 데 목적이 있다.

21
(가)~(라)의 구성 방식으로 적절한 것은?

① 사업 개요 → 성과 → 향후 계획 → 당부
② 조사 개요 → 결과 분석 → 기대 효과 → 결과 해석
③ 조사 개요 → 결과 해석 → 결과 분석 → 기대 효과 및 당부
④ 조사 개요 → 결과 분석 → 결과 해석 → 기대 효과 및 당부
⑤ 조사 개요 → 추진 내용 → 기대 효과 및 성과 → 사업 의의와 당부

[22~23] 다음 글을 읽고 물음에 답하시오.

Ⅰ. 출장 개요
1. 출장지: 미국(뉴욕, 샌프란시스코), 캐나다(토론토)
2. 출장 기간: 2025. 6. 10. ~ 6. 18.
3. 출장자: 연구 개발부 부장 김○○, 연구원 박○○
4. 출장 목적
   가. 우리 회사의 혁신적 기술 개발을 위한 글로벌 최신 기술 트렌드 파악 및 사례 수집
   나. '스마트 시티 구축 프로젝트'와 관련된 주요 국가의 정책 및 사례 연구
   다. 우리 회사 기술력의 해외 활용 상황 확인 및 사업 확대 방안 모색
   라. 미국(뉴욕, 샌프란시스코)과 캐나다(토론토)에서 진행 중인 스마트 시티 구축 및 기술 활용 사례를 바탕으로 사업 확장을 위한 전략 수립
               - 이하 생략 -

22
윗글의 '출장 목적'의 내용을 '현황, 추진 과제 경과, 필요 자원 제시, 자원 확보 목적'의 순으로 배열할 때 가장 적절한 것은?

① 가 → 나 → 다 → 라
② 가 → 다 → 나 → 라
③ 나 → 가 → 라 → 다
④ 나 → 다 → 라 → 가
⑤ 다 → 나 → 라 → 가

23

윗글의 '– 이하 생략 –'에 들어갈 내용으로 적절하지 않은 것은?

① 날짜와 시간 등 구체적인 출장 일정
② 스마트 시티 기술 관련 주요 전문가 인터뷰 내용
③ 토론토에서 진행 중인 스마트 시티 프로젝트의 시사점
④ 도시 재생 사업과 지역 재생 사업의 연결 가능성에 관한 전망
⑤ 뉴욕과 샌프란시스코에서의 스마트 시티 관련 사례 조사 결과

24

다음 자료를 참고할 때, 직장인 A가 우선적으로 처리해야 할 업무로 적절한 것은?

> 우선순위는 여러 업무과 과제 중에서 어떤 것을 먼저 처리해야 할지를 결정하는 기준이다. 업무의 우선순위를 결정하는 대표적인 방법으로는 아이젠하워 매트릭스(Eisenhower Matrix)가 있으며, 이는 업무를 긴급성과 중요성에 따라 4가지로 분류하는 방식이다.
>
> | 중요성↑ \ 긴급성→ | 긴급 (바로 해야 함) | 비긴급 (계획이 필요) |
> |---|---|---|
> | 중요 | 즉시 실행해야 하는 업무 | 계획적으로 수행해야 하는 업무 |
> | 덜 중요 | 위임할 수 있는 임무 | 하지 않아도 되는 업무 |

① (다음 달 예정인) 사내 행사의 일정 조율
② 동료의 요청으로 인한 내부 문서 정리 지원
③ 한 달 뒤 발표할 신규 프로젝트 아이디어 구상
④ 다음 주까지 완료해야 하는 사내 교육 자료 준비
⑤ 내일 오전까지 제출해야 하는 클라이언트 보고서 작성

25

다음 사례에 나타난 자아 개념 및 자아 노출의 특징에 대한 설명으로 가장 적절한 것은?

> 자아 개념은 개인이 자신에 대해 가지고 있는 신념과 생각의 총체를 의미하며, 자아에 대한 인식과 그 평가를 포함한다. 자아 개념은 긍정적이거나 부정적일 수 있으며, 이는 한 개인의 행동과 타인과의 상호 작용에 큰 영향을 미친다. 자아 노출은 개인이 자신의 생각, 감정, 경험, 신념 등을 다른 사람에게 드러내는 행위를 말한다. 자아 노출은 대인 관계에서 신뢰를 형성하고 관계를 깊게 만들지만, 동시에 자신을 더 취약하게 만드는 위험도 따른다.
>
> 자아 노출의 수준은 상황에 따라 다르다. 예를 들어, 낯선 사람보다는 가까운 친구나 가족에게 더 많은 자아 노출을 할 가능성이 크다. 자아 노출의 범위와 깊이는 개인의 자아 개념과도 밀접하게 연관되어 있으며, 자아 개념이 긍정적인 사람은 자아 노출을 더 개방적으로 할 가능성이 높다.
>
> > 정○○ 씨는 최근 새로운 직장에서 일하기 시작했다. 그는 첫 주 동안 동료들과 인사하며 친해지려고 했지만, 자신의 개인적인 삶에 대한 이야기는 거의 하지 않았다. 몇 주가 지나 동료들과의 관계가 조금 더 편안해지자, 그는 점차 자신의 취미와 가족에 대해 이야기하기 시작했다. 정○○ 씨는 "아직은 서로 알아 가는 단계니까 조금씩 나 자신을 더 보여 주려고 해요."라고 말했다.

① 정○○ 씨는 자아 개념이 부정적이어서 자신의 이야기를 전혀 하지 않는다.
② 정○○ 씨는 자아 개념이 긍정적이어서 처음부터 자신에 대해 모든 것을 공개한다.
③ 정○○ 씨는 자아 노출을 점진적으로 확대하며, 대인 관계를 형성하는 데 신중하다.
④ 정○○ 씨는 자아 개념에 크게 신경 쓰지 않고, 모든 상황에서 자아 노출을 극대화한다.
⑤ 정○○ 씨는 자아 노출의 중요성을 이해하지 못해, 자신의 이야기를 감추는 데 주력한다.

[26~27] 다음 글을 읽고 물음에 답하시오.

최근 건강 관리 당국은 자주 사용되는 비타민 D 보충제의 과다 복용에 따른 건강 위험성을 경고하며 제품 포장 및 설명서에 복용량 관련 정보를 명확히 기재할 것을 권고했다. 비타민 D는 적절히 복용하면 뼈 건강과 면역 체계 강화에 도움이 되지만, 과도하게 복용하면 혈액 내 칼슘 농도를 위험하게 증가시켜 신장 손상, 심혈관 질환 등의 부작용을 유발할 수 있다. 일반적으로 비타민 D 보충제는 1일 최대 복용량이 4,000IU를 초과하지 않도록 권장된다. 건강 관리 당국은 비타민 D 보충제의 복용량을 명확히 하기 위해 "1일 최대 용량 초과 시 건강 위험"이라는 경고 문구를 제품 포장에 눈에 띄게 표시하도록 지시했으며, 복용 주의 사항을 제품 설명서에 추가했다. 또한 자율적으로 복용량 정보를 조정할 수 있으나, 앞으로는 모든 비타민 D 보충제가 권장 복용량을 준수하도록 제품 포장을 수정하도록 규정했다.

26

비타민 D 보충제의 복용에 관한 이해로 적절하지 <u>않은</u> 것은?

① 비타민 D는 하루 최대 4,000IU까지 복용할 수 있다.
② 과다 복용 시 혈중 칼슘 농도가 위험하게 높아질 수 있다.
③ 비타민 D 보충제는 칼슘과 함께 섭취하면 부작용이 줄어든다.
④ 비타민 D 보충제를 과도하게 섭취하면 신장 손상 등의 문제가 발생할 수 있다.
⑤ 비타민 D 함량이 2,000IU인 보충제는 하루에 2알을 초과하여 복용해서는 안 된다.

27

제약 회사가 당국의 권고에 따라 비타민 D 2,000IU 제품의 포장 및 제품명을 변경한 내용으로 적절하지 <u>않은</u> 것은?

① 제품명에 '1일 최대 4,000IU'라는 정보를 강조한다.
② 2,000IU 제품을 5,000IU로 수정하여 포장을 변경한다.
③ 포장에 노란색 경고 표시를 사용해 안전 정보를 제공한다.
④ 복용량 정보와 관련된 경고 문구를 눈에 잘 띄게 표시한다.
⑤ 경고 문구에 과다 복용 시 발생할 수 있는 부작용을 명시한다.

[28~29] 다음 글을 읽고 물음에 답하시오.

김 씨는 옆집 정 씨의 감나무 가지가 담을 넘어와 자신의 마당을 침범하고 있음을 발견했다. 김 씨는 정 씨에게 가지를 제거해 줄 것을 요청했으나 정 씨는 이를 무시했다. 김 씨는 결국 가지를 잘라 내려 하는데, 이를 실행해도 법적으로 문제가 없을지 고민하고 있다.

> 「민법」의 상린관계는 인접한 토지의 소유자가 서로 어느 정도 자기 토지의 이용에 관한 부분을 제한하여 상대방 토지 이용을 원활하도록 하는 관계를 말한다.
> 이 규정은 토지의 경계나 그 근방에서 담 또는 건물을 축조하거나 수선하기 위하여 필요한 범위 내에서 이웃 토지의 사용을 청구하는 것, 매연 등으로 인해 상대방에서 피해를 주지 않을 것, 타인의 토지를 통과하여 필요한 수도, 배수관, 전선 등을 시설하는 것, 주위 토지의 통행권, 자연 유수의 승수 의무와 권리 등이 있다.
> 위의 사례와 같이 옆집의 나뭇가지가 경계를 넘어갔을 경우에 대하여 「민법」 제240조에서는 다음과 같이 규정하고 있다.

> 제240조 (수지, 목근의 제거권)
> ① 인접지의 수목 가지가 경계를 넘은 때에는 그 소유자에 대하여 가지의 제거를 청구할 수 있다.
> ② 전 항의 청구에 응하지 아니한 때에는 청구자가 그 가지를 제거할 수 있다.
> ③ 인접지의 수목 뿌리가 경계를 넘은 때에는 임의로 제거할 수 있다.

28
다음 중 김 씨가 정당하게 할 수 있는 행동으로 적절한 것은?

① 감나무 전체를 제거하는 것
② 옆집 마당에 들어가 가지를 잘라 내는 것
③ 담을 넘어온 가지에 달린 감을 따 먹는 것
④ 옆집 감나무 가지를 허락 없이 잘라 내는 것
⑤ 가지 제거 요청이 거절된 후, 직접 가지를 제거하는 것

29
다음 중 「민법」 제240조의 규정에 따른 권리로 적절하지 않은 것은?

① 경계를 넘어온 나무의 소유권을 주장할 권리
② 요청이 거절된 경우, 가지를 직접 제거할 권리
③ 가지 제거 요청 후, 나무 소유자와 협의할 권리
④ 경계를 넘어온 나무 뿌리를 임의로 제거할 권리
⑤ 나뭇가지가 경계를 넘어올 경우 가지 제거를 요청할 권리

30
다음 사례에 해당하는 쓰기 윤리 위배 행위로 적절한 것은?

- 타인의 연구 내용 전부 또는 일부를 출처를 표시하지 않고 그대로 활용하는 경우
- 타인의 저작물의 단어·문장 구조 일부를 변형해 사용하면서 출처를 표시하지 않은 경우
- 타인의 독창적인 아이디어 등을 활용하면서 출처를 표시하지 않은 경우
- 타인의 저작물을 번역하여 활용하면서 출처를 표시하지 않은 경우

① 도용 ② 위조 ③ 표절
④ 변조 ⑤ 중복

서술형(01~09번)

정답과 해설 P.42

※ 다음 문제의 답을 OMR 용지, 서술형 01~09번 답안에 쓰시오.

01
다음 글을 읽고 ㉠~㉥에 들어갈 단어를 기호와 함께 쓰시오. [30점]

> 국립 국어원은 외국어, 한자어 등 어려운 행정 용어의 사용을 개선하고 정책 효과를 높이기 위하여 행정 기관의 정책 자료, 행정 자료, 보도 자료 등을 바탕으로 개선할 필요성이 높은 행정 용어 100개를 마련하였다. 여기에는 지나치게 어려운 한자어, 일상생활에서 사용하지 않거나 사용되더라도 그 빈도가 떨어지는 한자어, 로마자 약어 표기로 전달력이 떨어지는 외국어, 음차 표기로 소통성이 떨어지는 외국어 등이 포함되어 있다. 다음은 불필요한 외국어 사용의 예로 개선이 필요한 표현이다.

개선 대상		개선 용어
니즈	→	필요, 수요, 바람
레시피	→	㉠
리스크	→	㉡
스왑	→	㉢
이슈	→	㉣
헬스케어	→	㉤
힐링	→	㉥

⇨

02
다음 글을 읽고 ㉠~㉤을 간접 인용문으로 고쳐 기호와 함께 〈조건〉에 맞게 쓰시오. [30점]

조건 ㉠~㉤의 밑줄 그은 부분만 고쳐 쓸 것

> 직접 인용문은 원래 발화의 형식을 그대로 옮기는 것이고, 간접 인용문은 인용을 하는 화자가 자신의 관점으로 바꾸어 나타내는 것이다. 직접 인용문은 큰따옴표와 직접 인용을 나타내는 격 조사 '-라고'를 쓰며, 간접 인용문은 따옴표 없이 간접 인용을 나타내는 격 조사 '-고'를 쓴다. 간접 인용절에서 평서형 '-고'가 붙을 때 인용되는 종결 어미는 동사나 형용사가 서술어일 때 '-다', 서술격 조사일 때 '-라'가 쓰인다. 감탄형은 '-다', 의문형은 '-느냐/(으)냐', 명령형은 '-(으)라', 청유형은 '-자'가 쓰인다. 즉, 간접 인용절로 쓰일 때에 상대 높임법은 중요하지 않고 문장의 종류에 따라서만 어미 선택이 달라진다.

㉠ "어제 할머니 댁에 다녀왔습니다." 하고 지영이가 말한다.
→ _____

㉡ 선생님께서 내게 "요즘 공부 열심히 하니?"라고 말씀하셨다.
→ _____

㉢ 선생님께서 내게 "오늘은 공부를 열심히 했구나."라고 말하셨다.
→ _____

㉣ 선생님께서 내게 "공부를 열심히 하자."라고 하셨다.
→ _____

㉤ 선생님께서 "출발 시간이 얼마 안 남았으니 빨리 가라."라고 재촉하셨다.
→ _____

03

다음 글의 ㉠~㉥에 들어갈 내용을 기호와 함께 쓰시오. [30점]

BCG 매트릭스는 두 개의 축을 기준으로 ㉠_____개의 영역을 도출하며, 각 사업 단위의 경쟁적 지위를 평가하는 도구이다. 이 기법은 경험 곡선 이론을 바탕으로 특정 사업 단위의 상대적 시장 점유율과 ㉡_____을/를 분석하여, 사업에 어떻게 자원을 할당해야 하는지에 대한 투자의 우선순위를 결정한다.

시장 성장률은 높으나 상대적 시장 점유율이 낮은 사업은 ㉢_____에 해당하며, 이 사업은 신규 자금 투입이 필요하지만 경쟁이 심화될 가능성이 있다. 반면, 시장 성장률은 낮지만 높은 ㉣_____을/를 가진 사업은 현금 젖소로 불리며, 이 사업은 새로운 자금 투입 없이 많은 현금을 창출하는 특징을 가진다.

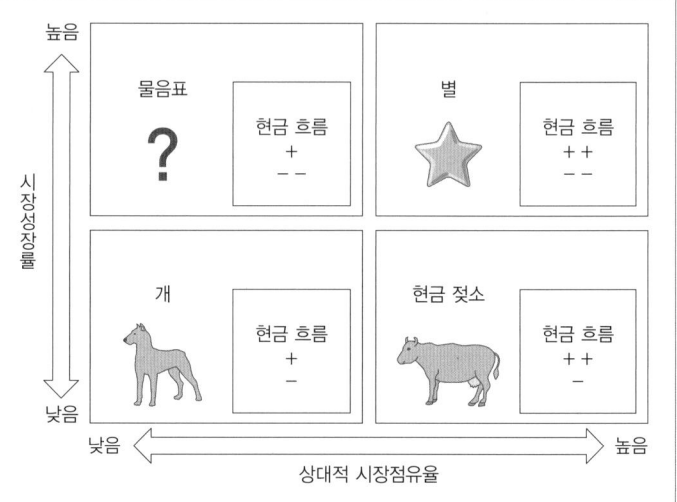

[예시 자료]

구체적인 예로, 한 글로벌 전자 회사가 BCG 매트릭스를 사용하여 각 사업을 평가했다. 스마트폰 사업부는 시장 성장률이 높고, 시장 점유율도 높으므로 ㉤_____에 해당한다. 따라서 이 회사는 이 사업에 더 많은 자금을 투자해 이 시장에서 선도적 위치를 유지하려고 한다. 반면, 그 회사의 기존 노트북 사업부는 시장 성장률이 낮지만 여전히 높은 점유율을 차지하고 있어 ㉥_____에 해당한다. 이 사업은 안정적인 수익을 창출하며, 추가적인 자금 투입이 많이 필요하지 않다.

⇨

04

각 직원의 업무 완료 시각을 서울 시간으로 환산하고 월/일과 오전/오후 표시를 반드시 포함하여 ㉠~㉢의 내용을 기호와 함께 쓰시오. [30점]

> 김 과장과 각 지사 직원들이 회의 중 언급한 업무 완료 시점은 다음과 같다. 각 발언 시각은 현지 표준시 기준이다.
> ▶ 존(NY): 6월 1일 오후 3시까지 보고서를 제출하겠습니다.
> ▶ 아미트(MB): 보고서를 받은 후 4시간 이내에 검토를 마쳐, 6월 2일 오전 10시에 수정안을 보내드리겠습니다.
> ▶ 영미(SE): 제 현지 시간으로 6월 2일 오후 8시에 최종 승인 절차를 완료하겠습니다.
>
> | 직원 | 지사 | 현지 시각 | GMT 오프셋 | 서울 환산 시각 |
> |---|---|---|---|---|
> | 존 | 뉴욕(NY) | 6월 1일 오후 3시 | GMT-5 | ㉠ |
> | 무함마드 | 뭄바이(MB) | 6월 2일 오전 10시 | GMT+5:30 | ㉡ |
> | 영미 | 서울(SE) | 6월 2일 오후 8시 | GMT+9 | ㉢ |

⇨

05

다음 ㉠~㉥에 들어갈 내용을 글에서 찾아 기호와 함께 쓰시오. [30점]

> 일반적으로 쓰기에서 부정 행위는 위조, 변조, 표절, 부당한 저자 표기, 부당한 중복 게재, 연구 부정 행위에 대한 조사 방해 행위, 그 밖에 각 학문 분야에서 통상적으로 용인되는 범위를 심각하게 벗어나는 행위 등이 있다. 위조는 존재하지 않는 연구 원자료 또는 연구 자료, 연구 결과 등을 허위로 만들거나 기록 또는 보고하는 행위를 말하며, (㉠)은/는 연구 재료나 장비, 과정 등을 인위적으로 조작하거나 연구 원자료 또는 연구 자료를 임의로 변형, 삭제함으로써 연구 내용 또는 결과를 왜곡하는 행위를 말한다. (㉡)은/는 일반적 지식이 아닌 타인의 독창적인 아이디어 또는 창작물을 적절한 출처 표시 없이 활용함으로써, 제3자에게 자신의 창작물인 것처럼 인식하게 하는 행위를 말한다. 부당한 저자 표기는 연구 내용 또는 결과에 대하여 공헌 또는 기여를 한 사람에게 정당한 이유 없이 저자 자격을 부여하지 않거나, 공헌 또는 기여를 하지 않은 사람에게 감사의 표시 또는 예우 등을 이유로 저자 자격을 부여하는 행위이며, 부당한 중복 게재는 연구자가 자신의 이전 연구 결과와 동일 또는 실질적으로 유사한 저작물을 출처 표시 없이 게재한 후, 연구비를 수령하거나 별도의 연구 업적으로 인정받는 경우 등 부당한 이익을 얻는 행위를 말한다. 연구 부정 행위에 대한 조사 방해 행위는 본인 또는 타인의 부정행위에 대한 조사를 고의로 방해하거나 제보자에게 위해를 가하는 행위를 말한다.
> A는 타인의 저작물을 번역하면서 출처를 표시하지 않았다. 그리고 B는 면담 및 실험을 수행하지 않고 결과를 작성하고 가상으로 만들어 냈다. C는 연구 내용이나 결과에 공헌이 없는 사람에게 저자 자격을 부여하였다. D는 이미 출간된 본인 논문의 존재를 알리지 않고 거의 동일한 본인의 논문을 다른 학술지에 다시 제출하여 출간하였다. A의 행위는 (㉢)에 해당하며, B는 (㉣) 행위, C는 (㉤), D는 (㉥)에 해당한다.

⇨

06

다음 글을 바탕으로 ㉠~㉤에 들어갈 내용을 기호와 함께 쓰시오. [50점]

2025년 '친환경 에너지 기업' 실태 조사 협조 요청

　귀사의 지속적인 발전을 기원합니다.
　이번 실태 조사는 향후 친환경 에너지 기업 육성 및 관련 정책 입안을 위한 기초 자료로 활용될 예정이오니, 많은 협조 부탁드립니다.
　사단 법인 '친환경 에너지 기업 협회'에서는 산업 통상 자원부가 추진하는 사업을 대신하여, 친환경 에너지 기업의 현황과 기술적 특징을 파악하고, 더 나아가 자금 조달 방법과 기업이 겪는 애로 사항에 대한 의견을 수렴하여 정책적 시사점을 도출하기 위한 실태 조사를 진행하고 있습니다.

2025년 '친환경 에너지 기업' 실태 조사 협조 요청

□ 목적: ㉠ _____
□ 주최 기관: ㉡ _____
□ 주관 기관: ㉢ _____
□ 조사 내용: ㉣ _____
□ 의견 수렴 내용: ㉤ _____

⇨ _____

07

다음 글을 바탕으로 '생강의 효능과 손질법'에 대한 안내문을 작성하고자 한다. ㉠~㉥에 들어갈 내용을 기호와 함께 〈조건〉에 맞게 쓰시오. [100점]

조건 ㉠은 9어절, ㉡은 2어절, ㉢은 1어절로, ㉣~㉥은 각각 평서문으로 쓸 것

생강의 효능과 손질법

생강은 생으로 먹거나 차, 요리 등에 쓰이는 식재료로, 뿌리 부분을 주로 섭취합니다. 알이 단단하고 껍질이 매끈하며 얇고 연한 노란색을 띠는 것이 좋습니다. 알이 너무 크거나 물러 보이는 것은 피하는 것이 좋습니다.

생강을 손질할 때는 껍질을 벗기고 흐르는 물에 깨끗이 씻습니다. 필요한 용도에 따라 얇게 썰거나 다져서 사용합니다. 갈거나 다져서 사용할 경우 강한 향과 매운맛이 잘 우러나므로 소량씩 사용하는 것이 좋습니다.

생강은 냉장 보관할 때는 물기를 잘 닦아 밀폐 용기에 넣고 신선도를 유지하는 것이 중요합니다. 냉동 보관 시에는 다져서 소분하여 밀폐 용기에 담아 두면 요리 시 편리하게 사용할 수 있으며, 냉동 생강은 주로 국이나 찌개에 활용됩니다.

생강에는 진저롤, 쇼가올과 같은 항염 및 항산화 성분이 들어 있어 몸을 따뜻하게 하고 소화 촉진에 도움을 줍니다. 특히 진저롤 성분은 메스꺼움과 구토 억제에 효과가 있으며, 면역력을 강화하고 염증을 줄이는 효능이 있습니다. 또한 생강은 혈액 순환을 촉진하여 손발이 차가운 사람에게 좋으며, 감기 예방에도 유익합니다.

생강은 따뜻한 성질을 지니고 있어 열이 많은 사람이나 위장이 약한 사람은 과다 섭취를 피하는 것이 좋습니다. 또한 임산부는 생강을 적절한 양만 섭취하는 것이 권장됩니다.

생강의 효능과 손질법 안내문
생강, 향과 효능을 즐기세요!

생강 고르는 법
- 알이 단단하고 ㉠ _____ 을/를 고릅니다.

손질 방법
- 생강의 껍질을 벗기고 흐르는 물에 씻어 얇게 썰거나 다져서 사용합니다.

㉡ _____
- 냉장 보관: 물기를 닦은 후 밀폐 용기에 넣어 보관하면 신선함을 오래 유지할 수 있습니다.
- 냉동 보관: 다져서 밀폐 용기에 담아 냉동하면 요리 시 편리하게 사용할 수 있습니다.

㉢ _____
- ㉣ _____
- ㉤ _____
- ㉥ _____

섭취 시 주의 사항
열이 많은 사람이나 위장이 약한 사람, 임산부는 적절한 양을 섭취합니다.

⇨ _____

08

다음 보도 자료를 읽고 프레젠테이션을 구성하고자 한다. ㉠~㉶에 들어갈 내용을 기호와 함께 〈조건〉에 맞게 쓰시오.

[100점]

조건

1. ㉡은 적용 일자와 함께 적용되는 두 가지 경우를, ㉣은 두 가지 소화기 유형을 쓸 것
2. ㉢은 10어절, ㉤과 ㉥은 6어절로 쓸 것

2023년 달라지는 소화기 관리

차량용 소화기,
이제 선택이 아니라 필수입니다!

– 최근 3년간 차량 화재 11,398건으로 지속 증가 …… 연평균 3,799건 발생
오는 12월 1일부터 5인승 이상 자동차에 소화기 설치 비치 의무화
일반 분말 소화기 에어로졸식 ×, '자동차 겸용' 표시 ○ 반드시 확인 필요

「소방 시설 설치 및 관리에 관한 법률」 개정 (21. 11. 30.)에 따라 2023년 개정된 차량용 소화기 규정에 따르면, 5인승 이상 승용차에 차량용 소화기 설치가 필수화된다. 과거에는 7인승 이상 차량에만 설치가 의무였으나, 최근 증가하는 차량 화재 사고에 대한 대응을 강화하기 위해 규정이 확대되었다.

이 규정은 올해 12월 1일부터 새로 제작·수입·판매되는 자동차와 12월 1일부터 「자동차 관리법」 제6조에 따라 소유권이 변동되어 등록된 자동차부터 적용되고, 기존 차량에는 소급 적용되지 않는다.

차량용 소화기는 진동 및 고온 시험을 통과한 '자동차 겸용' 소화기를 사용해야 하며, 일반 분말 소화기와 에어로졸식 소화기는 적법하지 않다. 소화기 관리 방법으로는 지시 압력계 바늘이 녹색에 있는지, 용기가 손상되지 않았는지, 안전핀이 견고하게 고정되어 있는지, 내용 연한이 지나지 않았는지 등을 확인하는 것이 중요하다. 또한 차량 화재 발생 시에는 안전한 장소에 정차 후 소화기를 사용하여 초기 진화한 후, 안전거리를 유지한 채 119에 신고해야 한다.

7인승 이상 차량에서 (　　㉠　　)에 차량용 소화기 필수 설치

Q&A

- 모든 차량에 적용되나요?
  - ㉡ _____
  - '24.12.1. 이전 구매·등록된 차량은 소급 적용되지 않습니다.

- 어떤 소화기를 구매해야 하나요?
  - ㉢ _____

※ (　　㉣　　)은/는 법정 차량용 소화기가 아닙니다.

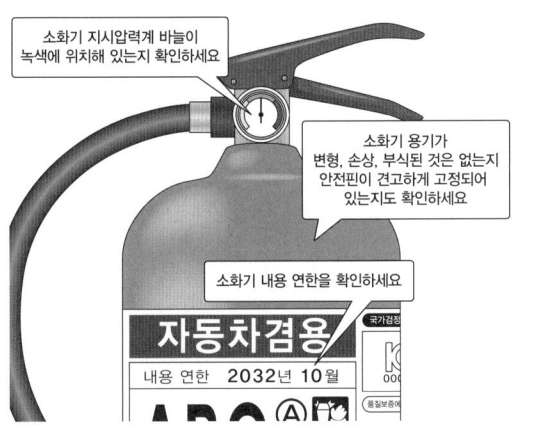

차량용 소화기 따로 있다.
소화기 표면에
"**자동차 겸용**"
표시 확인하세요!

- 소화기는 어떻게 관리하나요?
- 소화기 지시 압력계 바늘이 녹색에 위치하는지 확인하세요.
- 소화기 용기가 변형, 손상, 부식되었는지 확인하세요.
- ㉤ _____
- ㉥ _____

⇨

09

다음 〈글쓰기 계획〉에 맞게 '미닝 아웃'에 대한 보고서를 쓰시오. [300점]

문단	내용 및 조건	활용 자료	분량
1문단	미닝 아웃의 정의를 한 문장으로 제시하고, MZ 세대의 특징을 서술할 것	〈자료 1〉	210~230자
2문단	MZ 세대가 가치 소비자로 인식하는 비율(10명 중 몇 명)과 가장 관심을 가지는 분야를 제시하고, 가치 소비 현상에 대한 관심(각 퍼센트 포함)을 서술할 것	〈자료 2〉	220~230자
3문단	미닝 아웃을 MZ 세대들이 일상에서 표현하는 방법과 역할을 제시하고, 다양한 형태로 표출되는 사례와 기능을 서술할 것	〈자료 3〉	180~190자
4문단	코즈 마케팅의 의미와 마케팅 사례, 중요한 요소 두 가지를 제시하고 코즈 마케팅의 기대 효과를 찾아 서술할 것	〈자료 4〉	400~410자

자료 1

미닝 아웃
: 신념을 의미하는 **미닝(Meaning)**과 **커밍아웃(Coming out)**을 결합한 단어

내 가치관과 신념을 표현하는 미닝 아웃

기존에는 드러내기 어려웠던 자신만의 정치, 사회적 신념을 적극적으로 표현하는 소비 형태를 의미

MZ 세대가 미닝 아웃 하는 이유?

- 자신의 신념에 부합하는 소비 / 개성과 가치관을 드러내기 위해 지향점이 같은 기업의 제품을 소비
- 윤리적 소비의 긍정적 효과 / 소비자의 자아존중감과 주관적 안녕감에 긍정적 영향

자료 2

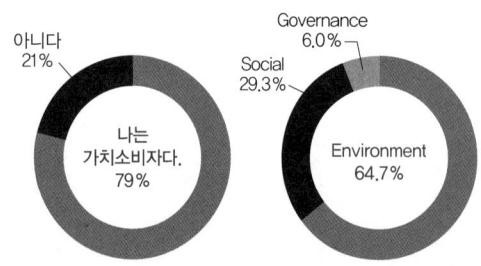

MZ세대가 생각하는 제품의 가치란?

아니다 21% / 나는 가치소비자다. 79%

Governance 6.0% / Social 29.3% / Environment 64.7%

MZ세대 10명중 8명은 스스로를 '가치소비자'라고 생각하며, 기업의 ESG활동 중 가장 관심을 갖는 분야는 'Environment'(환경)인 것으로 나타났습니다.

출처: 성장관리앱 그로우(응답자 928명)

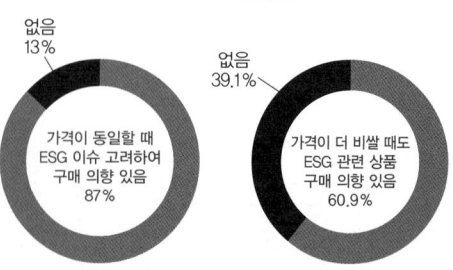

기업의 ESG 경영에 관한 관심

없음 13% / 가격이 동일할 때 ESG 이슈 고려하여 구매 의향 있음 87%

없음 39.1% / 가격이 더 비쌀 때도 ESG 관련 상품 구매 의향 있음 60.9%

가치 소비 현상은 기업의 ESG 경영에도 영향을 끼치며 선순환을 이루고 있습니다.

출처: 자유기업원, 2020 ESG에 대한 대학생 인식 조사 (전국 대학생 1,009명)

┌ 자료 3 ├

해시태그#
자신의 의견 표현 및 검색 기능
사회적 문제에 대해 사람들의 뜻을 모으는 기능

슬로건 티셔츠, 패션 굿즈 등 상품
패션을 통해 함축적이지만 분명하고 세련되게 자신의 정치, 사회적 신념 표출

┌ 자료 4 ├

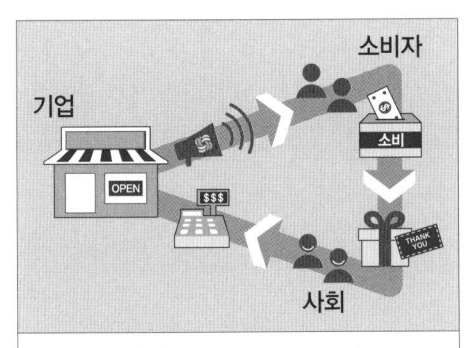

코즈 마케팅(Cause Marketing)
기업의 경영 활동과 사회적 이슈를 연계시킨 마케팅
소비자가 호의적인 반응을 보이는 사회적 문제 해결에 기업이 나서면서 소비자의 참여를 이끌어 내는 방식

코즈 마케팅 사례
1. 유통 업계
   - 유통 업계의 불필요한 과대 포장을 줄임
   - 플라스틱 사용 자제를 위해 포장재 변경하거나 비닐 라벨을 없앰
2. 패션 및 뷰티 업계
   - 사회적 메시지 전달을 위한 제품 제작 후 판매 수익금 기부
   - 화장품 용기에 메탈 제로 펌프를 도입하거나 재생 가능한 플라스틱 용기 활용

↓

- 브랜드 이미지 향상 및 기업 경쟁력 확보
- 사내 직원들의 만족도 증가 및 매출 증가
- 기부금 운용이 불투명할 시 소비자가 반발하므로 투명성 확보
- 기업의 제품과 서비스에 대한 인지도 향상과 새로운 고객층 확보
- 억지 기부 요소나 브랜드 가치와 연관이 없으면 진정성 측면에서 역효과

⇨

사단법인 한국국어능력평가협회

국가공인 한국실용글쓰기검정 제2회

| 수험번호 | | 성명 | | 시험 시간 120분 |

| 객관식(300점) 서술형(700점) | 감독관 확 인 | |

【수험생 유의 사항】

[규정 위반 행위] 처리 규정: 해당 시험 무효 처리

1. 휴대전화 또는 전자 통신기기에서 소리 또는 진동이 발생한 경우

2. 시험 종료 후 답안을 작성하는 경우

3. 시험 시작 전 문제를 보거나 풀이하는 경우

4. 기타 시험 진행 방해 및 감독관의 정당한 지시에 불응하는 경우

【답안 작성 시 유의 사항】

1. 시험 시간 120분 준수(객관식 30문제, 서술형 9문제)

2. 문제에 대한 답안은 반드시 해당 답안에만 작성하시오.

- OMR 답안은 한 곳만 표시해야 함.
- 답안 밖에 작성한 서술형 답안은 채점할 수 없음.
- 서술형 답안은 검은색 볼펜 등 가는 필기구로 작성하기 바람.

3. 서술형의 경우 발문이나 조건에 맞지 않는 답안은 감점됩니다.

- 문제와 관련 없는 내용을 장황하게 작성한 답안은 감점

4. 개인 신상(소속·이름 등)을 드러낸 답안은 감점됩니다.

객관식(01~30번)

[01~02] 다음 글을 읽고 물음에 답하시오.

김○○는 대학 시절, 발표 자료를 잘 준비해 교수와 동료들로부터 발표 내용이 체계적이라는 칭찬을 받았다. 발표 과제는 특정 주제에 대해 자료를 수집하고, 그 주제를 분석한 후 결론을 도출해 내는 것이었다. 교수는 김○○의 자료 구성 방식과 논리적 흐름이 명확하다고 평가했다. 그러나 회사에 들어온 후, 김○○는 계속해서 보고서 작성에서 어려움을 겪고 있다. 특히 최근 작성한 ㉠'프로젝트 진행 상황 보고서'는 상사로부터 '이건 계획서를 쓴 것 아니냐'는 지적을 받았다. 상사는 김○○에게 진행 상황을 명확하게 보고하는 형식을 준수하라고 강조했다.

〈신입 사원 김○○에 대한 쓰기 평가 결과〉

김○○의 문제는 글의 (㉡)과/와 관련이 있다. 글의 (㉡)에 따라 변하는 텍스트의 규범적 형식과 내용을 제대로 이해하지 못하는 점이 지적된다. 발표 자료는 규범에 맞게 체계적으로 준비했지만, 보고서 작성에서는 보고서 형식에 맞는 요소를 제대로 포함하지 않아 어려움을 겪고 있다.

01
글의 유형을 고려할 때, ㉠의 구성 요소로 적절하지 <u>않은</u> 것은?

① 프로젝트 개요
② 프로젝트 목표
③ 예상 자원 할당 계획
④ 프로젝트 진행 세부 일정
⑤ 프로젝트 문제점 및 해결 방안

02
㉡에 들어갈 내용을 고려할 때, 김○○의 글쓰기 문제에 대한 조언으로 가장 적절한 것은?

① 글쓰기 목적에 따라 글의 전개 방식을 다르게 해야 한다.
② 글의 주제를 강조하여 핵심 내용을 명확히 전달해야 한다.
③ 글쓰기 상황에 맞는 청중을 파악하고 그들의 요구를 반영해야 한다.
④ 청중의 관심을 유도하는 요소를 분석하여 설득 전략을 강화해야 한다.
⑤ 글의 유형에 맞는 규범적 형식과 내용을 숙지하여 적절히 구성해야 한다.

[03~04] 다음 글을 읽고 물음에 답하시오.

기후 변화로 인해 지구의 생태계가 위협받고 있다. 지난 수십 년 동안 온실가스 배출량이 지속적으로 증가하며 전 세계 평균 기온은 꾸준히 상승하고 있다. 이는 해수면 상승, 극단적인 기후 현상, 생물 다양성 감소 등 여러 문제를 일으킨다. 특히, 북극의 빙하가 빠른 속도로 녹아내리며 북극곰과 같은 서식 동물들의 생존이 어려워지고 있다. 또한, 가뭄과 폭우 같은 기후 변화는 농작물 수확량 감소를 초래해 전 세계 식량 안보에도 심각한 영향을 미치고 있다. 이러한 문제들은 단순히 환경적 피해를 넘어 경제적·사회적 위기로 이어질 가능성이 크기 때문에 국제적 협력이 더욱 절실하다.

기후 변화 문제를 해결하기 위한 다양한 방안이 제시되고 있다. 파리 기후 협정은 전 세계 국가들이 협력하여 온실가스 배출량을 줄이기 위해 만든 대표적인 국제 협약이다. 일부 국가는 탄소세를 도입하거나, 재생 가능 에너지로의 전환을 촉진하며 친환경 산업을 육성하고 있다. 또한 대중교통 확대와 같은 도시 계획 개혁도 온실가스 감소에 중요한 역할을 하고 있다. 그러나 이러한 정책만으로는 충분하지 않다. 개인들도 생활 속에서 에너지 소비를 줄이고 재활용을 실천하며, 지속 가능한 소비를 지향해야만 기후 변화의 속도를 늦출 수 있다. 이러한 노력들이 함께 이루어질 때 기후 변화의 속도를 늦추고 지구 생태계를 보호할 수 있을 것이다.

(가)

03

윗글을 쓰기 위해 참고한 자료로 적절하지 <u>않은</u> 것은?

① 전 세계 온실가스 배출량 통계 자료
② 탄소 배출 관련 산업별 기여도 분석 보고서
③ 북극 빙하 면적 변화에 대한 위성 관측 보고서
④ 전 세계 에너지 기업의 연간 매출 통계 보고서
⑤ 기후 변화가 식량 생산에 미치는 영향 연구 자료

04

윗글의 (가)에 들어갈 내용으로 가장 적절한 것은?

① 일부 국가는 재생 가능 에너지 확대에 주력하고 있다.
② 개인적 노력과 국제 협력이 기후 변화 해결의 핵심이다.
③ 기후 변화 대응은 정부와 기업의 협력만으로는 부족하다.
④ 탄소세 도입은 기후 변화 문제 해결의 필수적인 방법이다.
⑤ 파리 기후 협정은 온실가스 감축을 위한 국제적인 협약이다.

[05~06] 다음 글을 읽고 물음에 답하시오.

정부, 도심 자전거 도로 확충 추진 … 시민 안전과 환경 보호 기대

(가) 이에 정부는 지난 5일 "도시 녹색 교통망 개선 계획"을 발표하고, 자전거 도로 확충과 관련된 구체적인 방안을 제시했다. 이번 계획에는 주요 도심 내 자전거 전용 도로 설치, 공공 자전거 대여 시스템 확대, 기존 자전거 도로의 개보수 작업 등이 포함되어 있다. 국토 교통부 관계자는 "자전거 도로 확충은 교통 혼잡 완화와 환경 보호에 크게 기여할 것"이라며, "예산을 확보해 자전거 인프라 개선을 적극적으로 추진"하겠다고 밝혔다.

(나) 도심 자전거 이용이 꾸준히 증가하고 있지만, 기존 자전거 도로의 문제점이 여전히 해결되지 않아 시민들의 불편이 지속되고 있다. 특히, 자전거 도로의 노후화와 단절로 인해 주요 도심 지역에서는 자전거 이용이 어렵고 안전사고 발생 위험이 높다는 지적이 잇따르고 있다. 현재 전국 자전거 도로의 약 30%가 노후화된 상태로, 도심 내에서 자전거 이용이 제한되는 구간도 많아 교통 혼잡과 환경 문제를 해결하기 위해 자전거 인프라 개선이 시급한 상황이다.

(다) 하지만 자전거 도로 확충에 대한 우려의 목소리도 존재한다. 일부 상인들은 자전거 도로 설치로 인해 주차 공간이 줄어들거나 상권이 위축될 수 있다는 우려를 제기하고 있다. 또한 기존 도로를 개보수하는 과정에서 교통 체증이 심화될 가능성도 있다. 이에 따라 정책 실행 과정에서 시민들과의 소통과 공감대 형성이 무엇보다 중요하다는 지적이 나오고 있다.

(라) 자전거 도로 확충은 다양한 긍정적 효과를 가져올 것으로 기대된다. 교통 혼잡을 줄이고, 대기 오염과 탄소 배출을 감소시키는 데 기여할 뿐만 아니라, 시민들의 건강 증진과 도시 미관 개선에도 도움이 될 전망이다. 실제로 자전거 이용률이 높은 네덜란드와 덴마크 등의 사례를 보면, 자전거 인프라 투자가 교통 효율성뿐만 아니라 지역 경제 활성화에도 긍정적인 영향을 미쳤다.

(마) 정부는 이번 계획을 통해 도심 자전거 도로 확충뿐만 아니라 보행자 친화 공간 조성, 전동 킥보드 주차 구역 확대 등 다양한 교통 인프라 개선 방안을 함께 추진할 계획이다. 이를 통해 지속 가능한 도시 교통 환경을 조성하고, 탄소 중립 목표를 달성하려는 정부의 의지가 강조되고 있다.

05
윗글의 주제문으로 가장 적절한 것은?

① 자전거 도로 확충에 따른 부작용과 갈등이 우려되고 있다.
② 자전거 이용률이 증가하고 있으나 도로 노후화와 단절 문제가 여전하다.
③ 정부는 자전거 도로와 공공 자전거 대여 시스템 확충에 집중하고 있다.
④ 정부가 자전거 도로 확충 계획을 통해 친환경 교통망을 개선하려 한다.
⑤ 자전거 도로 확충은 교통 혼잡 완화와 탄소 배출 감소에 기여할 것으로 보인다.

06
윗글의 (가)~(마)를 논리적 순서에 맞게 배열한 것으로 적절한 것은?

① (가)-(나)-(다)-(라)-(마)
② (나)-(가)-(다)-(라)-(마)
③ (나)-(가)-(라)-(다)-(마)
④ (나)-(라)-(다)-(가)-(마)
⑤ (라)-(다)-(나)-(가)-(마)

07
다음 글의 구조에 대한 설명으로 가장 적절한 것은?

아침 식사를 거르는 사람들이 늘어나고 있다. 아침을 먹지 않는 사람들은 주로 시간이 부족하거나 아침 식사에 대한 필요성을 느끼지 못한다고 말한다. 하지만 연구 결과는 아침 식사를 거르는 것이 건강에 부정적인 영향을 미칠 수 있음을 보여 준다.

아침을 거르면 혈당이 낮아지고, 이는 피로와 집중력 저하를 유발할 수 있다. 또한 공복 상태가 오래 지속되면 에너지를 비축하려는 생리적 반응으로 인해 대사율이 저하된다. 이는 장기적으로 체중 증가와 비만으로 이어질 수 있다.

더 나아가 아침 식사를 거르는 습관은 심혈관 질환 발병 위험을 증가시킨다는 연구 결과도 있다. 이에 따르면 아침을 먹지 않는 사람들의 고혈압, 당뇨병, 심근경색과 같은 질환 발병률이 높은 것으로 나타났다. 따라서 아침 식사를 규칙적으로 섭취하는 것은 건강 유지에 중요한 요소로 간주된다.

① 정보들 사이에 선행되는 내용 요소와 후행되는 내용 요소가 독립적으로 전개되는 방식
② 의미를 묶어 주는 공통 개념을 중심으로 하여 이와 관련된 개념이나 생각을 관련짓는 방식
③ 정보들 사이의 원인이 되는 선행 요소와 결과가 되는 후행 요소가 상호 관련되며 전개되는 방식
④ 정보들 간에 유사점이나 차이점을 지니는 선행 요소와 후행 요소가 상호 관련되며 전개되는 방식
⑤ 정보들 사이에 문제를 나타내는 선행 요소와 해결을 나타내는 후행 요소가 상호 관련되며 전개되는 방식

08

다음 글의 빈칸에 공통으로 들어갈 단어로 가장 적절한 것은?

> 혈압 관리는 심혈관 건강을 유지하는 데 핵심적인 역할을 한다. 특히 혈압 상승의 주요 원인 중 하나는 과도한 나트륨 섭취이다. 그러나 일부 사람들은 "가공식품이나 짠 음식을 어느 정도 섭취해도 괜찮다"고 생각하며 이를 용인한다. 이러한 행동은 특정 개인의 기준에 따라 결정되는 것이 아니라 사회 전반의 관습적 인식에 따라 허용된 것이다. 이처럼 많은 사람들이 암묵적으로 동의하는 기준이 바로 (　　)(이)다. (　　)은/는 한 개인의 문제가 아닌 공동체의 암묵적 합의에서 발생하기 때문에 쉽게 변화하지 않는다.

① 상식　　② 관습　　③ 기준
④ 행위　　⑤ 관행

[09~10] 다음 글을 읽고 물음에 답하시오.

> 「외국인 근로자 지원 정책 및 서비스 관련 변경 고시안」
>
> 1. 개정 이유
>   고용 노동부 장관이 「외국인 근로자의 고용 등에 관한 법률」 시행령 제15조 제3항 및 같은 법 시행 규칙 제4조의 제2항에 따라 규정하여 고시하는 "외국인 근로자 지원 서비스 제공 기관"의 범위를 확대*하고자 함.
>   * 2023년 제1회 외국인 근로자 지원 위원회 결정 사항('23. 2.)
> 2. 주요 내용
>   가. 외국인 근로자 지원 서비스 제공 기관 확대(안 제6호 신설)
> 3. 참고 사항
>   가. 관계 법령: 생략
>   나. 예산 조치: 별도 조치 필요 없음
>   다. 합의: 해당 기관 없음
>   라. 기타: 신·구조문대비표
>   　　　고용 노동부 고시 제2023-15호
>   　외국인 근로자 지원 정책 및 서비스 관련 변경 사항
> 4. 외국인 근로자 서비스 센터가 운영하는 지원 서비스
> 4.1. 다음의 어느 하나에 해당하는 기관으로서 외국인 근로자 복지를 위한 서비스 제공 기관
>   가. 「외국인 근로자의 고용 등에 관한 법률」 제20조에 따라 정부로부터 지원을 받는 기관 또는 단체
>
> - 이하 생략 -

09

윗글의 성격으로 적절한 것은?

① 법규 문서　　② 지시 문서
③ 공고 문서　　④ 비치 문서
⑤ 일반 문서

10

윗글의 개정 이유로 가장 적절한 것은?

① 외국인 근로자 정책의 범위 확장을 위해서
② 외국인 근로자 지원 정책의 일부 개정을 위해서
③ 외국인 근로자 서비스 제공 기관의 자격 확대를 위해서
④ 외국인 근로자 지원 서비스 제공 기관의 범위 확대를 위해서
⑤ 외국인 근로자 복지 서비스 제공 기관의 역할 확대를 위해서

[11~12] 다음 글을 읽고 물음에 답하시오.

고용 노동부

수신: 각 기업 인사 담당자
참조: 관련 부서 및 직원
제목: 인사 관리 시 유의할 사항에 대한 안내

1. 관련: 「근로 기준법」 제28조(근로 계약서의 작성)
2. 고용 노동부는 모든 기업이 근로 계약서를 정확히 작성하여 근로자의 권리를 보호하고, 근로자와 고용주의 권리·의무가 명확히 규정되도록 해야 한다고 강조하고 있습니다. 특히, 근로 계약서 작성 시 명확한 직무 내용과 근로 시간, 급여 등이 구체적으로 기재되어야 합니다.
3. 본 부에서는 근로 계약서 작성 시 발생할 수 있는 혼란을 줄이기 위해, 주로 간과되는 주요 항목을 정리한 표준 양식을 배포하고 있습니다. 각 기업에서는 이를 참고하여 근로 계약서를 작성하고, 모든 관련 문서의 정확성과 일관성을 유지하도록 협조해 주시기 바랍니다.
4. 더 자세한 사항은 '근로 기준법 해설서'와 고용 노동부 홈페이지(www.moel.go.kr)에서 확인할 수 있습니다.
㉠ 붙임: 표준 근로 계약서 작성 양식.끝.

고용 노동부 장관

수신자: 100개 기업, 산업별 협회
기안자: 김○○ (근로기준과장)
결재일: 2025. 5. 1.
협조자: 근로기준과

11
윗글의 기안자에 대한 설명으로 적절한 것은?

① 기안자는 공무원만 가능하다.
② 결재권자만 기안자가 될 수 있다.
③ 기안자는 전자 문서나 종이 문서로 작성할 수 있다.
④ 기안자는 결재를 받을 책임이 있으며, 결재권자와 별개로 지정된다.
⑤ 기안자는 해당 업무에 대해 제한된 범위 내에서만 문서를 작성할 수 있다.

12
윗글의 ㉠을 수정한 것으로 적절한 것은? (단, ∨는 임의로 붙인 띄어쓰기 표시임.)

① 붙임∨∨표준 근로 계약서 작성 양식.∨끝.
② 붙임∨∨표준 근로 계약서 작성 양식 1부,∨끝.
③ 붙임∨표준 근로 계약서 작성 양식 첨부∨∨끝.
④ 붙임∨∨표준 근로 계약서 작성 양식 1부,∨종료.
⑤ 붙임∨∨표준 근로 계약서 작성 양식 1부.∨∨끝.

[13~14] 다음 글을 읽고 물음에 답하시오.

문서 번호 876543_2109
품의 일자 2022. ○○. ○○.
작성자 김서현
시행 일자 2022. △△. △△.

제목: _____(가)_____

신규 프로젝트와 관련된 홍보 자료 제작 용역비 지급을 위해 다음과 같이 품의하오니, 재가하여 주시기 바랍니다.

1. 품목: 홍보 자료 제작 용역비
2. 지급 비용: 용역 총 계약금 금12,000,000원(금일천이백만원) 중, 1차 지급금 금5,000,000원(금오백만원)
3. 지급 방법: 대금 청구서 상의 입금 계좌

붙임 대금 청구서 1부. 끝.

13

위와 같은 문서에 관한 설명으로 적절하지 않은 것은?

① 시행 일자는 결재가 이루어진 후 적용할 수 있다.
② 품의서는 비용 승인을 요청하는 경영 안건에만 사용된다.
③ 제목은 문서의 내용을 간결하고 명확하게 전달해야 한다.
④ 문서 번호는 문서 관리 효율성을 높이기 위해 체계적으로 부여한다.
⑤ 품의 명세는 목적과 예상 효과를 포함해 현재 진행 상황이 있다면 함께 작성하는 것이 좋다.

14

윗글의 (가)에 들어갈 제목으로 가장 적절한 것은?

① 홍보 자료 제작 용역비 1차 지급의 건
② 홍보 자료 제작 용역비 중간 지급의 건
③ 홍보 자료 제작 관련 용역비 1차 지급의 건
④ 신규 프로젝트 홍보 자료 제작비 지급의 건
⑤ 신규 프로젝트 홍보 자료 제작 용역비 1차 지급의 건

[15~16] 다음 글을 읽고 물음에 답하시오.

- ■ 기상 상황
  - 기상 개요 (기상청 발표)

구분	일자	기상 내용	최저(℃)	최고(℃)	비고
오늘	10. 5.(목)	맑고 기온 상승	16	29	
내일	10. 6.(금)	구름 많고 기온 조금 내려감	17	25	
모레	10. 7.(토)	흐림, 오후부터 비	19	28	

- 중기 예보 (10. 8.~10. 14.)
  - 북서쪽에서 차가운 공기가 유입되어 기온이 평년보다 낮을 것으로 예상됨
  - 비가 자주 내릴 가능성이 높고, 강수량은 평년(5~15mm)보다 많을 수 있음
- ■ 재난 안전 사고
  - 특이 사항 없음
- ■ 재난 안전 관리 상황
  - 재난 상황 보고 훈련: 10. 4. (수) 09:00 / 행안부 / 시, 4개 구·군
  - 특별 재난 대응 훈련: 10. 4. (수) 14:00 / 재난 안전 상황실 / 안전 행정부
  - 재난 상황 자체 보고 훈련: 10. 4. (수) 20:30 / 시, 6개 구·군
- ■ 재난 안전 언론 보도
  - 특이 사항 없음

15

위와 같은 문서에 대한 설명으로 가장 적절한 것은?

① 일반적인 업무에 대해 정기적으로 보고하는 보고서
② 어떤 사실이나 현황, 문제 등에 대한 실태나 정보를 정리한 보고서
③ 특정 사안에 대한 보고자의 의견이나 제안 사항을 제시하는 보고서
④ 어떤 사실이나 특정 사안, 또는 발생한 문제나 선정된 주제 등에 대한 연구나 조사·분석 보고서
⑤ 미래 지향적인 특정 목표를 달성하기 위해 정부가 중심이 되어 산·학·연·관이 수행해야 하는 역할을 제시하는 보고서

16

위와 같은 문서 작성 시 유의할 사항으로 가장 적절한 것은?

① 참석자들이 회의 개최 취지를 알 수 있도록 회의를 통해 얻고자 하는 효과를 분명히 제시한다.
② 자료는 본문과 참고 자료로 적절히 구분하여 작성하며 필요시 관련 사이트 등도 제시한다.
③ 내용을 정확하게 전달하는 것이 핵심이므로 보충 설명 없이도 내용을 완전하게 전달할 수 있도록 작성한다.
④ 풍부한 국내외 사례 분석과 도입 당시의 상황, 이유, 갈등 및 해결 사례, 도입 후의 긍정적·부정적 효과도 함께 작성한다.
⑤ 아이디어 제공 차원에서 작성되는 보고서인 만큼 정책 기획 보고서와는 달리 정책의 진행 가능성을 확인하기 위한 검토는 포함하지 않아도 된다.

[17~18] 다음 글을 읽고 물음에 답하시오.

신제품 출시 계획서

1. 프로젝트 배경 및 문제 정의
   현재 시장에서 A사의 브랜드 인지도는 상대적으로 높은 편이지만, 새로운 기능을 도입한 경쟁 제품이 증가하고 있어 고객의 관심을 꾸준히 유지하기 위해서는 차별화된 제품이 필요합니다. 이에 따라, 고객의 요구를 충족하고 새로운 기술을 적용한 신제품을 출시하기로 하였습니다.
2. 목표
   - 고객 만족도 향상: 사용자의 편의성을 높여 더 나은 사용자 경험 제공
   - 브랜드 가치 증대: 혁신적인 이미지 구축을 통해 시장 선두 주자로 자리매김
   - 시장 점유율 확대: 빠른 시간 내에 주요 시장 점유율을 확보
3. 해결 방안 및 기대 효과
   - 혁신적인 기술 적용: 음성 인식 및 스마트 자동화 기능 탑재
   - 고객 피드백 기반 개선: 시범 사용자들의 피드백을 반영하여 제품의 완성도를 높임
   - 공격적인 마케팅 캠페인: 다양한 매체를 활용하여 적극적으로 제품 홍보
4. 실행 계획
   - 제품 발표회: 신제품의 주요 기능 및 장점 소개
   - 홍보 채널: 소셜 미디어, 온라인 광고, 텔레비전 광고 등 다각적 홍보
   - 사후 관리: 구매 후 사용자 피드백 수집 및 제품 개선에 반영
5. 예산 계획
   - 광고 및 홍보: 5억 원
   - 제품 발표회 비용: 1억 원
   - 기타 운영 비용: 3천만 원
6. 기대 효과
   - 시장 점유율 20% 확보
   - 브랜드 인지도 상승 및 기존 고객 충성도 강화
   - 혁신적인 이미지 구축을 통한 장기적 매출 증대

17

윗글을 고려할 때, 신제품 출시의 최우선 목적으로 가장 적절한 것은?

① 시장 점유율 확대
② 경쟁 제품과의 차별성 확보
③ 브랜드 가치 증대 및 이미지 개선
④ 혁신 기술의 홍보 및 이미지 강화
⑤ 고객 만족도 향상 및 사용자 경험 개선

18
윗글을 고려할 때, 신제품 출시 효과를 측정하기 위한 방법으로 가장 적절한 것은?

① 판매량 변화 분석: 월별 판매량을 분석하여 제품 출시의 영향을 측정한다.
② 제품 만족도 조사: 정기적으로 설문 조사를 통해 제품 사용에 대한 고객 만족도를 파악한다.
③ 브랜드 인지도 조사: 출시 전후의 브랜드 인지도 변화를 파악하여 이미지 제고 여부를 평가한다.
④ 고객 재구매율 분석: 제품 출시 후 고객의 재구매율 변화를 분석하여 제품의 시장 반응을 평가한다.
⑤ 고객 피드백 및 개선 요청 분석: 제품 사용 후 고객의 피드백과 개선 요청을 체계적으로 수집하여 반영한다.

[19~20] 다음 글을 읽고 물음에 답하시오.

여름 음악 페스티벌 기획

공연 기획은 다양한 장르의 음악을 관객에게 제공하며, 무대를 통해 음악과 소통하는 과정이다. 성공적인 공연 기획은 '기획-계획-실행-평가'의 체계적인 단계를 거쳐 이루어지며, 공연 기획자들은 관객의 기대에 부응하는 동시에 수익성과 문화적 가치를 함께 고려한다.

음악 페스티벌 기획의 기본 요소는 장소, 뮤지션, 예산, 기획력, 홍보 전략, 후원 및 협찬 등을 포함한다. 공연 기획의 절차는 '시장 조사 및 자료 수집 → 분석 및 기획 작품 선정 → 기획 아이디어 전개 및 결정 → 기획서 작성 및 설득' 순으로 진행된다. ㉠ 기획 과정에서는 특정한 대상, 이벤트의 주제, 공연 날짜, 개최 목적, 홍보 전략 등을 종합적으로 고려해야 한다.

○○ 뮤직 센터에서 기획을 담당하는 A는 수익성이 높은 여름 이벤트를 기획하고 있다. A는 페스티벌을 통해 대중적이고 인기가 높은 음악 장르를 선보일 예정이며, 여름철 휴가 기간을 타깃으로 삼아 관광객과 지역 주민을 모두 끌어모을 계획이다.

수익성	과시성	예시
높음	높음	메인 페스티벌
높음	낮음	인기 팝 콘서트
낮음	높음	실험 음악 공연
낮음	낮음	커뮤니티 이벤트

19
A가 기획하는 공연 상품으로 가장 적절한 것은?

① 유명 가수의 여름밤 콘서트
② 전통 음악과 현대 음악의 협업
③ 지역 주민 대상 소규모 워크숍
④ 어린이를 위한 무료 클래식 공연
⑤ 현지 인디 밴드의 실험 음악 공연

20
윗글의 ㉠에서 해야 할 활동으로 가장 적절한 것은?

① 전통 음악을 활용한 창작 공연을 준비한다.
② 여름 휴가철에 맞춰 일정과 장소를 최적화한다.
③ 대규모 관객을 끌어들이는 것을 최우선으로 한다.
④ 특정 대중을 대상으로 하여 마케팅 전략을 세운다.
⑤ ○○ 뮤직 센터의 이미지와 어울리는 상징적 공연을 계획한다.

[21~23] 다음 글을 읽고 물음에 답하시오.

> (주)○○○테크 보도 자료
>
> ○○○테크, 지속 가능한 전기 자전거 '에코바이크' 출시!
>
> (가) ㈜○○○테크는 친환경 기술과 고효율 시스템을 탑재한 전기 자전거 '에코바이크'를 공식 출시한다고 밝혔다. 에코바이크는 효율적인 전기 모터, 튼튼한 재활용 소재 프레임, 사용자 친화적인 스마트 기능을 갖춰 많은 기대를 모으고 있다.
>
> (나) ㈜○○○테크는 15일, 지속 가능한 교통수단으로 설계된 전기 자전거 '에코바이크'를 시장에 선보인다고 발표했다. 에코바이크는 소모 전력이 적으면서도 강력한 주행 성능을 제공하는 전기 모터를 장착해 장거리 이동에 최적화되었다. 또한, 프레임은 재활용 가능한 소재로 제작되어 환경 보호에 기여하며, 스마트폰과의 연동 기능을 통해 사용자들은 배터리 상태, 주행 거리, 속도 등을 간편하게 확인할 수 있다.
>
> 특히, 에코바이크는 직관적인 앱 인터페이스를 통해 라이더에게 다양한 정보를 제공하며 편리성을 극대화한다. ㈜○○○테크의 한 관계자는 "에코바이크는 환경과 효율성을 모두 잡으려는 현대인의 요구를 충족시킬 제품"이라고 밝혔다.

21
윗글의 목적으로 가장 적절한 것은?

① 에코바이크의 제작 과정 공개
② 소비자 피드백을 수집하는 것
③ 에코바이크의 기능을 홍보하는 것
④ 자전거 시장의 현황을 설명하는 것
⑤ 다른 교통 수단의 단점을 지적하는 것

22
윗글의 (가)를 작성할 때 유의할 사항으로 적절하지 않은 것은?

① 본문과 일관된 흐름으로 작성한다.
② 간결하고 읽기 쉬운 문장으로 구성한다.
③ 긍정적이고 흥미를 끄는 내용을 포함한다.
④ 보도 자료의 핵심 내용을 요약하여 명확하게 전달한다.
⑤ 독자가 이해하기 어려운 용어를 사용해 기술적 정확성을 높인다.

23
윗글의 흐름을 고려할 때, (나)에서 강조하는 내용으로 가장 적절한 것은?

① 에코바이크의 디자인
② 에코바이크의 출시일
③ 에코바이크의 스마트폰 연동 기능
④ 에코바이크의 장거리 주행 효율성
⑤ 에코바이크의 친환경적인 제작 방식

24
다음 B가 A에 비해 더 내야 할 금액으로 적절한 것은?

> A, B, C 세 친구가 편의점에서 음료수와 간식을 사기로 했다. 음료수 한 병의 가격은 2,000원이고, 과자는 한 봉지에 3,500원이다. A는 음료수 2병을 샀고, B는 음료수 1병과 과자 1봉지를 샀으며, C는 음료수 1병을 샀다. 이들은 음료수 2병을 구매 시 총 금액에서 500원을 할인해 주는 쿠폰을 사용했다. 각자 자신이 산 만큼 비용을 부담한다면, B는 A보다 얼마를 더 내야 할까?

① 987원
② 1,280원
③ 1,434원
④ 1,913원
⑤ 3,826원

25

다음 협상 과정에서 김 부장이 선택한 갈등 처리 전략에 대한 설명으로 가장 적절한 것은?

> 김 부장은 중소기업의 경영팀장으로, 회사의 이익을 위해 외주 업체와 협상 중이다. 외주 업체는 현재 제공 중인 서비스에 대한 비용 인상을 강력히 요구하고 있다. 이에 김 부장은 비용 인상 요구를 수용하는 대신에 서비스 품질을 높이고 납품 기일을 준수할 것을 요구했다.

① 김 부장은 갈등을 피하려고 문제를 회피하며, 상대방의 요구를 받아들이거나 무시하는 회피 전략을 사용하였다.
② 김 부장은 외주 업체의 요구를 경청하고, 상호 협력을 통해 모든 문제를 해결하려는 호혜 전략을 사용하였다.
③ 김 부장은 외주 업체의 요구를 부분적으로 수용하고, 상호 이익을 위해 적당히 타협하는 타협 전략을 사용하였다.
④ 김 부장은 외주 업체의 감정을 배려하며 갈등을 완화하고, 상대방의 요구를 최대한 받아들이는 약화 전략을 사용하였다.
⑤ 김 부장은 외주 업체를 강력히 압박하고, 상대의 요구를 철저히 무시하며 자신의 입장을 관철한 힘의 전략을 사용하였다.

[26~27] 다음 글을 읽고 물음에 답하시오.

○○초등학교 3학년 3반(정원 30명)에 재학 중인 김가을은 담임 교사인 오 교사로부터 수차례 심한 말을 들었고, 이를 알게 된 김가을의 부모는 피해 사실을 파악하기 위해 아이의 가방에 녹음기를 넣어 수업 시간 중 교실에서 오 교사가 한 발언을 몰래 녹음했다. 녹음 파일에는 "학교 안 다니다 온 애 같아. 학습 훈련이 전혀 안 되어 있어. 1, 2학년 때 공부 안 하고 왔다갔다만 했나 봐." 등 학생을 정서적으로 학대하는 내용이 담겨 있었다.

결국 오 교사는 학생에 대한 아동 학대 혐의로 기소됐고, 김가을 부모는 녹음 파일을 증거 자료로 제출했다.

그런데 오 교사는 해당 녹음 파일은 「통신 비밀 보호법」에 따라 증거로 사용이 금지된 "공개되지 않은 타인 간의 대화를 녹음"에 해당하기 때문에 증거 능력이 없다고 주장했다.

*참조 조문
「통신 비밀 보호법」
제4조(불법 검열에 의한 우편물의 내용과 불법 감청에 의한 전기 통신 내용의 증거 사용 금지) 제3조의 규정에 위반하여, 불법 검열에 의하여 취득한 우편물이나 그 내용 및 불법 감청에 의하여 지득 또는 채록된 전기 통신의 내용은 재판 또는 징계 절차에서 증거로 사용할 수 없다.

제14조(타인의 대화 비밀 침해 금지) ① 누구든지 공개되지 아니한 타인 간의 대화를 녹음하거나 전자 장치 또는 기계적 수단을 이용하여 청취할 수 없다.
② 제4조 내지 제8조, 제9조제1항 전단 및 제3항, 제9조의2, 제11조제1항·제3항·제4항 및 제12조의 규정은 제1항의 규정에 의한 녹음 또는 청취에 관하여 이를 적용한다.

오교사: 수업하는 교실은 학생들을 위한 곳 아닌가요? 제가 한 발언은 교실에 있던 학생들에게만 공개됐을 뿐, 불특정 다수에게 공개된 것은 아니에요. 그리고 학부모는 대화에 원래 참여했던 당사자가 아니기 때문에 타인에 불과하지 않나요? 따라서 김가을의 부모가 제출한 녹음 파일은 공개되지 않은 타인 간의 대

화를 녹음한 것에 해당하므로 증거 능력이 없습니다.

김가을 부모: 교사가 수업 시간 중 교실에서 한 발언은 교육을 위한 공공적 성격을 가지므로 공개되지 않은 대화라고 볼 수 없습니다. 그리고 초등학교 3학년 학생은 스스로 방어할 능력이 없으니 친권자인 부모를 자식과 동일시할 수 있는 것 아닌가요? 더욱이 아동 학대가 의심되는 상황에서 증거를 수집해야 하는데, 녹음하는 방식 외에는 적당한 방법이 없었으므로 이 녹음 파일의 증거 능력은 인정되어야 합니다.

26

다음 중 김가을의 부모가 녹음한 파일의 증거 능력을 인정 받을 수 있는 근거로 가장 적절한 것은?

① 타인 간의 대화를 몰래 녹음한 경우에는 항상 증거 능력이 부인된다.
② 김가을의 부모는 대화 당사자가 아니므로 녹음 파일 제출은 불법이다.
③ 교사의 발언은 사적인 대화로 간주되어 녹음 파일의 제출은 불법이다.
④ 녹음 파일의 제출은 통신 비밀 보호법 제14조를 위반한 것으로 간주된다.
⑤ 교실은 교육적 목적을 가진 공적 공간이므로, 발언의 사적 성격이 부정될 수 있다.

27

다음 중 녹음 파일의 증거 능력을 부정할 수 있는 논거로 가장 적절한 것은?

① 교사가 수업 중 학생들에게 한 발언은 사적인 대화로 보기 어렵다.
② 교실에서 이루어진 대화는 불특정 다수에게 공개된 발언으로 간주된다.
③ 부모가 친권자로서 아동의 대리인 역할을 수행했으므로 대화 당사자에 해당한다.
④ 학부모는 대화 당사자가 아니며, 타인 간의 대화를 몰래 녹음한 것으로 간주된다.
⑤ 아동 학대와 같은 중대한 사안에서는 녹음 자료의 증거 능력이 예외적으로 인정될 수 있다.

[28~30] 다음 글을 읽고 물음에 답하시오.

우리가 섭취하는 과일과 채소에는 각각 고유의 색들을 가지고 있다. 이 색들은 단순히 식품을 먹음직스럽게 보이게 할 뿐만 아니라 각각의 색에 따라 우리 몸을 건강하게 하는 기능도 한다. 바로 탄수화물, 단백질, 지방, 비타민, 미네랄, 식이 섬유 등에 이어 '제7의 영양소'로 주목받고 있는 식물 영양소, '파이토케미컬(Phytochemical)'이다.

파이토케미컬은 그리스어로 '식물'을 뜻하는 '파이토(Phyto)'와 '화학 물질'을 뜻하는 영어 '케미컬(Chemical)'의 합성어로, 건강에 도움을 주는 생리 활성을 가지고 있는 식물성 화학 물질을 의미한다. 파이토케미컬은 과일, 채소, 전곡류, 견과류, 씨앗류, 콩과 식물 등 여러 식물성 식품에 미량 존재하며, 체내에서 합성되지 않아 음식을 통해 섭취해야 한다.

식물의 맛, 향, 색깔을 부여해 각각의 음식 고유의 개성을 부여하는 파이토케미컬이 세포의 산화적 손상 감소, 면역 기능 강화, 염증 완화, 호르몬 조절 및 노화 지연 등 다방면에 도움을 주고 있다는 사실이 많은 연구를 통해 밝혀졌다. 실제로 세계 보건 기구(WHO)는 빨강, 노랑, 초록, 검정, 하얀색, 총 다섯 가지 색깔의 식물 영양소를 매일 바꿔 가며 챙겨 먹자는 '5Day' 운동을 진행했을 만큼 파이토케미컬은 꾸준한 섭취가 필요한 영양소이다.

색, 파이토케미컬	기능	함유 식품
빨강, 라이코펜	강력한 활성 산소 제거 효과로, 노화 방지, 심혈 관계 질환 개선, 혈당 저하 등에 효능	토마토
주황·노랑, 베타카로틴	우리 몸속에서 비타민 A로 전환되어 눈 건강과 면역력 향상에 도움	당근, 귤, 고구마, 호박, 바나나
초록, 클로로필	간세포 재생 등 간 건강에 도움	시금치, 브로콜리, 케일
검정·보라, 안토시아닌	빨강, 파랑 등 다양한 색으로 분포되어 환경 변화나 특성에 따라 색을 띰, 노화 방지에 도움	포도, 블루베리, 가지 등
흰색, 알리신	콜레스테롤과 혈압 감소, 세균이나 바이러스 등 저항력 높임	양파, 마늘, 생강 등

28

윗글을 읽고 이해한 내용으로 가장 적절한 것은?

① 파이토케미컬은 주로 동물성 식품에 풍부하게 포함되어 있다.
② 파이토케미컬은 단백질, 지방과 같은 필수 영양소로 분류된다.
③ 파이토케미컬은 종류에 따라 색과 건강에 미치는 영향이 다르다.
④ 파이토케미컬은 식품에 소량 존재하기 때문에 많은 양을 섭취해야 한다.
⑤ 파이토케미컬은 체내에서 합성되지 않고 식물성 식품에만 다량 존재한다.

29

세계 보건 기구(WHO)가 제안한 '5Day' 운동의 목적으로 가장 적절한 것은?

① 특정 파이토케미컬이 포함된 보충제를 대체식으로 권장하는 데 목적이 있다.
② 파이토케미컬을 대신하여 필수 영양소를 섭취하도록 권장하는 데 목적이 있다.
③ 색이 짙은 식품만 섭취하고 색이 연한 식품은 피하도록 권장하는 데 목적이 있다.
④ 하루에 동일한 색깔의 식품만 섭취하여 특정 영양소를 집중적으로 섭취하는 데 목적이 있다.
⑤ 다섯 가지 색깔의 식물 영양소를 매일 다양하게 섭취하여 건강을 증진하는 데 목적이 있다.

30

A 씨가 눈이 피로하여 식품을 통해 필요한 영양소를 섭취하고자 할 때, 권장하는 식물성 식품으로 가장 적절한 것은?

① 양파   ② 포도   ③ 호박   ④ 시금치   ⑤ 토마토

서술형(01~09번)

정답과 해설 P.54

※ 다음 문제의 답을 OMR 용지, 서술형 01~09번 답안에 쓰시오.

01
다음 ㉠~㉥의 밑줄 친 부분을 바르게 〈조건〉에 맞게 고쳐 쓰시오. [30점]

조건 고친 부분만 기호와 함께 쓸 것

> ㉠ 나는 내일 저녁에 친구와 오랜만에 <u>만날꺼야.</u>
> ㉡ 친구가 <u>오랫만에</u> 편지를 보내왔다.
> ㉢ 천둥까지 치며 내리던 비가 <u>금새</u> 그쳤다.
> ㉣ 지금은 바쁘니까 <u>있다가</u> 만나자.
> ㉤ 오늘은 <u>웬지</u> 기분이 무척 좋아.
> ㉥ 아버지와 아들의 얼굴이 무척 <u>틀리다.</u>

⇨

02
다음 ㉠~㉥ 중 띄어쓰기가 잘못된 것만을 바르게 고쳐 기호와 함께 〈조건〉에 맞게 쓰시오. [30점]

조건 띄어쓰기 표시는 'ˇ'표시를 사용할 것 예 ㉠ 박순영ˇ박사

> • 햇빛이 강해서 선크림을 ㉠ <u>바를수밖에</u> 없어.
> • 쟤는 요리를 정말 ㉡ <u>못한다.</u>
> • 영수가 ㉢ <u>설쳤는데도</u> 우리가 우승을 했어.
> • ㉣ <u>이방실씨가</u> 사회자를 맡으셨습니다.
> • 집을 ㉤ <u>대궐만큼</u> 크게 지었다.
> • 쌀, 보리, 콩, 기장, ㉥ <u>조들을</u> 오곡(五穀)이라 한다.

⇨

03

다음 밑줄 친 용어를 순화한 표현을 기호와 함께 쓰시오. [30점]

- 생성형 인공 지능(AI)이 ㉠ B2B 영업 '원스톱' 지원
- 문체부 '누누티비' 운영자 검거 "㉡ P2P 이용자도 공범"
- ○○○ 장관 "㉢ ICT는 국가 성장 동력 핵심, 멈출 수 없다."
- ○○○ 기화식 가습기, ㉣ IoT 지원 공기 청정되는 사무실용 자연 기화 가습기
- ○○○, ○○○○○과 임상 연구 ㉤ MOU 체결
- ○○○, ○○에 로봇 ㉥ R&D 센터 짓는다.

⇨

04

다음 자료를 참고하여 ㉠~㉢에 들어갈 값을 기호와 함께 쓰시오. [30점]

1. 편의점 매출 현황 보고							[참고]
순위	대리점	매출액	순위	대리점	매출액	• 최솟값: 크기가 가장 작은 값
1	강남점	6,000	7	서울역점	3,200	• 최댓값: 크기가 가장 큰 값
2	신촌점	5,500	8	신림점	2,800	• 중앙값: 정확하게 중간에 있는 값 자료가 짝수일 경우 가운데 있는 두 값의 평균값
3	홍대점	4,800	9	압구정점	2,500	
4	이태원점	4,200	10	강북점	2,200	
5	명동점	3,900	11	마포점	1,800	• 하위 25% 값: 값을 크기 순으로 배열하여 4등분한 값의 최하위 값
6	종로점	3,500	12	구로점	1,500	
(단위: 만 원)							

2. 대리점 매출액 분석
- 매출액 최솟값: 1,500만 원
- 매출액 최댓값: ㉠ _____
- 매출액 중앙값: ㉡ _____
- 매출액 하위 25% 값: ㉢ _____

⇨

05

다음 ㉠~㉥에 들어갈 단어를 기호와 함께 〈조건〉에 맞게 쓰시오. [30점]

조건   ㉠~㉥은 주어진 자료를 활용하여 쓸 것

저작권법은 사람들이 창작한 (㉠)에 대한 권리를 보호하는 법으로, 소설, 음악, 그림 등 다양한 창작물이 이에 해당된다. 만약 A가 쓴 소설을 다른 사람이 허락 없이 복제하여 판매한다면, 이는 A의 (㉡)을/를 침해하는 행위이다.

저작권은 창작자에게 저작물을 복제하거나 다른 사람에게 복제를 허락하고, 저작물을 공개적으로 공연하거나 방송하는 등의 방법으로 이용할 수 있는 독점적인 권리를 부여한다. 즉 저작권자는 자신의 저작물을 (㉢)하거나 배포·공연하는 등의 다양한 방법으로 이용할 수 있는 권리를 가진다. 이러한 권리를 침해하는 것은 저작권 침해에 해당한다.

A는 자신이 쓴 소설 '별이 빛나는 밤에'를 출판하려고 한다. A는 출판사 B와 계약을 체결하면서, 소설 '별이 빛나는 밤에'에 대한 (㉣)을/를 B 출판사에 부여했다. 이는 B 출판사가 소설을 책으로 만들어 판매할 수 있는 출판과 관련한 권리를 의미한다.

그런데 C가 A의 소설 '별이 빛나는 밤에'의 일부를 자신의 블로그에 무단으로 게재했다. 이는 A의 (㉤)을/를 침해하는 행위이다. 즉 C가 A의 허락 없이 소설을 복제하여 공개한 행위는 (㉥) 위반에 해당된다.

⇨

06

다음 글을 바탕으로 ㉠~㉤에 들어갈 내용을 공문서 작성법과 〈조건〉에 맞게 쓰시오. [50점]

조건
1. (가)에 제목을 기입하고, ㉠~㉢은 자료에 제시된 순서대로 작성할 것.
2. ㉤ 뒤에 '끝' 표시는 ⓔ를 참고하여 쓸 것 (ⓔ 붙임 1. 배포처 1부.∨∨끝.)

공공 기관에서 '안전 관리 지침서 배포'를 알리는 공문서를 작성해야 하는 박○○ 주무관은, 관련된 문서를 참고하여 규정에 맞는 형식으로 공문서를 작성하기로 했다. 관련 문서는 2025년 6월 15일에 "○○ 행사 관련 협조 요청"으로 작성된 ○○부 ○○○과-123 문서로, 간행물명, 배포 일정, 배포 내역, 배포 방법 등을 포함하며, 붙임 자료로 수신처 1부와 안전 관리 지침서(PDF 파일) 1부를 첨부하기로 했다. 배포 일정은 2025년 7월 7일 월요일부터 7월 11일 금요일까지이고, 총 300개 기관에 600부를 배포하며, 수령은 각 기관의 문서함을 통해 이루어진다.

[공문]

행정 안전부

수신 ○○○
(경유)
제목 (가) _____
　　　 _____

1. 관련: ㉠ _____
2. 위와 관련하여 최신 안전 수칙과 다양한 사례를 반영한 '안전 관리 지침서'를 발간하여 다음과 같이 배포하오니, 관련 업무에 적극 활용해 주시기 바랍니다.
　가. 간행물명: 안전 관리 지침서
　나. 배포 일정: ㉡ _____
　다. 배포 내역: ㉢ _____
　라. 배포 방법: ㉣ _____

붙임　1. 수신처 1부.
　　　2. ㉤ _____

07

다음 〈자료 1〉을 바탕으로 〈자료 2〉의 ㉠~㉣에 들어갈 내용을 기호와 함께 쓰시오. [100점]

자료 1

- (주)□□은 최근 경기 침체 및 소비 심리 위축으로 매출이 하락세에 놓여 있다.
- 이에 따라 본사에서는 매출 증대를 위한 영업 활동 강화를 목적으로 소비자 데이터 기반의 마케팅 전략을 수립하기로 하였다.
- 데이터 기반 상품 및 서비스 관리를 위하여 본사 차원에서 소비자 데이터를 통합 관리하며, 이를 바탕으로 우수·부진 품목 리스트를 확보하여 분석하기로 하였다.
- 소비자 데이터를 분석하고 이를 기반으로 계절별·분기별 상품 전략을 수립하고, 광고·홍보 자료로 활용하기로 하였다.
- 데이터 기반 마케팅 실행 방안으로는 각종 홍보 및 광고물 내용의 일관성을 유지하고, 상품 진열과 서비스 제공에 소비자 요구를 반영하며, 경쟁 상품을 고려하여 가격을 결정하고, 협력 업체와의 의사소통 체계를 강화하기로 하였다.
- 데이터를 기반으로 마케팅 환경을 분석하여, 시장 환경과 경쟁 상황 변화를 체크할 예정이다.

자료 2

20△△년 하반기 마케팅 방안

1. 목적
   소비자 데이터를 활용하여 효율적인 마케팅 전략을 수립하고, 이를 통해 매출 증대를 도모한다.
2. 본사 당면 문제
   ㉠ _____
3. 극복 방안
   기존 소비자 데이터를 분석하여 영업 활동을 강화하고, 데이터 기반의 마케팅 전략으로 매출을 증대시킨다.
   가) 기존 소비자 데이터 분석 및 향후 마케팅 전략 수립
      (1) ㉡ _____
      (2) ㉢ _____
      (3) ㉣ _____
   나) 데이터 기반 마케팅 실행 방안
      (1) ㉤ _____
      (2) ㉥ _____
      (3) ㉦ _____
      (4) ㉧ _____
   다) 데이터 기반 상품 및 서비스 관리
      (1) ㉨ _____

⇨

08

다음 〈자료 1〉을 바탕으로 〈자료 2〉의 ㉠~㉺에 들어갈 내용을 기호와 함께 명사형으로 쓰시오. [100점]

자료 1

A사 환경 보호 연구소는 20△△년 연구 계획을 수립하기 위해 다음과 같이 구상하였다. 설립 취지에 따라 조직이 추구할 목적으로 '친환경 연구로 사회에 기여하는 연구소가 되자!'라는 계획을 제시하여, 지속 가능한 환경과 새로운 생태 연구 패러다임을 선도하기로 하였다. 이를 위해 새로 부임한 소장의 철학을 반영하여 경영 이념을 '지속·보호·조화의 가치를 지향하는 경영'으로 정하였다.

A사 환경 보호 연구소는 연구 성과 부족 및 소통 부족이라는 지난해 감사 지적 사항을 극복하기 위해 20△△년 당면 과제를 '연구 품질 제고와 효율적 자원 관리'로 정하고, 이를 해결하기 위한 특별 연구팀을 구성하여 구체적인 방안을 모색하였다. 또한 조직의 핵심 가치를 '팀워크를 강화한다.', '미래를 준비한다.', '완성도를 높인다.', '책임을 다한다.' 등으로 정하였다. 아울러 당면 과제를 수행하기 위해 '환경 연구 개발을 강화한다.', '환경 문제에 대한 선제적 대응에 집중한다.', '유능한 연구 인재를 양성한다.', '지속 가능한 발전을 위해 힘쓴다.' 등의 전략 목표를 설정하였다.

자료 2

20△△년

A사 ○○ 환경 연구소 연구 계획 수립

전망	㉠

㉡	지속·보호·조화의 가치를 지향하는 경영

㉢	㉣	㉤	완성도 향상	책임 관리

과제	㉥

㉦	환경 연구 개발 강화	㉧	㉨	㉩

⇨

09

다음 〈글쓰기 계획〉에 맞게 '데이터 3법'에 대한 보고서를 쓰시오. [300점]

| 글쓰기 계획 |

문단	내용 및 조건	활용 자료	분량
1문단	데이터 3법의 의미와 법의 개정 목적과 필요성을 서술할 것	〈자료 1〉	180~210자
2문단	데이터 3법 개정 사항의 개정 내용과 그에 따른 각각의 효과를 서술할 것	〈자료 2〉	270~290자
3문단	• 마이데이터 서비스의 핵심 절차(고객 → 금융 회사 → 마이데이터 사업자)를 서술할 것 • 마이데이터 사업이 제공하는 소비자와 기업 이익 두 가지를 각각 한 문장으로 서술할 것	〈자료 3〉	390~410자
4문단	시민 단체와 노동 조합에서 반대하는 이유를 제시하고, 그에 따른 해결 방안을 각각 서술할 것	〈자료 4〉	150~180자

| 자료 1 |

데이터 3법이란?

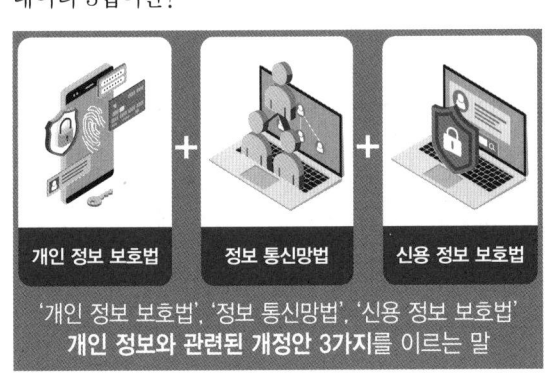

'개인 정보 보호법', '정보 통신망법', '신용 정보 보호법'
개인 정보와 관련된 개정안 3가지를 이르는 말

4차 산업 혁명 시대를 맞아 핵심 자원인 데이터의 이용 활성화를 통한 신산업 육성이 국가적 과제로 대두되고 있다. 특히, 신산업 육성을 위해서는 인공 지능(AI), 인터넷 기반 정보 통신 자원 통합(클라우드), 사물 인터넷(IoT) 등 신기술을 활용한 데이터 이용이 필요하다. 한편 안전한 데이터 이용을 위한 사회적 규범 정립도 시급하다. 데이터 이용에 관한 규제 혁신과 개인 정보 보호 협치(거버넌스) 체계 정비의 두 문제를 해결하기 위해 데이터 3법 개정안이 발의됐다. ('18.11.15)

― 대한민국 '정책 브리핑' 중에서

| 자료 2 |

데이터 3법 개정안	
개인 정보 보호법 개정안	• 가명 정보 개념(비식별 정보) 도입, 상업적 목적 활용 가능 • 개인 정보 관리 감독 기능을 개인 정보 보호 위원회로 일원화
신용 정보 보호법 개정안	• 가명 정보 금융 분야 빅데이터 분석에 이용 가능 • 가명 정보 주체 동의 없이 활용 허용
정보 통신망법 개정안	온라인상의 개인 정보 감독 기능을 개인 정보 보호 위원회로 이관

| 자료 3 |

마이데이터는 소비자가 원하는 사업자를 골라 흩어져 있는 자신의 신용 정보를 함께 제공하고, 이를 토대로 맞춤형 자산 관리와 컨설팅 등의 금융 서비스(금융 소비자 개인의 금융 정보를 통합 및 관리하여 주는 서비스)이다.

고객이 본인에 관한 개인 신용 정보를	금융회사로부터 • 신용 정보 제공이용자 (금융회사 등) • 공공기관 • 본인 신용 정보 관리 회사 (마이데이터 사업자)	마이데이터 사업자에게 • 신용 정보 주체 본인(고객) • 본인 신용 정보 관리 회사 • 신용 정보 제공·이용자 • 개인(사업자) • 신용 평가 회사 등
금융 정보 요청 및 정보 활용 동의	고객 요청에 따른 신용 정보 제공 및 마이데이터 사업자에게 정보 전달	전달받은 정보 통합과 분석 및 맞춤형 금융 서비스 제공

마이데이터 사업이 진행되면 무엇이 좋을까요?

첫째, 은행, 카드사, 금융투자사 등에 개별 방문하거나 개별 홈페이지에 로그인할 필요 없이 모든 금융 정보를 한 곳에서 쉽고 편하게 나의 자산 상태를 점검할 수 있습니다.

둘째, 자신의 정보를 제3자에게 제공하라고 요구할 수 있기 때문에 제3자를 통해 신용·자산 상태에 대한 리포트를 받아 쉽게 자산 분석을 할 수 있습니다.

셋째, 업종의 장벽 없이 개인에게 가장 맞는 금융 상품이 무엇인지 파악할 수 있기 때문에 마이데이터 사업자는 제공받은 금융 정보를 토대로 사용자에게 맞춤형 금융 상품을 제공할 기회가 많아집니다.

넷째, 지금까지는 고객의 데이터를 가장 많이 확보하고 있는 시중 은행이 고객들에게 신용·자산 관리나 금융 상품을 추천하는 데 유리했습니다. 하지만 앞으로는 은행이 아닌 금융 기관도 마이데이터 사업에 뛰어들 수 있기 때문에 개인의 데이터를 둘러싼 경쟁으로 금융 산업의 발전을 기대할 수 있습니다.

─| 자료 4 |─
- 시민 단체와 노동 조합의 반대 이유
  1. 개인 정보의 상업적 남용 우려
  2. 데이터 재식별화로 인한 개인 권리 침해 가능성
  3. 기업 중심 정책으로, 데이터 권리가 소비자에게 불리하게 작용

  [해결 방안]
  - 데이터 활용 범위의 제한
  - 감독하는 독립 기구 강화
  - 재식별 시 강력한 처벌 조항 도입
  - 데이터 활용 이익의 일부 개인 환원
  - 상업적 목적 활용 시 정보 주체 동의 의무화
  - 고도화된 비식별화 및 암호화 기술의 법적 의무화
  - 개인의 데이터 활용 여부를 쉽게 관리할 수 있는 정보 주체 권한 강화

⇨

**여러분의 작은 소리
에듀윌은 크게 듣겠습니다.**

본 교재에 대한 여러분의 목소리를 들려주세요.
공부하시면서 어려웠던 점, 궁금한 점,
칭찬하고 싶은 점, 개선할 점, 어떤 것이라도 좋습니다.

에듀윌은 여러분께서 나누어 주신 의견을
통해 끊임없이 발전하고 있습니다.

에듀윌 도서몰 book.eduwill.net
- 부가학습자료 및 정오표: 에듀윌 도서몰 → 도서자료실
- 교재 문의: 에듀윌 도서몰 → 문의하기 → 교재(내용, 출간) / 주문 및 배송

에듀윌 한국실용글쓰기
기출분석으로 1주끝장+무료특강

발 행 일	2025년 5월 9일 초판
편 저 자	이영택
펴 낸 이	양형남
개 발	정상욱, 신은빈
펴 낸 곳	(주)에듀윌
등록번호	제25100-2002-000052호
주 소	08378 서울특별시 구로구 디지털로34길 55 코오롱싸이언스밸리 2차 3층
I S B N	979-11-360-3684-1(13710)

* 이 책의 무단 인용·전재·복제를 금합니다.

www.eduwill.net
대표전화 1600-6700

국가공인 한국실용글쓰기검정 답안지

이 름	
생년월일	

수험번호

감독관 확인란

번호	1~10	번호	11~20	번호	21~30
1	① ② ③ ④ ⑤	11	① ② ③ ④ ⑤	21	① ② ③ ④ ⑤
2	① ② ③ ④ ⑤	12	① ② ③ ④ ⑤	22	① ② ③ ④ ⑤
3	① ② ③ ④ ⑤	13	① ② ③ ④ ⑤	23	① ② ③ ④ ⑤
4	① ② ③ ④ ⑤	14	① ② ③ ④ ⑤	24	① ② ③ ④ ⑤
5	① ② ③ ④ ⑤	15	① ② ③ ④ ⑤	25	① ② ③ ④ ⑤
6	① ② ③ ④ ⑤	16	① ② ③ ④ ⑤	26	① ② ③ ④ ⑤
7	① ② ③ ④ ⑤	17	① ② ③ ④ ⑤	27	① ② ③ ④ ⑤
8	① ② ③ ④ ⑤	18	① ② ③ ④ ⑤	28	① ② ③ ④ ⑤
9	① ② ③ ④ ⑤	19	① ② ③ ④ ⑤	29	① ② ③ ④ ⑤
10	① ② ③ ④ ⑤	20	① ② ③ ④ ⑤	30	① ② ③ ④ ⑤

수험생 유의 사항

1. 이름, 생년월일, 수험 번호는 검정색 볼펜으로 작성할 것.
2. 수험번호 및 객관식 답안 표기는 정확하게 할 것.
   올바른 표기 : ●   잘못된 표기 : ⓥ ⊗ ⊘ ⊙ ◐
   (빨간색 등으로 중복 표기 시 중복답안으로 0점 처리되니 주의하기 바람)
3. 잘못 표기하거나 작성한 답안은 수정테이프를 사용하여 수정할 것.
   (서술형 답안은 수정테이프와 교정 부호 모두 사용 가능)
4. 문제 번호와 일치하는 답안 번호에 정확하게 표기할 것.
5. 위 유의 사항을 지키지 않을 때 본인에게 불이익이 될 수 있음.

서술형 답안 작성 시 유의 사항

1. 서술형 답안은 검정색 볼펜으로 작성할 것.
2. 문제에서 요구하는 조건을 충족시킬 것.
3. 문제에 맞는 답안 번호를 확인하고, 해당 답안을 벗어나지 않게 작성할 것.
4. 글씨는 채점 요소가 아니며, 판독할 수 있게 또박또박 쓸 것.

서술형 1번

서술형 2번

서술형 3번

서술형 4번

서술형 5번

서술형 6번

| 서술형 7번 | |

| 서술형 8번 | |

서술형 9번

국가공인 한국실용글쓰기검정 답안지

사단법인 한국국어능력평가협회
www.klata.or.kr

이 름	
생년월일	

수험번호

번호 1~10
1	①	②	③	④	⑤
2	①	②	③	④	⑤
3	①	②	③	④	⑤
4	①	②	③	④	⑤
5	①	②	③	④	⑤
6	①	②	③	④	⑤
7	①	②	③	④	⑤
8	①	②	③	④	⑤
9	①	②	③	④	⑤
10	①	②	③	④	⑤

번호 11~20
11	①	②	③	④	⑤
12	①	②	③	④	⑤
13	①	②	③	④	⑤
14	①	②	③	④	⑤
15	①	②	③	④	⑤
16	①	②	③	④	⑤
17	①	②	③	④	⑤
18	①	②	③	④	⑤
19	①	②	③	④	⑤
20	①	②	③	④	⑤

번호 21~30
21	①	②	③	④	⑤
22	①	②	③	④	⑤
23	①	②	③	④	⑤
24	①	②	③	④	⑤
25	①	②	③	④	⑤
26	①	②	③	④	⑤
27	①	②	③	④	⑤
28	①	②	③	④	⑤
29	①	②	③	④	⑤
30	①	②	③	④	⑤

수험생 유의 사항

1. 이름, 생년월일, 수험 번호는 검정색 볼펜으로 작성할 것.
2. 수험번호 및 객관식 답안 표기는 정확하게 할 것.
    올바른 표기 : ●   잘못된 표기 : ⊗ ⊗ ⊘ ⊙ ◐
    (빨간색 등으로 중복 표기 시 중복답안으로 0점 처리되니 주의하기 바람)
3. 잘못 표기하거나 작성한 답안은 수정테이프를 사용하여 수정할 것.
    (서술형 답안은 수정테이프와 교정 부호 모두 사용 가능)
4. 문제 번호와 일치하는 답안 번호에 정확하게 표기할 것.
5. 위 유의 사항을 지키지 않았을 때 본인에게 불이익이 될 수 있음.

감 독 관 확 인 란	

서술형 답안 작성 시 유의 사항

1. 서술형 답안은 검정색 볼펜으로 작성할 것.
2. 문제에서 요구하는 조건을 충족시킬 것.
3. 문제에 맞는 답안 번호를 확인하고, 해당 답안을 벗어나지 않게 작성할 것.
4. 글씨는 채점 요소가 아니며, 판독할 수 있게 또박또박 쓸 것.

서술형 1번

서술형 2번

서술형 3번

서술형 4번

서술형 5번

서술형 6번

서술형 7번	

서술형 8번	

서술형 9번

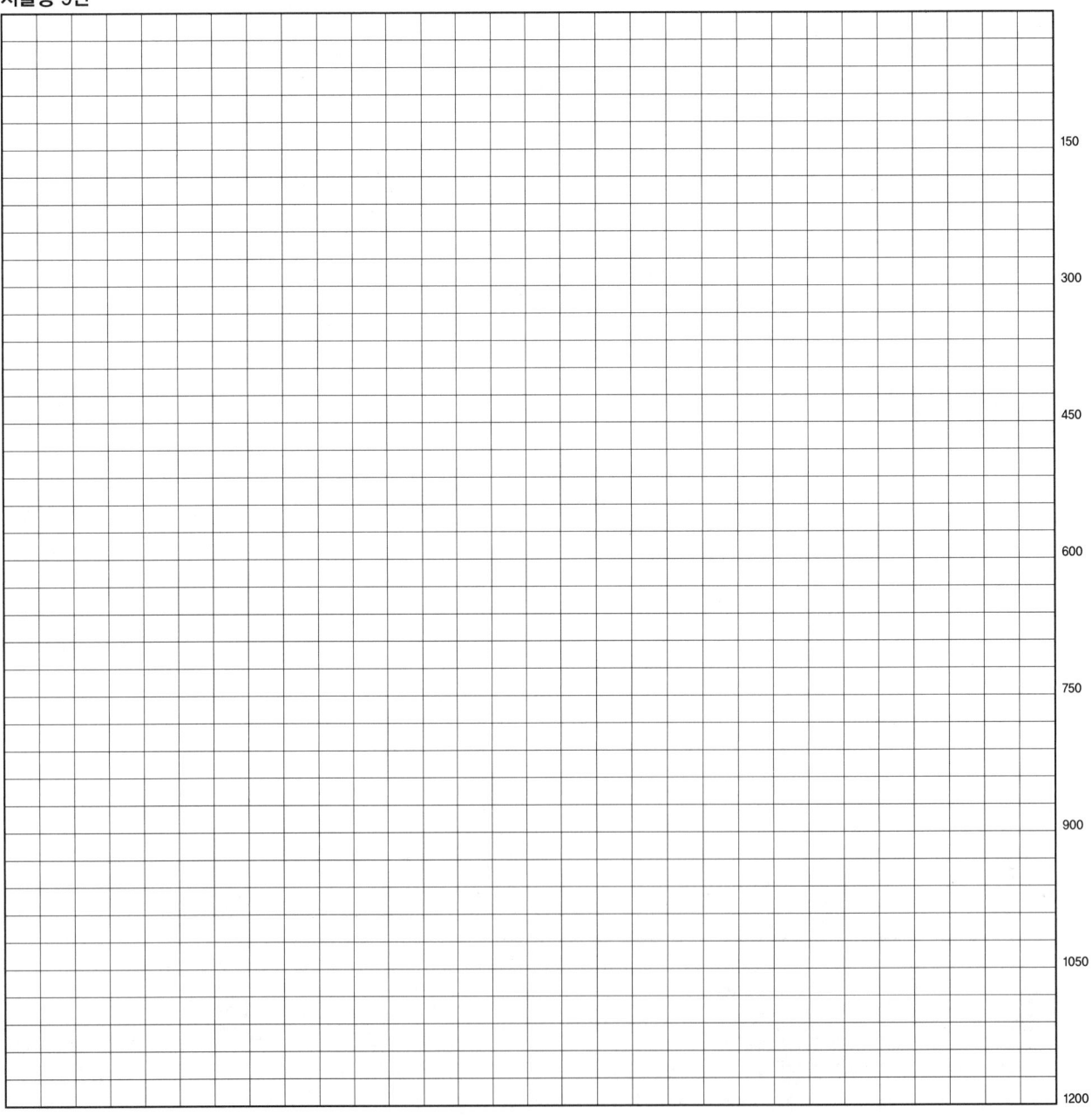

에듀윌 한국어

1초 합격예측
모바일 성적분석표

클릭 한 번으로 1초 안에 성적을 확인할 수 있습니다!

STEP 1
QR 코드 스캔

- 교재의 QR 코드를 모바일로 스캔 후 에듀윌 회원 로그인

STEP 2
모바일 OMR 입력

- 회차 확인 후 '응시하기' 클릭
- 모바일 OMR에 답안 입력
- 문제풀이 시간까지 측정 가능

STEP 3
자동채점 & 성적분석표 확인

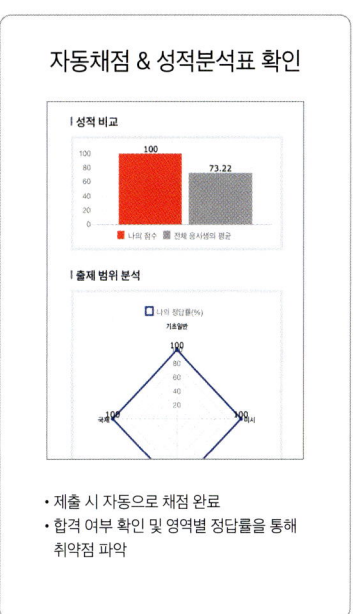

- 제출 시 자동으로 채점 완료
- 합격 여부 확인 및 영역별 정답률을 통해 취약점 파악

※ 상기 서비스는 기출문제, 모의고사(교재 수록 및 부가자료 제공) 풀이 시 활용 가능

최신판

에듀윌 한국실용글쓰기
기출분석으로 1주끝장
+무료특강

목표등급 달성을 위한

주관식 공략 꿀팁
+ 정답과 해설

☑ **주관식 공략 꿀팁**
원고지 작성법 + 헷갈리기 쉬운 맞춤법 + 순화어

☑ **정답과 해설**
실전문제 정답과 해설 + 실전 모의고사 2회분

eduwill

최신판

에듀윌 한국실용글쓰기
기출분석으로 1주끝장
+무료특강

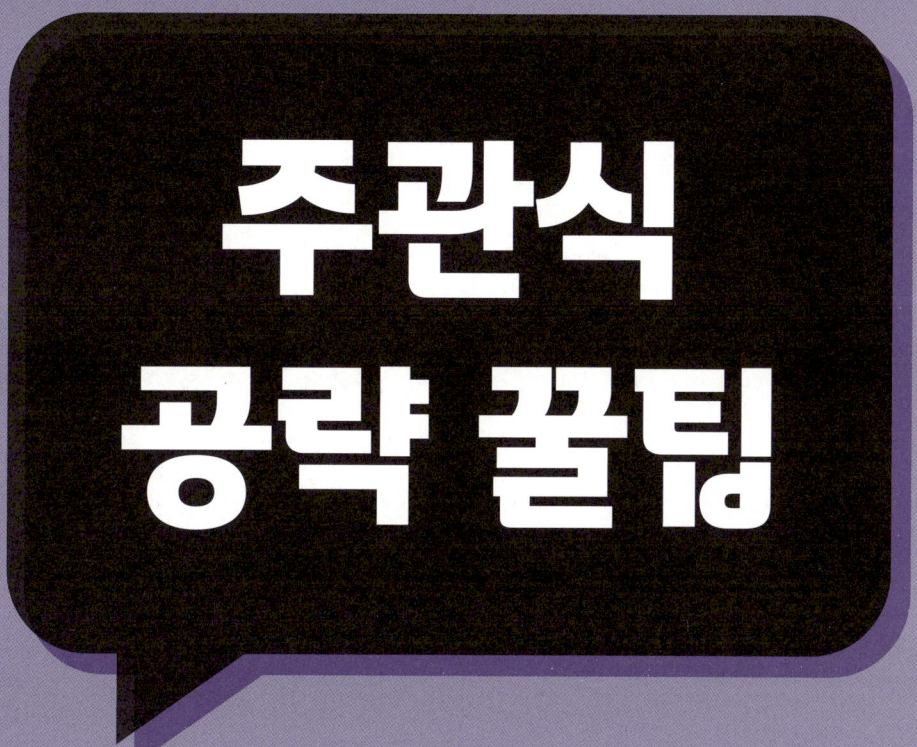

주관식 공략 꿀팁

한국실용글쓰기

01	예시로 보는 원고지 작성법	2p
02	예시 답안 작성하기	5p
03	헷갈리기 쉬운 맞춤법	7p
04	순화어	13p

01 예시로 보는 원고지 작성법

주관식 공략 꿀팁

문장을 시작할 때

(1) 문장을 시작할 때는 반드시 첫 칸을 비웁니다.
(2) 한글은 한 칸에 한 자씩 적습니다.
(3) 처음 글을 시작할 때뿐만 아니라, 문단을 나눌 때도 첫 칸을 비웁니다.

	미	닝		아	웃	은		신	념	을		의	미	하	는		미	닝	(	M	ea	ni	ng	)	과		커	밍	아
웃	(	C	om	in	g		ou	t	)	을		결	합	한		단	어	로	,		기	존	에	는		드	러	내	기
어	려	웠	던		자	신	만	의		정	치	,		사	회	적		신	념	을		적	극	적	으	로		표	현	하
는		소	비		형	태	를		의	미	한	다	.																
	최	근		S	N	S	를		통	해		찾	아	볼		수		있	는		미	닝		아	웃	의		예	로
는		기	부		등		선	행	을		한		가	게	에		소	비	를		집	중	하	는		'	돈	쭐	문
화	'	가		있	다	.																							

알파벳 및 숫자를 적을 때

(1) 알파벳: 대문자는 한 칸에 한 자, 소문자는 한 칸에 두 자씩 적습니다.
(2) 숫자: 한 칸에 두 자씩 적습니다.
(3) 숫자＋알파벳: 한 칸에 한 자씩 적습니다.
(4) 숫자＋문장부호: 한 칸에 한 자씩 적습니다.
(5) 로마자: 알파벳의 대문자와 동일하게 한 칸에 한 자씩 적습니다.

	회	사		생	활	과		개	인	의		삶		사	이	의		균	형	을		강	조	하	는		'	워	라
밸	(	W	or		L	if	e		B	al	an	ce	)	'	은		현	대		직	장	인	들	에	게		중	요
한		가	치	관	이	다	.		실	제	로		75	%	의		직	장	인	들	이		유	연	한		근	무	와
삶	의		조	화	가		가	능	한		직	장	을		선	호	했	으	며		재	택	근	무	와		유	연
근	무	를		장	려	하	는		기	업	의		생	산	성	이		20	%		증	가	하	였	다	는		연	구
결	과	가		보	고	되	었	다	.		특	히		C	O	V	I	D	-	19		이	후		타	인	과		분	리
된		개	인	의		삶	의		중	요	성	이		부	각	되	면	서		이	러	한		경	향	은		가	속
화	되	고		있	다	.																							

문장 부호 사용법

⑴ 문장 부호는 한 글자로 취급하여 한 칸에 하나씩 적습니다.
⑵ 물음표와 느낌표 다음 칸은 띄어쓰는 것이 원칙이지만, 반드시 지키지 않아도 됩니다.
⑶ 마침표와 쉼표는 반 칸만 사용하며, 다음 칸을 비우지 않고 내용을 이어 적습니다.

차	량	용		소	화	기,	이	제		선	택	이		아	니	라		필	수	입	니	다	!
-	최	근		3	년	간		차	량		화	재		11	,3	98	건	으	로		지	속		증	가	…	…	.

⑷ 마지막 칸에서 글이 끝나서 문장부호가 다음 줄 첫 칸으로 넘어가야 할 상황일 경우, 원고지 첫 칸에 문장부호가 오지 않도록 하기 위해 마지막 칸에 글자와 문장부호를 함께 쓰거나 마지막 칸 바깥의 여백에 문장부호를 찍습니다.

| M | Z | | 세 | 대 | 는 | | 개 | 성 | 과 | | 가 | 치 | 관 | 을 | | 드 | 러 | 내 | 기 | | 위 | 해 | | 지 | 향 | 점 | 이 |
| 같 | 은 | | 기 | 업 | 의 | | 물 | 품 | 을 | | 소 | 비 | 하 | 고, | | S | N | S | 에 | | 업 | 로 | 드 | 하 | 고 | 는 | | 한 | 다. |

⑸ 큰따옴표는 첫 칸을 비우고 두 번째 칸에 쓰며, 내용은 세 번째 칸부터 적습니다.
⑹ 대화문이 두 줄 이상 이어질 경우, 따옴표가 끝나기 전까지는 첫 번째 칸을 비우고 내용을 이어 적습니다.
⑺ 문장부호 중 마침표와 따옴표가 같이 올 경우에는 한 칸에 같이 씁니다.

| | " | 단 | 식 | | 후 | | 16 | 시 | 간 | 의 | | 공 | 복 | 을 | | 유 | 지 | 하 | 면 | | 체 | 중 | | 감 | 량 | 에 | | 효 | 과 |
| 적 | 이 | 다 | ." | 라 | 고 | | 전 | 문 | 가 | 들 | 은 | | 조 | 언 | 한 | 다. |

원고지 교정 부호

(1) 서술형 9번 문제는 논술형으로, 답안을 구성하기까지 시간이 걸리기 때문에 답안을 작성할 때 효율적으로 시간을 배분하는 것이 중요합니다. 원고지 교정 부호를 익혀두면, 부족한 시간에도 충분히 답안 작성 시간을 확보할 수 있습니다.

사	람	들	은		누	구	나		관	계		속	에		상	반	된	욕	구	를		가	진	다	.		그	하
나	는		다	른		관	계	를		사	람	과		맺	고	자		하	는		연	관	성	의		욕	구	이 고
또	다	른		한	나	는		누	구	에	게	도		개	인	적	인		욕	망	을		침	해	받	고		싶 어
하	지		않	는		독	립	을		자	향	하	는		욕	구	이	다	.									

교정 부호	부호 사용법
∨	붙어 있는 글자 사이를 띄어쓸 때 사용합니다.
⌒	떨어져 있는 글자 사이를 붙일 때 사용합니다.
∽	앞의 단어와 뒤의 단어의 순서를 바꿀 때 사용합니다.
╲╱	틀린 글자를 수정할 때 사용하며, 틀린 글자에 해당 부호를 그린 후 글자 위에 수정할 내용을 적습니다.
⊘	필요 없는 글자를 지울 때 사용합니다.
═══	필요 없는 내용을 지울 때 사용합니다.
⊐	글자를 들여쓰기할 때 사용합니다(글자 오른쪽 이동).
⊏	글자를 내어쓰기할 때 사용합니다(글자 왼쪽 이동).
⌐⌙	같은 줄에 있는 글자 혹은 문장을 아랫줄로 바꿀 때 사용합니다.
↩	아랫줄에 있는 문장을 윗줄로 옮겨올 때 사용합니다.

02 주관식 공략 꿀팁
예시 답안 작성하기

아래 답안을 원고지에 옮겨 적어 보기

> 　공연 기획은 다양한 장르의 음악을 관객에게 제공하며, 무대를 통해 음악과 소통하는 과정이다. 성공적인 공연 기획은 '기획-계획-실행-평가'의 체계적인 단계를 거쳐 이루어지며, 공연 기획자들은 관객의 기대에 부응하는 동시에 수익성과 문화적 가치를 함께 고려한다.
> 　음악 페스티벌 기획의 기본 요소는 장소, 뮤지션, 예산, 기획력, 홍보 전략, 후원 및 협찬 등을 포함한다. 공연 기획의 절차는 '시장 조사 및 자료 수집 → 분석 및 기획 작품 선정 → 기획 아이디어 전개 및 결정 → 기획서 작성 및 설득' 순으로 진행된다. 기획 과정에서는 특정한 대상, 이벤트의 주제, 공연 날짜, 개최 목적, 홍보 전략 등을 종합적으로 고려해야 한다.

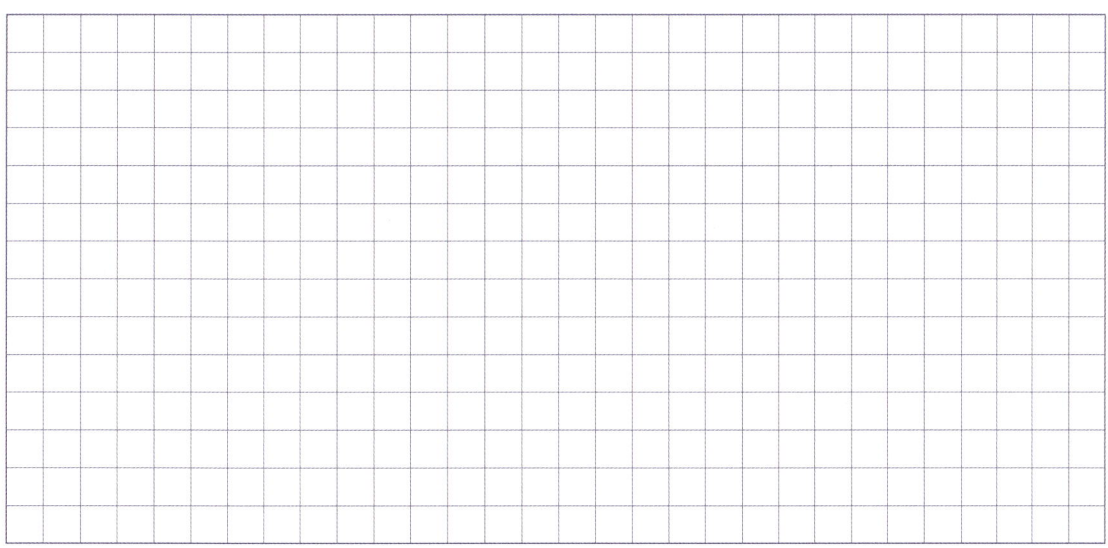

〈완성 답안〉

공연 기획은 다양한 장르의 음악을 관객에게 제공하며, 무대를 통해 음악과 소통하는 과정이다. 성공적인 공연 기획은 '기획-계획-실행-평가'의 체계적인 단계를 거쳐 이루어지며, 공연 기획자들은 관객의 기대에 부응하는 동시에 수익성과 문화적 가치를 함께 고려한다.

음악 페스티벌 기획의 기본 요소는 장소, 뮤지션, 예산, 기획력, 홍보 전략, 후원 및 협찬 등을 포함한다. 공연 기획의 절차는 '시장 조사 및 자료 수집 → 분석 및 기획 작품 선정 → 기획 아이디어 전개 및 결정 → 기획서 작성 및 설득' 순으로 진행된다. 기획 과정에서는 특정한 대상, 이벤트의 주제, 공연 날짜, 개최 목적, 홍보 전략 등을 종합적으로 고려해야 한다.

03 헷갈리기 쉬운 맞춤법

주관식 공략 꿀팁

헷갈리기 쉬운 동사/형용사

가늠하다	목표나 기준에 맞고 안 맞음을 헤아려 보다. 예 이번 경기의 승패를 **가늠해** 보다.	
가름하다	쪼개거나 나누어 따로따로 되게 하다. / 승부나 등수 따위를 정하다. 예 선수의 컨디션이 승패를 **가름했다**.	
갈음하다	다른 것으로 바꾸어 대신하다. 예 해당 서류는 주민 등록 등본을 제출해서 **갈음하면** 된다.	
나아가다¹	앞으로 향하여 가다. 예 정류장이 보일 때까지 **나아가기로** 하였다.	
나아가다²	일이 점점 되어 가다. 예 상반기 프로젝트가 마지막 고지를 향해 **나아가고** 있다.	
나아지다	어떤 일이나 상태가 좋아지다. 예 병세가 많이 **나아지고** 있다.	
대다	정해진 시간에 닿거나 맞추다. 예 주문 일자에 맞춰 물량을 **대기** 위해 내일까지 야간 작업을 해야 한다.	
대하다	마주 향하여 있다. 예 고객을 **대할** 때는 밝은 표정을 유지해야 한다.	
맞추다¹	서로 떨어져 있는 부분을 제자리에 맞게 대어 붙이다. 예 이번 행사 이벤트로 퍼즐 **맞추기를** 준비하려 한다.	
맞추다²	어떤 기준이나 정도에 어긋나지 아니하게 하다. 예 심사 기준에 통과할 수 있도록 기획서 양식을 **맞춰야** 한다.	
맞히다	문제에 대한 답을 틀리지 않게 하다. 예 이번에 객관식 30문항 중 27문항만 겨우 **맞혔다**.	
바라다	생각이나 바람대로 어떤 일이나 상태가 이루어지거나 그렇게 되었으면 하고 생각하다. 예 기획서가 통과되기를 **바라다**.	
바래다	볕이나 습기를 받아 색이 변하다. 예 10년 이상 보관했더니 문서가 누렇게 **바랬다**.	
부치다¹	모자라거나 미치지 못하다. 예 체력에 **부쳐** 마라톤 완주를 하지 못했다.	
부치다²	편지나 물건 따위를 일정한 수단이나 방법을 써서 상대에게로 보내다. 예 내용 증명 문서를 등기로 **부쳤다**.	

붙이다	맞닿아 떨어지지 않게 하다. 예 기준선에 발을 **붙이고** 서야 키를 잴 수 있다.
빌다	바라는 바를 이루게 하여 달라고 신이나 사람, 사물 따위에 간청하다. 예 끊긴 주문을 다시 이어지게 해 달라고 전(前) 거래처에서 와서 **빌었다**.
빌리다	남의 물건이나 돈 따위를 나중에 도로 돌려주거나 대가를 갚기로 하고 얼마 동안 쓰다. 예 은행에서 **빌린** 대출금을 갚아야 할 날이 다가오고 있다.
이루다	어떤 대상이 일정한 상태나 결과를 생기게 하거나 일으키거나 만들다. 예 SNS 유입률이 200% 늘어나면서, 하반기 매출도 증가하여 원래 목적을 **이룰** 수 있었다.
이르다¹	어떤 장소나 시간에 닿다. 예 새벽녘에 **이르러서야** 겨우 잠이 들었다.
이르다²	대중이나 기준을 잡은 때보다 앞서거나 빠르다. 예 기존 일정보다 **이르게** 프로젝트가 시작되었다.
집다	손가락이나 발가락으로 물건을 잡아서 들다. 예 바닥에 떨어진 쓰레기를 **집어서** 휴지통에 넣다.
짚다¹	바닥이나 벽, 지팡이 따위에 몸을 의지하다. 예 지팡이를 **짚은** 노인이 멀리서 걸어왔다.
짚다²	상황을 헤아려 어떠할 것으로 짐작하다. 예 꿈이 좋아서 로또 당첨이 될 줄 알았으나 헛다리를 **짚었다**.

헷갈리기 쉬운 조사/어미

로서	지위나 신분 또는 자격을 나타내는 격 조사 예 감독관으**로서** 복장을 갖추어 입어야 한다.
로써	어떤 물건의 재료나 원료를 나타내는 격조사 / 어떤 일의 수단이나 도구를 나타내는 격 조사 예 서로 대화함으**로써** 갈등을 해결할 수 있다.
고	앞말이 간접 인용 되는 말임을 나타내는 격 조사 예 할아버지가 말씀하셨다**고** 들었다.
라고	앞말이 직접 인용 되는 말임을 나타내는 격 조사 예 사장님께서 "A팀 성적이 우수해"**라고** 말씀하셨다고 팀장님이 전달해 주셨다.
던지	막연한 의문이 있는 채로 그것을 뒤 절의 사실과 관련시킬 때 사용하는 연결 어미 예 얼마나 배고팠**던지** 밥이 꿀맛이었다.
든지	차이가 없는 둘 이상의 일을 나열할 때 사용하는 보조사 예 사과**든지** 배**든지** 과일은 다 좋아한다.

잘못 적기 쉬운 단어

내노라하는(X)
→ 내로라하는(O)
어떤 분야를 대표할 만하다.
예) 업계에서 **내로라하는** 전문가가 와서 시연을 해 주었다.

나리다(X)
→ 내리다(O)
눈, 비, 서리, 이슬 따위가 오다.
예) 눈이 **내리면서** 도로가 얼어붙기 시작했다.

덮히다(X)
→ 덮이다(O)
물건 따위가 드러나거나 보이지 않도록 넓은 천 따위가 얹혀 씌워지다.
예) 전시 시작일 전까지 부스는 검정색 천으로 **덮여** 있을 예정이다.

머릿말(X)
→ 머리말(O)
책이나 논문 따위의 첫머리에 내용이나 목적 따위를 간략하게 적은 글
예) 프로젝트 보고서의 **머리말**에 해당 프로젝트의 배경을 반드시 기재해야 한다.

몇 일(X)
→ 며칠(O)
그달의 몇째 되는 날 / 몇 날
예) 마케팅 회의가 **며칠인지** 기억이 나지 않는다. / 실적 부진으로 팀내 분위기가 **며칠째** 어둡다.

뵙겠슴니다(X)
→ 뵙겠습니다(O)
웃어른을 대하여 보다. '뵈다'보다 더 겸양의 뜻을 나타낸다.
예) 내일 소회의실에서 **뵙겠습니다**. / [참] 뵈+-어요일 때는 '**봬요**'로 적는다.

삼가하다(X)
→ 삼가다(O)
몸가짐이나 언행을 조심하다.
예) 집안에 우환이 있어 외출을 **삼가다**.

읍니다(X)
→ 습니다(O)
'하십시오'할 자리에 쓰여, 현재 계속되는 동작이나 상태를 있는 그대로 나타내는 종결 어미
예) 현재 신제품 제작을 하고 **있습니다**.

치루다(X)
→ 치르다(O)
주어야 할 돈을 내주다. / 무슨 일을 겪어 내다.
예) 최근 행사를 **치르고** 완전히 녹초가 되었다.

한글 맞춤법: 띄어쓰기

(1) 의존 명사와 조사의 띄어쓰기 구분(한글 맞춤법 제5장 제41~42항)
  ㉠ 조사: 앞말에 붙여 쓴다.

꽃이	꽃을	꽃마저	꽃에서
꽃밖에	꽃으로만	꽃이나마	꽃처럼
언제까지나	거기도	학교로	멀리는

  ㉡ 의존 명사: 띄어 쓴다.

사흘 만	방학한 지	연필, 지우개, 펜 들	사랑하는 만큼
뜻한 바	잠에서 깨던 차	경고했던 대로	시험을 통과하는 데
게임 두 판	맹세할 뿐	명심할 것	지각했기 때문

(2) 단위 명사 띄어쓰기(한글 맞춤법 제5장 제43항)

건물 한 채	외투 한 벌	강아지 한 마리	운동화 한 켤레
열한 살	펜 한 자루	라면 한 봉	쌀 한 섬

다만, 순서를 나타내는 경우나 숫자와 어울리어 쓰는 경우에는 붙여 쓸 수 있다.

한시 사십분 오십오초	일학년	십사층	2025년 2월 11일
102동 1407호	100원	32개	약 30미터

(3) 큰 단위의 숫자를 적을 때의 띄어쓰기(한글 맞춤법 제5장 제44항)
  '만(萬)' 단위로 띄어 쓴다.

오억 육천칠백이십일만 삼천구백사십	5억 6721만 3940

(4) 두 말을 이어 주거나 열거할 때의 띄어쓰기(한글 맞춤법 제5장 제45항)

팀장 겸 이사	백 평 내지 이백 평	지지대, 선반 등속	광양, 남해 등지
교사 및 학생들	국회 의원, 기자, 시민 등등	소설, 시집, 참고서 등	영국 대 프랑스

(5) 고유 명사 및 전문 용어(한글 맞춤법 제5장 제48~50항)
성과 이름, 성과 호 등은 붙여 쓰고, 이에 덧붙는 호칭어, 관직명 등은 띄어 쓴다.
다만, 성과 이름, 성과 호를 분명히 구분할 필요가 있을 경우에는 띄어 쓸 수 있다.

| 김양수(金良洙) | 서화담(徐花潭) | 채영신 씨 | 김구 선생 |
| 남궁억/남궁 억 | 독고준/독고 준 | 황보지봉/황보 지봉 | |

성명 이외의 고유 명사는 단어별로 띄어 씀을 원칙으로 하되, 단위별로 띄어 쓸 수 있다.
전문 용어는 단어별로 띄어 씀을 원칙으로 하되, 붙여 쓸 수 있다. (검정색 원칙, 보라색 허용)

| 대한 중학교 | 대한중학교 | 한국 대학교 사범 대학 | 한국대학교 사범대학 |
| 만성 골수성 백혈병 | 만성골수성백혈병 | 중거리 탄도 유도탄 | 중거리탄도유도탄 |

한글 맞춤법: 그 밖의 것

(1) 부사의 끝음절(한글 맞춤법 제6장 제51항)
  ㉠ 끝음절 발음이 '이'로만 나는 것

| 깨끗이 | 산뜻이 | 번거로이 | 일일이 |
| 틈틈이 | 겹겹이 | 반듯이 | 대수로이 |

  ㉡ 끝음절 발음이 '히'로만 나는 것

| 급히 | 딱히 | 정확히 | 엄격히 |
| 속히 | 족히 | 특히 | 극히 |

  ㉢ 끝음절 발음이 '이', '히' 둘다로 나는 것

| 솔직히 | 가만히 | 간편히 | 나란히 |
| 답답히 | 쓸쓸히 | 꼼꼼히 | 열심히 |

공문서 띄어쓰기

(1) 접두사/접미사와 명사 띄어쓰기

　㉠ 접두사/접미사: 붙여 쓴다.

$\frac{1}{3}$ 가량 → $\frac{1}{3}$가량	같이 하다 → 같이하다	계단 식 → 계단식	재 심사 → 재심사
서류 상 → 서류상	3월 경 → 3월경	평화 롭게 → 평화롭게	강 추위 → 강추위

　㉡ (의존) 명사: 띄어 쓴다.

예산초과 → 예산 초과	거래 성사후 → 거래 성사 후	품의건 → 품의 건	10개팀 → 10개 팀
끝날듯 → 끝날 듯	할만큼 → 할 만큼	십이만개 → 십이만 개	사흘내 → 사흘 내

(2) 관형사 띄어쓰기

양집안 → 양 집안	이중 → 이 중	귀국가 → 귀 국가

(3) 보조 용언 띄어쓰기

　띄어 씀을 원칙으로 하되, 경우에 따라 붙여 쓸 수 있다. (검정색 원칙, 보라색 허용)

지쳐 가다 → 지쳐가다	거래 성사후 → 거래 성사 후	품의건 → 품의 건	10개팀 → 10개 팀
해 보다 → 해보다	먹어 버리다 → 먹어버리다	들어 보다 → 들어보다	시켜 드리다 → 시켜드리다

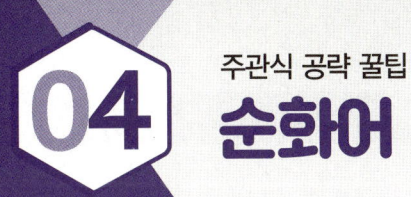

개선 대상 외래어, 외국어

외래어, 외국어	원어	순화어
거버넌스	governance	민관 협력, 협치, 관리, 정책
규제 프리존	規制 free zone	규제 자유 구역, 규제 (대폭) 완화 지역, 무규제 지역
규제 샌드박스	規制 sandbox	규제 유예 (제도)
기후플레이션	climateflation	기후발 물가 상승
니즈	needs	필요, 수요, 바람
데모데이	demoday	시연회, 시연일, 시범 행사(일), 사전 행사(일)
데이터 마이닝	data mining	정보 채굴
드론	drone	무인기
라운드 테이블	round table	원탁회의
레거시 미디어	Legacy Media	기존 매체
레시피	recipe	조리법
롤모델	role model	본보기, 본보기상, 모범
리스크	risk	위험, 손실 우려, 손해 우려
마스터 플랜	master plan	종합 계획, 기본 계획, 기본 설계
매뉴얼	manual	지침, 설명서, 안내서
매칭	matching	연계, 연결, 대응
메가트렌드	mega trend	대세, 거대 물결
모멘텀	momentum	(전환) 국면, (전환) 계기, 동인(動因)
밀 프렙	meal prep	소분식
바우처	voucher	이용권
북 트레일러	book trailer	책 소개 영상
브라운 백 미팅 /브라운 백 세미나	brown bag meeting/seminar	도시락 강연회, 도시락 회의, 도시락 토론회
브로슈어	brochure	안내서, 소책자
서브컬처	Subculture	비주류문화
세션	session	분과, 시간
스왑	swap	교환

외래어, 외국어	원어	순화어
스크린도어	screen door	안전문
스타트업	startup	창업 초기 기업, 새싹 기업
싱크 탱크	think tank	참모진, 참모 집단, 두뇌 집단
아웃리치	outreach	현장 지원 활동, 현장 원조 활동, 거리 상담
아카이브	archive	자료 보관소, 자료 저장소, 자료 전산화, 기록 보관
액션 플랜	action plan	실행 계획
어젠다	agenda	의제
업셀링	upselling	상위 상품 판매
오프 리시/*오프 리쉬	Off leash	목줄 미착용
오피니언 리더	opinion leader	여론 주도자, 여론 주도층
요노족	YONO(You Only Need One)族	알뜰족
욜로족	YOLO(You Only Live Once)族	오늘 살이족
원스트라이크 아웃제	one strike-out制	즉각 처벌 제도, 즉시 퇴출제
이니셔티브	initiative	주도권, 선제권, 구상, 발의, 발의권
이슈	issue	논쟁거리, 논점, 쟁점
제로화	zero化	원점화, 없애기, 뿌리 뽑기
컴플라이언스	compliance	법규 준수, 준법 감시
쿼터	quota	한도량, 할당량
큐레이션 커머스	curation commerce	소비자 맞춤 상거래
클러스터	cluster	산학 협력 지구, 연합 지구, 협력 지구
클린 뷰티	clean beauty	친환경 화장품
킥오프 회의	kick-off 會議	첫 회의, 첫 기획 회의
태스크포스(T/F)/태스크포스(T/F 팀, TF팀)	task force/task force team	특별팀, 전담팀, (특별) 전담 조직
테스트 베드	test bed	시험장, 시험대, 시험무대, 가늠터
텍스트 마이닝	text mining	글 정보 캐기
투트랙	two-track	양면, 두 갈래
파인 다이닝	fine dining	고급 식사
팸투어	familiarization tour	사전 답사 여행, 홍보 여행, 초청 홍보 여행
펫 시터	pet sitter	반려동물 돌보미
(…)풀	(…)pool	(…)후보군, (…)군, (…)명단
허브	hub	중심, 중심지

외래어, 외국어	원어	순화어
혈당 스파이크	血糖 spike	혈당 급상승
헬스케어	health care	건강관리
힐링	healing	치유
에이아이, AI	① Artificial intelligence ② Avian Influenza	① 인공 지능 ② 조류 독감, 조류 인플루엔자
비투비, B2B/G2G	Business to Business/overment-to-Government	기업 간 (거래)/정부 간 (거래)
비아이, BI	Brand identity	브랜드 정체성
이에스지(ESG) 경영	Environmental Social and Governanve 經營	환경·사회·(투명) 지배 구조 경영
G20	Group of 20	주요 20개국
아이시티, ICT	Information and Communications Technology	정보 통신 기술
아이오티, IoT	Internet of Things	사물 인터넷
아이알, IR	Investor relations	기업 설명회, 기업 상담회
아이티, IT	Information Technology	정보 기술
엠오유, MOU	Memorandum of understanding	업무 협약, 양해 각서
오투오, O2O	Online to Offline	온오프라인 연계, 온오프라인 연계 마케팅, 온오프라인 연계 사업
오디에이, ODA	Official development assistance	공적 개발 원조, 정부 개발 원조
알앤디, R&D	Research and Development	연구 개발

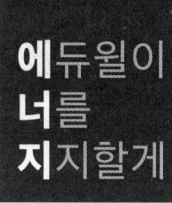

당신이 상상할 수 있다면 그것을 이룰 수 있고,
당신이 꿈꿀 수 있다면 그 꿈대로 될 수 있다.

– 윌리엄 아서 워드(William Arthur Ward)

에듀윌 한국실용글쓰기
기출분석으로 1주끝장 + 무료특강

정답과 해설

기출변형문제로
실전 훈련하기 정답과 해설

PART I 글쓰기 원리

글 구상과 표현 – 계획하기

| 01 | ④ | 02 | ③ | 03 | ③ | 04 | ④ | 05 | ③ |

01 ④

| 정답 해설 | 제시된 글은 인공 지능 언어 학습 프로그램인 '리토'가 언어를 완벽하게 이해하지 못하고 오류를 범한 사례를 다루고 있다. 이러한 오류는 인공 지능이 언어의 맥락과 복잡한 의미를 파악하는 데 한계가 있음을 보여 준다. 따라서 인공 지능이 올바르게 학습하도록 인간이 감독하고 피드백을 주는 것이 중요하다는 의견이 가장 적절하다.

| 오답 피하기 | ① 인간의 언어 능력에 대한 지나친 과장이다.
② 글에서 논의된 맥락과는 다소 거리가 있다.
③ 데이터의 양에 대한 언급은 찾아볼 수 없다.
⑤ 인공 지능이 언어를 완벽히 학습한 상황을 전제로 하고 있어 글의 내용과 상충된다.

02 ③

| 정답 해설 | 'Ⅰ, Ⅱ'에서는 메타버스의 개념과 메타버스가 미래 사회에 미칠 영향을 포괄적으로 다루고 있다. 그리고 'Ⅲ'에서는 메타버스의 문제점과 과제를 제시하여 미래 사회의 변화가 단순히 긍정적이지만은 않다는 것을 보여 준다. 즉 전체적으로 메타버스가 가져올 미래 사회의 다양한 변화를 종합적으로 다루고 있으므로, ③이 가장 적절한 주제이다.

03 ③

| 정답 해설 | 기술적 발전은 메타버스의 문제점을 해결하고 새로운 가능성을 열어줄 수 있는 긍정적인 요소에 해당한다.

04 ④

| 정답 해설 | ④에서 2025년 청년 실업률이 역대 최고 수준이라는 것은 청년 실업 문제의 심각성을 보여주지만 정부의 지원 정책 이후에 오히려 청년 실업 문제가 심화되었다는 내용이므로 글의 주장과 상충된다.

| 오답 피하기 | ①, ②, ③, ⑤ OECD 국가와의 비교, 정부의 기존 정책에 대한 비판, 청년들의 요구와 일치하는 직업 교육 및 훈련 프로그램의 필요성, 기업의 역할 강조 등을 제시한 자료로, 모두 청년 실업 문제 해결을 위한 정부의 추가적인 지원이 필요하다는 주장을 뒷받침할 수 있는 근거가 될 수 있다.

05 ③

| 정답 해설 | 제시된 내용은 소셜 미디어의 최근 동향과 트렌드에 대한 설명으로, 사용자 증가와 콘텐츠 형식, 수익 모델 등의 변화를 다루고 있다. 따라서 이러한 내용을 종합적으로 다루는 적절한 소제목은 '최근 소셜 미디어의 트렌드'이다.

| 오답 피하기 | ③과 ⑤는 소셜 미디어의 시작과 성장 배경에 관한 내용이므로 제시된 내용과 관련이 없다.
②와 ④는 수익성 강화나 향후 전망에 초점을 맞추고 있어 제시된 내용과 직접적인 관련이 없다.

글 구상과 표현 – 표현하기

| 01 | ② | 02 | ④ | 03 | ② | 04 | ④ | 05 | ③ |
| 06 | ② | 07 | ② | | | | | | |

01 ②

| 정답 해설 | 제시된 글은 기억의 변화라는 주제를 중심으로, 그 원인을 제시하고 구체적인 예시를 들어 설명하는 방식으로 전개하고 있다.

| 오답 피하기 | ① 기억의 중요성보다는 기억의 변화 과정에 초점을 맞추고 있다.
③ 기억 형성 과정을 단계별로 분석하기 보다는 기억이 변화하는 다양한 요인을 제시하고 있다.
④ 기억의 사회적 기능보다는 개인의 기억 변화에 초점을 맞추고 있다.
⑤ 다양한 학자들의 연구 결과를 비교·분석하기 보다는 일반적인 사실을 중심으로 설명하고 있다.

02 ④

| 정답 해설 | 제시된 문장은 시간이 지남에 따라 기억이 흐릿해지고 회상 과정에서 변경될 수 있음을 설명하고 있다. 이는 시간의 흐름에 따라 기억이 점차 희미해진다는 기존 설명과 자연스럽게 연결되므로, 제시된 문장을 ㉣에 넣는 것이 가장 적절하다.

03 ②

| 정답 해설 | 제시된 글의 첫 번째 문단은 지역 사회 활성화의 중요성과 주민의 적극적인 참여가 중요한 이유를 구체적으로 다루고 있다. 따라서 '즉, 지역 사회가 발전하기 위해서는 주민의 참여가 필수적이다.'라

는 문장이 ⓒ에 들어갈 때 글의 흐름이 자연스럽다.

04 ④

| 정답 해설 | 어업법 및 수산 자원 관리에 관한 내용은 제시된 글에서 다루는 기후 변화 및 사막화와는 직접적인 관련이 없다.

05 ③

| 정답 해설 | 제시된 글은 사막화가 단순히 기후 변화에 의해서만 발생하는 것이 아니며, 인간의 활동이 주요한 원인으로 작용하고 있음을 설명하는 내용이므로 글의 흐름상 ③이 가장 적절하다.

06 ②

| 정답 해설 | 양복을 만드는 일을 직업으로 하는 사람으로, '-장이'가 쓰인다.

| 오답 피하기 | ①, ③, ④ 속성, 특징을 나타내는 말이므로 모두 '-쟁이'로 쓰인다.
⑤ 대장일을 하는 기술직 노동자이므로 '-장이'가 쓰인다.

07 ②

| 정답 해설 | (가)는 환경 오염의 유형을 속성에 따라 분류하고, 각 유형의 특징을 설명하며 전체와 부분의 관계를 효과적으로 서술하고 있다. (나)는 태양광 발전 시스템을 세 부분으로 나누어 각 부분의 기능을 설명하는 방식을 사용하고 있다.

| 오답 피하기 | ① (가)는 대상을 구성 요소로 나누는 것이 아니라, 속성에 따라 분류하고 있다.
③ (나)는 구성 요소를 분석하는 방식으로 서술하고 있다. 유사한 특성을 묶어서 설명하는 방식에 해당하지 않는다.
④ (나)는 대상을 여러 부분으로 나누어 각 부분의 기능을 설명하는 데 효과적인 분석 방식을 사용하고 있다.
⑤ (나)는 구체적인 예시보다는 각 구성 요소의 기능 설명에 집중하고 있다.

글 구상과 표현 - 글 다듬기(고쳐쓰기)

01	02	03	04	05
①	⑤	③	②	①
06				
③				

01 ①

| 정답 해설 | 'PB'는 'Private Brand(자체 상표)'의 약어이므로 'PB 상품'은 '자체 상표 상품'으로 번역하는 것이 적절하다.

02 ⑤

| 정답 해설 | 조사의 앞말이 어떤 행동의 이유를 나타내므로 '에서'가 적절하다.

| 오답 피하기 | ① '약사'가 유정 명사이므로 '에게'가 적절하다.
② 출발점을 나타내는 '에서'가 적절하다.
③ 행동이 이루어지고 있는 장소를 나타내는 '에서'가 적절하다.
④ 움직임의 방향을 나타내는 '으로'가 적절하다.

03 ③

| 정답 해설 | 제시된 글은 스마트 가전제품에 대한 내용을 다루고 있다. 그러나 ⓒ은 스마트 가전과 무관한 업사이클링 가전제품과 자율 주행 차량에 대한 내용으로, 문맥상 적절하지 않다.

04 ②

| 정답 해설 | '계획인바'는 '계획이므로'와 비슷한 뜻으로, 연결 어미인 '-ㄴ바'는 앞말에 붙여 쓴다.

05 ①

| 정답 해설 | 표제인 '이용 시간' 다음에 쓰는 쌍점은 앞말에 붙이고 뒷말과 띄어 쓴다. 시간은 24시각제를 사용하여 아라비아 숫자로 표기한다. 또한 시간을 나타낼 때 쓰는 쌍점은 앞뒤 모두 붙여 쓰며, 십 미만의 시, 분, 초의 표기 시에는 0을 넣는다. 참고로 '2025. 9. 24.'처럼 연도를 쓸 때에는 '09'처럼 '0'을 붙이지 않는다.

06 ③

| 정답 해설 | '몸가짐이나 언행을 조심하다'의 뜻을 지닌 동사는 '삼가다'이므로 '삼가 주십시오'가 올바른 표현이다.

PART Ⅱ 글쓰기 실제

직무 글쓰기 - 문서 이해

01	02	03	04	05
③	②	⑤	⑤	③
06	07	08	09	10
④	⑤	⑤	③	①

01 ③

| 정답 해설 | 행정상 공문서는 행정 기관에서 처리하는 모든 문서를 포괄한다.

02 ②

| 정답 해설 | 행정상 공문서의 개념이 더 넓어 법률상 공문서를 포함한다.

03 ⑤

| 정답 해설 | ⑤는 공문서의 성립 요건이 아니라, 문서의 적법성에 관한 내용이므로 적절하지 않다.

04 ⑤

| 정답 해설 | 영업 허가 신청서는 행정 기관이 작성하는 문서가 아니라, 개인이나 기업이 스스로 작성하여 행정 기관에 제출하는 문서이다. 행정상 공문서는 공적인 업무를 처리하기 위해 행정 기관에서 공식적으로 작성하는 문서를 의미한다. 이와 달리 영업 허가 신청서는 행정 기관의 업무 처리를 요청하는 민원의 성격이 강하다.

05 ③

| 정답 해설 | 전자 문서는 수신자가 해당 문서를 컴퓨터 파일에 등록한 시점에 효력이 발생한다. 수신자가 2025년 9월 22일에 문서를 등록하였으므로, 이때부터 효력이 발생한다.

06 ④

| 정답 해설 | 제시된 문서는 외부 기관이 아닌 내부 상위 부서에 자료를 제출하는 형태이다. '관련' 항목에서 이전에 받은 문서 번호를 명시하여 연속성을 보여 주는 것은 내부적인 업무 처리 방식이다.

07 ⑤

| 정답 해설 | ㉠은 관련되는 다른 공문서를 표시한 것으로, 앞서 처리한 유사한 건의 문서 번호를 명시하여 업무의 연속성을 보여 주고 있다. 관련 법규는 해당 업무와 관련한 법률이나 규정으로, 제시된 문서에서는 구체적인 법규 조항이 아니라, 이전 문서의 번호가 제시되어 있다.

08 ⑤

| 정답 해설 | 제시된 문서는 '공고'로, 행정 기관이 특정 사항을 일반 국민에게 알리는 공식적인 문서이다. 이 공문은 생활 쓰레기 배출 방법이 변경되었다는 사실을 주민들에게 알리고, 변경된 내용을 준수해 줄 것을 요청하고 있다.

09 ③

| 정답 해설 | 시간을 표기할 때에는 24시각제로 표기하며 시·분 글자는 생략하고 그 사이에 쌍점을 찍어 구분한다.

| 오답 피하기 | ① 붙임의 위치에 대한 올바른 지침이다.
② 날짜 표기 방법을 확인하는 것이 적절한 지침이다.
④ 항목의 배치에 대한 올바른 지침이다.
⑤ 문서 내용의 의미를 명확히 하는 것이 적절하다.

10 ①

| 정답 해설 | 쌍점은 왼쪽 단어에 붙여 표시한다.

직무 글쓰기 – 기안서·품의서

01	③	02	④	03	⑤	04	③	05	④
06	①	07	④	08	⑤	09	③	10	②
11	④	12	④	13	③	14	②		

01 ③

| 정답 해설 | 문서의 기안은 전자 문서로 하는 것을 원칙으로 한다. 다만, 업무의 성질상 전자 문서로 기안하기 곤란하거나 그 밖의 특별한 사정이 있으면 종이 문서로 기안할 수 있다.

02 ④

| 정답 해설 | 붙임 뒤에 한 글자(2타)를 띄우고, '끝' 앞에 한 글자(2타)를 띄우고 마침표를 한다.

03 ⑤

| 정답 해설 | 제시된 기안서는 스마트 오피스 시스템 도입을 통해 업무 환경을 혁신하여 회사의 경쟁력을 강화하고자 하는 목표를 명확히 제시하고 있다. 즉, 스마트 오피스 구축의 궁극적인 목표는 업무 효율성을 높이는 것이다.

04 ③

| 정답 해설 | 스마트 오피스 구축 사업은 쾌적한 업무 환경을 제공하고, 업무 효율성을 높여 직원들의 만족도를 향상시키는 것을 목표로 한다. 따라서 직원 만족도 향상은 스마트 오피스 구축의 가장 중요한 기대 효과이다.

05 ④

| 정답 해설 | 제시된 기안서에는 스마트 오피스 구축에 대한 기술적인 내용, 예상되는 기대 효과, 위험 요소 등이 자세히 설명되어 있다. 그러나 스마트 오피스 구축을 통해 얻을 수 있는 외부적인 효과, 즉 회사 이미지 개선이나 새로운 고객 유치를 위한 마케팅 전략에 대한 내용은 다루지 않았다.

06 ①

| 정답 해설 | 신제품 출시 행사라는 점을 고려했을 때, 가장 중요한 성공 지표는 제품 판매량이다. 유튜브 시청 수, 실시간 참여 인원 등은 판매로 이어지는 과정에서의 지표라고 할 수 있다.

07 ④

| 정답 해설 | 신제품 출시와 초기 판매량 극대화를 위해 계획된 마케팅 행사와 관련된 내용을 담고 있다.

| 오답 피하기 | ① 일반 소비자와의 소통은 부수적 목표일 수 있지만, 행사 자체의 핵심 목표는 아니다.
② 채용 과정 안내는 본 행사와 전혀 관련이 없다.

③ 내부 직원 간 화합은 이 품의서의 목적과 맞지 않는다.
⑤ CSR(기업의 사회적 책임) 실천은 이 행사와 직접적 연관이 없다.

08 ⑤

| 정답 해설 | ⑤의 지원자는 채용 품의서에서 요구하는 '3년 이상의 마케팅 경험(특히, 디지털 마케팅)'과 '데이터 분석 능력', 신규 서비스 기획 및 실행에 필요한 실무 경험을 갖추고 있기 때문이다.

09 ③

| 정답 해설 | 채용 품의서에서 '창의적이고 문제 해결 능력이 뛰어난 인재'를 찾는다고 명시했으므로, 면접에서는 지원자가 새로운 문제 상황에 직면했을 때 어떻게 해결하는지, 그리고 창의적인 아이디어를 제시할 수 있는지를 평가해야 한다.
| 오답 피하기 | ④ '데이터 설계 능력'이 아니라 '데이터 분석 능력'이 요구된다.
⑤ '다양한 외국어 능력'이 아니라 '영어 능력'이 요구된다.

10 ②

| 정답 해설 | 제안서는 내용의 충실함과 명확성을 유지할 수 있는 적절한 분량으로 작성해야 한다. 무조건 짧게 작성하는 것이 항상 좋은 것은 아니며, 오히려 중요한 내용이 누락될 수 있다.

11 ④

| 정답 해설 | 제안 품의서의 내용을 종합해 볼 때, 주요 목적은 직원들의 업무 효율성을 높이고 협업을 강화하는 것이다.

12 ④

| 정답 해설 | 제안된 클라우드 협업 도구의 가장 큰 기대 효과는 실시간 문서 공동 편집, 화상 회의 등을 통해 의사소통을 원활하게 하고 협업을 증진할 수 있다는 것이다.

13 ③

| 정답 해설 | 지출 품의서는 경비를 집행하기 전에 승인을 얻기 위한 문서이다.
| 오답 피하기 | ① 지출 후 청구와 관련된 문서에 대한 설명이다.
② 품의서는 비용 승인 요청이 주된 목적이다.
⑤ 지출 품의서는 경비 승인 요청 문서이다.

14 ②

| 정답 해설 | 문서에 '끝.'이라는 표시가 포함된 것은 문서의 종료를 명확히 하기 위한 것으로, 표준화된 작성 방식으로서 일반적으로 필요하다. 따라서 이를 삭제하는 것은 적절하지 않다.
| 오답 피하기 | ①, ③ 문서의 내용을 보강하는 데 필요한 사항이다.
④ 추가 서류 제출을 통한 문서 보강이다.
⑤ 품의서의 형식을 더 정확하게 하기 위한 수정이다.

직무 글쓰기 – 보고서

01	⑤	02	⑤	03	⑤	04	④	05	③
06	④	07	①	08	①	09	①	10	②
11	②	12	⑤	13	②	14	⑤	15	③
16	④								

01 ⑤

| 정답 해설 | 제시된 보고서는 다양한 의견을 종합하여 최종적인 의사 결정을 위한 정보를 제공하고, 결론과 추진 계획을 제시하고 있다.

02 ⑤

| 정답 해설 | 의사 결정 보고서는 객관적인 데이터와 분석 결과를 바탕으로 작성되어야 신뢰성을 확보할 수 있다.

03 ⑤

| 정답 해설 | 제시된 보고서의 궁극적인 목적은 다양한 의견을 종합하여 최적의 마케팅 전략을 선택하고 실행 계획을 수립하는 것이다.

04 ④

| 정답 해설 | 새로운 전략을 실행할 때 예상되는 위험 요소를 미리 파악하고 대책을 마련하는 것은 매우 중요하다.

05 ③

| 정답 해설 | 보고서에서 '경쟁 제품과 비교하여 [특정 기능]이 부족하다는 의견이 지배적'이라고 언급했으므로, 경쟁 제품과의 기능 비교 표가 가장 적절한 별지 자료이다. 이를 통해 자사 제품의 부족한 부분을 명확하게 파악하고 개선 방안을 모색할 수 있다.

06 ④

| 정답 해설 | 보고서에서 '소비자들은 제품의 [특정 기능]에 대한 불만을 가장 많이 제기했으며, 경쟁 제품과 비교하여 [특정 기능]이 부족하다는 의견이 지배적'이라고 언급했으므로, 제품의 품질이 판매 부진의 주요 원인으로 판단된다.

07 ①

| 정답 해설 | 보고서에서 '제품의 [특정 기능]에 대한 불만'이 가장 큰 문제점으로 지적되었으므로, 이를 해결하기 위해서는 제품의 품질을 개선해야 한다. 따라서 생산 공정을 개선하여 문제가 되는 기능을 보완하는 것이 가장 우선적인 작업이다.

08 ①

| 정답 해설 | '현황'에서는 A사의 스마트 팩토리 구축 필요성 및 현황을 제시하고, '추진 과제 경과'에서는 독일 출장을 통해 달성하고

자 하는 목표(인공 지능(AI) 기반 생산 시스템 도입 등)를 기재한다. 그 이후 성공적인 스마트 팩토리 구축을 위해 '필요한 자원(기술, 인력, 예산 등)'을 적고, 독일에서 얻은 정보를 바탕으로 필요한 '자원을 확보하고자 하는 목적'을 적는다.

09 ①
| 정답 해설 | 출장 보고서는 객관적인 사실과 분석 결과를 중심으로 작성되어야 하며, 개인적인 소감은 보고서의 주된 내용이 될 수 없다.

10 ②
| 정답 해설 | A사의 기존 생산 시스템의 문제점 분석은 출장 전에 이루어져야 하며, 이번 출장의 목적은 독일의 선진 사례를 조사하고 이를 A사에 적용하는 방안을 모색하는 것이다.

11 ②
| 정답 해설 | 제시된 문서는 기상 상황과 재난 관리에 관한 정보를 정리한 상황 보고서이다.

12 ⑤
| 정답 해설 | 재난 상황 보고서는 신속하고 정확한 정보 전달이 핵심이므로 간결하고 명료하게 작성해야 한다. 재난 상황에서는 빠르게 상황을 파악하고 대응해야 하므로 불필요한 설명을 줄이고 핵심 정보에 집중하는 것이 중요하다.

13 ②
| 정답 해설 | ②는 지역 사회 참여에 관한 '정치적 측면'보다는 '정책 참여 측면'에 가깝다. 설문 조사의 목적은 청년층의 '사회적·문화적·정치적 측면'에서의 지역 사회 참여를 파악하는 것인데, ②는 청년층의 지역 사회 참여 경험이나 인식보다는 정책에 대한 의견을 묻고 있으므로, 설문 조사의 목적에 부합하지 않는다.
| 오답 피하기 | ① 지역 정치에 대한 관심도를 묻는 문항으로, '정치적 측면'과 관련된다.
③, ④, ⑤ 청년층의 지역 사회 참여 경험, 인식, 태도를 묻는 문항으로, '사회적·문화적 측면'을 잘 반영하고 있다.

14 ⑤
| 정답 해설 | 신제품 출시 후 6개월간의 시장 반응, 생산 현황 등을 분석하여 성과를 평가하려는 목적의 보고서이므로 성과 보고서에 해당한다.
| 오답 피하기 | ① 진행 보고서는 특정 사업이나 프로젝트 진행 상황을 단기적 관점에서 보고하며, 장기적 관점에서 성과를 평가하는 내용은 포함되지 않는다.
② 경위 보고서는 특정 사건이나 문제 발생 경위를 중심으로 작성한다.

③ 예측 보고서는 미래에 대한 예측을 중심으로 작성한다.
④ 제안 보고서는 새로운 사업이나 시스템 도입을 제안하는 것이 주된 목적이다.

15 ③
| 정답 해설 | 매출은 50억 원 감소, 순이익은 10억 원 감소했으므로, 환율이 긍정적인 유인으로 작용했다는 설명은 옳지 않다.

16 ④
| 정답 해설 | 업무 보고서는 주로 내부 경영 성과와 향후 계획에 대한 내용을 다루며, 경쟁사 동향이나 시장 트렌드 분석은 주된 목적이 아니다.
| 오답 피하기 | ① 업무 보고서에는 공정 개선, 신제품 개발과 같은 구체적인 추진 사항이 포함된다.
② 보고서는 실적과 계획을 수치화하여 비교한다.
③ 업무 보고서에는 향후 계획과 구체적인 실행 방안이 포함된다.
⑤ 매출 및 순이익의 변화 요인을 분석하는 것은 보고서의 주요 목적이다.

직무 글쓰기 - 기획서

01	02	03	04	05
⑤	④	⑤	⑤	⑤
06	07	08	09	10
①	⑤	②	⑤	①

01 ⑤
| 정답 해설 | 제품의 핵심 가치인 '자연 유래 성분'과 팝업 스토어라는 오프라인 채널을 효과적으로 연결하여 브랜드 이미지를 강화하고, 20대 여성 고객의 환경 보호에 대한 관심을 자극할 수 있는 전략이다.
| 오답 피하기 | ① 목표 고객이 20대 여성으로 설정되어 있으므로 남성 고객을 목표로 하는 것은 적절하지 않다.
② 고객의 프리미엄 이미지를 부각시키는 것은 기획서 초안의 내용과 거리가 멀다.
③ 다른 마케팅 채널을 축소하면 다양한 고객층에 접근할 수 있는 기회를 놓칠 수 있다.
④ 기획서 초안에서 20대 여성을 목표 고객으로 삼고 있다.

02 ④
| 정답 해설 | SNS를 활용한 바이럴 마케팅과 인플루언서 마케팅을 통해 젊은 층을 중심으로 빠르게 브랜드 인지도를 높이고, 틈새시장을 공략하는 것이 가장 효과적인 전략이다.
| 오답 피하기 | ① 고급화 전략은 A사의 현재 브랜드 이미지와 맞지 않을 수 있으며, 해외 시장 진출은 초기에는 많은 위험을 수반한다.
② 기업 간 거래(B2B) 시장은 초기에는 진입 장벽이 높고, 맞춤형 제품 개발에 많은 시간과 비용이 소요될 수 있다.

③ 기존 제품 라인업을 확대하기 위해서는 추가적인 투자와 자원이 필요하며, 대형 온라인 쇼핑몰 입점은 경쟁이 치열하고 수수료 부담이 클 수 있다.
⑤ 저렴한 가격으로 대량 생산하는 것은 A사의 차별화된 가치를 훼손할 수 있으며, 오프라인 매장 확대는 초기에는 자금 부담이 될 수 있다.

03 ⑤
| 정답 해설 | 전시회 기획서에서 '도시 문제에 대한 시민들의 인식 개선'과 '지속 가능한 디자인의 중요성 강조'를 목표로 제시하였다.
| 오답 피하기 | ① 지역 경제 활성화는 부수적인 효과일 수 있지만 주된 목적은 아니다.
② 전시회의 주된 목적은 대중에게 지속 가능한 디자인의 중요성을 알리는 것이다.
③ 정책 제안보다는 인식 개선에 초점을 두고 있다.
④ 예술 전시회의 목적에 가깝다.

04 ⑤
| 정답 해설 | 시민들이 직접 참여하여 문제를 해결하는 과정을 통해 인식을 개선하고, 주인의식을 고취시킬 수 있다는 점에서 적절하다.
| 오답 피하기 | ① 도시 디자인 관련 학술 대회 개최는 학술적인 측면이 강조되어 일반 시민들의 참여를 유도하기 어렵다.
② 전문가 중심의 행사로, 시민들의 참여를 끌어내기 어렵다.
③, ④ 시각적 효과는 있으나 시민 참여를 유도하기에는 부족하다.

05 ⑤
| 정답 해설 | 증강 현실(VR)과 가상 현실(AR) 기술은 가상 현실을 구현하여 관람객이 실제로 미래 도시를 체험하는 듯한 느낌을 줄 수 있을 것이다.
| 오답 피하기 | ①, ②, ③, ④ 모두 부수적 효과이다.

06 ①
| 정답 해설 | 새로운 인터넷 동영상 서비스(OTT)를 개시하는 것은 새로운 사업을 시작하는 것이므로 사업 기획서에 해당한다.

07 ⑤
| 정답 해설 | Z세대의 요구를 파악하고 이에 맞는 서비스를 제공하는 것이 성공의 핵심이다.

08 ②
| 정답 해설 | 인터넷 동영상 서비스(OTT)는 빠르게 변화하는 시장에 맞추어 지속적으로 개선되어야 한다.

09 ⑤
| 정답 해설 | 주요 고객인 20대 초반 남성의 취미와 관련된 구체적인 상황을 제시하여 제품이 삶에 어떤 가치를 더해 줄 수 있는지 보여 주는 것은 공감대 형성과 구매 욕구를 높이는 데 효과적이다.

10 ①
| 정답 해설 | 주요 고객층에게 영향력이 큰 인플루언서를 활용하여 제품을 자연스럽게 노출시킬 수 있다. 이는 제품에 대한 신뢰도를 높이고, 트렌디한 이미지를 형성하는 데 도움이 된다.
| 오답 피하기 | ② 오프라인 팝업 스토어는 이미 기획안에 포함되어 있다.
③ 해외 시장 진출은 별도의 예산과 전략이 필요하며, 국내 시장 안착이 우선이다.
④ 기업 간 거래(B2B)는 기획안에 제시된 주요 고객과 거리가 멀다.
⑤ 기존 고객 유지에는 효과적이지만, 신규 고객 유입에는 한계가 있다.

직무 글쓰기 - 프레젠테이션

01	02	03	04	05
⑤	①	⑤	③	⑤
06	07	08		
④	④	⑤		

01 ⑤
| 정답 해설 | 다음 슬라이드는 '2. 2026년 신기술 도입 계획'에 해당하는 내용이므로, '2026년 인공 지능(AI) 기술을 활용한 신기술 도입 전략'이 가장 적절하다.

02 ①
| 정답 해설 | 'HACCP, 알아보고 안전한 식품 섭취하세요!'라는 문구는 일반 소비자를 대상으로 한 것이다. 이 문구는 HACCP이 소비자가 안전한 식품을 선택하는 데 도움이 된다는 것을 강조하고 있다.

03 ⑤
| 정답 해설 | '두부 제조 공정'을 예로 들어, '화학적 위해 요소 예방', '생물학적 위해 요소 제어', '물리적 위해 요소 제어'를 나란히 제시하는 것이 적절하다.

04 ③
| 정답 해설 | 슬라이드에 모든 내용을 담으려고 하면 가독성이 떨어지고 청중의 집중력이 분산될 수 있다.

05 ⑤
| 정답 해설 | 제시된 글에서 프레젠테이션은 '복잡한 내용을 간결하고 명확하게 전달하는 것'이 목표라고 하였다.

06 ④
| 정답 해설 | ㉠ 단계에서는 제한된 규모로 제품을 판매하며 소비자

의 반응을 살펴본다고 했으므로, 시험 마케팅이 가장 적절하다. 시장 조사는 초기 단계에서 이루어지고, 제품 디자인은 제품 콘셉트 개발 단계에서 이루어진다. 사업성 분석은 제품 출시 전에 이루어지며, 대량 생산은 시험 마케팅 이후에 이루어진다.

07 ④

| 정답 해설 | 아이디어 도출 다음 단계에서는 아이디어의 구체화가 이루어져야 하므로, 제품 디자인이 가장 적절하다. 시장 조사는 아이디어 도출 이전 단계에서 이루어지고, 생산 계획은 시험 마케팅 이후에 세워진다. 특허 출원은 제품 개발 과정의 다양한 시점에서 이루어질 수 있으며, 사업성 분석은 시제품 제작 이후에 이루어진다.

08 ⑤

| 정답 해설 | 빈칸에 들어갈 내용은 프레젠테이션의 가장 중요한 부분인 '핵심 메시지 설정'이다. 핵심 메시지가 명확하지 않으면 청중들이 프레젠테이션의 목적을 이해하지 못하고, 전체적인 내용을 파악하기 어려워진다.

직무 글쓰기 - 홍보문·보도문

01	②	02	⑤	03	④	04	⑤	05	②
06	④	07	⑤	08	③	09	③		

01 ②

| 정답 해설 | 제시된 자료에서 국가 브랜드는 다양한 분야와 연계하여 확장할 필요가 있으며, 국제적 협력을 통해 글로벌 시장에서의 입지를 강화하는 것이 중요하다고 하였다.

02 ⑤

| 정답 해설 | '일관성 유지'는 국가 브랜드의 정체성을 명확히 하고 지속적으로 유지하는 것을 의미한다. ⑤의 사례가 이와 관련된다.

03 ④

| 정답 해설 | 제시된 글은 보도문으로, 정부의 미세 먼지 저감 정책을 알리고, 시민들의 관심과 참여를 유도하여 미세 먼지 문제 해결에 동참하도록 하려는 목적을 지닌다.

04 ⑤

| 정답 해설 | 제시된 글은 미세 먼지 문제를 제기하고, 이를 해결하기 위한 정책 내용을 소개하며, 정부 관계자의 기대 효과에 대한 언급으로 마무리되고 있다.

05 ②

| 정답 해설 | (가)와 (나)는 기사의 주제를 간결하게 소개하는 부분이고, (다)는 정책의 배경과 주요 목표를 설명한 전문이다. (바)는 본문 1로 정책의 구체적인 내용과 계획을 다루며, (라)는 본문 2로 특별 프로그램과 교육 내용을 설명한다. (마)는 본문 3으로 정책의 시행 계획과 향후 전망을 제시한다.

06 ④

| 정답 해설 | (나)는 전문으로 정책 발표의 배경과 계획을 설명한다. (라)는 본문 1로 플랫폼의 구체적인 기능을, (다)는 본문 2로 플랫폼 도입의 목표와 평가 계획을 언급하고 있다. (마)는 본문 3으로 교사와 학부모에 대한 교육 및 지원 계획을 설명하며, (가)는 본문 4로 플랫폼 도입으로 기대되는 효과를 설명하고 있다.

07 ⑤

| 정답 해설 | '교통 혼잡 해소와 환경 보호'는 제시된 정책의 주요 목표이며, '대중교통 중심의 도시 교통 시스템 구축 및 저공해 차량 보급 확대'는 이를 달성하기 위한 구체적인 방안이다.

08 ③

| 정답 해설 | (나)에서 전체적인 정책을 언급하고, (마)에서 정책의 주요 내용을 구체적으로 설명하며, (다)와 (라)에서 정책 시행을 위한 세부 계획을 제시하고, (가)에서 정책의 기대 효과를 언급하는 것이 자연스럽다.

09 ③

| 정답 해설 | 보도문은 일반적으로 객관적이고 중립적인 정보를 제공하는 반면, 기사문에는 기자의 해석이나 의견이 포함될 수 있다. 보도문에 기자의 특정 시각이나 의견을 반영하는 경우는 드물며, 주로 사실에 기반하여 작성된다.

직무 글쓰기 - 계약서

01	⑤	02	④	03	②	04	⑤	05	④
06	⑤	07	②	08	④	09	④	10	④
11	④	12	⑤	13	④	14	⑤	15	③
16	③	17	④						

01 ⑤

| 정답 해설 | 〈조건〉의 항목들은 임차인의 의무와 직접적으로 관련이 있으므로 '제5조 임차인의 의무'에 포함된다.

02 ④

| 정답 해설 | 계약서 제2조에 갑은 을의 모든 짐을 안전하게 포장하여 운반하고, 새로운 주소의 지정된 장소에 배치한다고 명시되어 있다. 이는 이사 과정에서 발생하는 일반적인 손상에 대한 책임을 갑이 진다는 의미로, 이사 과정에서 발생한 고객 집 내부 벽면 훼손은 갑의 책임이 될 수 있다.

03 ②

| 정답 해설 | 계약서에 명시된 이사 대상은 특정되어 있으므로 추가 짐에 대한 운반은 계약의 범위를 벗어날 수 있다. 따라서 이사 업체는 추가 짐의 양과 운반 난이도 등을 고려하여 추가 비용을 요구할 수 있다.

04 ⑤

| 정답 해설 | 사회 보험 가입은 근로자의 선택이 아니라 법으로 정해진 의무이다. 사업장 규모에 따라 고용 보험, 산재 보험, 국민연금, 건강 보험 등에 가입해야 한다.

05 ④

| 정답 해설 | 근로 기준법에 따라 일정 기간 근무한 근로자에게는 연차 유급 휴가를 사용할 수 있는 권리가 있다. 나머지는 근로 계약서에 명시된 내용이나 회사의 내규에 따라 달라질 수 있다.

06 ⑤

| 정답 해설 | 제3조 제2항에서 '임대인은 계약 존속 중 임차 주택을 사용·수익에 필요한 상태로 유지하여야 하고, 임차인은 임대인이 임차 주택의 보존에 필요한 행위를 하는 때 이를 거절하지 못한다.'라고 명시되어 있다. 즉, 임대인은 임차 주택을 수리할 권리가 있으며, 임차인은 이에 협조해야 한다.

07 ②

| 정답 해설 | 제3조 제3항에서 임차 주택의 주요 설비의 노후 불량에 대한 수선은 임대인이 부담한다고 명시되어 있다.

08 ④

| 정답 해설 | 양해 각서는 계약과 달리 구체적인 의무와 책임을 명확히 규정하지 않고 포괄적인 합의 내용을 담고 있으므로, 법적 분쟁 발생 시 계약서보다 증거 능력이 약할 수 있다. 또한, 양해 각서의 내용이 계약서에 반할 경우 일반적으로 계약서의 내용이 우선 적용된다.

09 ④

| 정답 해설 | 양해 각서 제4조에 '갑은 본 공사에 필요한 모든 비용을 부담한다.'라고 명시되어 있다. 또한, 제6조에 '갑은 공사 중 안전 관리에 최선을 다하고, 안전사고 발생 시 모든 책임을 진다.'라고 명시되어 있다. 따라서 갑의 주요 의무가 공사 비용 부담과 안전 관리임을 알 수 있다.

10 ④

| 정답 해설 | 합의 각서(MOA)는 'Memorandum of Agreement'의 약자로, 양 당사자가 특정 목적을 달성하기 위해 상호 합의한 내용을 문서화한 것이다. 이 문서는 법적 구속력을 가지는 계약의 일종으로, 이를 통해 양 당사자는 권리와 의무를 명확히 하고, 향후 발생할 수 있는 분쟁을 예방할 수 있다.

| 오답 피하기 | ① 특허권을 공동으로 소유하고 활용하기 위한 협약이다.
② 연구 개발을 위한 협력 내용을 담고 있는 문서이다.
③ 합의 각서는 양해 각서와 달리 법적 구속력을 가지는 문서이다.
⑤ 계약의 주요 내용을 담고 있는 본 계약에 가깝다.

11 ⑤

| 정답 해설 | ㉠은 개발된 신약에 대한 모든 지적 재산권을 양사가 공동으로 소유하고 있음을 의미한다. 따라서 양사 중 어느 한쪽이 단독으로 개발된 신약을 활용하여 제품을 생산하거나 사업을 진행할 수 없으며, 반드시 상대방의 동의를 얻어야 한다.

| 오답 피하기 | ① 양사가 공동으로 소유하는 지적 재산권을 각자 독립적으로 사용할 수는 없다.
② 양사가 합의하여 제3자에게 양도할 수 있다.
③ 특허를 공동으로 출원하고 등록해야 하는 것은 맞지만, 이 조항만으로는 ㉠의 의미를 설명하기 어렵다.
④ 독점적인 권리를 가지는 것은 맞지만, 타사에 기술을 이전할 수 없다는 것은 반드시 맞는 설명이라고 보기 어렵다. 양사가 합의하여 제3자에게 기술을 이전할 수도 있다.

12 ⑤

| 정답 해설 | 제시된 계약서는 공급자와 구매자 간의 상품 거래에 관한 계약으로, 상품의 정의, 계약 기간, 대금 지급 조건, 상품 납품 조건, 계약의 해제 및 변경에 관한 내용을 포함하고 있다.

13 ④

| 정답 해설 | 대금 지급 조건을 다루는 제4조에 추가할 내용으로는 대금 지급 지연에 대한 이자율, 계약금 지급 방법, 상품 대금 환불 조건, 지급 통화의 종류, 지불 관련 서류 제출 요구 사항 등이 적절하다. 이 항목들은 대금 지급과 관련된 세부 사항을 명확히 하기 위한 것이다.

14 ⑤

| 정답 해설 | '금액(원)' 항목은 일반적으로 부가 가치세를 제외한 공급가액을 나타낸다. 부가 가치세는 별도로 계산되어 표기된다.

15 ③

거래 명세서는 납품된 물품의 종류, 수량, 단가 등을 상세하게 기록한 문서로, 납품 대금을 청구하는 근거 자료로 활용된다.

16 ③

| 정답 해설 | 거래 명세서는 납품된 물품과 대금 지급 내역을 명확히 기록하여 A 기업의 채권액을 정확히 산정하는 데 필요한 자료이다.

17 ④

| 정답 해설 | 납품된 제품의 품질에 문제가 있을 경우, 발주처가 계약을 해지하고 손해 배상을 청구할 수 있는 권리를 보장하는 것은 합리적인 조항이다. 특히, 신형 스마트폰 부품과 같이 품질이 중요한 제품의 경우 더욱 필요한 조항이다.

| 오답 피하기 | ① 하자 보수 기간은 계약 당사자 간 협의를 통해 결정해야 하며, 1년이라는 기간이 항상 적절한 것은 아니다.
② 발주처가 임의로 계약을 양도하는 것은 수주처의 권리를 침해할 수 있으므로 부적절하다.
③ 천재지변은 불가항력인 사유이므로, 수주처가 책임을 질 경우 불공정약관이 될 수 있다.
⑤ 하자 발생 시 손해 배상 책임이 수주처에게 있는 것은 맞지만, 모든 손해 배상을 청구할 수 있다는 조항은 너무 광범위하고 불합리하다.

PART Ⅲ 사고력

직업 기초 능력 – 직무 이해

01	②	02	⑤	03	②	04	①	05	⑤
06	⑤	07	⑤	08	③	09	①	10	⑤
11	④	12	④	13	①	14	④	15	⑤
16	③	17	④						

01 ②

| 정답 해설 | 최고 경영자는 조직의 장기적 비전과 전략을 설정하고, 혁신과 같은 큰 그림에 집중하는 반면, 하위 경영자는 일상적인 운영과 현장 지휘를 담당한다. 따라서 최고 경영자가 일상적인 운영에 직접 관여하여 현장 지휘를 담당한다는 내용은 적절하지 않다.

02 ⑤

| 정답 해설 | 부서 간의 협력을 강화하고, 새로운 기술 도입에 따른 직원 교육 프로그램을 기획하며, 재무 관리 전략을 조정할 필요가 있을 때 중간 경영자의 역할이 중요하다. 중간 경영자는 부서 간 조정 및 구체적인 경영 목표의 집행, 직원 교육, 재무 관리 전략 조정 등의 역할을 수행한다.

03 ②

| 정답 해설 | ② 7S 모형의 진단 요소 중 하나인 리더십 스타일과 관련된 설명이 아니라, 외부 환경에 대한 적응력과 관련된 내용이다. 7S 모형은 주로 조직 내부의 요소를 분석하며, 외부 환경과의 관계는 명시적으로 제시하지 않는다.

04 ①

| 정답 해설 | 조직의 의사 결정은 '조직 구조'보다는 '제도'와 관련이 더 깊다. '조직 구조'는 조직의 기능적 구조와 규모를 다루며, 의사 결정의 신속성과 책임 소재는 '제도'에서 다룬다.

05 ⑤

| 정답 해설 | 경영 전략은 조직이 변화하는 환경에 적응하기 위해 경영 활동을 체계화하는 것이다.

| 오답 피하기 | ① 자금은 경영의 핵심 요소 중 하나이다.
② 경영 목적은 최고 경영자가 설정하는 것으로, 조직이 나아가야 할 방향을 제시한다.
③ 올바른 목표를 달성하는 것을 의미하는 것은 효율성이 아니라 유효성이다.
④ 최소한의 자원 투입으로 최대한의 산출을 얻는 것과 관련되는 것은 유효성이 아니라 효율성이다.

06 ⑤

| 정답 해설 | '경영자는 조직의 전략, 관리 및 운영 활동을 주관하며, 조직 구성원들과 의사 결정을 통해 조직이 나아갈 바를 제시하고 조직의 유지와 발전에 대한 책임을 지는 사람이다.'라는 내용과 '경영자는 조직의 변화 방향을 설정하는 리더이며, 조직 구성원들이 조직의 목표에 부합된 활동을 할 수 있도록 이를 결합하고 관리하는 관리자이다.'라는 내용에서 추론할 수 있다.

07 ⑤

| 정답 해설 | 전문 경영자가 경영 지배권을 가지는 것은 소유와 경영의 분리이다. 이는 제시된 글에서 설명하고 있는 경영 참가의 세 가지 형태인 관리 참가, 분배 참가, 자본 참가에 해당하지 않는다.

08 ③

| 정답 해설 | 일괄 처리(BATCH) 방식은 생산 라인의 흐름을 일정하게 유지하기보다는 일괄 처리로 작업의 유연성을 높이는 방식이다. 따라서 '생산 라인의 흐름을 일정하게 유지하여 효율성을 높인다.'는 설명은 일괄 처리(BATCH) 방식의 특징과 일치하지 않는다.

09 ①

| 정답 해설 | 제시된 사례에서 ABC 전자는 대규모 생산 설비를 도입하여 생산 단가를 낮추고, 이를 가격 경쟁력으로 활용하고 있다. 이는 원가 우위 전략의 특징으로, 이는 대량 생산을 통해 단위 원가를 절감하고 가격 경쟁력을 확보하는 전략이다.

| 오답 피하기 | ②는 다각화 전략, ③은 시장 침투 전략, ④는 집중화 전략, ⑤는 차별화 전략에 해당한다.

10 ⑤

| 정답 해설 | 슈퍼플루이드는 디지털 기술을 사용하여 생산자와 소비자가 중개자 없이 거래할 수 있도록 하여 거래 비용을 혁신적으로 줄이는 방식이다.

| 오답 피하기 | ①, ②, ③, ④ 슈퍼플루이드는 거래 비용 최소화가 주된 목적이며, 특정 기술 개발과는 직접적인 관련이 없다.

11 ④

| 정답 해설 | ⓓ는 상대의 말을 자신이 이해한 대로 재진술하는 반영하기 전략에 해당한다.

| 오답 피하기 | ⓐ는 상대가 말한 표현을 반복하는 격려하기 전략, ⓑ는 적절한 몸짓으로 표현하는 집중하기 전략, ⓒ는 대화를 이끌어가는 격려하기 전략, ⓔ는 부족한 부분에 대한 질문으로 격려하기 전략에 해당한다.

12 ④

| 정답 해설 | B의 발언은 A의 성과를 축하하면서도 자신이나 자신의 팀의 부족함을 강조하고 있다. 따라서 이에는 자신에 대한 칭찬을 최소화하는 겸양의 격률이 적용되어 있다.

13 ①

| 정답 해설 | 김 대리는 이 과장의 질문에 대하여 회의 시작 시간에 대한 정보뿐만 아니라 불필요하게 많은 세부 정보를 나열하고 있어 양의 격률을 위배하고 있다.

14 ④

| 정답 해설 | 거리 유지의 원리는 상대방에게 선택권을 주고, 독립성을 존중하며, 적절한 거리를 유지하는 것이 중요하다.

15 ⑤

| 정답 해설 | A 사원과 김 모 사원의 경우 서로 본인의 이야기를 노출하는 정도가 달라서 갈등을 빚고 있다.

16 ③

| 정답 해설 | 김철수 씨는 중요한 결정은 팀원들과 함께 논의하여 결정한다.

17 ④

| 정답 해설 | 각자의 의견을 존중하고 협력적인 태도를 유지함으로써 갈등을 줄일 수 있다.

| 오답 피하기 | ①, ②, ③ '상호 존중, 감정적 지원, 피드백 수용'은 중요한 관계 구축 요소이지만, 팀원 간의 갈등 해결의 핵심은 아니다. ⑤ '문제 해결의 진지함'은 리더로서 갖춰야 할 중요한 특성이지만, 제시된 갈등 상황을 해결하는 핵심은 협력적인 접근 방식이다.

직업 기초 능력 – 수리·자료 활용

01	02	03	04	05
③	③	①	②	①
06				
③				

01 ③

| 정답 해설 | 지현은 추가 할인 10%를 고려하지 않았다.

02 ③

| 정답 해설 | • 총 주문 금액: (떡볶이 1인분 5,000원×4)+(김밥 1줄 3,000원×1)=23,000원
• 할인 후 총 금액: 23,000원−1,000원=22,000원
총 금액 22,000원을 각자 먹은 만큼 분담하려면, 각자의 소비 비율에 맞게 나누어야 한다.
A=10,000원(떡볶이 2인분)
B=8,000원(떡볶이 1인분 + 김밥 1줄)
C=5,000원(떡볶이 1인분)
A, B, C가 각각 먹은 금액의 합은 23,000원이지만, 할인 후 22,000

원이므로 각자의 비율에 맞춰서 분담해야 한다.
- A가 내야 할 금액: (10,000원/23,000원)×22,000=9,565원
- B가 내야 할 금액: (8,000원/23,000원)×22,000=7,652원
- C가 내야 할 금액: (5,000원/23,000원)×22,000=4,783원

따라서, A는 B보다 1,913원 더 내야 한다.

03 ①

| 정답 해설 |
- 편익: 월 매출 400만 원×12개월=4,800만 원
- 명시적 비용: 월 고정 비용 100만 원×12개월=1,200만 원
- 순수익: 편익 4,800만 원−고정 비용 1,200만 원=3,600만 원
- 기회비용: 프로그래머 취업 시 받게 될 연봉 4,800만 원
- 순편익: 편익−명시적 비용−기회비용=4,800만 원−1,200만 원−4,800만 원=−1,200만 원

04 ②

| 정답 해설 | 토끼의 수를 x, 닭의 수를 y라고 하면 $x+y=10$(총 마리 수), $4x+2y=36$(총 다리 수), 두 식을 연립하여 풀면 $x=8, y=2$이므로 따라서 토끼는 8마리, 닭은 2마리이다.

05 ①

| 정답 해설 |
- 가격 변화액: 10,000원−8,000원=2,000원
- 감소율 계산: (가격 변화액/원래 가격)×100=(2,000/10,000)×100=20%이므로 상품의 가격이 20% 감소한 것이다. 퍼센트포인트(%p)는 두 개의 퍼센트 값 사이의 차이를 나타내는 단위이므로, 이 문제에서는 사용할 필요가 없다.

06 ③

| 정답 해설 | 제시된 자료는 20대 개인 회생 신청자 수와 평균 부채 규모의 연도별 통계를 수량으로 제시하고 있다. 이러한 자료는 일반적으로 막대그래프(bar graph)를 사용하여 길이로 각 수량 간의 대소 관계를 비교하고 파악할 수 있다.

직업 기초 능력 − 문제 해결

01	02	03	04	05
②	⑤	①	②	③
06	07	08	09	10
③	④	⑤	③	①

01 ②

| 정답 해설 | (가)~(다)에서 제시된 사례들(A, B, C 회사의 사례) 모두 결과로 나타난 긍정적인 변화가 특정한 원인으로 인해 발생한 것인지, 아니면 다양한 요인들이 상호 작용하여 복합적으로 영향을 미친 것인지 분명하지 않은 상황을 다루고 있다. 따라서 문제 원인 분석 방법으로는 이와 같은 복합적인 인과 관계를 이해하는 ②가 가장 적합하다.

| 오답 피하기 | ①은 피시본 다이어그램 방법(인과 관계도), ③은 가설 검증 방법, ④는 파레토 분석, ⑤는 5Whys 기법에 해당한다.

02 ⑤

| 정답 해설 | ⑤는 문제 해결형 사업 모델의 핵심적인 특성, 즉 고객의 종합적인 문제 해결을 통한 장기적인 관계 구축을 강조하고 있다.

| 오답 피하기 | ①, ②, ③, ④ 문제 해결형 사업 모델의 특성을 반영하지 못하고, 단순 제품 판매 및 효율성 강화에 초점을 두고 있으므로 적절하지 않다.

03 ①

| 정답 해설 | (가)는 김 대리가 회사의 장기적 비전과 신제품 개발의 연관성을 고려하고 있다는 점에서, 전략적 사고에 해당한다. (나)는 박 과장이 프로젝트 요소들을 나누고 우선순위를 정하는 활동은 분석적 사고의 특징이고, (다)에서 이 대리가 새로운 관점에서 문제를 바라보려는 것은 발상의 전환에 해당한다. (라)에서 최 부장이 외부 전문가와 협력하는 방안을 찾고 있는 것은 내·외부 자원 활용을 위한 사고에 해당한다.

04 ②

MOT 마케팅은 소비자가 제품이나 서비스를 경험한 후의 만족도 조사보다는, 제품이나 서비스와의 첫 만남과 경험의 순간에 중점을 둔다.

| 오답 피하기 | ① MOT 마케팅에서는 고객의 문제 해결과 요구 사항에 적극적으로 대응하여 긍정적인 인상을 남기는 것이 중요하다.
③ MOT 마케팅은 소비자가 제품이나 서비스를 처음 접할 때의 결정적인 순간을 중시하며, 이 순간에 긍정적인 경험을 제공하는 것이 중요하다.
④ MOT 마케팅은 소비자의 구매 결정 과정에서의 '첫 순간'과 '재구매 순간'을 포함하며, 이 시점에서 기업의 대응이 고객 충성도에 큰 영향을 미친다.
⑤ MOT 마케팅은 고객이 브랜드와의 접점을 경험하는 모든 순간을 관리하여 일관적으로 긍정적인 고객 경험을 제공하는 것을 목표로 한다.

05 ③

| 오답 피하기 | 자신이 달성 가능할 정도의 행동이어야 하므로, 한계에 이를 정도로 목표를 수립하는 것은 적절하지 않다.

06 ③

| 오답 피하기 | 만다라트 기법은 핵심 목표로부터 세부 목표를 계획하고 세부 목표를 달성하기 위한 구체적인 실천 과제를 설정해 가는 전략이기 때문에 목표를 계획하거나 아이디어를 구체화시킬 때 유용하다.

| 오답 피하기 | ①은 트리즈 기법, ②는 MECE 기법, ④는 브레인스토밍, ⑤는 델파이 기법에 해당한다.

07 ④

| 오답 피하기 | 온라인과 오프라인 모두에서 구매하는 소비자도 존재할 수 있으므로, 이 분류는 상호 배타적이지 않다.

| 오답 피하기 | ① 각 연령대가 겹치지 않고, 모든 주요 연령대를 포함한다.
② 각 항목이 겹치지 않으며, 모든 주요 비용을 포함한다.
③ 각 부서가 겹치지 않고, 회사의 주요 부서를 모두 포함한다.
⑤ 각 카테고리가 겹치지 않으며, 모든 주요 전자 제품을 포함한다.

08 ⑤

| 오답 피하기 | 트리즈(TRIZ) 기법은 모순된 요구 사항을 해결하는 데 중점을 두며, 위의 자동차 에어백 시스템과 세탁기의 사례의 경우 트리즈 기법을 통해 '시간에 따른 분리'와 '공간에 따른 분리'라는 분리의 원칙을 적용하여 각각의 모순을 해결하였다. 따라서 트리즈 기법의 가장 적절한 효과는 '모순된 요구 사항의 해결'이다. 나머지는 트리즈 기법의 직접적인 효과와는 다소 거리가 있다.

09 ③

| 오답 피하기 | 문제 상황에서 도출된 SWOT 분석의 결과를 바탕으로, 내부 강점과 외부 기회 요인을 결합하여 디지털 마케팅을 강화하고 고객층 확대를 통해 매출 증대와 브랜드 이미지를 개선하려는 전략으로, 가장 적절한 해결 방안이다.

| 오답 피하기 | ① 단순히 가격을 인하하는 방안이므로, 단기적으로는 경쟁에 대응할 수 있으나, 장기적으로 브랜드 가치가 훼손될 수 있다.
② 고급화 전략을 강조하는 방안으로 장기적으로는 유효할 수 있지만 단기적으로 매출 감소 문제를 해결하는 데는 효과적이지 않을 수 있다.
④ 유통 네트워크 강화에 초점을 맞춘 방안이므로, 장기적인 성장에 유효할 수 있지만 단기적인 매출 감소 문제를 해결하기에는 다소 시간이 소요될 수 있다.
⑤ 단기 매출 증대에는 도움이 될 수 있으나, 지속 가능하지 않고 장기적인 브랜드 이미지 개선과는 반대되는 전략이다.

10 ①

| 오답 피하기 | (가)의 A 회사는 설문 조사를 통해 고객을 분석하고 있으며, (나)의 B 회사는 내부 프로세스 개선 등 자사 분석을 진행하고 있다. (다)의 C 회사는 경쟁사 모니터링, 가격 전략 분석 등 경쟁사를 분석하고 있다.

직업 기초 능력 - 직무 문해력

01	④	02	⑤	03	③	04	③	05	①
06	③	07	④	08	③	09	③	10	②
11	②	12	②	13	④	14	⑤		

01 ④

| 정답 해설 | 무고죄와 위증죄는 자백이나 자수를 했다고 해서 무조건 형이 감형되거나 면제되는 것이 아니라, 개별적인 사건의 상황에 따라 형량이 결정된다. 따라서 ④는 무고죄와 위증죄의 형의 가중·감경에 대한 일반적인 원칙과 맞지 않는 부적절한 설명이다.

02 ⑤

| 정답 해설 | SNS상의 허위 사실 유포로 인한 무고 사건이 증가하고 있는 현실에서, 무고죄의 구성 요건을 정확히 이해하고 허위 사실 유포의 심각성을 인지하는 것이 가장 중요하다. 이를 통해 무고 행위를 예방하고, 건전한 온라인 커뮤니티를 조성할 수 있다.

03 ③

| 정답 해설 | 합리적인 소비자는 한계 효용을 가격으로 나눈 값이 모든 상품에서 같아지도록 소비를 조절한다. 즉, 1원을 더 쓸 때 얻을 수 있는 만족도가 모든 상품에서 동일해지도록 소비를 하는 것이다. A 상품의 경우, 한 개를 더 구매할 때 얻는 추가적인 만족(한계 효용)을 가격(1,000원)으로 나누면 15/1000, 13/1000, 11/1000, 9/1000, 7/1000이 된다. 반면, B 상품의 경우, 한 개를 더 구매할 때 얻는 추가적인 만족(한계 효용)을 가격(1,000원)으로 나누면 10/1000, 9/1000, 8/1000, 7/1000, 6/1000이 된다. 예산 5,000원으로 구매할 수 있는 최대의 A 상품은 5개이지만, 3개를 구매할 때 한계 효용/가격의 비율이 가장 높아진다. A 상품을 4개째 구매하였을 때의 한계 효용은 9/1000이지만, B 상품을 1개 구매하였을 때의 한계 효용은 10/1000이므로, A 상품을 4개 이상 구매하는 것보다 A 상품 3개를 구매하고 남은 돈으로는 B 상품을 구매하는 것이 총 효용이 더 높아지기 때문이다. 따라서 A 상품 3개를 구매하는 것이 총 효용을 극대화하기 위한 최적의 소비량이 된다.

04 ③

| 정답 해설 | 주어진 예산 안에서 빵과 우유의 소비를 통해 총 효용의 극대화를 달성해야 하므로, 우선 가장 높은 효용을 주는 조합을 찾아야 한다. 빵 5개에 우유를 0개를 구매 시 총 효용은 40이며, 빵 4개와 우유2개를 구매 시 총 효용은 50이 된다. 이런 식으로 구하면 ② 빵 4개와 우유 2개를 구매했을 경우와 ③ 빵 3개와 우유 4개를 구매했을 때의 총 효용은 50으로 일치한다. 총 효용이 일치한다면, 효용이 높은 순서대로 한계 효용/가격을 줄이며 최적 소비량을 찾아야 한다.

구분	개수(한계 효용)			
빵	1개(0.006)	2개(0.005)	3개(0.004)	4개(0.003)
우유	1개(0.008)	2개(0.006)	3개(0.004)	4개(0.002)

② 빵 4개 + 우유 2개
마지막에 선택한 빵 4개의 소비(0.003)보다 우유 3개의 소비(0.004)가 더 효용이 높으므로(한계 효용이 더 낮은 소비를 먼저 선택하였으므로) 이는 효용 극대화 조건에 어긋난다.

③ 빵 3개 + 우유 4개
효용이 높은 순서대로 한계 효용/가격을 줄이며 소비하였기에 효용 극대화 조건에 부합한다. 따라서 총 효용을 극대화할 수 있는 소비는 빵 3개와 우유 4개이다.

05 ①
| 정답 해설 | A를 선택한 경우, A의 명시적 비용은 3,000원이고 암묵적 비용은 B의 편익(6,000)−B의 명시적 비용(5,000)=1,000원이다. 따라서 A를 선택한 기회비용은 3,000+1,000=4,000원이다. B를 선택한 경우, B의 명시적 비용은 5,000원이고, 암묵적 비용은 A의 편익(5,000)−A의 명시적 비용(3,000)=2,000원이다. 따라서 B를 선택한 기회비용은 5,000+2,000=7,000원이다. ㉠은 A를 선택할 때 포기하는 B의 가치, 즉 암묵적 비용이므로 6,000−5,000=1,000원이다. ㉡은 A의 기회비용으로, A의 명시적 비용(3,000)과 암묵적 비용(1,000)을 더한 4,000원이 된다.

06 ③
| 정답 해설 | A의 기회비용은 4,000원이고, A의 편익은 5,000원이므로 A의 순편익은 5,000−4,000=+1,000원이다. B의 기회비용은 7,000원이고, B의 편익은 6,000원이므로 B의 순편익은 6,000−7,000=−1,000원이 된다. 따라서 A와 B의 순편익을 비교하면 A보다 B가 많다는 ③은 적절하지 않다.

07 ④
| 정답 해설 | 제시된 글은 아스피린의 기원이 고대의 치료법에서 비롯되었으며, 이를 바탕으로 현대 의약품이 개발되었음을 설명하고 있다. 따라서 ④가 가장 적절하다.

08 ③
| 정답 해설 | 제시된 글에서 펠릭스 호프만이 아세트살리실산을 합성해 위장 장애를 상당히 완화시켰다고 하였다. 따라서 아스피린 개발 당시 주요 개선점은 위장 장애 유발 성분을 제거하여 부작용을 줄인 것이다.

09 ③
| 정답 해설 | 파이토케미컬은 항암 작용과 항염증 작용, 발암 물질 배출에 기여하며 식물의 맛과 향을 형성한다. 세포 재생을 촉진하는 기능은 언급되지 않았다.

10 ②
| 정답 해설 | 파이토케미컬은 식물에 독특한 색깔을 부여한다. 파이토케미컬은 필수 영양소가 아니며, 인체에서 활성 산소를 생성하는 것이 아니라 중화한다.

11 ②
| 정답 해설 | 항산화 물질인 플라보노이드는 딸기, 블루베리 등에 많이 함유되어 있다.

12 ②
| 정답 해설 | 보안 패치가 적용된 컴퓨터라도 완전히 안전하다고 할 수 없으며, 최신 악성 코드를 방지하기 위해서는 백신 프로그램 설치 등 추가적인 보안 조치가 필요하다.

13 ④
| 정답 해설 | 파밍을 통해 악성 코드가 감염되어 피싱 사이트로 연결된 후 사용자가 금융 거래 정보를 입력하면 정보가 유출된다. 정보가 자동으로 유출된다는 내용은 적절하지 않다.

14 ⑤
| 정답 해설 | 웹사이트의 주소를 확인하지 않고 개인 정보를 입력하는 것은 매우 위험하다. 웹사이트에서 개인 정보를 입력할 때는 웹사이트의 주소가 신뢰할 만한지 확인해야 한다.

PART IV 글쓰기 윤리

글쓰기 윤리 - 글쓰기 윤리

01	③	02	③	03	④	04	④	05	③
06	③	07	⑤	08	③				

01 ③
| 정답 해설 | 상업용 금지에 해당하는 제2유형과 제4유형을 제외하고 제1유형과 제3유형은 상업적·비상업적 이용 모두 가능하다.

02 ③
| 정답 해설 | 제시된 글에 따르면 현대 저작권법에서는 저작물이 창작되면 저작권이 자동으로 발생하며, ⓒ 기호와 "All rights reserved" 문구의 사용 여부와 상관없이 법적인 보호를 받을 수 있다. 따라서 ⓒ 기호와 "All rights reserved" 문구는 현대 저작권법에서 법적 보호의 필수 조건이 아니다.

03 ④
| 정답 해설 | 자신의 연구 자료나 타인의 연구 자료를 임의로 변형·삭제함으로써 연구 내용이나 결과를 왜곡하는 행위는 변조에 해당한다.

04 ④
| 정답 해설 | 연구 내용이나 결과에 대하여 공헌 또는 기여를 한 사람에게 정당한 이유 없이 저자 자격을 부여하지 않거나, 공헌 또는 기여를 하지 않은 사람에게 감사의 표시나 예우 등을 이유로 저자 자격을 부여하는 행위는 부당한 저자 표기에 해당한다.

05 ③
| 정답 해설 | 박 교수의 행위는 일반적 지식이 아닌 타인의 독창적인 아이디어 또는 창작물을 적절한 출처 표시 없이 활용함으로써 제3자에게 자신의 창작물인 것처럼 인식하게 하는 표절 행위에 해당한다.

06 ③
| 정답 해설 | 출처 표시에는 저작자의 이름, 저작물의 제목, 출판사 또는 출처, 발행 연도 등의 정보가 포함되어야 한다. 사용자의 의견은 출처 표시에 포함되지 않는다.

07 ⑤
| 정답 해설 | 자기 표절은 이미 발표한 논문이나 연구를 새로운 논문에 그대로 사용하는 것을 말한다. 이 경우 출처를 명시하더라도 윤리적으로 문제가 될 수 있다. 자기 표절을 피하기 위해서는 이전에 발표된 내용을 새로운 연구로 제출하기 전에 반드시 적절히 수정하거나, 새롭게 기여한 바를 추가해야 한다.

08 ③
| 정답 해설 | 사실 확인 없이 정보를 기사에 포함하는 것은 심각한 윤리적 문제로, 독자에게 잘못된 정보를 전달하여 사회적 혼란을 야기할 수 있다.

PART V 서술형

기출유형 35. 서술형 30점 해설

01
㉠ 공지(또는 안내) ㉡ 일시 ㉢ 장소 ㉣ 참석 대상 ㉤ 주최

02
㉠ 금지 ㉡ 과태료 ㉢ 실외 공공장소

03
㉠ 환경 오염 ㉡ 어린이 ㉢ 노약자 ㉣ 건강 ㉤ 악화

04
㉠ 가늠해 ㉡ 휴게실 ㉢ 깍듯한 ㉣ 오랜만에 ㉤ 어이없게 ㉥ 할게요

05
㉠ 흠/흠집 ㉡ 단속/채비 ㉢ 구역 ㉣ 물방울 ㉤ 송년회 ㉥ 융통성

06
(가) ㉡ 사건 들이 → 사건들이 (나) ㉡ 세 번만에 → 세 번∨만에 (다) ㉡ 가던지 오던지 → 가든지 오든지

07
㉠ 20 ㉡ 80 ㉢ 롱테일 법칙 ㉣ 다수의 틈새 제품 ㉤ 인터넷 상거래 ㉥ 꼬리

08
㉠ 디지털 기술 ㉡ 거래 비용 ㉢ 블록체인 기술 ㉣ 사물 인터넷(IoT) 기술 ㉤ 로봇 기술 ㉥ 원가 구조

09
㉠ 요령 ㉡ 좀 ㉢ 관용 ㉣ 최대화 ㉤ 최소화 ㉥ 청자

10
㉠ 거리 ㉡ 선택권 ㉢ 독립성 ㉣ 우회적 ㉤ 간접 ㉥ 의문문

11
홍 대리: 10월 3일 오후 3시
박 대리: 10월 3일 오후 9시
김 대리: 10월 3일 오후 7시

| 정답 해설 | 홍 대리가 있는 도쿄(GMT+9)는 서울과 같은 표준시를 사용하므로, 홍 대리가 보고서를 완료하는 시각인 10월 3일 오후 3시는 서울의 시간과 같다. 박 대리가 있는 시드니(GMT+11)는 서울보다 두 시간 빠른 시간대에 있다. 따라서 홍 대리가 보고서를 완료해서 박 대리에게 보내는 시각은 시드니 시각으로 10월 3일 오후 5시이며, 박 대리는 보고서를 수정하는 데 4시간이 걸린다고 하였으므로 박 대리의 업무 완료 시각은 시드니 시각으로 10월 3일 오후 9시이다. 김 대리가 보고서를 받는 서울의 시각은 시드니보다 두 시간이 느린 시간대이므로 10월 3일 오후 7시가 된다.

12
㉠ 종로점, 3,000천 원 ㉡ 강남점, 12,000천 원 ㉢ 6,500천 원 ㉣ 은평점, 4,000천 원

| 정답 해설 | ㉠ 최솟값은 판매 실적이 가장 낮은 종로점의 3,000천 원이고, ㉡ 최댓값은 판매 실적이 가장 높은 강남점의 12,000천 원이다. ㉢ 중앙값은 판매 실적을 값의 크기에 따라 순서대로 배열했을 때 중앙에 위치한 마포점(6,000천 원)과 송파점(7,000천 원)의 평균값으로, 6,500천 원이다. ㉣ 하위 25% 값은 값을 크기순으로 나열한 후 하위 25%에 해당하는 은평점의 4,000천 원이다.

13
㉠ 탐색형 ㉡ 발생형 ㉢ 설정형

| 정답 해설 | 탐색형 문제는 미래에 발생할 수 있는 문제를 예측하고 이에 대응하는 문제이고(例 새로운 시장 진출 시 예상되는 문제 파악), 발생형 문제는 문제가 이미 발생한 상황에서 그 원인을 찾아 해결하는 문제이다(例 제품 불량에 대한 소비자의 불만 증가). 설정형 문제는 현재 상황에서의 문제점을 분석하고 이에 대한 전략을 수립하는 문제이다(例 경쟁사의 마케팅 전략 변화로 인한 매출 감소 문제 분석).

14
㉠ 문제 ㉡ 모순 ㉢ 부분 유료 게임화

| 정답 해설 | 트리즈 기법의 핵심은 '모순'과 '문제 해결'이다. ㉠과 ㉡은 '문제'와 '모순'이라는 핵심을 찾아야 한다. 비즈니스 좌석은 기본 좌석에 비용을 더 지불하면 더 많은 서비스를 제공한다. 이에 착안하여 김 대표는 사용자의 확대와 수익이라는 두 가지 고민을 무료 게임 제공을 통해 사용자를 확대하고 부분적으로 유료 게임을 제공하여 수익성을 높이는 방법으로 문제를 해결하였다.

15
㉠ 위음성 ㉡ 위양성 ㉢ 민감도 ㉣ 특이도 ㉤ 민감도 ㉥ 특이도

16
㉠ 교체 주기 ㉡ 필터 교체 주기 ㉢ 공기 질 유지

17
㉠ 실험 결과를 조작했기 때문에 개인적 차원의 윤리를 위반하였다.
㉡ 출처를 명시하지 않았기 때문에 사회적 차원의 윤리를 위반하였다.

| 정답 해설 | ㉠에서 연구원이 실험 결과를 조작한 것은 개인적 차원의 윤리를 위반한 것으로, 이는 연구의 신뢰성을 해치는 비윤리적인 행위이다. ㉡에서 유명 블로거가 타인의 블로그 글을 복사하여 자신의 블로그에 게시한 것은 사회적 차원의 윤리를 위반한 행동으로, 다른 사람의 창작물을 허락 없이 사용하며 출처를 밝히지 않는 것은 사회적 윤리에 어긋난다.

18
㉠ 저작물 ㉡ 저작권 ㉢ 복제 ㉣ 출판권 ㉤ 저작권 ㉥ 저작권법

19
㉠ 출처 표시 ㉡ 상업적, 비상업적 ㉢ 변형 등 2차적 저작물 작성 금지

20
이영택, 「탈진실 시대와 가짜 뉴스」, 『독서평설』, 2002.

기출유형 36. 서술형 50점 해설

01
㉠ 앱 설정에서 알림 설정을 세밀하게 조정하면

ⓒ 기기 내부 저장소와 클라우드에 분리되어 저장되므로
ⓒ 앱의 백그라운드 실행, 위치 정보 사용, 화면 밝기
ⓔ 일부 기능은 오프라인 모드를 설정하면
ⓜ 권한을 설정하여

02
㉠ 스마트 시티 구축
ⓒ 인공 지능 기술을 통해 도시 안전을 강화하자.
ⓒ 빅 데이터 분석을 통해 과학적 근거를 제공하자.
ⓔ 시민 참여를 통해 공동체 의식과 도시 발전에 기여하자.
ⓜ 사이버 보안 시스템을 통해 시민의 개인 정보를 보호하자.

03
㉠ 작동 중 과열 여부를 점검해야 한다.
ⓒ 고온 다습한 환경을 피하고 건조한 곳에 보관해야 한다.
ⓒ 즉시 사용을 중지하고 전문가에게 점검을 요청해야 한다.
ⓔ 사용자가 보호 장비를 착용하여 부상을 방지해야 한다.

04
㉠ 환자의 가슴에 패드를 정확히 부착한다.
ⓒ 심장 리듬 분석이 진행되므로
ⓒ 전기 충격기의 버튼을 누른다.
ⓔ 응급 처치를 계속 진행

기출유형 37. 서술형 100점 해설

01
㉠ 2027년 하반기 친환경 시설 자금 지원 사업
ⓒ 친환경 설비 확충을 위한 자금 지원
ⓒ 국내에 사업장을 둔 기업
ⓔ 지원 금리
ⓜ 상환 조건
ⓑ 2년 거치, 5년 균등 분할 상환
ⓢ 친환경∨시설∨자금∨지원∨신청서∨1부.∨∨끝.

02
㉠ 고지방, 고단백 건강 식품
ⓒ 불포화 지방산이 풍부하여 콜레스테롤 감소와 동맥 경화 예방에 도움을 줍니다.
ⓒ 레시틴과 엽산이 많아 아이들의 뇌 발달에 좋습니다.
ⓔ 소화 불량이나 체중 증가의 위험이 있으므로 하루 약 30g 이하 섭취를 권장합니다.
ⓜ 껍질이 있는 상태로 밀봉해 서늘한 곳에 보관합니다.
ⓑ 미지근한 물에 담가 껍질을 불린 후 벗겨 사용합니다.

ⓐ 겉껍질을 벗기지 않고 찌거나 삶아 요리합니다.

03
㉠ 자전거 도로에서 안전거리를 유지한다.
㉡ 횡단보도에서는 자전거에서 내려 걷는다.
㉢ 자전거 정비 상태를 정기적으로 점검한다.
㉣ 헬멧과 반사 재킷을 착용한다.
㉤ 자전거 도로를 무단으로 건너지 않는다.
㉥ 자전거 이용자의 주의를 분산시키지 않는다.

04
㉠ 전원을 켜세요.
㉡ 하나는 왼쪽 갈비뼈 아래에 부착하고 다른 하나는 오른쪽 쇄골 아래에 부착하세요.
㉢ 환자와 접촉을 피하세요.
㉣ 전기 충격 버튼을 누르세요.
㉤ 즉시 심폐 소생술을 재개하고 자동 심장 충격기의 지시에 따라 심전도 분석을 반복하세요.

기출유형 38. 서술형 300점 해설

01 탄소 중립에 관한 글쓰기

조건 1 산업화 이전과 이후 기후 변화와 그 원인을 쓰고, 온실가스의 종류를 '(원인)으로 인한 (온실가스 종류)'의 형태로 서술할 것

원인을 먼저 쓰고 그로 인해 만들어진 온실가스를 쓰라고 한 〈조건〉을 고려하면, '화석 연료(원인) → 이산화 탄소(결과)'를, '화석 연료 연소로 인한 이산화 탄소'와 같이 쓰면 된다.

예시 답안 산업화 이전에 비해 산업화 이후에 1.09℃가 상승하였다. 기후 변화의 주 원인은 산업 혁명 이후 경제 성장의 원동력이 된 석탄, 석유 등 화석 연료 연소로 인한 이산화 탄소 배출의 급격한 증가라고 할 수 있다. 온실가스의 종류에는 화석 연료 연소로 인한 이산화 탄소, 폐기물과 농업, 축산으로 인한 메탄, 비료 사용으로 인한 아산화 질소, 냉장고, 에어컨의 냉매, 반도체 제조로 인한 수소 불화 탄소, 과불화 탄소, 육불화황 등이 있다.

조건 2 탄소 중립을 달성하기 위한 온실가스 배출량 감소와 흡수량 증가의 역할을 설명하고, 이를 통해 탄소 중립의 정의를 서술할 것

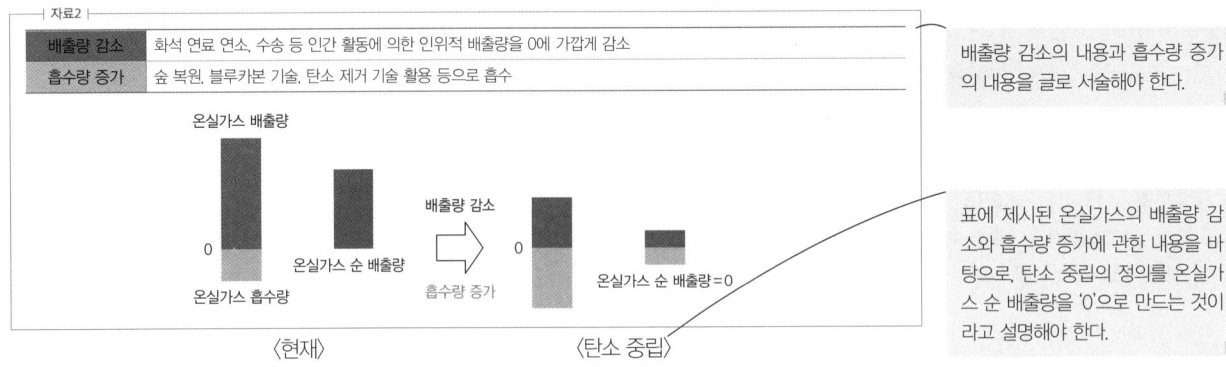

자료2	
배출량 감소	화석 연료 연소, 수송 등 인간 활동에 의한 인위적 배출량을 0에 가깝게 감소
흡수량 증가	숲 복원, 블루카본 기술, 탄소 제거 기술 활용 등으로 흡수

▶ 배출량 감소의 내용과 흡수량 증가의 내용을 글로 서술해야 한다.

▶ 표에 제시된 온실가스의 배출량 감소와 흡수량 증가에 관한 내용을 바탕으로, 탄소 중립의 정의를 온실가스 순 배출량을 '0'으로 만드는 것이라고 설명해야 한다.

예시 답안 탄소 중립을 달성하려면 화석 연료 연소와 수송 등 인간 활동으로 발생하는 온실가스의 배출량을 줄이는 동시에, 숲 복원, 블루카본 기술, 탄소 제거 기술 등을 활용하여 온실가스의 흡수량을 늘려야 한다. 이처럼 온실가스 배출량을 감소시키고 흡수량을 증가시켜 온실가스의 순 배출량을 0으로 만드는 것이 탄소 중립이다.

조건 3 1.5℃가 기후 저지선으로 설정된 배경과 이를 초과할 경우 나타날 수 있는 주요 영향을 서술할 것

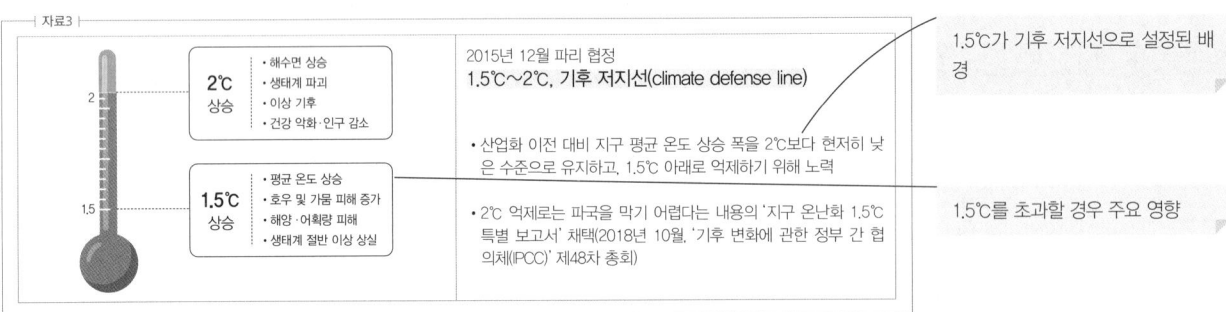

▶ 1.5℃가 기후 저지선으로 설정된 배경

▶ 1.5℃를 초과할 경우 주요 영향

예시 답안 1.5℃는 2015년 파리 협정에서 인류 생존과 생태계 보전을 위해 설정된 기후 저지선으로, 2015년 파리 협정에서는 지구 온도 상승 폭을 2℃ 이하로 억제하며, 1.5℃ 이하로 유지하기 위한 노력을 강조하였다. 이후 2018년 IPCC(기후 변화에 관한 정부 간 협의체)는 '지구 온난화 1.5℃ 특별 보고서'를 통해 1.5℃와 2℃ 사이의 기후 변화 영향 차이가 심각하다는 과학적 근거를 제시하였다. 지구 평균 기온 상승이 2℃를 초과할 경우 해수면 상승, 생태계 파괴, 이상 기후, 건강 악화 등 돌이킬 수 없는 기후 변화가 나타날 수 있다. 1.5℃ 상승 시에도 평균 온도 상승, 호우 및 가뭄 피해 증가, 해양 및 어획량 피해, 생태계 절반 이상 상실 등의 위험이 존재하지만, 2℃ 상승에 비해 기후 변화로 인한 피해를 줄일 수 있다.

조건 4 일상생활에서 온실가스를 줄이기 위한 방법을 에너지 사용, 자원 활용, 기타 생활 습관 측면에서 구분하여 서술할 것

자료4
일상생활에서 온실가스를 줄이는 방법
• 2km 걷기 또는 자전거 타기 ← 기타 생활 습관
• 형광등 6개를 LED로 교체 ← 에너지 사용
• 단열재로 열손실 2℃ 방지 ← 에너지 사용
• 음식물 쓰레기 20% 감소 ← 자원 활용
• 주 1회 대중교통 이용 ← 기타 생활 습관
• 태양광 미니 발전기 설치 ← 에너지 사용
• 유리병, 캔 등 분리 배출 ← 자원 활용
• 종이 타월 대신 손수건 사용 ← 기타 생활 습관

예시 답안 에너지 사용 면에서 형광등을 LED 조명으로 교체하거나 문풍지 등 단열재를 사용하고, 태양광 미니 발전기 등의 사용을 통해 온실가스를 줄일 수 있다. 자원 활용 면에서 음식물 쓰레기 줄이기, 재활용이 가능한 유리병, 캔 등 분리 배출하기, 종이 타월 대신 손수건 사용하기 등을 통해 온실가스를 줄일 수 있다. 기타 생활 습관 측면에서 걷기나 자전거 타기, 대중교통 이용하기, 전기차 이용하기 등을 통해 온실가스를 줄일 수 있다.

02 워라블에 관한 글쓰기

조건 1 워라밸과 워라블을 비교하여 그 의미와 방식의 차이를 서술하고, 워라블의 방식을 고려하여 워라블을 실현하기 위한 방법을 시간과 공간을 중심으로 서술할 것

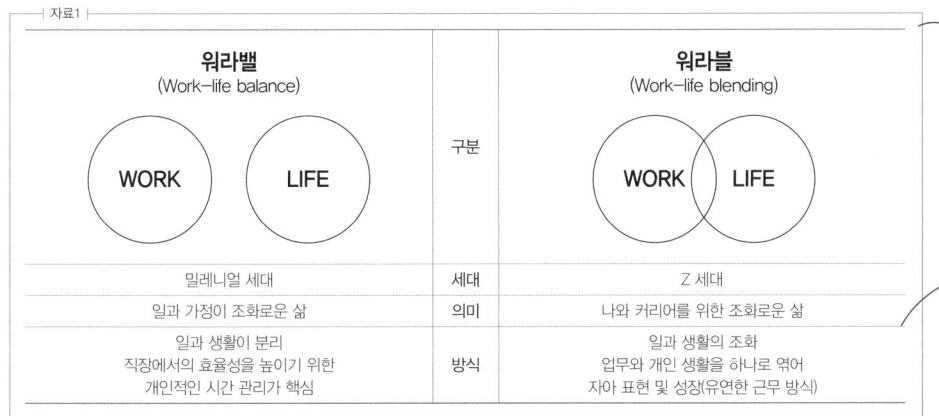

자료에는 워라밸과 워라블이 세대, 의미, 방식 면에서 비교되고 있으므로, 이를 자연스러운 문장으로 표현하도록 한다.

워라블은 일과 개인 생활이 조화될 수 있는 시간과 공간을 제공하는 방식으로 실현할 수 있음을 도출해야 한다.

예시 답안 워라밸은 밀레니얼 세대가 지향하는 '일과 가정이 조화로운 삶'으로 일과 생활이 분리되는 것을 의미한다. 워라블은 Z세대가 지향하는 '나와 커리어를 위한 조화로운 삶'으로 일과 생활을 통합하는 방식을 의미한다. 워라블은 일과 생활을 조화하는 방식을 추구하기 때문에 유연한 근무 시간을 제공하는 방식과 일과 개인 활동을 같이 할 수 있는 공간을 제공하는 방식으로 실현할 수 있다.

조건 2 밀레니얼 세대와 Z 세대가 업무를 통해 추구하는 가치를 순서대로 비율을 포함하여 서술할 것(단, 출처를 밝힐 것)

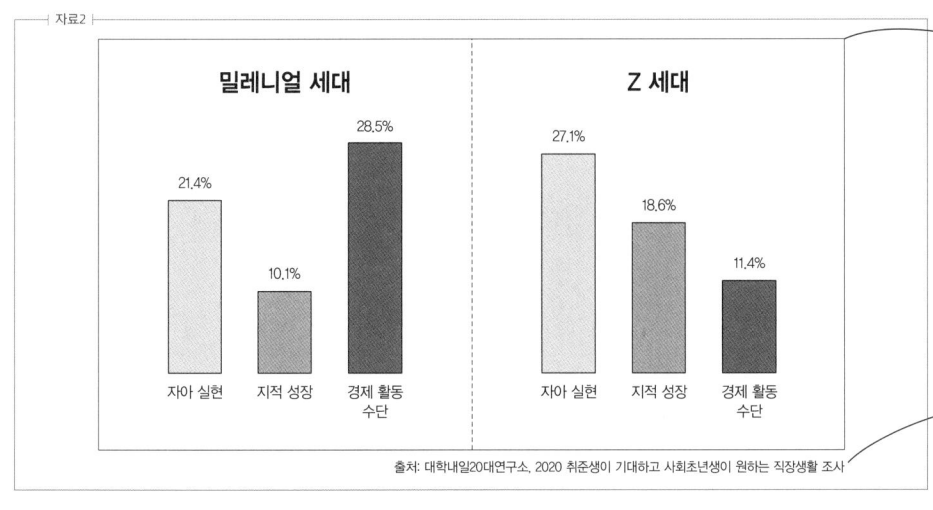

직장 생활을 인식하는 방식이 밀레니얼 세대는 '경제 활동 수단 〉 자아 실현 〉 지적 성장' 순으로, Z 세대는 '자아 실현 〉 지적 성장 〉 경제 활동 수단' 순으로 인식한다고 나와 있으므로, 이를 비율과 함께 제시하여야 한다.

출처가 제시된 경우에는 그 출처를 밝히면서 내용을 인용하여야 한다.

예시 답안 대학내일20대연구소의 '2020 취준생이 기대하고 사회 초년생이 원하는 직장 생활 조사'에 따르면, 밀레니얼 세대는 업무를 통해 추구하는 가치로 경제 활동 수단(28.5%)을 1위로, 자아 실현(21.4%)과 지적 성장(10.1%)을 그 다음으로 선택하였다. 반면 Z 세대의 경우 자아 실현(27.1%)이 1위를 차지했고, 지적 성장(18.6%), 경제 활동 수단(11.4%)이 뒤를 이었다. 이를 통해 Z세대는 '일'을 단순한 경제 활동 수단으로 여기기보다는, 자신의 자아를 실현하고 지적 성장의 계기로 여기고 있음을 알 수 있다.

조건 3 각각의 자료를 통해 워라블 실현 과정에서 나타나는 문제점과 각 문제점에 따른 해결 방안을 서술할 것

---자료3---

■ 기사 "일과 삶의 블랜딩, 이제는 워라블 시대"
　워라블은 주로 MZ세대에게 선호되며, 특히 Z세대는 '취미를 활용한 창의적 직무 수행'을 중시한다. 그러나 업무와 개인 생활의 경계가 모호해질 경우, 과도한 업무 연결성과 스트레스가 문제로 제기될 수 있다. 이를 해결하기 위해 A 회사는 '근무 시간 외 업무 지시 금지' 정책을 시행하며, 직원의 만족도를 20% 이상 증가시켰다.
(출처: POSTECH 기사)

■ 연구 보고서 "디지털 디톡스의 필요와 혜택"
　디지털 기기의 과도한 사용은 디지털 중독, 스트레스, 번아웃 등의 문제를 야기한다. 개인이 디지털 기기의 사용을 제한하는 디지털 디톡스 활동은 자신의 정신 건강을 향상시키며, 삶의 질과 업무 효율성을 높이는 데 효과적이다.
(출처: 한국학술지인용색인 연구 보고서)

■ 인터넷 댓글
• 하루 한 걸음: 지난달에 내 친구는 자신이 좋아하고 즐거워하는 일을 하고 있었는데도 퇴직을 했어요. 이유를 물어보니까 아무런 '통제권'이 없었고, '자율적'으로 할 수 있는 게 없어서 내 일이 아닌 남의 일을 해 준다는 느낌에 답답했다고 해요. 월급도 중요하지만 통제권을 갖고 주체적으로 자유롭게 일할 수 있는 환경에 있을 때 업무에 대한 동기 부여나 성취감을 높일 수 있고 퇴사율도 낮아질 것 같아요.
• 실용이: 회사 내에서 공적으로 모임을 만들어 주면 좋겠어요. 회사 차원에서 동료들과 함께하는 식사 자리를 열고 지원금을 마련해 준다면 모임을 통해 동료들 간 유대감을 쌓을 수 있고, 세대를 교차하는 이야기의 장이 펼쳐질 수 있지 않겠어요? 모임을 구성해서 서로 이야기를 할 수 있는 시간을 가진다면 직원들이 회사 생활에 잘 적응할 거예요.

> '기사'와 '연구 보고서'의 핵심 내용을 찾아야 한다.
>
> 회사의 정책적 접근
>
> 개인의 워라블 방안

예시 답안 워라블 실현 과정에서 나타나는 문제점은 먼저 업무와 개인 생활의 경계의 모호함으로, 업무와 개인 생활의 경계가 모호해 지면서 과도한 업무 연결성과 스트레스를 유발한다는 것이다. 이를 해결하기 위해 '근무 시간 외 업무 지시 금지' 정책을 통해 업무 연결성을 줄이고 직원의 만족도를 높일 수 있다. 또 다른 문제점은 디지털 기기의 과도한 사용이 디지털 중독, 스트레스, 번아웃을 초래한다는 것이다. 이는 디지털 디톡스 활동을 장려하여 개인의 정신 건강을 향상시키고 업무 효율성을 높이는 방법으로 해결할 수 있다. 세 번째, 자율성과 통제권 부족을 문제로 들 수 있다. 개인이 업무에 대한 자율성과 통제권이 없을 경우, 동기 부여와 성취감이 낮아지고 퇴사율이 증가한다. 이는 개인에게 더 많은 자율성과 통제권을 부여하는 업무 환경을 조성하여 동기를 높이는 방법으로 해결할 수 있다. 마지막으로 직장 내 사회적 고립을 문제로 들 수 있는데, 동료와의 소통이 부족할 경우, 회사 생활에 적응하기 어려워진다. 이는 회사에서 동료 및 선배와의 소통 기회를 제공하는 모임이나 식사 자리를 마련하여 사회적 유대를 강화하는 방법으로 해결할 수 있다.

1회

객관식 영역

01	02	03	04	05	06	07	08	09	10
②	⑤	③	③	②	④	③	②	①	③
11	12	13	14	15	16	17	18	19	20
②	⑤	⑤	③	③	⑤	④	④	④	②
21	22	23	24	25	26	27	28	29	30
④	①	④	⑤	③	②	⑤	⑤	①	③

01 ②

정답해설 계획하기는 글쓰기의 첫 단계로, 글의 방향성을 설정하는 과정에 해당한다. 제시된 글에 따르면, 이 단계에서는 독자와 글의 목적을 우선적으로 고려하며 글의 방향을 정해야 한다.

02 ⑤

정답해설 고쳐쓰기는 초고를 다듬고 수정하는 단계로, 이미 생성된 내용을 개선하는 데 초점이 맞춰져 있다. 자료를 추가로 수집하는 것은 내용 생성하기 단계와 관련된다.

03 ③

정답해설 유럽 연합의 해양 수산업 수출 현황 보고서는 플라스틱 오염 문제와 직접적인 관련이 없으므로 적절하지 않다. 나머지 자료는 모두 플라스틱 오염과 이를 해결하기 위한 방안에 관한 정보를 제공하는 데 유용하다.

04 ③

정답해설 (가)는 플라스틱 오염 문제 해결을 위한 국제적 노력과 기업의 참여를 설명하는 문단의 시작 부분이므로 ③이 (가)에 들어갈 내용으로 가장 적절하다.

05 ②

정답해설 제시된 글은 전기차 보급 확대의 걸림돌인 충전 인프라 부족 문제를 지적하고, 정부의 전기차 충전 인프라 확대 정책을 소개하고 있다. 따라서 ②가 글의 주제를 가장 정확하게 나타내는 문장이다. 나머지는 글의 내용과 관련은 있지만, 글 전체의 핵심 내용을 포괄하지 못하거나 부분적인 내용만을 다루고 있다.

06 ④

정답해설 (라)는 현재 상황과 문제의 심각성을 부각하고 있고, (가)는 정부의 대응 및 해결 노력을 언급하고 있다. 그리고 (나)는 이와 관련된 정부 관계자의 발언을 인용하고 있으며, (다)는 글 전체 내용을 포괄하고 있다.

07 ③

정답해설 ⓒ 이전까지는 기술 발전의 장단점을 균형 있게 논의하고 있고, ⓒ 이후부터는 기술 발전의 긍정적 측면과 미래를 위한 방향을 서술하고 있다. 따라서 ⓒ에서 문단을 나누는 것이 가장 적절하다.

08 ②

정답해설 ⓒ의 뒷부분에서 기술 발전으로 인한 부정적 영향, 특히 일자리 감소 문제를 언급하고 있으므로, ⓒ에 해당 문장이 추가되면 맥락이 더욱 자연스럽다.

09 ①

정답해설 이 문서는 국립 산업 기술 박물관 설립과 관련된 규정을 담은, 법적 효력을 갖는 법규 문서이다. 문서가 특정 조직의 설립이나 운영을 규정하는 경우 법규 문서로 분류된다.

10 ③

정답해설 교육부 고위 공무원은 산업 기술과 관련된 박물관 설립과 직접적인 관련이 없으므로 적절하지 않다.

11 ②
정답해설 제3조에서는 위원회의 역할을 설명하고 있으므로, '위원회의 기능'이 가장 적절하다.

12 ⑤
정답해설 제시된 글은 직원들의 직무 역량 향상과 리더십 개발을 통한 조직 경쟁력 강화를 위해 작성된 기안서이다.

13 ⑤
정답해설 제시된 글에서는 인재 개발 프로그램의 목표, 위험 요소, 예산 등을 다루고 있을 뿐, 외부 파트너십 전략에 대한 내용은 포함되어 있지 않다.

14 ③
정답해설 기안서는 명확하고 간결하게 작성해야 한다.

[오답 피하기] ② 기안서는 직급에 관계없이 누구나 작성할 수 있다.
⑤ 기안서는 개인적인 의견보다는 사실과 계획을 중심으로 작성하는 것이 바람직하다.

15 ③
정답해설 품의서는 예산 배정, 승인 요청, 사업 제안 등 다양한 경영 관리 사항에 대해 작성할 수 있다. '특정 예산 배정'으로 그 범위를 한정할 수 없다.

16 ⑤
정답해설 제목은 품의서의 내용을 정확하고 간결하게 전달해야 한다. ⑤가 품의서의 목적을 명확히 전달하면서도 간결하게 표현하고 있으므로 가장 적절하다.

17 ④
정답해설 시스템 도입 후 발생할 수 있는 문제에 대한 대비책보다는 시스템 도입 후 기대되는 효과에 집중해야 한다.

18 ④
정답해설 제시된 글의 주요 목적은 사무 자동화 시스템을 도입하여 업무 효율성을 증대하고, 오류를 감소시키는 것이다.

19 ④
정답해설 사무 자동화 시스템의 주요한 기대 효과는 업무의 생산성 증대와 비용 절감이다. 사무 자동화 시스템 도입을 통해 업무 속도를 높이고, 비효율적인 수작업을 줄일 수 있다.

20 ②
정답해설 제시된 보도 자료는 공공 기관의 조사 결과를 바탕으로 고혈압 예방을 위해 나트륨 섭취를 줄이는 것이 중요하다는 정보를 제공하고 있다.

21 ④
정답해설 보도 자료는 먼저 조사의 개요를 소개하고[(가)], 조사 결과를 분석한 뒤[(나)], 그 결과를 해석하며[(다)], 마지막으로 기대 효과와 향후 계획을 설명하고 있다[(라)].

22 ①
정답해설 '현황'은 회사의 현재 상황을 설명해야 하므로, '우리 회사의 혁신적 기술 개발을 위한 글로벌 최신 기술 트렌드 파악 및 사례 수집(가)'이 적절하다. '추진 과제 경과'는 과거와 현재의 진행 상황을 다뤄야 하므로, '스마트 시티 구축 프로젝트'와 관련된 정책 및 사례 연구(나)'가 적절하다. '필요 자원 제시'는 회사의 기술 활용 상황을 살펴보는 내용이므로 '우리 회사 기술력의 해외 활용 상황 확인 및 사업 확대 방안 모색(다)'이 적절하다. '자원 확보 목적'은 사업 확대 전략을 제시하는 것으로, '스마트 시티 구축 및 기술 활용 사례를 바탕으로 사업 확장 전략 수

23 ④

정답해설 도시 재생과 지역 재생 사업의 연결 가능성에 대한 전망은 스마트 시티와 관련된 내용이 아니므로 적절하지 않다.

[오답 피하기] ① 출장 일정에 대한 구체적인 내용으로, 출장 보고서에서 중요한 부분이다.
②, ③, ⑤ 각 도시에서 진행 중인 스마트 시티 관련 정보를 다루고 있으므로 출장 목적과 관련이 깊다.

24 ⑤

정답해설 마감일이 내일이며 클라이언트와 관련된 중요한 업무이므로 우선적으로 처리한다.

[오답 피하기] ① 다음 달에 예정된 일정 조율 건이므로 후순위이다.
② 내부 문서 정리는 본인의 핵심 업무가 아니므로 최후 순위에 해당한다.
③ 신규 프로젝트 아이디어 구상은 중요하지만 한 달 뒤 발표이므로 우선순위가 비교적 낮다.
④ 사내 교육 자료 준비는 중요하지만 다음 주까지 여유가 있어 계획적으로 진행이 가능하다.

25 ③

정답해설 정○○ 씨는 자아 노출을 점진적으로 확대하며, 동료들과의 관계가 친밀해질수록 자신에 대한 이야기를 조금씩 더 공유하고 있다. 이는 자아 노출을 신중하게 관리하며 대인 관계를 형성하려는 태도를 보여 준다.

[오답 피하기] ① 자아 개념이 부정적일 때 나타나는 특성에 대한 설명이다. 정○○ 씨가 자아 노출을 완전히 회피하는 것은 아니다.
② 자아 개념이 긍정적일 때 모든 것을 공개하는 행동에 대한 설명이다. 정○○ 씨는 점진적 접근을 택했다.
④ 자아 노출을 극대화하는 행동에 대한 설명으로, 이 사례와 맞지 않는다.
⑤ 자아 노출의 중요성을 이해하지 못하는 상황에 대한 설명인데, 정○○ 씨는 자아 노출의 단계를 고려하고 있다.

26 ③

정답해설 글에 비타민 D를 과도하게 복용하면 혈중 칼슘 농도를 높여 건강에 위험할 수 있다는 내용이 제시되어 있으므로, 비타민 D 보충제를 칼슘과 함께 섭취하면 부작용이 줄어든다는 내용은 적절하지 않다.

27 ②

정답해설 당국의 권고는 비타민 D 보충제의 복용량을 명확히 하고 최대 복용량을 초과하지 않도록 하는 것이므로, 2,000IU 제품을 5,000IU로 변경하는 것은 권고에 위배된다.

28 ⑤

정답해설 「민법」 제240조에 따라 김 씨는 정 씨에게 가지 제거를 요청할 권리가 있으며, 요청이 거절된 경우에는 직접 가지를 제거할 수 있다. 그러나 가지에 달린 열매는 나무 소유자의 소유물이므로 따 먹을 수 없으며, 가지 제거는 김 씨의 땅에서만 가능하다.

29 ①

정답해설 경계를 넘어온 나뭇가지나 뿌리를 제거할 권리는 있지만, 나무 자체의 소유권을 주장할 권리는 없다. 나무와 그 소유물은 원래 소유자에게 귀속된다.

30 ③

정답해설 제시된 사례는 타인의 아이디어, 연구 내용, 결과 등을 적절한 인용 없이 사용하는 표절에 해당한다.

서술형 영역

01 서술형 30점

예시 답안 ㉠ 조리법 ㉡ 위험(또는 손실 우려) ㉢ 교환 ㉣ 쟁점(또는 논점) ㉤ 건강 관리 ㉥ 치유
※ 참고용: 주관식 공략 꿀팁 04 순화어 참고 ※

02 서술형 30점

직접 인용문은 원래 발화의 형식을 그대로 옮기는 것이고, 간접 인용문은 인용을 하는 화자가 자신의 관점으로 바꾸어 나타내는 것이다. 직접 인용문은 큰따옴표와 직접 인용을 나타내는 격 조사 '-라고'를 쓰며, 간접 인용문은 따옴표 없이 간접 인용을 나타내는 격 조사 '-고'를 쓴다. 간접 인용절에서 평서형 '-고'가 붙을 때 인용되는 종결 어미는 동사나 형용사가 서술어일 때 '-다', 서술격 조사일 때 '-라'가 쓰인다. 감탄형은 '-다', 의문형은 '-느냐/(으)냐', 명령형은 '-(으)라', 청유형은 '-자'가 쓰인다. 즉, 간접 인용절로 쓰일 때에 상대 높임법은 중요하지 않고 문장의 종류에 따라서만 어미 선택이 달라진다.

- ~다."하고
  → 다고 (간접 인용문)
- ~니?"라고
  → 느냐고 (의문형)
- ~구나."라고
  → 다고 (감탄형)
- ~자."라고
  → 자고 (청유형)
- ~가라."라고
  → 라고 (명령형)

예시 답안 ㉠ 다녀왔다고 ㉡ 열심히 하느냐고 ㉢ 열심히 했다고 ㉣ 열심히 하자고 ㉤ 빨리 가라고

03 서술형 30점

BCG 매트릭스는 두 개의 축을 기준으로 ㉠_____개의 영역을 도출하며, 각 사업 단위의 경쟁적 지위를 평가하는 도구이다. 이 기법은 경험 곡선 이론을 바탕으로 특정 사업 단위의 상대적 시장 점유율과 ㉡_____을/를 분석하여, 사업에 자원을 어떻게 자원을 할당해야 하는지에 대한 투자의 우선순위를 결정한다.

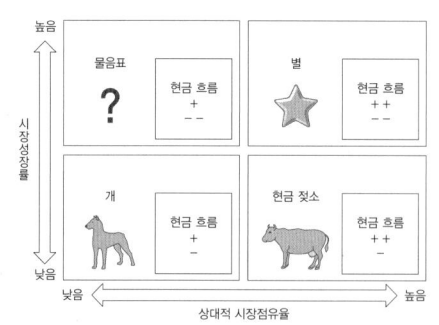

시장 성장률은 높으나 상대적 시장 점유율이 낮은 사업은 ㉢_____에 해당하며, 이 사업은 신규 자금 투입이 필요하지만 경쟁이 심화될 가능성이 있다. 반면, 시장 성장률은 낮지만 높은 ㉣_____을/를 가진 사업은 현금 젖소로 불리며, 이 사업은 새로운 자금 투입 없이 많은 현금을 창출하는 특징을 가진다.

BCG 매트릭스는 시장 성장률과 상대적 시장 점유율을 바탕으로 자원을 어떻게 할당해야 하는지에 대한 투자의 우선순위를 결정한다. '물음표'나 '별'은 시장 성장률이 높고, '개'나 '현금 젖소'는 시장 성장률이 낮다. '물음표'나 '개'는 상대적 시장 점유율이 낮고, '별'과 '현금 젖소'는 높다. 이를 고려하면, 시장 성장률이 높고 시장 점유율도 높은 스마트폰 사업부는 '별'에 해당한다. 그리고 시장 성장률은 낮지만 상대적으로 시장 점유율이 높은 노트북 사업부는 '현금 젖소'에 해당한다.

[예시 자료]
구체적인 예로, 한 글로벌 전자 회사가 BCG 매트릭스를 사용하여 각 사업을 평가했다. 스마트폰 사업부는 시장 성장률이 높고, 시장 점유율도 높으므로 ㉤_____에 해

당한다. 따라서 이 회사는 이 사업에 더 많은 자금을 투자해 이 시장에서 선도적 위치를 유지하려고 한다. 반면, 그 회사의 기존 노트북 사업부는 시장 성장률이 낮지만 여전히 높은 점유율을 차지하고 있어 ㉥ _____ 에 해당한다. 이 사업은 안정적인 수익을 창출하며, 추가적인 자금 투입이 많이 필요하지 않다.

예시 답안 ㉠ 4(또는 네) ㉡ 시장 성장률 ㉢ 물음표 ㉣ 시장 점유율 ㉤ 별 ㉥ 현금 젖소

04 서술형 30점

예시 답안 ㉠ 6월 2일 오전 5시 ㉡ 6월 2일 오후 1시 30분 ㉢ 6월 2일 오후 8시

| 해설 | ㉠ 존은 뉴욕(GMT-5)에 있으므로, 이를 서울 GMT+9에 맞추려면 14시간을 더하면 된다. 따라서 존의 업무 완료 시각은 6월 2일 오전 5시이다.
㉡ 무함마드는 뭄바이(GMT+5:30)에 있으므로 이를 서울 GMT+9에 맞추려면 3시간 30분을 더하면 된다. 따라서 무함마드의 업무 완료 시각은 서울 기준 6월 2일 오후 1시 30분이다.
㉢ 김영미는 서울에 있으므로 업무 완료 시각은 그대로 6월 2일 오후 8시이다.

05 서술형 30점

예시 답안 ㉠ 변조 ㉡ 표절 ㉢ 표절 ㉣ 위조 ㉤ 부당한 저자 표기 ㉥ 부당한 중복 게재

| 해설 | A는 타인의 저작물을 번역하면서 출처를 표시하지 않았는데, 이는 타인의 독창적인 아이디어나 창작물을 출처 없이 활용하여 자신의 창작물처럼 보이게 한 행위이므로 표절에 해당한다. B는 면담 및 실험을 수행하지 않고 가상으로 연구 결과를 작성했다. 이는 존재하지 않는 연구 자료나 결과를 허위로 작성한 것으로, 위조에 해당한다. C는 연구에 기여하지 않은 사람에게 저자 자격을 부여했다. 이는 연구 공헌이 없는 사람에게 저자 자격을 부여하는 행위로, 부당한 저자 표기에 해당한다. D는 이미 출간된 본인 논문을 알리지 않고 동일한 논문을 다른 학술지에 다시 제출하여 출간했다. 이는 동일하거나 유사한 연구 결과를 출처 표시 없이 게재하여 부당한 이익을 얻는 행위로, 부당한 중복 게재에 해당한다.

06 서술형 50점

2025년 '친환경 에너지 기업' 실태 조사 협조 요청

귀사의 지속적인 발전을 기원합니다.
이번 실태 조사는 향후 친환경 에너지 기업 육성 및 관련 정책 입안을 위한 기초 자료로 활용될 예정이오니, 많은 협조 부탁드립니다.
사단 법인 '친환경 에너지 기업 협회'에서는 산업 통상 자원부가 추진하는 사업을 대신하여, 친환경 에너지 기업의 현황과 기술적 특징을 파악하고, 더 나아가 자금 조달 방법과 기업이 겪는 애로 사항에 대한 의견을 수렴하여 정책적 시사점을 도출하기 위한 실태 조사를 진행하고 있습니다.

- 실태 조사의 목적이 제시된 부분이다. 답안은 명사형으로 제시해야 하므로 조사 등을 적절하게 생략하고 수정해야 한다.
- 추진하는 기관인 산업 통상 자원부가 주최 기관에 해당하며, 사단 법인 '친환경 에너지 기업 협회'가 주관 기관에 해당한다.
- 조사 내용
- 의견 수렴 내용

```
                  2025년 '친환경 에너지 기업' 실태 조사 협조 요청
  □ 목적: ㉠ _____
  □ 주최 기관: ㉡ _____
  □ 주관 기관: ㉢ _____
  □ 조사 내용: ㉣ _____
  □ 의견 수렴 내용: ㉤ _____
```

예시 답안 ㉠ 친환경 에너지 기업 육성 및 정책 입안을 위한 기초 자료 활용 ㉡ 산업 통상 자원부 ㉢ 사단 법인 친환경 에너지 기업 협회 ㉣ 친환경 에너지 기업 현황 및 기술적 특징 ㉤ 자금 조달 방법 및 기업 애로 사항

| 해설 | ㉠ '이번 실태 조사는~'으로 시작하는 문장에 해당 글의 목적이 나타나 있다.
㉡ 세 번째 문장의 '산업 통상 자원부가 추진하는 사업'에서 주최 기관이 제시되었다.
㉢ 세 번째 문장을 통해 산업 통상 자원부가 추진하는 사업을 대신하는 사업의 주체가 사단 법인 '친환경 에너지 기업 협회'임을 알 수 있다.
㉣ '친환경 에너지 기업의 현황과 기술적 특징'이 이 실태 조사의 주요 내용에 해당한다.

07 서술형 100점

생강의 효능과 손질법

　생강은 생으로 먹거나 차, 요리 등에 쓰이는 식재료로, 뿌리 부분을 주로 섭취합니다. 알이 단단하고 껍질이 매끈하며 얇고 연한 노란색을 띠는 것이 좋습니다. 알이 너무 크거나 물러 보이는 것은 피하는 것이 좋습니다.

　생강을 손질할 때는 껍질을 벗기고 흐르는 물에 깨끗이 씻습니다. 필요한 용도에 따라 얇게 썰거나 다져서 사용합니다. 갈거나 다져서 사용할 경우 강한 향과 매운맛이 잘 우러나므로 소량씩 사용하는 것이 좋습니다.

　생강은 냉장 보관할 때는 물기를 잘 닦아 밀폐 용기에 넣고 신선도를 유지하는 것이 중요합니다. 냉동 보관 시에는 다져서 소분하여 밀폐 용기에 담아 두면 요리 시 편리하게 사용할 수 있으며, 냉동 생강은 주로 국이나 찌개에 활용됩니다.

　생강에는 진저롤, 쇼가올과 같은 항염 및 항산화 성분이 들어 있어 몸을 따뜻하게 하고 소화 촉진에 도움을 줍니다. 특히 진저롤 성분은 메스꺼움과 구토 억제에 효과가 있으며, 면역력을 강화하고 염증을 줄이는 효능이 있습니다. 또한 생강은 혈액 순환을 촉진하여 손발이 차가운 사람에게 좋으며, 감기 예방에도 유익합니다.

　생강은 따뜻한 성질을 지니고 있어 열이 많은 사람이나 위장이 약한 사람은 과다 섭취를 피하는 것이 좋습니다. 또한 임산부는 생강을 적절한 양만 섭취하는 것이 권장됩니다.

> 생강의 효능이 세 개의 문장으로 제시되어 있으므로 이를 고려하여 불필요한 내용은 삭제하고 세 개의 효능을 평서문으로 제시해야 한다.

생강의 효능과 손질법 안내문
생강, 향과 효능을 즐기세요!

생강 고르는 법
- 알이 단단하고 ㉠ _____ 을/를 고릅니다.

손질 방법
- 생강의 껍질을 벗기고 흐르는 물에 씻어 얇게 썰거나 다져서 사용합니다.

㉡ _____
- 냉장 보관: 물기를 닦은 후 밀폐 용기에 넣어 보관하면 신선함을 오래 유지할 수 있습니다.
- 냉동 보관: 다져서 밀폐 용기에 담아 냉동하면 요리 시 편리하게 사용할 수 있습니다.

㉢ _____
- ㉣ _____
- ㉤ _____
- ㉥ _____

섭취 시 주의 사항
열이 많은 사람이나 위장이 약한 사람, 임산부는 적절한 양을 섭취합니다.

예시 답안 ㉠ 알이 단단하고 껍질이 매끈하며 얇고 연한 노란색을 띠는 것 ㉡ 보관 방법 ㉢ 효능 ㉣ 항염 및 항산화 성분이 들어 있어 몸을 따뜻하게 하고 소화 촉진에 도움을 줍니다. ㉤ 진저롤 성분은 메스꺼움과 구토 억제, 면역력 강화, 염증 완화에 도움이 됩니다. ㉥ 생강의 따뜻한 성질은 혈액 순환을 돕고 감기 예방에 좋습니다.

08 서술형 100점

2023년 달라지는 소화기 관리

차량용 소화기,
이제 선택이 아니라 필수입니다!

– 최근 3년간 차량 화재 11,398건으로 지속 증가……연평균 3,799건 발생
오는 12월 1일부터 5인승 이상 자동차에 소화기 설치 비치 의무화
일반 분말 소화기 에어로졸식 ×, '자동차 겸용' 표시 ○ 반드시 확인 필요

차량용 소화기,
이제 선택이 아니라 필수입니다!

─소방화재

「소방 시설 설치 및 관리에 관한 법률」 개정 (21. 11. 30.)에 따라 2023년 개정된 차량용 소화기 규정에 따르면, 5인승 이상 승용차에 차량용 소화기 설치가 필수화된다. 과거에는 7인승 이상 차량에만 설치가 의무였으나, 최근 증가하는 차량 화재 사고에 대한 대응을 강화하기 위해 규정이 확대되었다.

이 규정은 올해 12월 1일부터 새로 제작·수입·판매되는 자동차와 12월 1일부터 「자동차 관리법」 제6조에 따라 소유권이 변동되어 등록된 자동차부터 적용되고, 기존 차량에는 소급 적용되지 않는다.

차량용 소화기는 진동 및 고온 시험을 통과한 '자동차 겸용' 소화기를 사용해야 하며, 일반 분말 소화기와 에어로졸식 소화기는 적법하지 않다. 소화기 관리 방법으로는 지시 압력계 바늘이 녹색에 있는지, 용기가 손상되지 않았는지, 안전핀이 견고하게 고정되어 있는지, 내용 연한이 지나지 않았는지 등을 확인하는 것이 중요하다. 또한 차량 화재 발생 시에는 안전한 장소에 정차 후 소화기를 사용하여 초기 진화한 후, 안전거리를 유지한 채 119에 신고해야 한다.

㉠ 차량용 소화기 설치 의무화

㉡ 차량용 소화기 설치 의무화 대상

㉢ 법정 차량용 소화기

㉣ 적법하지 않은 차량용 소화기

㉤ 차량용 소화기 관리 방법

7인승 이상 차량에서 (㉠)에 차량용 소화기 필수 설치

Q&A

- 모든 차량에 적용되나요?
  - ㉡ _____
  - '24. 12. 1. 이전 구매·등록된 차량은 소급 적용되지 않습니다.

두 번째 자료인 '2024. 12. 1. 이전 구매·등록된 차량은 소급 적용되지 않습니다.'라는 내용을 참고하여 그와 관련된 내용의 앞부분에서 요구하는 답안을 도출한다.

- 어떤 소화기를 구매해야 하나요?
  - ㉢ _____

※ (㉣)은/는 법정 차량용 소화기가 아닙니다.

차량용 소화기 따로 있다.
소화기 표면에
"자동차 겸용"
표시 확인하세요!

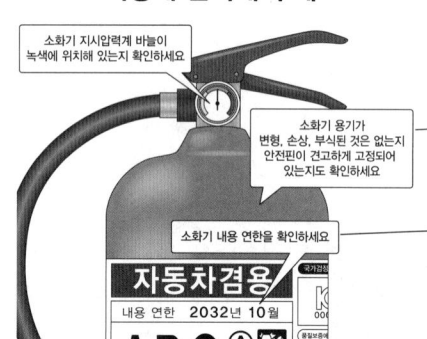

- 소화기는 어떻게 관리하나요?
  - 소화기 지시 압력계 바늘이 녹색에 위치하는지 확인하세요.
  - 소화기 용기가 변형, 손상, 부식되었는지 확인하세요.
  - ㉤ _____
  - ㉥ _____

㉥ 차량용 소화기 관리법 1

㉦ 차량용 소화기 관리법 2

| 예시 답안 | ⊙ 5인승 이상 승용차 ⓒ 2024. 12. 1. 이후 제작·수입·판매되는 자동차와 소유권이 변경되어 등록된 자동차부터 적용됩니다. ⓒ 진동 및 고온 시험을 통과한 '자동차 겸용' 소화기를 사용해야 합니다. ⓔ 일반 분말 소화기와 에어로졸식 소화기 ⓜ 소화기의 안전핀이 견고하게 고정되어 있는지 확인하세요. ⓗ 소화기의 내용 연한이 지나지 않았는지 확인하세요. |

09 서술형 300점

조건 1 미닝 아웃의 정의를 한 문장으로 제시하고, MZ 세대의 특징을 서술할 것

자료 1

'미닝 아웃의 정의'는 왼쪽 자료에서 도출하고, MZ 세대의 특징은 오른쪽 자료에서 도출할 것

| 예시 답안 | 미닝 아웃은 신념을 의미하는 미닝(Meaning)과 커밍아웃(Comming Out)을 결합한 단어로, 기존에는 드러내기 어려웠던 자신만의 정치, 사회적 신념을 적극적으로 표현하는 소비 형태를 의미한다. MZ 세대는 개성과 가치관을 드러내기 위해 자신의 신념에 부합하는 기업의 제품을 소비하는데, 이러한 윤리적 소비는 소비자의 자아 존중감과 주관적 안녕감에 긍정적인 영향을 미친다. |

조건 2 MZ 세대가 가치 소비자로 인식하는 비율(10명 중 몇 명)과 가장 관심을 가지는 분야를 제시하고, 가치 소비 현상에 대한 관심(각 퍼센트 포함)을 서술할 것

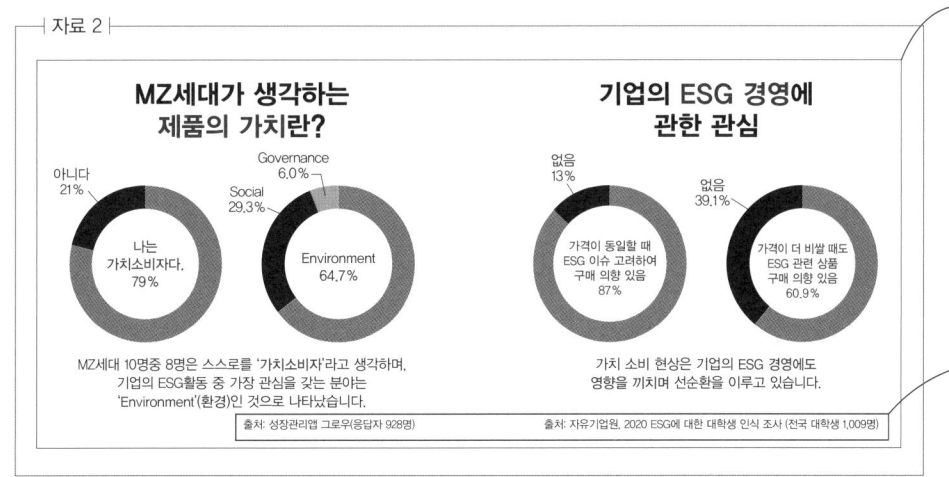

자료 2

왼쪽 자료를 바탕으로 MZ 세대가 가치 소비자로 인식하는 비율을 '10명 중 8명'으로 제시하고 가장 관심을 가지는 분야는 '환경'이라는 점을 제시한다. 여기에서 중요한 것은 관심 분야는 그 비율을 제시할 필요가 없다는 것이다. 가치 소비 현상에 대한 관심은 오른쪽 자료를 통해 가격이 동일할 때와 비쌀 때의 관심을 가지는 경우의 비율을 제시한다.

출처가 있으면, 조건이 제시되어 있지 않더라도 출처를 밝힌다.

| 예시 답안 | 성장 관리 앱 그로우의 조사에 따르면, MZ 세대는 10명 중 8명이 스스로를 '가치 소비자'라고 생각하며, 기업의 ESG 활동 중 가장 관심을 갖는 분야는 '환경'인 것으로 나타났다. 자유 기업원의 '2020년 ESG에 대한 대학생 인식 조사'에 따르면, 가격이 동일할 때 ESG 이슈를 고려한 구매 의향이 있는 사람은 87%이며, 가격이 더 비싸도 ESG 관련 상품을 구매할 의향이 있는 사람은 60.9%에 달했다. |

[조건3] 미닝 아웃을 MZ 세대들이 일상에서 표현하는 방법과 역할을 제시하고, 다양한 형태로 표출되는 사례와 기능을 서술할 것

| 자료 3 |

해시태그#
자신의 의견 표현 및 검색 기능
사회적 문제에 대해 사람들의 뜻을 모으는 기능

슬로건 티셔츠, 패션 굿즈 등 상품
패션을 통해 함축적이지만 분명하고 세련되게 자신의 정치, 사회적 신념 표출

왼쪽 자료에서는 '해시태그'를 통한 의사소통 방법과 역할, 오른쪽 자료에서는 구체적인 표출 방법을 도출하여 서술한다.

예시 답안 미닝 아웃은 MZ 세대들에게 익숙한 SNS의 해시태그를 통해 이루어진다. 해시태그는 자신의 의견을 표현하는 기능, 검색 기능, 사회적인 문제에 대해 사람들의 뜻을 하나로 모으는 기능을 한다. 그리고 이들은 슬로건 티셔츠나 굿즈 등 자신의 개성을 표현하는 패션을 통해 함축적이지만 분명하고 세련되게 자신의 정치, 사회적 신념을 표출한다.

조건 4 | 코즈 마케팅의 의미와 마케팅 사례, 중요한 요소 두 가지를 제시하고 코즈 마케팅의 기대 효과를 찾아 서술할 것

자료 4

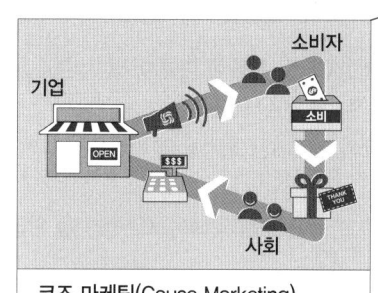

코즈 마케팅(Cause Marketing)
기업의 경영 활동과 사회적 이슈를 연계시킨 마케팅
소비자가 호의적인 반응을 보이는 사회적 문제 해결에 기업이 나서면서 소비자의 참여를 이끌어 내는 방식

코즈 마케팅 사례
1. 유통 업계
   - 유통 업계의 불필요한 과대 포장을 줄임
   - 플라스틱 사용 자제를 위해 포장재 변경이나 비닐 라벨을 없앰
2. 패션 및 뷰티 업계
   - 사회적 메시지 전달을 위한 제품 제작 후 판매 수익금 기부
   - 화장품 용기에 메탈 제로 펌프를 도입하거나 재생 가능한 플라스틱 용기 활용

↓

- 브랜드 이미지 향상 및 기업 경쟁력 확보 ← 긍정
- 사내 직원들의 만족도 증가 및 매출 증가 ← 긍정
- 기부금 운용이 불투명할 시 소비자가 반발하므로 투명성 확보 ← 부정
- 기업의 제품과 서비스에 대한 인지도 향상과 새로운 고객층 확보 ← 긍정
- 억지 기부 요소나 브랜드 가치와 연관이 없으면 진정성 측면에서 역효과 ← 부정

> 코즈 마케팅의 의미
>
> 마케팅 사례가 두 가지 제시되어 있으므로 이를 구분하여 구체적인 내용을 서술한다.
>
> 코즈 마케팅의 기대 효과는 자료에서 긍정적인 역할을 찾아내고 중요한 요소 두 가지는 부정적인 내용에서 찾아낸다.

예시 답안 코즈 마케팅은 소비자가 호의적인 반응을 보이는 사회적 문제 해결에 기업이 나서면서 소비자의 참여를 이끌어 내는 방식을 말한다. 유통 업계는 불필요한 과대 포장을 줄이고 플라스틱 사용 자제를 위해 포장재를 변경하거나 비닐 라벨을 없애는 마케팅을 한다. 그리고 패션 및 뷰티 업계는 사회적 메시지를 전달하기 위한 제품을 제작하여 판매 수익금을 기부하고, 화장품 용기에 메탈 제로 펌프를 도입하거나 재생 가능한 플라스틱 용기를 활용하는 등의 마케팅을 한다. 코즈 마케팅은 투명성과 진정성이 중요하다. 소비자 반발이나 역효과가 발생할 수 있기 때문이다. 코즈 마케팅의 기대 효과로는 기업의 제품과 서비스에 대한 인지도 향상, 새로운 고객층 확보, 브랜드 이미지 향상, 기업 경쟁력 확보, 직원들의 만족도 증가, 매출 증가가 있다.

2회

객관식 영역

01	02	03	04	05	06	07	08	09	10
③	⑤	④	②	④	③	③	⑤	③	④
11	12	13	14	15	16	17	18	19	20
③	⑤	②	③	②	③	⑤	④	①	②
21	22	23	24	25	26	27	28	29	30
③	⑤	④	③	②	⑤	④	③	④	③

01 ③

정답해설 '프로젝트 진행 상황 보고서'는 현재까지의 진행 상태를 점검하는 데 초점이 맞춰져 있어야 한다. 예상 자원 할당 계획은 주로 '프로젝트 계획서'에 포함되는 요소이므로 적절하지 않다.

02 ⑤

정답해설 김○○는 보고서의 규범적 형식과 내용을 적절히 파악하지 못하고 있다. 글의 목적과 유형이 다르면 요구되는 구성 요소와 표현 방식도 달라져야 한다. 글의 유형에 맞는 형식과 내용을 숙지하여 작성하는 것이 중요하다.

03 ④

정답해설 ④는 글의 주요 내용인 기후 변화 문제 해결을 위한 논의와 관련이 없다. 나머지는 기후 변화와 그 영향을 이해하거나 해결 방안을 논의하는 데 필요한 자료들이다.

04 ②

정답해설 기후 변화 해결을 위한 다양한 방안을 설명한 후 개인과 국제 협력이 모두 중요하다는 점을 강조하고 있으므로, 국가적·개인적 차원의 노력을 언급한 ②가 (가)에 들어갈 내용으로 가장 적절하다.

05 ④

정답해설 제시된 글은 정부의 자전거 도로 확충을 통한 친환경 교통망 개선 계획에 대한 내용을 다루고 있다.

[오답 피하기] ① 자전거 도로 확충에 따른 우려 사항에 국한된 내용으로, 전체적인 주제를 아우르지 못한다.
② 자전거 도로 문제의 현황에만 초점을 맞추어 일부 내용만 반영하고 있다.
③ 자전거 도로 확충과 공공 자전거 대여 시스템만을 언급하고 있다.
⑤ 자전거 도로 확충의 긍정적 효과만을 다루고 있으므로 주제 문보다는 세부적인 내용에 가깝다.

06 ③

정답해설 (나)는 문제 상황의 심각성을, (가)는 정부의 대응 방안을, (라)는 자전거 도로 확충의 기대 효과를 제시하고 있다. 그리고 (다)는 정부 정책에 대한 우려를, (마)는 추가적으로 추진되는 정책 방향과 목표를 제시하고 있다.

07 ③

정답해설 제시된 글은 아침 식사를 거르는 행동(원인)과 그로 인해 발생할 수 있는 건강 문제(결과) 사이의 인과 관계를 중심으로 전개되는 인과 구조를 지닌다. ③은 이러한 인과 관계를 정확히 설명하고 있다.

[오답 피하기] ① 나열 구조는 독립적인 정보들을 열거하는 방식으로, 제시된 글의 구조와 맞지 않다.
② 공통 개념을 중심으로 내용을 묶는 방식은 제시된 글과 관련이 없다.
④ 비교 대조 구조는 유사점과 차이점을 중심으로 글을 전개하는 방식으로, 제시된 글과 관련이 없다.
⑤ 문제 해결 구조는 문제와 그 해결 방법을 제시하는 방식인데, 제시된 글은 해결책을 제시하지 않는다.

08 ⑤

정답해설 '관행'은 조직이나 사회에서 오래전부터 내려오며 암묵적으로 허용된 행동을 의미한다. 문제 상황은 나트륨 섭취를 용인하는 사회적 합의를 설명하고 있으므로 '관행'이 적합하다.

09 ③

정답해설 제시된 글은 특정 사항을 공공에 알리기 위한 목적에서 작성된 것으로, 법령에 따라 서비스 제공 기관의 범위를 확대하고 이를 공지하는 성격을 띠는 공고 문서이다.

10 ④

정답해설 개정 이유는 외국인 근로자 지원 서비스 제공 기관의 범위를 확대하기 위함이다.

11 ③

정답해설 기안자는 문서를 전자 문서 또는 종이 문서로 작성할 수 있으며, 해당 업무에 필요한 문서를 작성하고 결재를 받을 책임이 있다. 기안은 특정 직급에만 제한되지 않으며, 직무 범위 내에서 누구든지 기안자가 될 수 있다.

12 ⑤

정답해설 '붙임'의 표시 뒤에 한 글자(2타, ∨∨)를 띄어 쓴 후에 첨부물의 명칭과 수량을 쓰고, 다시 한 글자(2타, ∨∨)를 띄우고 '끝' 표시를 한다.

13 ②

정답해설 품의서는 특정 사안에 대해 결재권자의 승인을 요청하기 위한 문서로, 견적과 비용뿐만 아니라 다양한 사안에 활용된다.

14 ⑤

정답해설 제목은 요청 내용을 간결하고 명확하게 전달해야 한다.

[오답 피하기] ① 용역 대금의 성격이 구체적으로 드러나지 않았다.
② '중간 지급'이라는 표현이 다소 모호하게 느껴질 수 있다.
③ 필요한 내용 일부가 누락되어 있다.
④ 구체적인 지급 대상을 알기 어렵다.

15 ②

정답해설 제시된 문서는 현재 기상 상황과 재난 안전 관리 상황에 대한 현황을 간략하게 정리한 '상황 보고서'이다. 상황 보고서는 현재 발생한 사건이나 상황에 대한 실태나 정보를 명확히 전달하는 데 중점을 둔다.

16 ③

정답해설 상황 보고서는 내용을 정확하게 전달하는 것이 핵심이다. 이를 위해 불필요한 보충 설명 없이 명확하고 간결하게 내용을 전달하는 것이 중요하다. 나머지는 의견 보고서나 분석 보고서에 해당하는 유의 사항들로, 상황 보고서 작성과는 관계가 없다.

17 ⑤

정답해설 '1. 프로젝트 배경 및 문제 정의'에 제시된 신제품 출시 배경에 따라 고객의 관심 유지와 관련된 목적이어야 한다.

[오답 피하기] ① 시장 점유율 확대는 신제품 출시에 따른 기대 효과이다.
② 경쟁 제품과의 차별성 확보는 전략적 방안에 해당한다.
③ 브랜드 가치 증대는 목표 중 하나이지만 최우선 목적은 아니다.
④ 혁신 기술의 홍보는 마케팅 계획의 일부이다.

18 ④

정답해설 고객 재구매율 분석은 제품 출시 후 고객의 만족도와 충성도를 확인하는 방법으로, 시장 반응을 평가하는 데 중요하다.

[오답 피하기] ① 판매량 변화 분석은 매출에 미치는 영향을 파악하는 데 필요하다.
② 제품 만족도 조사는 고객의 평가를 수집하는 중요한 방법이다.
③ 브랜드 인지도 조사는 이미지 개선 효과를 평가하는 방법이다.
⑤ 고객 피드백 분석은 제품 개선에 중요한 역할을 한다.

19 ①

정답해설 A는 수익성이 높고 대중적인 공연을 목표로 하고 있다. 따라서 인기가 높은 뮤지션이 참여하는 콘서트가 가장 적절하다.

20 ②

정답해설 기획 과정에서 공연 시기를 특정한 기간(휴가철)에 맞추는 것은 성공적인 마케팅 전략으로 이어질 수 있다.

21 ③

정답해설 제시된 글은 에코바이크의 친환경성과 효율성을 강조하면서 신제품을 홍보하고 소비자들의 관심을 유도하고 있다. 따라서 에코바이크의 기능을 알리는 것이 주된 목적이다.

22 ⑤

정답해설 (가)는 보도 자료의 요약 부분으로, 독자가 쉽게 이해할 수 있도록 간결하고 명확하게 작성하는 것이 중요하다. 따라서 어려운 기술 용어는 피하는 것이 바람직하다.

23 ④

정답해설 제시된 글은 에코바이크의 전기 모터가 효율적이고 장거리 주행에 적합하다는 점을 강조하고 있다. 이는 소비자들이 자전거를 사용할 때 중요하게 여길 만한 요소로 소개되고 있다.

24 ③

정답해설
• 총 주문 금액: (음료수 1병 2,000원×4)+(과자 1봉지 3,500원×1)=8,000원+3,500원=11,500원
• 할인 후 총 금액: 11,500원-500원(할인)=11,000원
총 금액 11,000원을 각자 먹은 만큼 분담하려면, 각자의 소비 비율에 맞게 나누어야 한다.
A=4,000원(음료수 2병)
B=5,500원(음료수 1병+과자 1봉지)
C=2,000원(음료수 1병)
A, B, C가 각각 먹은 금액의 합은 11,500원이지만, 할인 후 11,000원이므로 각자의 비율에 맞춰서 분담해야 한다.
A가 내야 할 금액: (4,000원/11,500원)×11,000=3,826원
B가 내야 할 금액: (5,500원/11,500원)×11,000=5,260원
C가 내야 할 금액: (2,000원/11,500원)×11,000=1,913원
따라서, B는 A보다 1,434원 더 내야 한다.

25 ②

정답해설 김 부장은 상대방의 요구를 경청하면서도, 회사의 이익을 보호하기 위해 품질 향상과 납품 기일 준수를 요구하였다. 즉 외주 업체와의 협상에서 서로의 입장을 존중하고, 상호 이익을 극대화하는 호혜 전략을 사용하였다.

[오답 피하기] ① 회피 전략은 갈등 상황을 무시하거나 중요하지 않게 여기며 피하는 방식으로, 김 부장이 적극적으로 협상에 참여한 상황과 다르다.
③ 김 부장은 양쪽이 적당히 타협하는 방식보다는 공동의 이익을 도모했다.
④ 약화 전략은 갈등을 약화하거나 상대의 요구를 최대한 수용하는 방식으로, 김 부장이 적극적으로 회사의 이익을 챙긴 상황과 다르다.
⑤ 힘의 전략은 상대방을 압박하고 자신의 요구를 관철하는 방식으로, 협력을 중시한 김 부장의 태도와 맞지 않다.

26 ⑤

정답해설 교사의 발언은 수업 중 교육 목적의 공적 발언이므로 사적인 대화로 보기 어렵다는 점을 근거로 증거 능력이 인정되어야 한다고 주장할 수 있다.

27 ④

정답해설 녹음 파일의 증거 능력을 부정하는 논거는 부모가 대화 당사자가 아니며, 몰래 녹음이 이루어졌다는 점에 있다.

28 ③

정답해설 파이토케미컬의 가장 중요한 특징 중 하나는 식물의

색을 결정하며, 종류에 따라 색과 건강에 미치는 효과가 다르다는 점이다.

[오답 피하기] ① 파이토케미컬은 식물에서 유래된 화학 물질로, 과일, 채소, 전곡류, 견과류 등 식물성 식품에 포함되어 있다.
② 파이토케미컬은 탄수화물, 단백질, 지방과 같은 필수 영양소로 분류되지 않는다.
④ 파이토케미컬은 식물성 식품에 미량 존재하며, 과도한 섭취가 필요하지는 않다.
⑤ 파이토케미컬은 식물성 식품에 미량 존재한다.

29 ④

정답해설 '5Day' 운동은 다섯 가지 색깔(빨강, 노랑, 초록, 검정, 흰색)의 파이토케미컬이 포함된 식품을 골고루 섭취하여 건강을 증진하자는 목적을 가진다.

30 ③

정답해설 호박에는 베타카로틴이 함유되어 있다. 베타카로틴은 체내에서 비타민 A로 전환되며, 비타민 A는 눈의 피로를 완화하고 시력을 보호하는 데 중요한 역할을 한다.

서술형 영역

01 서술형 30점

> ㉠ 나는 내일 저녁에 친구와 오랜만에 <u>만날꺼야</u>.
> ㉡ 친구가 <u>오랫만에</u> 편지를 보내왔다.
> ㉢ 천둥까지 치며 내리던 비가 <u>금새</u> 그쳤다.
> ㉣ 지금은 바쁘니까 <u>있다가</u> 만나자.
> ㉤ 오늘은 <u>웬지</u> 기분이 무척 좋아.
> ㉥ 아버지와 아들의 얼굴이 무척 <u>틀리다</u>.

예시 답안   ㉠ 만날 거야 ㉡ 오랜만에 ㉢ 금세 ㉣ 이따가 ㉤ 왠지 ㉥ 다르다

| 해설 | ㉠ '만나다'의 어간에 의존 명사 '것'과 종결 어미 '-야'가 결합한 형태로, '만날 거야'가 올바른 표현이다.
㉡ '오랜만'은 '오래'와 '-ㄴ'이 결합된 명사 + 관형어로 '오랜만에'가 올바른 표현이다.
㉢ '금세'는 '금시에'의 준말로 '지금 바로'라는 뜻을 나타내며, '금새'는 물건값을 의미한다.
㉣ '있다가'는 '이따가'로 수정해야 한다. '이따가'는 '조금 지난 뒤에'를 뜻한다.
㉤ '왠지'는 '왜인지'의 준말로, 이유를 정확히 알 수 없음을 나타낸다. '웬지'는 표준어가 아니다.
㉥ '틀리다'는 '셈이나 사실 따위가 그르게 되거나 어긋나다.'의 의미로, 사람의 생김새가 다르다는 뜻에는 '다르다'를 사용해야 한다.

02 서술형 30점

> • 햇빛이 강해서 선크림을 ㉠ <u>바를수밖에</u> 없어. ← 햇빛이 강해서 선크림을 ㉠ 바를 수밖에 없어.
> • 쟤는 요리를 정말 ㉡ <u>못한다</u>.
> • 영수가 ㉢ <u>설쳤는데도</u> 우리가 우승을 했어.
> • ㉣ <u>이방실씨가</u> 사회자를 맡으셨습니다. ← ㉣ 이방실 씨가 사회자를 맡으셨습니다.
> • 집을 ㉤ <u>대궐만큼</u> 크게 지었다.
> • 쌀, 보리, 콩, 기장, ㉥ <u>조들을</u> 오곡(五穀)이라 한다. ← 쌀, 보리, 콩, 기장, ㉥ 조 들을 오곡(五穀)이라 한다.

예시 답안   ㉠ 바를∨수밖에 ㉣ 이방실∨씨가 ㉥ 조∨들을

| 해설 | ㉠ 동사의 관형사형인 '바를'과 의존 명사인 '수'는 띄어 쓰고, '밖에'는 조사이므로 의존 명사와 붙여 쓰는 것이 원칙이다.
㉣ '씨'가 인명에서 성을 나타내는 명사 뒤에 붙어 '그 성씨 자체', '그 성씨의 가문이나 문중'의 뜻을 더하는 접미사로 쓰일 때에는 '김씨'처럼 붙여 쓴다. 하지만 ㉣처럼 성년이 된 사람의 성이나 성명, 이름 아래에서 '씨' 의존 명사이므로 '홍길동 씨'와 같이 띄어 쓴다.
㉥ '들'이 '남자들, 학생들'처럼 복수를 나타내는 경우에는 접미사이므로 앞말에 붙여 쓰지만, ㉥과 같이 두 개 이상의 사물을 열거하는 구조에서는 '그런 따위'라는 뜻을 나타내는 의존 명사로 사용되므로 앞말과 띄어 쓴다.

03 서술형 30점

예시 답안   ㉠ 기업 간 거래 ㉡ 개인 간 거래 ㉢ 정보 통신 기술 ㉣ 사물 인터넷 ㉤ 업무 협약 ㉥ 연구 개발

04 서술형 30점

1. 편의점 매출 현황 보고						[참고]
순위	대리점	매출액	순위	대리점	매출액	• 최솟값: 크기가 가장 작은 값
1	강남점	6,000	7	서울역점	3,200	• 최댓값: 크기가 가장 큰 값
2	신촌점	5,500	8	신림점	2,800	• 중앙값: 정확하게 중간에 있는 값. 자료가 짝수일 경우 가운데 있는 두 값의 평균값
3	홍대점	4,800	9	압구정점	2,500	
4	이태원점	4,200	10	강북점	2,200	• 하위 25% 값: 값을 크기 순으로 배열하여 4등분한 값의 최하위 값
5	명동점	3,900	11	마포점	1,800	
6	종로점	3,500	12	구로점	1,500	

(단위: 만 원)

2. 대리점 매출액 분석
- 매출액 최솟값: 1,500만 원
- 매출액 최댓값: ㉠ _____
- 매출액 중앙값: ㉡ _____ ← 중간에 있는 '종로점'과 '서울역점'의 두 값의 평균값
- 매출액 하위 25% 값: ㉢ _____

예시 답안 ㉠ 6,000만 원 ㉡ 3,350만 원 ㉢ 2,200만 원

| 해설 | ㉠ 매출액 중에서 가장 큰 값은 6,000만 원이다.
㉡ 매출액을 오름차순으로 정렬한 후 중간에 위치한 값을 구한다. 매출액 자료의 개수가 짝수(12개)이므로, 중앙값은 6번째와 7번째 값의 평균이다. 6번째 값은 3,200, 7번째 값은 3,500이므로 중앙값 = (3,200 + 3,500) / 2 = 3,350이다.
㉢ 하위 25% 값은 매출액을 오름차순으로 정렬하여 4등분한 값 중 첫 번째 구간 끝의 값을 의미한다. 총 12개의 자료이므로, 이를 4로 나누면 3개씩 나눠지므로 첫 번째 구간의 세 번째 값인 2,200만 원이 하위 25% 값이다.

05 서술형 30점

저작권법은 사람들이 창작한 (㉠)에 대한 권리를 보호하는 법으로, 소설, 음악, 그림 등 다양한 창작물이 이에 해당된다. 만약 A가 쓴 소설을 다른 사람이 허락 없이 복제하여 판매한다면, 이는 A의 (㉡)을/를 침해하는 행위이다.

저작권은 창작자에게 저작물을 복제하거나 다른 사람에게 복제를 허락하고, 저작물을 공개적으로 공연하거나 방송하는 등의 방법으로 이용할 수 있는 독점적인 권리를 부여한다. 즉 저작권자는 자신의 저작물을 (㉢)하거나 배포·공연하는 등의 다양한 방법으로 이용할 수 있는 권리를 가진다. 이러한 권리를 침해하는 것은 저작권 침해에 해당한다.

A는 자신이 쓴 소설 '별이 빛나는 밤에'를 출판하려고 한다. A는 출판사 B와 계약을 체결하면서, 소설 '별이 빛나는 밤에'에 대한 (㉣)을/를 B 출판사에 부여했다. 이는 B 출판사가 소설을 책으로 만들어 판매할 수 있는 출판과 관련한 권리를 의미한다.

그런데 C가 A의 소설 '별이 빛나는 밤에'의 일부를 자신의 블로그에 무단으로 게재했다. 이는 A의 (㉤)을/를 침해하는 행위이다. C가 A의 허락 없이 소설을 복제하여 공개한 행위는 (㉥) 위반에 해당된다.

예시 답안 ㉠ 저작물 ㉡ 저작권 ㉢ 복제 ㉣ 출판권 ㉤ 저작권 ㉥ 저작권법

| 해설 | ㉠ 저작권법은 창작된 저작물을 보호하는 법이고, 저작물은 소설, 음악, 그림 등 창작자의 독창성이 담긴 모든 표현물을 의미한다.
㉡ 저작권은 창작자가 자신의 저작물을 독점적으로 사용할 수 있는 권리를 말한다.
㉢ 저작권자는 자신의 저작물을 복제, 배포, 공연 등의 방법으로 활용할 수 있는 권리를 가지는데, 복제는 저작물을 동일하거나 유사한 형태로 재생산하는 것을 뜻한다.
㉣ A가 출판사 B와 계약하면서 소설의 출판권을 부여했다는 것은, B 출판사가 책을 제작·판매할 권리를 가진다는 의미이다. 출판권은 저작물의 출판과 관련된 권리를 말한다.
㉤, ㉥ C가 A의 소설 일부를 무단으로 블로그에 게재한 것은 A의 저작권을 침해하는 행위이다. 이처럼 저작자의 허락 없이 저작물을 복제하거나 공개하는 행위는 저작권법 위반에 해당한다.

06 서술형 50점

공공 기관에서 '안전 관리 지침서 배포'를 알리는 공문서를 작성해야 하는 박○○ 주무관은, 관련된 문서를 참고하여 규정에 맞는 형식으로 공문서를 작성하기로 했다. 관련 문서는 2025년 6월 15일에 "○○ 행사 관련 협조 요청"으로 작성된 ○○부 ○○○과-123 문서로, 간행물명, 배포 일정, 배포 내역, 배포 방법 등을 포함하며, 붙임 자료로 수신처 1부와 안전 관리 지침서(PDF 파일) 1부를 첨부하기로 했다. 배포 일정은 2025년 7월 7일 월요일부터 7월 11일 금요일까지이고, 총 300개 기관에 600부를 배포하며, 수령은 각 기관의 문서함을 통해 이루어진다.

[공문]

행정 안전부

수신 ○○○
(경유)
제목 (가) _____
_____

1. 관련: ㉠ _____
2. 위와 관련하여 최신 안전 수칙과 다양한 사례를 반영한 '안전 관리 지침서'를 발간하여 다음과 같이 배포하오니, 관련 업무에 적극 활용해 주시기 바랍니다.
   가. 간행물명: 안전 관리 지침서
   나. 배포 일정: ㉡ _____
   다. 배포 내역: ㉢ _____
   라. 배포 방법: ㉣ _____

'안전 관리 지침서 배포'는 올바른 제목이 될 수 없다. '안전 관리 지침서 배포' 뒤에 있는 '알리는'을 고려하면 '안전 관리 지침서 배포 안내' 등의 제목이 적절하다.

관련되는 다른 공문서의 표시하는 것으로, 문서 생산 기관의 명칭과 생산 등록 번호를 적고, 괄호 안에 생산 날짜와 제목을 표기한다. 자료를 고려하면, '○○부 ○○○과-123(2025. 6. 15. "○○ 행사 관련 협조 요청")'과 같이 표시한다.

숫자로 표기하되 연, 월, 일의 글자는 생략하고 그 자리에 마침표를 찍어 표시한다. 월, 일 표기 시 '0'은 표기하지 않는다.

```
붙임    1. 수신처 1부.
        2. ⓜ _____
```

첨부물이 있으면 붙임 표시문 다음에 한 글자(2타) 띄우고 표시한다.
예)
붙임 1. 서식 승인 목록 1부.
     2. 승인 서식 2부.∨∨끝.

예시 답안 (가) 안전 관리 지침서 배포 안내 ㉠ ○○부 ○○○과 – 123(2024. 6. 15. "○○행사 관련 협조 요청") ㉡ 2025. 7. 7.(월)~7. 11.(금) ㉢ 총 300개 기관 600부(붙임 참고) ㉣ 각 기관의 문서함 이용 ㉤ 안전 관리 지침서(PDF 파일) 1부.∨∨끝.

07 서술형 100점

자료 1
- (주)□□은 최근 경기 침체 및 소비 심리 위축으로 매출이 하락세에 놓여 있다.
- 이에 따라 본사에서는 매출 증대를 위한 영업 활동 강화를 목적으로 소비자 데이터 기반의 마케팅 전략을 수립하기로 하였다.
- 데이터 기반 상품 및 서비스 관리를 위하여 본사 차원에서 소비자 데이터를 통합 관리하며, 이를 바탕으로 우수·부진 품목 리스트를 확보하여 분석하기로 하였다.
- 기존 소비자 데이터를 분석하고 이를 기반으로 계절별·분기별 상품 전략을 수립하고, 광고·홍보 자료로 활용하기로 하였다.
- 데이터 기반 마케팅 실행 방안으로는 각종 ①홍보 및 광고물 내용의 일관성을 유지하고, ②상품 진열과 서비스 제공에 소비자 요구를 반영하며, ③경쟁 상품을 고려하여 가격을 결정하고, ④협력 업체와의 의사소통 체계를 강화하기로 하였다.
- 데이터를 기반으로 마케팅 환경을 분석하여, 시장 환경과 경쟁 상황 변화를 체크할 예정이다.

이 유형의 문제는 〈자료 1〉을 바탕으로 불필요한 내용은 배제하고 중요한 내용을 요약·추론하여 〈자료 2〉의 내용을 작성하도록 설계되었다.

본사의 당면 문제

기존 소비자 데이터 분석의 내용으로 '우수·부진 품목 리스트 확보 및 분석'의 내용을 이끌어 내야 한다.

향후 마케팅 전략 수립 전략으로 '계절별·분기별 상품 전략 수립'과 '광고·홍보 자료 활용 방안 수립'을 이끌어 내야 한다.

네 가지의 데이터 기반 마케팅 실행 방안이 제시되어 있다. 불필요한 조사를 삭제하고, 명사형으로 재구성하여 ㉡~㉤의 내용을 제시해야 한다.

자료 2

20△△년 하반기 마케팅 방안

1. 목적
   소비자 데이터를 활용하여 효율적인 마케팅 전략을 수립하고, 이를 통해 매출 증대를 도모한다.
2. 본사 당면 문제
   ㉠ _____
3. 극복 방안
   기존 소비자 데이터를 분석하여 영업 활동을 강화하고, 데이터 기반의 마케팅 전략으로 매출을 증대시킨다.
   가) 기존 소비자 데이터 분석 및 향후 마케팅 전략 수립
      (1) ㉡ _____
      (2) ㉢ _____
      (3) ㉣ _____

나) 데이터 기반 마케팅 실행 방안
  (1) ⓜ _____
  (2) ⓗ _____
  (3) ⓢ _____
  (4) ⓞ _____
다) 데이터 기반 상품 및 서비스 관리
  (1) ⓩ _____

예시 답안 ㉠ 경기 침체 및 소비 심리의 위축으로 인한 매출 하락세 ㉡ 우수·부진 품목 리스트 확보 및 분석 ㉢ 계절별·분기별 상품 전략 수립 ㉣ 광고 및 홍보 자료 활용 방안 수립 ㉤ 홍보 및 광고물의 일관성 유지 ㉥ 상품 진열과 서비스 제공에 소비자 요구 반영 ㉦ 경쟁 상품을 고려한 가격 결정 ㉧ 협력 업체와의 의사소통 강화 ㉨ 시장 상황 및 경쟁 상황의 변화 확인

08 서술형 100점

─┤ 자료 1 ├─

A사 환경 보호 연구소는 20△△년 연구 계획을 수립하기 위해 다음과 같이 구상하였다. 설립 취지에 따라 조직이 추구할 목적으로 '친환경 연구로 사회에 기여하는 연구소가 되자!'라는 계획을 제시하여, 지속 가능한 환경과 새로운 생태 연구 패러다임을 선도하기로 하였다. 이를 위해 새로 부임한 소장의 철학을 반영하여 경영 이념을 '지속·보호·조화의 가치를 지향하는 경영'으로 정하였다.

A사 환경 보호 연구소는 연구 성과 부족 및 소통 부족이라는 지난해 감사 지적 사항을 극복하기 위해 20△△년 당면 과제를 '연구 품질 제고와 효율적 자원 관리'로 정하고, 이를 해결하기 위한 특별 연구팀을 구성하여 구체적인 방안을 모색하였다. 또한 조직의 핵심 가치를 '팀워크를 강화한다.', '미래를 준비한다.', '완성도를 높인다.', '책임을 다한다.' 등으로 정하였다. 아울러 당면 과제를 수행하기 위해 '환경 연구 개발을 강화한다.', '환경 문제에 대한 선제적 대응에 집중한다.', '유능한 연구 인재를 양성한다.', '지속 가능한 발전을 위해 힘쓴다.' 등의 전략 목표를 설정하였다.

경영 이념 → ㉡
핵심 가치 → ㉢
전략 목표 → ㉧

각 키워드에 맞추어 해당하는 문장들을 압축해 〈자료2〉에 적용해야 한다.

| 자료 2 |

20△△년

A사 ○○ 환경 연구소 연구 계획 수립

전망	㉠

㉡	지속·보호·조화의 가치를 지향하는 경영

㉢	㉣	㉤	완성도 향상	책임 관리

과제	㉥

㉦	환경 연구 개발 강화	㉧	㉨	㉩

예시 답안 ㉠ 지속 가능한 환경과 새로운 생태 연구 패러다임 선도 ㉡ 경영 이념 ㉢ 핵심 가치 ㉣ 팀워크 강화 ㉤ 미래 준비 ㉥ 연구 품질 제고와 효율적 자원 관리 ㉦ 전략 목표 ㉧ 환경 문제에 대한 선제적 대응 ㉨ 유능한 연구 인재 양성 ㉩ 지속 가능한 발전

09 서술형 300점

조건 1 데이터 3법의 의미와 법의 개정 목적과 필요성을 서술할 것

| 자료 1 |

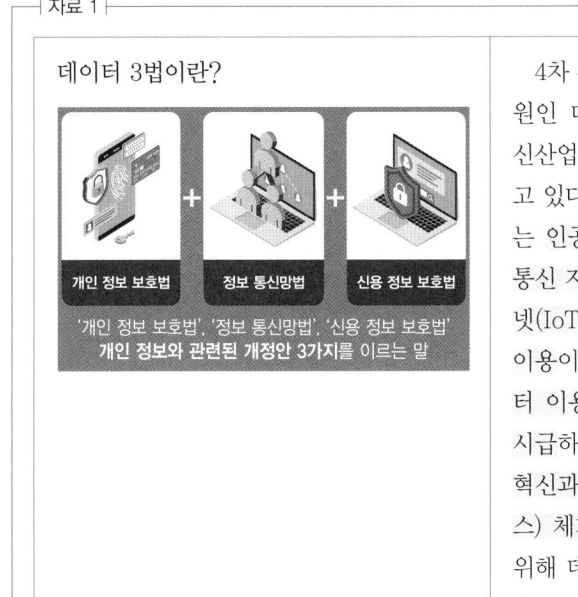

4차 산업 혁명 시대를 맞아 핵심 자원인 데이터의 이용 활성화를 통한 신산업 육성이 국가적 과제로 대두되고 있다. 특히, 신산업 육성을 위해서는 인공 지능(AI), 인터넷 기반 정보 통신 자원 통합(클라우드), 사물 인터넷(IoT) 등 신기술을 활용한 데이터 이용이 필요하다. 한편 안전한 데이터 이용을 위한 사회적 규범 정립도 시급하다. 데이터 이용에 관한 규제 혁신과 개인 정보 보호 협치(거버넌스) 체계 정비의 두 문제를 해결하기 위해 데이터 3법 개정안이 발의됐다. ('18.11.15)
― 대한민국 '정책 브리핑' 중에서

신산업 육성을 위해 필요한 과제는 '필요하다'와 '~도 시급하다'라는 서술어의 구체적 내용을 통해 파악할 수 있고, 마지막 문장의 '두 문제를 해결하기 위해 개정안이 발의'되었다는 내용을 통해서 데이터 3법 개정의 목적을 파악할 수 있다.

예시 답안 데이터 3법은 개인 정보 보호법, 정보 통신망법, 신용 정보법 등 개인 정보와 관련된 개정안 세 가지를 이르는 말이다. 데이터 이용 활성화를 통한 신산업 육성을 위해서는 신기술을 활용한 데이터 이용과 안전한 데이터 이용을 위한 사회적 규범 정립이 필요하다. 데이터 3법은 데이터 이용에 관한 규제 혁신과 개인 정보 보호 협치 체계 정비의 목적으로 개정되었다.

조건 2 데이터 3법 개정 사항의 개정 내용과 그에 따른 각각의 효과를 서술할 것

자료 2

데이터 3법 개정안

개인 정보 보호법 개정안	• 가명 정보 개념(비식별 정보) 도입, 상업적 목적 활용 가능 • 개인 정보 관리 감독 기능을 개인 정보 보호 위원회로 일원화
신용 정보 보호법 개정안	• 가명 정보 금융 분야 빅 데이터 분석에 이용 가능 • 가명 정보 주체 동의 없이 활용 허용
정보 통신망법 개정안	온라인상의 개인 정보 감독 기능을 개인 정보 보호 위원회로 이관

〈개정안의 효과〉
• 금융 혁신 촉진
• 데이터 활용의 유연성 촉진
• 개인 정보 관리의 일관성과 효율성 확보

예시 답안 '개인 정보 보호법'은 가명 정보 개념을 도입하여 비식별 정보를 상업적 목적으로 활용할 수 있게 하고, 개인 정보 관리와 감독 기능을 개인 정보 보호 위원회로 일원화하여 관리 체계를 강화하였다. '신용 정보 보호법'은 금융 분야에서 가명 정보를 활용하여 빅 데이터 분석이 가능해져 금융 혁신을 촉진하였고, 정보 주체의 동의 없이도 가명 정보를 사용할 수 있도록 하여 데이터 활용의 유연성을 높였다. '정보 통신망법'은 온라인상의 개인 정보 감독 기능을 개인 정보 보호 위원회로 이관함으로써 개인 정보 관리의 일관성과 효율성을 확보하였다.

조건 3
• 마이데이터 서비스의 핵심 절차(고객 → 금융 회사 → 마이데이터 사업자)를 서술할 것
• 마이데이터 사업이 제공하는 소비자와 기업 이익 두 가지를 각각 한 문장으로 서술할 것

자료 3

마이데이터는 소비자가 원하는 사업자를 골라 흩어져 있는 자신의 신용 정보를 함께 제공하고, 이를 토대로 맞춤형 자산 관리와 컨설팅 등의 금융 서비스(금융 소비자 개인의 금융 정보를 통합 및 관리하여 주는 서비스)이다.

고객 → 금융 회사 → 마이데이터 사업자의 단계를 고려하고, 각 단계마다의 역할을 고려하여 서술한다.

 고객이
본인에 관한 개인 신용 정보를

 금융회사로부터
• 신용 정보 제공이용자 (금융회사 등)
• 공공기관
• 본인 신용 정보 관리 회사 (마이데이터 사업자)

 마이데이터 사업자에게
• 신용 정보 주체 본인(고객)
• 본인 신용 정보 관리 회사
• 신용 정보 제공·이용자
• 개인(사업자)
• 신용 평가 회사 등

금융 정보 요청 및 정보 활용 동의	고객 요청에 따른 신용 정보 제공 및 마이데이터 사업자에게 정보 전달	전달받은 정보 통합과 분석 및 맞춤형 금융 서비스 제공

마이데이터 사업이 진행되면 무엇이 좋을까요?
 첫째, 은행, 카드사, 금융 투자사 등에 개별 방문하거나 개별 홈페이지에 로그인할 필요 없이 모든 금융 정보를 한 곳에서 쉽고 편하게 나의 자산 상태를 점검할 수 있습니다.
 둘째, 자신의 정보를 제3자에게 제공하라고 요구할 수 있기 때문에 제3자를 통해 신용·자산 상태에 대한 리포트를 받아 쉽게 자산 분석을 할 수 있습니다.

소비자의 관점

 셋째, 업종의 장벽 없이 개인에게 가장 맞는 금융 상품이 무엇인지 파악할 수 있기 때문에 마이데이터 사업자는 제공받은 금융 정보를 토대로 사용자에게 맞춤형 금융 상품을 제공할 기회가 많아집니다.

기업의 관점

> 넷째, 지금까지는 고객의 데이터를 가장 많이 확보하고 있는 시중 은행이 고객들에게 신용·자산 관리나 금융 상품을 추천하는 데 유리했습니다. 하지만 앞으로는 은행이 아닌 금융 기관도 마이데이터 사업에 뛰어들 수 있기 때문에 개인의 데이터를 둘러싼 경쟁으로 금융 산업의 발전을 기대할 수 있습니다.

예시 답안 고객은 개인이 본인에 관한 개인 신용 정보(또는 금융 정보 제공)를 요청하며, 주체적으로 정보를 활용하기 위해 마이데이터 서비스에 동의한다. 금융 회사는 고객의 요청에 따라 신용 정보를 제공하며, 마이데이터 사업자에게 정보를 전달한다. 마이데이터 사업자는 금융회사로부터 전달받은 정보를 통합하고 분석하여 고객에게 맞춤형 금융 서비스를 제공한다.
 소비자 입장에서는 모든 금융 정보를 한 곳에서 확인할 수 있어서 편리하며 제3자를 통해 자신의 신용과 자산 상태를 점검하고 분석할 수 있다는 점에서 이점이 있다. 기업 입장에서는 사용자에게 맞춤형 금융 상품을 제공할 수 있고, 은행이 아닌 금융 기관도 이에 참여함으로써 개인 데이터를 둘러싼 경쟁을 통해 금융 산업의 발전을 기대할 수 있다.

조건 4 시민 단체와 노동 조합에서 반대하는 이유를 제시하고, 그에 따른 해결 방안을 각각 서술할 것

자료 4

- 시민 단체와 노동 조합의 반대 이유
 1. 개인 정보의 상업적 남용 우려
 2. 데이터 재식별화로 인한 개인 권리 침해 가능성
 3. 기업 중심 정책으로, 데이터 권리가 소비자에게 불리하게 작용

 [해결 방안]
 - 데이터 활용 범위의 제한
 - 감독하는 독립 기구 강화
 - 재식별 시 강력한 처벌 조항 도입
 - 데이터 활용 이익의 일부 개인 환원
 - 상업적 목적 활용 시 정보 주체 동의 의무화
 - 고도화된 비식별화 및 암호화 기술의 법적 의무화
 - 개인의 데이터 활용 여부를 쉽게 관리할 수 있는 정보 주체 권한 강화

예시 답안 개인 정보 상업적 남용 우려는 데이터 활용 범위를 명확히 제한, 상업적 목적 활용 시 정보 주체 동의 의무화, 감독 기구 강화하여 해결할 수 있다. 데이터 재식별화로 인한 개인 권리 침해 가능성 문제는 고도화된 비식별화 및 암호화 기술 법적 의무화로 해결하며, 데이터 권리 문제는 정보 주체 권한 강화로 해결할 수 있다.

memo

memo

memo

목표등급 달성을 위한

주관식 공략 꿀팁
+정답과 해설

최신판

에듀윌 한국실용글쓰기
기출분석으로 1주끝장
+무료특강

고객의 꿈, 직원의 꿈, 지역사회의 꿈을 실현한다

에듀윌 도서몰
book.eduwill.net
- 부가학습자료 및 정오표: 에듀윌 도서몰 > 도서자료실
- 교재 문의: 에듀윌 도서몰 > 문의하기 > 교재(내용, 출간) / 주문 및 배송

한국어 1위

한국어 교재 47만 부 판매 돌파
323개월 베스트셀러 1위

에듀윌이 만든 한국어 BEST 교재로
합격의 차이를 직접 경험해 보세요

KBS한국어능력시험

 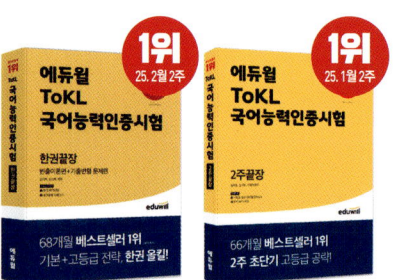 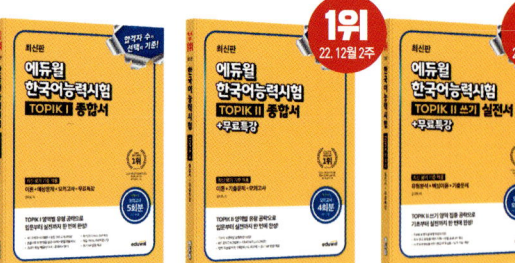

한국실용글쓰기   ToKL국어능력인증시험   TOPIK 한국어능력시험

* 에듀윌 KBS한국어능력시험 한권끝장/2주끝장 통기출 600제/통기출 600제②/더 풀어볼 문제집, ToKL국어능력인증시험 한권끝장/2주끝장, 한국실용글쓰기 1주끝장, TOPIK한국어능력시험 TOPIK Ⅰ/Ⅱ/Ⅱ 쓰기 (이하 '에듀윌 한국어 교재') 누적 판매량 합산 기준 (2014년 7월~2025년 4월)
* 에듀윌 한국어 교재 YES24 베스트셀러 1위 (2015년 2월, 4월~2025년 4월 월별 베스트. 매월 1위 아이템은 다를 수 있으며, 해당 분야별 월별 베스트셀러 1위 기록을 합산하였음)
* YES24 국내도서 해당 분야별 월별, 주별 베스트 기준